边坡工程
——设计·监测·鉴定与加固

BIANPO
GONGCHENG

刘兴远　雷用　康景文 ◎ 编著

中国建筑工业出版社

图书在版编目（CIP）数据

边坡工程——设计·监测·鉴定与加固/刘兴远，雷用，康景文编著．—北京：中国建筑工业出版社，2007
ISBN 978-7-112-09566-7

Ⅰ．边… Ⅱ．①刘…②雷…③康… Ⅲ．边坡-道路工程 Ⅳ．U416.1

中国版本图书馆 CIP 数据核字（2007）第 128484 号

本书是作者近二十年来对边坡工程的研究成果和实践经验总结，紧密结合相关国家标准规范，以满足工程建设的实际需要为目的，深入系统地阐述边坡工程的相关理论和实践知识。全书共分 3 篇 5 章，全面叙述了边坡工程设计、检测、监测、鉴定、验收和边坡工程排危处理、加固等实用技术，并列举大量的工程实例，以帮助读者学习、理解、掌握相关知识和技术，做好边坡工程的设计、监测、日常维护、安全性鉴定以及必要时的大修、加固工作。全书内容浅显、易于学习，方法实用。

本书可供从事房建、公路、铁道、水利、市政、水运、矿山等工程的设计、施工、检测和科研人员以及高等院校相关专业师生学习参考。

* * *

责任编辑：范业庶
责任设计：赵明霞
责任校对：梁珊珊　王金珠

边 坡 工 程
——设计·监测·鉴定与加固
刘兴远　雷用　康景文　编著

*

中国建筑工业出版社出版、发行（北京西郊百万庄）
各地新华书店、建筑书店经销
北京密云红光制版公司制版
北京建筑工业印刷厂印刷

*

开本：787×1092毫米　1/16　印张：23$\frac{1}{4}$　字数：561千字
2007年12月第一版　2013年5月第五次印刷
印数：8,201—9,700册　定价：39.00元
ISBN 978-7-112-09566-7
(16230)

版权所有　翻印必究
如有印装质量问题，可寄本社退换
（邮政编码 100037）

序

我国幅员辽阔，山区面积很大，是世界上地质灾害严重的国家之一，随着我国经济建设与大规模基本建设的进行，我国边（滑）坡治理工程急剧增多。如何确保边（滑）坡工程的安全可靠，减少工程事故；如何提高我国边（滑）坡工程勘察设计、变形控制、施工技术、安全监测预报和加固、改造的科技水平，是一项相当繁重与紧迫的任务。

经过我国几代岩土工作者的辛勤工作和不懈努力，边（滑）坡工程治理与预警预报水平有了日新月异的发展。重庆市曾率先制定了《建筑边坡支护技术规范》（GB 50/5018—2001），随后又编制了国家标准《建筑边坡工程技术规范》（GB 50330—2002），使我国建筑边坡工程治理与预警有了一定依据。然而，边坡工程的工程地质条件复杂多变，地区差异很大，现有技术水平较低，还需在如下边坡研究领域进行艰苦的科研工作与实际经验的积累：

（1）边坡工程的勘察、设计、施工理论与方法；

（2）边坡工程变形计算与控制理论；

（3）边坡监测与安全预警预报；

（4）边坡检测、鉴定技术和验收标准；

（5）已建边坡的评价、改造与加固技术。

本书作者在吸收和消化前人理论研究和工程实践的基础上，通过大量的工程实例探讨了边坡工程的设计、监测、检测、鉴定和改造加固理论和技术，初步展示了边坡工程安全方面的相关问题，尤其是工程实例的剖析将给读者留下深刻的印象。

祝青年岩土科技工作者为我国岩土工程理论和实践的兴旺发达不断奋斗，勇创辉煌；为建立我国人地和谐与可持续发展社会做出更大贡献。

中国工程院院士 郑颖人

2007 年 10 月

前　言

　　本书是作者根据近二十年来对工程实践经验总结和重庆地区工程建设的需要，应中国建筑工业出版社的邀请进行编写的；重点阐述边坡工程的检测、监测、鉴定、验收和边坡工程排危处理、加固技术，其阅读对象是一般工程技术人员，以岩土工程师为主，因此，对边坡设计理论和复杂计算不做重点说明，本着"简单、方便、实用"的原则编写本书。边坡设计理论主要以《建筑边坡工程技术规范》（GB 50330—2002）为主线进行说明。尽管某些计算理论和基本原理不完全满足工程实际现实，且不同"规范"对同一个问题的定义、理解和规定也存在较大差别，但在目前科技水平条件下，可以依赖的"规范"比没有强，部分内容也带有学术研究价值，请读者自由选择和判断。

　　几点重要说明：

　　1. 本书在边坡设计理论上主要使用《建筑边坡工程技术规范》（GB 50330—2002）的内容，引用了相关技术"规范"的条文，同时借鉴了许多技术资料，若有未尽内容和事宜，请工程技术人员、学者和专家谅解。

　　2. 本书工程实例主要以山区（重庆市）条件下的边坡工程为背景，几乎全部工程实例，作者均参加了相关技术工作。由于受多种因素的制约、我国技术管理制度、社会环境的影响，工程实例的许多细节和感受不能一一论述，且切忌对号入座，工程实例为学术探讨，请读者自己体验，但每一个工程均有其特殊性，完全照搬本书的相关技术要求和图纸，由此引起的工程事故、纠纷及法律问题，作者概不负责。

　　3. 本书对某些边坡设计理论的说明，仅代表作者的观点，具体是否使用和使用到什么程度由读者自己把握，由此引起的相关问题，作者概不负责。

　　4. 边坡工程涉及多种学科的知识，完全掌握、灵活应用边坡设计理论解决工程实际问题，对每一个工程技术人员均需要一个过程，同时应注意边坡工程是一个实践性很强的实验科学；正确应用边坡设计理论进行工程设计，未必就一定有好的结果，因此，信息施工和动态设计是其灵魂，但即使是"规范"编制者也未必掌握了其精髓，况且，我国有关法律、法规并不健全，在实际应用中，信息施工法和动态设计法可能是死的，也可能是活的，可是业主（投资者）的损失谁来"买单"，工程师们应引起特别关注。

　　5. 由于边坡变形理论的复杂性，边坡变形预警值的控制是非常困难的工作，可谓"仁者见仁，智者见智"。在边坡工程实践中，请工程师们特别关注自己所设计的边坡工程所发生的变形，切忌用"正常应力重分布，变形是正常现象"来麻痹自己，科学的态度是：正视问题，在监测条件下，用工程数据说明问题。

　　6. 本书中有许多工程实际资料由于各种原因未作详细描述，对此部分资料有兴趣的读者可与作者联系。

　　重庆市建筑科学研究院结构工程研究所、中国人民解放军后勤工程学院建筑设计研究院、后勤工程检测中心，中国西南建筑西南勘察研究院有关科技工作者对本书编写中所使用的工程实践资料做了大量的工作，由于参与这些工程实践的工作人员较多，作者不能一一列举他们的名字，为此作者对参与这些工作的同仁表示深深的感谢。

本书引用了其他单位或个人的技术资料，为此作者对这些单位和个人表示深深的感谢。

向所有为本书作出贡献的同仁表示感谢。

由于时间仓促、水平有限，书中错漏不足在所难免，恳请广大专家读者提出宝贵意见，以便我们做得更好！

目 录

第一篇 边坡工程设计及实例

1 边坡工程设计 ·· 3
　1.1 边坡工程的概念 ·· 3
　　1.1.1 边坡工程的有关概念 ··· 3
　　1.1.2 滑坡工程的有关概念 ··· 4
　　1.1.3 基坑工程的有关概念 ··· 4
　　1.1.4 边坡、滑坡、基坑的关系 ·· 4
　　1.1.5 边坡工程的重要性及分级 ·· 4
　1.2 岩土工程勘察 ··· 5
　　1.2.1 边坡工程勘察 ·· 5
　　1.2.2 基坑工程勘察 ·· 11
　　1.2.3 滑坡勘察 ·· 12
　　1.2.4 危岩崩塌勘察 ·· 17
　1.3 边坡的类型与稳定性 ·· 18
　　1.3.1 边坡的类型 ··· 18
　　1.3.2 边坡的强度参数 ·· 19
　　1.3.3 边坡稳定性的影响因素 ··· 22
　　1.3.4 边坡的稳定性评价 ··· 23
　1.4 斜坡与边坡的地质作用 ·· 24
　　1.4.1 斜坡与边坡地质作用的类型 ·· 24
　　1.4.2 斜坡变形破坏的防治 ·· 27
　1.5 边坡工程设计原则 ·· 28
　　1.5.1 建筑地基基础设计规范的有关规定 ·· 28
　　1.5.2 建筑边坡工程技术规范的有关规定 ·· 29
　1.6 岩土作用计算 ·· 30
　　1.6.1 土压力计算 ··· 31
　　1.6.2 岩石压力计算 ·· 38
　　1.6.3 特殊情况下的岩土压力计算 ·· 40
　　1.6.4 算例分析 ·· 42
　1.7 常见支护结构设计要点 ·· 43
　　1.7.1 重力式挡土墙 ·· 43
　　1.7.2 锚杆(索)挡墙 ··· 47

	1.7.3 抗滑桩	52
	1.7.4 高边坡设计	55

2 边坡工程设计实例
2.1 重力式挡土墙及扶壁式挡墙设计实例 57
2.1.1 【实例2-1】××研究院边坡治理 57
2.2 锚杆喷射混凝土挡墙设计实例 62
2.2.1 【实例2-2】××学院19号～20号边坡工程 62
2.3 板肋式锚杆挡墙设计实例 71
2.3.1 【实例2-3】板肋式锚杆挡墙设计 71
2.4 抗滑桩设计实例 78
2.4.1 【实例2-4】××监狱改造工程抗滑桩设计 78
2.5 岩石锚喷支护设计实例 84
2.5.1 【实例2-5】某部队经济适用住房环境边坡治理工程 84
2.6 格构锚杆设计实例 91
2.6.1 【实例2-6】某农转非安置房边坡工程 91
2.7 基坑支护设计实例 96
2.7.1 【实例2-7】××饭店基坑工程 96
2.8 危岩治理设计实例 101
2.8.1 【实例2-8】××中心报警台危岩治理工程 101
2.9 预应力锚索桩设计实例 106
2.9.1 【实例2-9】××办公大楼边坡治理工程 106

第二篇 边坡监测、检测及鉴定

3 边坡工程监测
3.1 边坡工程的变形控制 119
3.1.1 边坡工程的变形控制 119
3.1.2 边坡工程的变形控制措施 120
3.2 边坡工程变形监测 121
3.2.1 建筑边坡工程变形监测依据 122
3.2.2 滑坡监测 124
3.2.3 基坑现场监测 125
3.3 边坡工程变形监测常用设备 126
3.3.1 应力计和应变计原理 126
3.3.2 常用几类传感器 127
3.3.3 边坡位移测量常用设备 127
3.4 边坡工程变形监测系统 129
3.5 边坡工程监测实例 130
3.5.1 【实例3-1】××工程高切坡挡土墙长期变形监测 130
3.5.2 【实例3-2】××路K0+660～K0+740边坡、建筑物变形监测 134

  3.5.3 【实例3-3】××道路工程 K1+280~K1+320段道路西侧边坡变形及边坡上建筑物变形监测报告 ………………………………………………… 150
 3.6 边(滑)坡治理效果评估 …………………………………………………… 162
  3.6.1 高切坡安全评估工作的基本要求 …………………………………… 162
  3.6.2 高切坡安全性评估标准 ……………………………………………… 165
  3.6.3 高切坡安全性评估基本情况 ………………………………………… 168
  3.6.4 三峡库区重庆市三期已治理高切坡安全性评估结论及建议 ……… 172
4 边坡工程质量检验与安全性鉴定 …………………………………………………… 175
 4.1 边坡工程检验及验收 ………………………………………………………… 175
 4.2 边坡工程质量检测与鉴定常用设备 ………………………………………… 176
 4.3 边坡工程常规检测 …………………………………………………………… 177
  4.3.1 【实例4-1】某工程锚杆抗拔力检测 ………………………………… 177
  4.3.2 边坡工程地基承载力检测 …………………………………………… 177
  4.3.3 边坡工程岩石、土工及原材料检测 ………………………………… 179
  4.3.4 【实例4-2】格构锚杆挡墙工程鉴定 ………………………………… 179
  4.3.5 【实例4-3】××边坡工程对××县老干部集资住宅楼的安全性影响鉴定 … 184
 4.4 边坡工程安全隐患事故鉴定 ………………………………………………… 190
  4.4.1 【实例4-4】某挡土墙安全性鉴定 …………………………………… 190
  4.4.2 【实例4-5】锚钉喷射混凝土挡墙安全性鉴定 ……………………… 195
  4.4.3 【实例4-6】某格构式挡土墙事故鉴定 ……………………………… 199
  4.4.4 【实例4-7】边坡施工对相临建筑物的安全性影响鉴定 …………… 202
 4.5 边坡工程垮塌事故鉴定 ……………………………………………………… 209
  4.5.1 工程勘察失误产生的边坡垮塌事故 ………………………………… 209
  4.5.2 设计失误产生的边坡垮塌事故 ……………………………………… 229
  4.5.3 施工失误产生的边坡垮塌事故 ……………………………………… 237
 4.6 边坡工程司法鉴定案例 ……………………………………………………… 252
  4.6.1 【实例4-14】××住宅工程质量及受临近建筑边坡开挖影响问题鉴定 … 252
  4.6.2 【实例4-15】××厂遭受洪灾后鉴定报告调查分析 ………………… 255
  4.6.3 【实例4-16】××公司排水沟挡土墙工程司法鉴定 ………………… 257
  4.6.4 【实例4-17】××厂综合楼挡墙工程司法鉴定 ……………………… 261
 4.7 边坡工程鉴定中的问题 ……………………………………………………… 266

第三篇 边坡工程排危及加固实例

5 边坡工程排危及加固实例 ………………………………………………………… 273
 5.1 边坡工程事故排危工作的组织 ……………………………………………… 273
 5.2 边坡工程事故排危实例 ……………………………………………………… 275
  5.2.1 【实例5-1】某高切坡边坡工程事故排危实例 ……………………… 275
  5.2.2 【实例5-2】重庆市某高边坡变形原因分析及应急抢险措施 ……… 282
  5.2.3 【实例5-3】某加筋土挡墙鉴定与加固 ……………………………… 288

5.3 边坡工程加固方法探讨 ... 292
5.3.1 建筑边坡事故主要原因分析 ... 293
5.3.2 建筑边坡加固的主要原则 ... 294
5.3.3 建筑边坡常用加固方法 ... 295
5.3.4 建筑边坡加固配套措施 ... 296
5.4 抗滑桩在边坡支护中的应用实例 ... 296
5.4.1 【实例5-4】 某公司综合楼边坡工程加固 ... 296
5.4.2 【实例5-5】 实例4-4中的某挡土墙加固工程 ... 301
5.5 灌浆法和树根桩法在边坡加固中的应用实例 ... 308
5.5.1 【实例5-6】 树根桩法加固临时边坡实例 ... 308
5.5.2 【实例5-7】 回填土地基边坡加固工程实例 ... 311
5.6 锚杆挡墙在边坡加固中的应用实例 ... 314
5.6.1 【实例5-8】 实例4-5中的某边坡工程加固 ... 314
5.6.2 【实例5-9】 锚杆加固某重力式挡墙实例 ... 317
5.7 抗滑短桩在加固边(滑)坡工程中的应用 ... 321
5.7.1 【实例5-10】 东林煤矿矸石山防治工程 ... 321

附录A 支护结构设计计算书 ... 329
A1 【实例2-1】 重力式挡土墙验算 ... 329
A2 【实例2-1】 扶壁式挡土墙验算 ... 331
A3 【实例2-2】 ××学院19号~20号边坡工程支护结构计算书 ... 335
A4 【实例2-4】 ××监狱改造工程抗滑桩设计计算书 ... 337

附录B ××城市道路工程 K1+280~K1+320 段道路西侧边坡变形及边坡上建筑物变形监测数据表 ... 343

附录C 边坡加固工程计算书 ... 354
C1 【实例5-5】 ××山庄挡土墙加固工程结构计算书 ... 354
C2 【实例5-9】 锚杆加固某重力式挡土墙安全性验算 ... 356

参考文献 ... 359

第一篇 边坡工程设计及实例

1 边坡工程设计

1.1 边坡工程的概念

建筑边坡支护技术，涉及工程地质、水文地质、岩土力学、支护结构、锚固技术、建筑材料工程、施工及监测等多门学科，边坡支护理论及技术发展也较快，部分工程实践存在超前现象；但因勘察、设计、施工、监理、监测、管理和维护不当，部分已修的支护结构工程质量低劣，已建的边坡工程中时有垮塌事故和浪费现象发生，造成国家和人民生命财产严重损失，滋生了社会不安定因素，同时遗留了一些安全度、耐久性及抗震性能低的边坡支护结构物给国家带来了严重的财政负担。正确、合理、经济的处理边坡工程，确保建筑物工程的安全是每一个工程技术人员都关注的问题。

在实际工程实践中，工程技术人员在讨论某一具体工程问题时，常常因为没有事先明确讨论问题的内涵和外延，花费了大量的时间和精力也未说清楚所述问题，其原因是不同工程技术人员对同一问题各有不同的理解和定义。因此，在《建筑边坡工程技术规范》(GB 50330—2002)第 2 章中为了明确工程的具体概念，采用了术语一节来具体表达主要的名词概念，尽管规范在明确具体工程术语时存在许多值得探讨的问题，但它给出了一个平台，在这个平台上再讨论问题时将节省大量的人力、物力，因此应正确理解边坡的工程概念。

坡的概念：当岩土体外表面与水平面的夹角不为零时，所形成外表面即为坡。通常岩土体外表面与水平面的夹角小于 10°时，坡面平缓，对人类生活、生产影响较小，未引起人们的特别注意；当岩土体外表面与水平面的夹角在 10°~30°之间时，坡面对人类生活、生产有一定影响，且在特定的条件下，将引发有关安全问题，已引起人们的注意，此时称之为缓坡；当岩土体外表面与水平面的夹角在 30°~50°之间时，坡面对人类生活、生产影响很大，在一定的条件下，易引发安全问题，已引起人们的高度注意，此时称之为陡坡；当岩土体外表面与水平面的夹角超过 50°时，坡面对人类生活、生产有严重影响，且在一般条件下，必将引发安全问题，已引起人们的特别注意，此时称之为陡壁，特殊情况岩土体外表面与水平面的夹角为 90°，此时称为直立边坡（峭壁）。

边坡工程的研究对象是：建筑工程开挖过程中形成的坡体（或自然边坡）及坡体对建筑工程、人类生活、生产及自然环境造成的影响和危害。建筑边坡工程重点研究边坡的安全及对环境的危害和保护。

这里讨论的边坡工程主要适用于岩质边坡和非软土类边坡，软土类边坡具有一定的特殊性，本书不作专门论述。

1.1.1 边坡工程的有关概念

建筑边坡：在建（构）筑物场地或其周边，由于建（构）筑物和市政工程开挖或填筑施工所形成的人工边坡和对建（构）筑物安全或稳定有影响的自然边坡，简称边坡[3]。

临时性边坡：工作年限不超过2年的边坡[3]。

永久性边坡：工作年限超过2年的边坡[3]。

工程滑坡：因工程行为而诱发的滑坡[3]。

信息施工法：根据施工现场的地质情况和监测数据，对地质结论、设计参数进行验证，对施工安全性进行判断并及时修正施工方案的施工方法[3]。

动态设计法：根据信息施工法和施工勘察反馈的资料，对地质结论、设计参数及设计方案进行再论证，如确认原设计条件有较大变化，及时补充、修改原设计的设计方法[3]。

岩体结构面：岩体内开裂的和易开裂的面。如层面、节理、断层、片理等。又称不连续构造面[1]。

支挡结构：使岩土边坡保持稳定，控制位移而建造的结构物[1]。

1.1.2 滑坡工程的有关概念

滑坡：斜坡上的岩土体沿某一界面发生剪切破坏向坡下运动的现象[6]。

滑体：沿滑动面作整体滑动变形的岩土体[6]。

滑带：滑体与滑床之间的软弱岩土夹层[6]。

滑床：滑带土下的不动岩土体[6]。

1.1.3 基坑工程的有关概念

建筑基坑：为进行建筑物（包括构筑物）基础与地下室施工所开挖的地面以下空间[4]。

基坑侧壁：构成建筑基坑围体的某一侧面[4]。

基坑支护：为保证地下结构施工及基坑周边环境的安全，对基坑侧壁及周边环境采用的支挡、加固与保护措施[4]。

1.1.4 边坡、滑坡、基坑的关系

边坡、滑坡、基坑均属于岩土工程中广义边坡的范畴，但边坡、滑坡、基坑在不同条件下其概念又有所差异。就建筑范畴而言，边坡支护结构主要属构筑物，一般为建筑物的环境工程，特殊条件下为建筑基坑的一部分，在山区建筑中，有一部分边坡既是建筑边坡，又是建筑基坑；基坑为地下室空间，一般仍属于建筑物范围，通常建筑物外墙可兼作支护结构，山区地基和软土地基建筑基坑的控制和设计有很大差别，实际工程设计时不可混为一谈；滑坡通常属于地质灾害的范畴，未经治理的滑坡场地不应作为建筑场地使用，滑坡影响范围远比建筑边坡影响范围广，产生的危害也比建筑边坡大，在很特殊的情况下，滑坡控制才由岩土压力控制，通常情况下滑坡推力由滑坡体下滑力、动水压力等因素控制。

1.1.5 边坡工程的重要性及分级

根据边坡工程的重要性及破坏后果的危害性，对边坡工程安全性有3条规定：

（1）边坡工程应按其损坏后可能造成的后果（危及人的生命、造成经济损失、产生社

会不良影响）的严重性、边坡类型和坡高等因素，根据表 1-1 确定边坡的安全等级。

边坡工程安全等级分类表　　　　　　　　　　　　　　　表 1-1

边坡类型		边坡高度 H（m）	破坏后果	安全等级
岩质边坡	岩体类型为Ⅰ或Ⅱ类	$H \leq 30$	很严重	一级
			严　重	二级
			不严重	三级
	岩体类型为Ⅲ或Ⅳ类	$15 < H \leq 30$	很严重	一级
			严　重	二级
		$H \leq 15$	很严重	一级
			严　重	二级
			不严重	三级
土质边坡		$10 < H \leq 15$	很严重	一级
			严　重	二级
		$H \leq 10$	很严重	一级
			严　重	二级
			不严重	三级

注：1. 一个边坡工程的各段，可根据实际情况采用不同的安全等级；
　　2. 对危害性极严重、环境和地质条件复杂的特殊边坡工程，其安全等级应根据工程情况适当提高。

（2）破坏后果很严重、严重的下列建筑边坡工程，其安全等级应定为一级：
1）由外倾软弱结构面控制的边坡工程；
2）危岩、滑坡地段的边坡工程；
3）边坡滑塌区内或边坡影响区内有重要建（构）筑物的边坡工程。破坏后果不严重的上述边坡工程的安全等级可定为二级。

（3）边坡塌滑区范围可按下式估算：

$$L = H/\tan\theta \tag{1-1}$$

式中　L——边坡坡顶塌滑区边缘至坡底边缘的水平投影距离（m）；
　　　H——边坡的高度（m）；
　　　θ——边坡的破裂角（°）。对于土质边坡可取 $45° + \varphi/2$，φ 为土体的内摩擦角；对岩质边坡可按《建筑边坡工程技术规范》（GB 50330—2002）第 6.3.4 条的规定确定。

1.2　岩土工程勘察

边坡工程勘察（广义的）包括边坡工程勘察（狭义的）、基坑工程勘察、滑坡勘察、危岩崩塌勘察和斜坡勘察。斜坡勘察可根据具体情况按滑坡勘察或边坡勘察的有关规范、规定执行。

1.2.1　边坡工程勘察

（1）边坡工程勘察的等级

边坡工程勘察的等级按表1-2进行划分。

边坡工程勘察等级划分 表1-2

边坡类型		边坡高度 H（m）	破坏后果	勘察等级
岩质边坡	岩体类型为Ⅰ或Ⅱ类	H≤30	很严重	一级
			严重	二级
			不严重	三级
	岩体类型为Ⅲ或Ⅳ类	15＜H≤30	很严重	一级
			严重	二级
		H≤15	很严重	一级
			严重	二级
			不严重	三级
土质边坡		10＜H≤15	很严重	一级
			严重	二级
		H≤10	很严重	一级
			严重	二级
			不严重	三级

注：一个边坡工程的各段，可根据实际情况采用不同的勘察等级。

边坡岩体的类型在考虑结构面产状、结构面结合程度和岩体完整程度的基础上，按岩质边坡的岩体分类表1-3确定。岩石坚硬程度的定性划分按表1-4确定，岩石坚硬程度定性划分时，其风化程度应按表1-5确定；岩体完整程度的定性划分按表1-6确定，结构面的结合程度应根据结构面特征按表1-7确定；岩石坚硬程度的定量指标，应采用岩石单轴饱和抗压强度 R_c，R_c 应采用实测值。当无条件取得实测值时，也可采用实测的岩石点荷载强度指数（$I_{s(50)}$）的换算值，并按下式换算：

$$R_c = 22.82 I_{s(50)}^{0.75} \tag{1-2}$$

岩石单轴饱和抗压强度 R_c 与定性划分的岩石坚硬程度的对应关系，可按表1-8确定。

岩质边坡的岩体分类 表1-3

边坡的岩体类型	判定条件			岩体基本质量指标（BQ）
	岩体坚硬及完整程度	结构面结合程度	结构面产状	
Ⅰ	坚硬岩、岩体完整	结构面结合良好或一般	外倾结构面或外倾不同结构面的组合线倾角＞75°或＜35°	＞550
Ⅱ	坚硬岩、岩体完整	结构面结合良好或一般	外倾结构面或外倾不同结构面的组合线倾角35°～75°	550～451
Ⅲ	坚硬岩、岩体完整	结构面结合差	外倾结构面或外倾不同结构面的组合线倾角＞75°或＜35°	450～351
	较坚硬岩、岩体较完整	结构面结合良好或一般或差	外倾结构面或外倾不同结构面的组合线倾角＜35°，有内倾结构面	

续表

边坡的岩体类型		判定条件			岩体基本质量指标（BQ）
		岩体坚硬及完整程度	结构面结合程度	结构面产状	
Ⅲ	ⅢA	坚硬岩、岩体完整	结构面结合差	外倾结构面或外倾不同结构面的组合线倾角35°~75°	350~251
		较坚硬岩、岩体较完整	结构面结合良好或一般	外倾结构面或外倾不同结构面的组合线倾角35°~75°	
		较坚硬岩、岩体较完整	结构面结合差	外倾结构面或外倾不同结构面的组合线倾角>75°或<35°	
	ⅢB	较坚硬岩、岩体较破碎	结构面结合良好或一般	结构面无明显规律	
Ⅳ	ⅣA	较坚硬岩、岩体较完整	结构面结合差或很差	外倾结构面以层面为主，倾角多为35°~75°	≤250
	ⅣB	较软岩，岩体破碎；软岩，岩体较破碎—破碎；全部极软岩及全部极破碎岩	结构面结合很差	结构面无明显规律	

岩石坚硬程度的定性划分　　表1-4

名称		定性鉴定	代表性岩石
硬质岩	坚硬岩	锤击声清脆，有回弹，振手，难击碎；浸水后，大多无吸水反应	未风化~微风化的；花岗石、正长岩、闪长岩、辉绿岩、玄武岩、安山岩、片麻岩、石英片岩、硅质板岩、石英岩、硅质胶结的砾岩、石英砂岩、硅质石灰岩等
	较坚硬岩	锤击声较清脆，有轻微回弹，稍振手，较难击碎；浸水后，有轻微吸水反应	1. 弱风化的坚硬岩； 2. 未风化~微风化的；溶结凝灰岩、大理岩、板岩、白云岩、石灰岩、钙质胶结的砂岩等
软质岩	较软岩	锤击声不清脆，无回弹，较易击碎；浸水后，指甲可刻出印痕	1. 强风化的坚硬岩； 2. 弱风化的较坚硬岩； 3. 未风化~微风化的；凝灰岩、千枚岩、砂质泥岩、泥灰岩、泥质砂岩、粉砂岩、页岩等
	软岩	锤击声哑，无回弹，有凹痕，易击碎；浸水后，手可掰开	1. 强风化的坚硬岩； 2. 弱风化~强风化的较坚硬岩； 3. 弱风化的较软岩； 4. 未风化的泥岩等
	极软岩	锤击声哑，无回弹，有较深凹痕，手可捏碎；浸水后，可捏成团	1. 全风化的各种岩石； 2. 各种半成岩

岩石风化程度的划分 表1-5

名 称	风 化 特 征
未风化	结构构造未变,岩质新鲜
微风化	结构构造、矿物色泽基本未变,部分裂隙面有铁锰质渲染
弱风化	结构构造部分破坏,矿物色泽较明显变化,裂隙面出现风化矿物或存在风化夹层
强风化	结构构造大部分破坏,矿物色泽明显变化,长石、云母等多风化成次生矿物

岩体完整程度的定性划分 表1-6

名 称	结构面发育程度 组数	平均间距(m)	主要结构面的结合程度	主要结构面的类型	相应结构类型
完整	1~2	>1.0	结合好或结合一般	节理、裂隙、层面	整体状或巨厚层状结构
较完整	1~2	>1.0	结合差	节理、裂隙、层面	块状或厚层状结构
较完整	2~3	1.0~0.4	结合好或结合一般	节理、裂隙、层面	块状结构
较破碎	2~3	1.0~0.4	结合差	节理、裂隙、层面、小断层	裂隙块状或中厚层状结构
较破碎	≥3	0.4~0.2	结合好	节理、裂隙、层面、小断层	镶嵌碎裂结构
较破碎	≥3	0.4~0.2	结合一般	节理、裂隙、层面、小断层	中、薄层状结构
破碎	≥3	0.4~0.2	结合差	各种类型结构面	裂隙块状结构
破碎	≥3	<0.2	结合一般或结合差	各种类型结构面	碎裂状结构
极破碎	无序		结合很差		散体状结构

注:平均间距指主要结构面(1~2组)间距的平均值。

结构面结合程度的划分 表1-7

名 称	结 构 面 特 征
结合好	张开度小于1mm,无充填物
结合较好	张开度1~3mm,为硅质或铁质胶结 张开度大于3mm,结构面粗糙,为硅质胶结
结合一般	张开度1~3mm,为钙质或泥质胶结; 张开度大于3mm,结构面粗糙,为铁质或钙质胶结
结合差	张开度1~3mm,结构面平直,为泥质或泥质和钙质胶结; 张开度大于3mm,多为泥质或岩屑充填
结合很差	泥质充填或泥夹屑充填,充填物厚度大于起伏差

R_c与定性划分的岩石坚硬程度的对应关系 表1-8

R_c(MPa)	>60	60~30	30~15	15~5	<5
坚硬程度	坚硬岩	较坚硬岩	较软岩	软岩	极软岩

岩体完整程度的定量指标,应采用岩体完整性指数(K_v)。K_v应采用实测值。当无条件取得实测值时,也可用岩体体积节理数(J_v),按表1-9确定对应的K_v值。

J_v 与 K_v 对照表　　　　　　　　　　　　　　　　　表 1-9

J_v（条/m³）	<3	3~10	10~20	20~35	>35
K_v	>0.75	0.75~0.55	0.55~0.35	0.35~0.15	<0.15

岩体完整性指数（K_v）与定性划分的岩体完整程度的对应关系，可按表 1-10 确定。

K_v 与定性划分的岩体完整程度的对应关系　　　　　　　表 1-10

K_v	>0.75	0.75~0.55	0.55~0.35	0.35~0.15	<0.15
完整性指数	完　整	较完整	较破碎	破　碎	极破碎

注：完整性指数为岩体压缩波速度与岩块压缩波速度之比的平方，选定岩体和岩块测定波速时，应注意其代表性。定量指标 K_v、J_v 的测试，应符合《工程岩体分级标准》（GB 50218—94）附录 A 的规定。

当根据基本质量特征和岩体基本质量指标（BQ）确定的级别不一致时，应通过对定性划分和定量指标的综合分析，确定岩体基本质量级别。必要时，应重新进行测试。

岩体基本质量指标（BQ），应根据分级因素的定量指标 R_c 的兆帕数值和 K_v，按下式计算：

$$BQ = 90 + 3R_c + 250K_v \tag{1-3}$$

注：使用上式时，应遵守下列限制条件：

① 当 $R_c > 90K_v + 30$ 时，应以 $R_c = 90K_v + 30$ 和 K_v 代入计算 BQ 值。

② 当 $K_v > 0.04R_c + 0.4$ 时，应以 $K_v = 0.04R_c + 0.4$ 和 R_c 代入计算 BQ 值。

（2）一级边坡工程和一级滑坡危岩治理工程的勘察应专门进行，二级、三级边坡工程和二级、三级滑坡危岩治理工程的勘察可与主体工程勘察一并进行。规模大且地质环境复杂的边坡工程勘察宜分阶段进行。

（3）边坡工程勘察前应取得以下资料：

1）附有坐标和地形的拟建建筑物总平面布置图；

2）拟建建筑物的性质、结构特点及可能采取的基础形式、截面尺寸和埋置深度；

3）边坡高度、坡底高程（黄海高程或吴淞高程，吴淞高程 = 黄海高程 − 1.79m）、开挖线和堆坡线；

4）拟建场地的整平高程和挖方、填方情况；

5）场地及其附近已有的勘察资料和边坡支护形式与参数；

6）边坡及其周边地区的场地等环境条件资料；

7）边坡及其周边地区地下管网（如地下水管、汽管、通信电缆等）资料；

8）其他：

①相关气象资料、最大降雨强度和 10 年一遇的最大降雨量；

②涉水边坡或库岸，收集历史最高洪水位资料，调查可能影响边坡水文地质条件的工业和市政管线、江河等水源因素以及相关水库水位调度方案资料；

③勘察之前应充分收集边坡所在地段的地层、岩性、地质构造、降雨、地震及边坡线的平、纵、横断面初步设计资料。

（4）边坡勘察宜在收集已有地质资料的基础上先进行工程地质测绘。工程地质测绘的平面比例尺宜为 1:500~1:1000，应根据边坡的长度、高度、设计等级、环境复杂程度等综合确定；剖面比例尺宜为 1:200~1:500。工程地质测绘工作应查明已有斜（边）坡的形态、坡角、卸荷带特征、结构面产状和性质等，测绘范围应包括可能对边坡稳定性有影响及受边坡影响的所有地段。

边坡的地面调查是最重要也是最基础的工作，它包括以下一些内容：

1）边坡所在山坡的走向、坡向、坡高，各分段的坡形、坡率、坡高；有无剥蚀平台；植被状况；河流、沟谷发育程度、分布密度、切割深度、走向、沟形、沟岸稳定状况；自然山坡上有无变形现象，其类型、规模和产生的部位。

2）线路等建（构）筑物在山坡上的位置、走向，欲开挖边坡的高度和形式。

3）当地同类地层中已有人工边坡的形式和稳定状况。

4）山坡和边坡上地下水出露位置、高程、流量变化。

5）边坡地段的地层、岩性、产状、风化程度、强度特征，不同地层在边坡上的分布位置，有无软弱夹层或接触面，其产状与边坡开挖面的关系。

6）地质构造（主要是小构造）的分布位置、产状、发育程度、延伸长度、充填物、含水状况，及其与开挖面的关系。

7）坡体结构类型：类均质体结构、近水平层状结构、顺倾层状结构、反倾层状结构、碎裂状结构和块状结构。

8）已开挖边坡的施工方法，包括施工季节、开挖顺序（如分段跳槽、逆作法等）和开挖方式（如爆破等）。

9）边坡变形历史过程、变形类型、发生时间、部位、裂缝分布、发展过程，及其与施工和降雨等的关系。

(5) 边坡工程勘察应查明以下内容：

1）地形地貌特征；

2）岩土的类型、成因、性状、岩石风化和完整程度；

3）覆盖层厚度、基岩面的形态和坡度；

4）岩石和土体的物理力学性能；

5）结构面（特别是软弱结构面）的类型、产状、发育程度、延伸长度、贯穿程度、闭合程度、风化程度、充填状况、充填的物质成分、充水状况、组合关系、力学属性和与临空面或开挖面的关系；

6）水文地质条件及下列情况：

①查明对边坡工程有重大影响的气象条件（特别是雨期、暴雨强度）、汇水面积、排水坡度、植被、地表水对坡面、坡脚的冲刷等情况；

②查明地下水类型、水位、水压、水量、补给、动态变化和主要含水层分布情况；

③查明岩体和软弱结构面中地下水情况；

④调查边坡周围山洪、冲沟和河流冲淤等情况。

(6) 边坡工程勘探手段　边坡工程勘探宜采用钻探（直孔和斜孔相结合）、坑（井）探和槽探等方法，必要时可辅以洞探和物探方法。

(7) 边坡工程勘探范围　边坡工程勘探范围应包括坡面区域、到坡顶边缘线水平距离不小于1倍岩质边坡高度或不小于1.5倍土质边坡高度的坡顶区域，必要时尚应包括可能对边坡工程和建筑物有潜在安全影响的区域。

(8) 边坡工程勘探点、线布置及间距　勘探线应垂直边坡走向和沿支挡线布置，详勘的线、点距应按表1-11确定。每一单独边坡段勘探线不宜少于2条，每条勘探孔不应少于2个。

详勘的勘探线、点间距　　　　　　　　表1-11

边坡工程勘察等级	勘探线间距（m）	勘探点间距（m）
一级	10~20	8~15
二级	20~30	15~20
三级	30~40	20~25

注：1. 初勘的勘探线、点间距可适当放宽；
　　2. 地质条件复杂时勘探点间距宜适当减小。

（9）边坡工程勘探孔的深度要求　勘探孔的深度应穿过最深潜在滑动面进入稳定层不小于5m，坡脚勘探孔应进入坡脚地形最低点和支护结构基础底面以下不小于3m。

（10）边坡工程勘察的试验项目及数量要求　主要岩土层和软弱层应采集试样进行试验。试验项目除应符合下列要求外，还应包括岩石和结构面抗剪强度试验。土的抗剪强度指标宜采用三轴试验获取。每层岩土抗剪强度指标的试验数量不应少于6组（每组不少于3个试样），每层岩石抗压强度试样不应少于9个，每层岩土其他主要指标的试样数量不应少于6个。岩体和结构面（含岩土界面等）的抗剪强度参数宜采用现场试验确定。

1) 岩石试验宜包括物性指标、抗压强度指标、变形模量、泊松比；
2) 土工试验应包括物性指标（含水理性质指标）、抗剪强度指标、变形模量；
3) 试样的含水状态应包括天然状态和饱和状态。

（11）边坡工程勘察应提供必要的水文地质参数。在不影响边（斜）坡安全的条件下，可进行抽水试验、渗水试验或压水试验。

（12）边坡工程勘察应研究降水对边坡稳定性的影响，论证地下水变化及其对边坡稳定性的影响。

（13）其他：
1) 对有特殊要求的岩质边坡工程宜作岩体流变试验；
2) 当需要时，可选部分钻孔埋设地下水和边坡的变形监测设备，其余钻孔应及时封堵；
3) 作为拟建物地基的边坡工程勘察除满足上述要求外，还应满足地基勘察的有关要求。

1.2.2 基坑工程勘察

（1）基坑类型
基坑按物质组成可分为土质基坑和岩质基坑。

（2）基坑勘察收集的资料
1) 附有坐标和地形的基坑所处地理位置；
2) 在城市地下管网密集分布区，可通过地理信息系统或其他档案资料了解管线的类别、平面位置、埋深和规模；
3) 场地及其附近已有的勘察资料和当地基坑支护结构形式和经验。

(3) 基坑勘察的内容

1) 查明影响范围内建（构）筑物的结构类型、层数、基础类型、埋深、基础荷载大小及上部结构现状；

2) 查明基坑周边的各类地下设施，包括上水、下水、电缆、燃气、污水、雨水、热力等管线或管道的分布和性状；

3) 查明场地周围和临近地区地表水汇流、排泄情况，地下水管渗漏情况以及对基坑开挖的影响程度；

4) 查明基坑四周道路的距离及车辆载重情况。

(4) 基坑勘察的手段

应以钻探为主，必要时，还可采用井探和物探。

(5) 基坑勘察的范围

基坑勘察的范围应根据开挖深度及场地的岩土工程条件确定，对于土质基坑，宜为开挖深度的2～3倍，对于岩质基坑宜为开挖深度的1～2倍，当开挖边界外无法布置勘探点时，应通过调查取得相应资料。

(6) 基坑勘察的点间距

基坑勘察点的间距应视地层条件而定，可在15～30m内选择，地层变化较大时，应增加勘探点，查明分布规律。

(7) 基坑周边勘探孔的深度

基坑周边勘探孔的深度应根据基坑支护结构设计要求确定，不宜小于1倍开挖深度，软土地区应穿越软土层。

(8) 基坑勘察的试验项目及数量

1) 岩样采集位置应主要布置在基坑支护结构部位。每种岩性的岩样不应少于3组，但抗剪强度试验的岩样不应少于6组；每组岩样不应少于3件；

2) 土样采集位置应主要布置在基坑支护结构部位。各层土数量均不应少于6组；详细勘察阶段，各层土均不宜少于9组，且不应少于勘探点总数的1/5；

3) 土的强度试验应根据土样性质和可能施工条件确定选用不固结不排水剪切试验、固结不排水剪切试验还是固结排水剪切试验。

不固结不排水剪切试验（UU）：试样在完全不排水条件下，施加周围压力后，快速增大轴向压力到试样破坏。

适用条件：渗透性较小，施工速度快，在施工期间无排水固结。

固结不排水剪切试验（CU）：试样先在周围压力下进行固结，然后在不排水条件下，快速增大轴向压力到试样破坏。

适用条件：在一定应力条件下已固结排水的土体，但应力增加时不排水。

固结排水剪切试验（CD）：试样在周围压力下进行固结，然后继续在排水条件下，缓慢增大轴向压力到试样破坏。

适用条件：排水条件好的土体，施工速度慢，在施工时不产生孔隙水压力。

1.2.3 滑坡勘察

拟建工程场地或其附近存在对工程安全有影响的滑坡或有滑坡可能时，应进行专门的滑坡勘察。

(1) 滑坡类型

1) 滑坡按物质组成可分为土质滑坡和岩质滑坡。土质滑坡应为滑动面位于土层内或为土层与基岩界面的滑坡；岩质滑坡应为滑动面位于基岩内部的滑坡。

2) 滑坡按发生年代可分为新滑坡、老滑坡和古滑坡（表1-12）。

3) 滑坡按滑动方式可分为松脱式滑坡和推移式滑坡（表1-13）。

滑坡按发生年代分类　　表1-12

滑坡类型	滑坡发生年代
新滑坡	近期（近50年内）
老滑坡	全新世（不包括近50年）
古滑坡	晚更新世及其以前

滑坡按滑动方式分类　　表1-13

滑坡类型	滑坡滑动方式
松脱式滑坡	前部先滑动，逐次向后发展
推移式滑坡	后部先滑动，推动前部发生滑动

4) 滑坡按滑体厚度可分为浅层滑坡、中层滑坡、深层滑坡和超深层滑坡（表1-14）。

滑坡按滑体厚度分类　　表1-14

滑坡类型	浅层滑坡	中层滑坡	深层滑坡	超深层滑坡
滑体厚度 h (m)	$h \leqslant 10$	$10 < h \leqslant 25$	$25 < h \leqslant 50$	$50 < h$

5) 滑坡按滑体体积可分为小型滑坡、中型滑坡、大型滑坡和特大型滑坡（表1-15）。

滑坡按滑体体积分类　　表1-15

滑坡类型	小型滑坡	中型滑坡	大型滑坡	特大型滑坡
滑体体积 V ($\times 10^4 \mathrm{m}^3$)	$V \leqslant 10$	$10 < V \leqslant 100$	$100 < V \leqslant 1000$	$1000 < V$

6) 滑坡按主要诱发原因可分为工程滑坡和非工程滑坡（表1-16）。

7) 滑坡按纵横长度比可分为纵长式滑坡、等长式滑坡和横长式滑坡（表1-17）。

滑坡按主要诱发因素分类　　表1-16

滑坡类型	主要诱发因素
工程滑坡	在滑坡或潜在滑坡体上及边缘附近进行工程建设活动
非工程滑坡	自然因素或其他人为因素

滑坡按纵横长度比分类　　表1-17

滑坡类型	纵横长度比 (k)
纵长式滑坡	$1.5 \leqslant k$
等长式滑坡	$0.5 \leqslant k \leqslant 1.5$
横长式滑坡	$k < 0.5$

8) 滑坡按古、老滑动面被利用情况可分为全复活型滑坡、部分全复活型滑坡和非全复活型滑坡（表1-18）。

滑坡按古、老滑动面被利用情况分类　　表1-18

滑坡类型	古、老滑动面被利用情况
全复活型滑坡	古、老滑动面被新滑坡全面利用
部分全复活型滑坡	古、老滑动面被新滑坡部分利用
非全复活型滑坡	古、老滑动面未被新滑坡利用

滑坡按滑动面与岩层层面的关系分类　　表1-19

滑坡类型	滑动面与岩层层面的关系
顺层滑坡	以岩层层面为滑动面
切层滑坡	滑动面与岩层层面相切

9）岩质滑坡按滑动面与岩层层面的关系可分为顺层滑坡和切层滑坡（表1-19）。

10）滑坡所处演变阶段应根据滑动带及滑动面、滑坡后缘、滑坡前缘、滑坡两侧和滑坡体状况分为弱变形阶段、强变形阶段、滑动阶段和停止阶段。

滑坡的类型较多，在三峡库区常见类型有单斜型（生基塘型）、陡缓转换型（故陵型）、顺层、切层混合型（范家坪型）和追踪反倾向裂隙型（龙王庙型），见图1-1[13]。

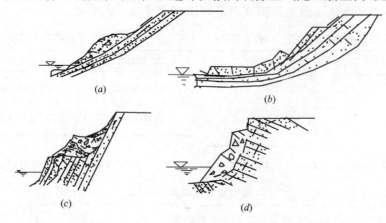

图1-1　三峡库区滑坡常见类型
（a）单斜型（生基塘型）；（b）陡缓转换型（故陵型）；（c）顺层、切层混合型（范家坪型）；（d）追踪反倾向裂隙型（龙王庙型）

（2）滑坡勘察收集的资料

1）附有坐标和地形的滑坡所处地理位置、行政区划、滑坡区的交通状况、区域经济状况；

2）滑坡区的气象、水文资料，特别是降雨、河流或水库水位（如处于长江三峡库区沿岸的滑坡，通常需标注三峡大坝坝前175.00m（吴淞高程）所对应的特征水位线）；

3）滑坡区的地层岩性、地质构造、新构造运动、地震资料；

4）滑坡场地及其附近已有的勘察资料和当地治理滑坡的经验（滑坡治理的结构形式与设计参数）。

（3）滑坡勘察的地质测绘

滑坡勘察宜在收集已有地质资料的基础上先进行工程地质测绘。工程地质测绘的平面比例尺宜为1:500～1:2000，应根据滑坡的面积、滑坡环境地质复杂程度、防治工程等级和滑坡治理工程设计的需要进行确定；剖面比例尺宜为1:200～1:500。

1）应在收集分析区域地质和前人已有勘察资料的基础上，对外围进行必要的核查；

2）应查明滑坡的各要素特征和滑坡的变形破坏历史及现状，并对滑坡成因、性质和稳定性进行判断；

3）应识别滑坡特征和滑坡要素，根据地形特征及地面裂缝分布规律等情况判定滑坡范围、主滑方向及主滑线。对可能观察到的滑坡要素和异常地质现象，以及能反映滑坡基本特征的地质现象，应有地质观测点控制；

4）应从地形地貌、地层岩性、地质构造、新构造运动、地震、地下水等基本条件，降雨、地表水等自然因素及边坡开挖、堆填加载、采石采矿、水库渠道渗漏等人为因素多方面对滑坡的成因、性质作出分析判断；

5）应从滑坡体上的微地貌特征（如滑坡壁、滑坡鼓丘等）、植物生长情况（如是否可见树木成"醉汉林"等）、建构筑物变形破坏情况、地面开裂位移情况及井、泉动态变化等方面对滑坡的稳定性作出宏观分析判断。

（4）滑坡勘察的内容

1）滑坡的形态要素和演化过程，圈定滑坡周界；

2）查明各层滑坡面（带）的位置；

3）查明地下水的位置、流向和性质；

4）在滑坡体、滑坡面（带）和稳定地层中采取岩、土试样进行试验。

（5）滑坡勘察的手段

滑坡勘察应以地质测绘与调查、钻探、井探、槽探为主，必要时，还应采用洞探和物探。

（6）滑坡勘察的范围

滑坡勘察的范围应包括滑坡及其邻区。勘察区后部应包括滑坡后壁以上一定范围的稳定斜坡或汇水洼地，勘察区前部应包括剪出口以下的稳定地段，勘察区两侧应到达滑坡以外一定距离或临近沟谷。涉水滑坡还应到达河（库）心或对岸。

（7）滑坡勘察的点、线间距

滑坡勘察应遵循先勘探主剖面后勘探辅助剖面的原则，并符合下列要求：

1）控制性勘察阶段应平行主滑线布置主、辅纵勘探线，垂直主滑线布置控制滑坡体厚度横向变化的横勘探线；当同一滑坡有多个次级滑体时，各次级滑体均应平行其主滑线布置勘探线。纵勘探线间距宜为80~150m，应根据滑坡防治等级、地质环境复杂程度及滑坡宽度选择，当滑坡防治等级为一级、地质环境复杂、滑坡宽度较小时，取小值；

2）详细勘察阶段应在控制性勘察的基础上确认主滑方向及主滑线，在主勘探线两侧增布辅助勘探线，勘探线间距应视滑坡纵横向变化大小和防治工程等级而定，宜为40~80m，当滑坡防治等级为一级、横向变化大时，取小值。如滑坡需要治理，勘探点的布置应满足滑坡治理工程设计的需要。当需进行支挡时应沿初拟支挡部位布置横勘探线；需采取地下排水措施时，应沿拟设排水构筑物位置增补勘探线；

3）每条纵勘探线上的勘探点不应少于3个，控制性勘察阶段纵勘探线上勘探点的间距宜为50~80m，详细勘察阶段纵勘探线上勘探点的间距宜为30~60m。滑坡主勘探线宜取小值，滑坡纵向变化大时宜取较小值，滑坡前后部宜取较小值。纵勘探线上勘探点布置应考虑构成横勘探线的需要，剪出口难以确定或横勘探线可能作为支挡线时，应适当加密勘探点。

（8）滑坡勘探孔的深度

滑坡勘探孔的深度应穿过最下一层滑面，进入稳定地层，控制性勘探孔应深入稳定地层一定深度，满足滑坡治理需要。

1）对岩质滑坡或最低滑面为岩土界面的土质滑坡，勘探孔的深度应根据滑面的可能深度确定。控制性勘察阶段钻孔应进入可能的最低滑面以下3~5m，滑坡有无深层滑面难以判断时，个别控制性勘探点可根据需要加深；详细勘察阶段控制性钻孔应进入可能的最低滑面以下 3~5m，一般性钻孔应进入最低滑面以下 1~3m；探井揭穿最低滑面即可；

2) 对土层内部滑坡，详细勘察阶段的少数控制性钻孔可加深至下伏基岩中等风化层 1~3m；

3) 土质滑坡勘探孔进入滑床的深度应大于土层中所见同类岩性最大块石直径的 1.0~1.5倍；

4) 对需要防治的滑坡，详细勘察阶段可能治理部位的勘探深度应满足防治工程设计的要求，拟设抗滑桩地段的钻孔进入滑床的深度宜为滑体厚度的 1/3~1/2。

(9) 滑坡勘察的试验项目及数量

1) 岩样采集位置应主要布置在滑坡可能支挡部位。每种岩性的岩样不应少于 3 组，但抗剪强度试验的岩样不应少于 6 组；每组岩样不应少于 3 件；

2) 土样采集位置应主要布置在滑坡主勘探线上。控制性勘察阶段，滑带土和滑体土数量均不应少于 6 组；详细勘察阶段，滑带土和滑体土数量均不宜少于 9 组，且不应少于勘探点总数的 1/5；

3) 土的强度试验宜符合下列要求：

①试验法：采用室内、野外滑面重合剪，滑带土宜作重塑土或原状土多次剪试验，并求出多次剪和残余剪的抗剪强度；

②类比法、经验法：采用与滑动受力条件相似的方法；

③反算法（反算分析法）：采用反算方法检验滑动面的抗剪强度指标。包括综合反算法和联立方程求解法。

(A) 综合反算法：

假定滑坡变形体处于极限平衡状态，将滑动力与抗滑力均代入计算中，然后反求滑动面上的抗剪强度。

(a) 对黏性土，令 $\varphi=0$，求综合黏聚力 c 值；

(b) 对非黏性土、裂隙控制的边坡，令 $c=0$，求综合内摩擦角 φ_D 值；

(c) 大部分滑带土 c，φ 兼有，可根据经验，先假定 c 值，反求 φ。按滑体厚度，c 值的经验取法。

(B) 联立方程求解法：

为了能同时反求主滑段的 c，φ 值，在地质条件类似、运动状态和过程类似和变形发育阶段类似的断面可以用滑坡推力公式联立求解 c，φ 值。

同一滑坡可选择距主滑面大致相等距离的两个断面建立方程，也可用同一性质的滑坡群中的两个滑坡断面联立求解。

推力公式：
$$P_i = P_{i-1}\Psi_i + K_S T_i - R_i \tag{1-4}$$

由于处于极限平衡状态，$K_s = 1$，即最后一块滑块的剩余下滑力 $P_i = 0$，根据上述原则建立联立方程组为：

$$P_{n-1}^1 \Psi_n + T_n^1 - R_n^1 = 0 \quad （一断面） \tag{1-5}$$

$$P_{n-1}^2 \Psi_n + T_n^2 - R_n^2 = 0 \quad （二断面） \tag{1-6}$$

（C）注意事项（具体操作）：

（a）恢复极限平衡剖面反算是针对新近发生的滑坡：恢复滑前剖面，认为处于极限平衡状态（$k=1$），求出 c，φ。

将反算的 c，φ 用于计算，评价滑动后坡体的稳定性（精度较差）。

（b）不恢复斜坡断面时的反算：

根据在滑坡复活的阶段及相应的稳定程度，用现有断面进行反算。

若处于蠕动挤压阶段，取 $K = 1.01 \sim 1.10$；

若正在等速滑动时，取 $K = 0.97 \sim 1.00$；

若加速滑动时，取 $K = 0.95 \sim 0.98$。

所得指标反映当前状况，进一步的评价、计算。

（c）变形体：直接用现在断面反算，求推力。滑带土的抗剪强度指标应以测试结果为基础，结合反算分析结果、宏观地质判断和工程类比综合确定。不同剖面、同一剖面的不同地段抗剪强度差异明显时，滑带土的抗剪强度指标应分别取值。

1.2.4 危岩崩塌勘察

（1）危岩崩塌勘察收集的资料

1）已有的区域地质、地震、气象、水文、植被、人为改造活动；

2）崩塌历史及造成的损失程度；

3）危岩治理的经验（危岩治理的措施及相关参数）。

（2）危岩崩塌地质测绘

1）危岩带的区域地质环境调查比例尺宜为 1:1000～1:5000，危岩带地质测绘比例尺宜为 1:500～1:1000，危岩体的地质测绘比例尺宜为 1:100～1:500；

2）调查危岩所处陡崖（带）岩体结构面性状（产状、性质、延伸长度、深度、宽度、间距、充填物、充水情况）；

3）调查坡体结构（岩性、结构面或软弱层及其与斜坡临空面的空间组合）、陡崖岩体卸荷带特征、基座特征（软弱地层岩性、风化剥蚀情况、岩腔及变形情况）、崩塌堆积规模及可能造成的危害。

（3）危岩崩塌勘探内容及手段

1）勘探被覆盖或被填充的裂隙特征、充填物性质及充水情况，可采用钻探、槽探、井探、跨孔声波测试、孔中彩色电视及地质雷达测试等手段；

2）勘探控制性结构面的钻孔应采用水平或倾斜钻孔，钻孔穿过控制性结构面，其深度不应小于可能的卸荷带最大宽度和结构面最大间距；水平或倾斜钻孔宜从崖脚起算危岩（陡崖）高度的 1/2～1/3 布置；

3）崖顶卸荷带、软弱基座分布范围的勘探宜采用槽探和井探；

4）槽探和井探的总数占勘探点总数的比例不少于 1/3。

（4）危岩崩塌勘探点、线距

1）对危岩带勘察时勘探线应尽量通过危岩体重心，勘探线间距宜为 80～100m；对单个危岩进行勘探时，勘探线应通过危岩体重心；

2）勘探点应能控制危岩体的主要结构面，揭露同一结构面的勘探点不宜少于 3 个。

(5) 危岩崩塌勘察取样要求

1) 试验样应在母岩及治理工程可能涉及范围内采集；当结构面中充填土时，应采集土样；

2) 岩样采集位置应主要布置在滑坡可能支挡部位。每种岩性的岩样不应少于3组，但抗剪强度试验的岩样不应少于6组；每组岩样不应少于3件。

1.3 边坡的类型与稳定性

1.3.1 边坡的类型

边坡分为土质边坡、岩质边坡和岩土混合边坡。全部由土体组成的边坡称为土质边坡；全部由岩体组成的边坡称为岩质边坡；而由部分土体、部分岩体组成的边坡称为岩土混合边坡，通常岩土混合边坡中土体厚度超过3m。

由于边坡工程的复杂性，我国《建筑边坡工程技术规范》（GB 50330—2002）适用的边坡高度范围为：岩质边坡的高度在30m以下，土质边坡在15m以下；对于超出上述范围的边坡工程，应进行专门认证和特殊设计。

高边坡的界定：一般认为边坡高度大于20m的土质边坡，或高度大于30m的岩质边坡为高边坡。按照重庆市建设委员会渝建发（1999）159号和重庆市建设委员会渝建发（2002）47号文之规定[21]：重庆地区边坡高度大于或等于8m的土质边坡，高度大于或等于15m的岩质边坡为高边坡，深度大于或等于12m的基坑为深基坑。

近年来，高边坡数量越来越多，高度越来越高。高边坡的变形大、破坏后危害性大，处理不当极易造成灾害。

(1) 高边坡的特征

1) 高边坡是将地质体的一部分改造成人为工程设施，因此其稳定性取决于自然山坡的稳定状况（稳定、不稳定、极限平衡）、地质条件（地层岩性、地质构造、坡体结构、岩体结构、水文地质条件、风化程度等）和人为改造的程度（开挖深度、坡形、坡率等）。

2) 由不同的地层、岩性、风化程度的岩土体构成的自然山坡，受地质构造影响程度不同，水文地质条件不同，在自然应力作用下形成了各种形态的斜坡，如直线坡、凸形坡、凹形坡、阶梯状坡，且具有不同的稳定状态，这是在漫长的地质历史时期形成的，是动态的、变化的。自然斜坡是人工边坡的基础。

3) 人工边坡是对自然斜坡的改造，它也有直线坡、凸形坡、凹形坡，更多的是阶梯状边坡。人工边坡改变了自然山坡的应力状态和地下水的渗流条件，而且是在短短几个月内改造完成的。自然山坡的应力调整有一个过程，强度低的软弱岩层调整较快，常在施工期就发生变形；强度高的坚硬岩层调整较慢，或可自身稳定，或在1~3年后发生变形。只有当人工边坡顺应自然，对其改变不大时，才可保持稳定，否则就会发生失稳，甚至引起自然山坡的破坏。

4) 自然山坡和人工边坡都处在各种自然应力的作用之下，如阳光照射、降雨冲刷和下渗、风化和地震等。但人工边坡所造成的自然状态的改变使这种作用更强烈，如开挖暴露风化加剧、破坏植被地表水容易下渗、坡体松弛、爆破震动等都使边坡更容易发生变形。

5) 自然条件千差万别,所以高边坡设计也变得十分复杂,每个工点都需单独分析和计算,这也许就是目前高边坡设计尚无规范可循的原因。

(2) 边坡的类型

1) 按工程类别分:

①道路边坡:堑坡、堤坡、洞口边坡等。

②水利边坡:坝肩边坡、渠道边坡等。

③露天矿边坡:采场边坡、弃碴场边坡等。

④建筑边坡:堑坡与深基坑边坡等。

2) 按使用年限分:

①临时性边坡 (2 年及 2 年以内)。

②短期性边坡 (30 年以内)。

③永久性边坡 (≥50 年)。

3) 按边坡岩土构成分:

①土质边坡。

②类土质边坡 (全风化呈砂土状)。

③岩质边坡。

④二元结构边坡 (或岩土组合边坡)。

4) 按边坡岩体结构分:

①类均质土结构边坡。

②近水平层状结构边坡。

③顺倾层状结构边坡。

④反倾层状结构边坡。

⑤斜交层状结构边坡。

⑥碎裂状结构边坡。

⑦块状结构边坡。

1.3.2 边坡的强度参数

(1) 结构面参数

岩体结构面的抗剪强度指标宜根据现场原位试验确定。当无条件进行试验时(现场剪切试验费用较高、试验时间较长、试验比较困难等原因),对二级、三级边坡工程可按表 1-20 并结合工程类比综合确定。

结构面抗剪强度指标标准值 表 1-20

结构面类型		结构面结合程度	粘结力 (kPa)	内摩擦角 (°)
硬性结构面	1	结合良好	>130	>35
	2	结合一般	90~130	27~35
	3	结合差	50~90	18~27

续表

结构面类型		结构面结合程度	粘结力（kPa）	内摩擦角（°）
软弱结构面	4	结合很差	20～50	12～18
	5	结合极差（泥化层）	<20	<12

注：1. 除结合极差外结构面两壁岩性为极软岩、软岩时取表中较低值；
2. 未完全贯通时应根据贯通程度乘以增大系数 1.1～1.5；
3. 结构面浸水时取表中较低值；
4. 临时性边坡可取表中高值；
5. 本表未考虑结构面参数在施工期和运营期受其他因素影响发生的变化。

(2) 岩体性质参数

完整和较完整的边坡岩体性质参数可按表 1-21 确定。

边坡岩体性质指标标准值　　　　　　　　　　　　　　　　表 1-21

岩石类别	重度（kN/m³）	粘结力（MPa）	内摩擦角（°）	抗拉强度（MPa）	变形模量（MPa）	泊松比
坚硬岩	24.5～26.5	>1.80	>44	>0.75	>4500	<0.20
较硬岩	23.0～25.0	1.00～1.80	41～44	0.50～0.75	2500～4500	0.10～0.25
较软岩	24.0～25.0	0.50～1.00	36～41	0.25～0.50	1500～3000	0.20～0.30
软岩	23.5～25.0	0.25～0.50	30～36	0.15～0.25	1000～2000	0.25～0.33
极软岩	23.5～24.5	<0.25	<30	<0.15	<1000	>0.33

注：本表中强度未考虑时间效应因素。

(3) 岩土与基底摩擦系数和锚固体极限粘结强度

进行试验前和不要求进行试验时，岩土与基底摩擦系数和锚固体极限粘结强度可按表 1-22 确定。

岩土与基底摩擦系数和锚固体极限粘结强度　　　　　　　　　　表 1-22

岩土类别	土的状态	摩擦系数	极限粘结强度标准值（kPa）
黏性土	坚硬 硬塑 可塑 软塑	0.30～0.40 0.25～0.30 0.20～0.25	64～80 50～64 40～50 30～40
粉土		0.25～0.35	30～50
砂土	松散 稍密 中密 密实	0.35～0.45	60～100 100～140 140～210 210～280
碎石土	稍密 中密 密实	0.40～0.50	120～180 180～220 220～300
坚硬岩 较硬岩		0.65～0.75	2200～3200 1200～2200

续表

岩土类别	土的状态	摩擦系数	极限粘结强度标准值（kPa）
较软岩			760~1200
软岩		0.40~0.60	360~760
极软岩			270~360

注：1. 当需提供岩土与锚固体极限粘结强度特征值时，可将表中极限粘结强度标准值除以 2.2~2.7 后确定（对硬质岩和较硬岩取 2.7，较软岩和软岩取 2.5，极软岩取 2.3，土取 2.2）；
2. 表中岩石的基底摩擦系数适用于完整和较完整的情况。

（4）岩土体等效内摩擦角 φ_D

岩土体等效内摩擦角是考虑粘结力在内的假想的"内摩擦角"，也称似内摩擦角或综合内摩擦角。

1）土质边坡的等效内摩擦角

黏性土综合内摩擦角 φ_D 的确定方法：

①半经验法（在使用中较为方便）：

$$\varphi_D = 30° \sim 35°。$$

②根据土的抗剪强度相等的原理计算 φ_D 值：

$$\tan\varphi_D = \tau/(\gamma H) = (\gamma H\tan\varphi + c)/(\gamma H) = \tan\varphi + c/(\gamma H)$$

即
$$\varphi_D = \tan^{-1}(\tan\varphi + c/(\gamma H)) \tag{1-7}$$

③根据土压力相等的原理计算 φ_D 值：

为计算方便，φ_D 可按地面水平、墙背竖直、光滑的简单边界条件确定。假定黏性土土压力与换算后的砂性土压力相等，可求得：

$$E_a = (1/2)\gamma H^2\tan^2(45° - \varphi/2) - 2cH\tan(45° - \varphi/2) + 2c^2/\gamma$$
$$= (1/2)\gamma H^2\tan^2(45° - \varphi_D/2)$$

∴
$$\tan(45° - \varphi/2) - 2c/(\gamma H) = \tan(45° - \varphi_D/2) \tag{1-8}$$

2）边坡岩体的等效内摩擦角

岩体综合内摩擦角（等效内摩擦角）φ_D 按下式计算：

$$\varphi_D = \arctan[\tan\varphi + cL/(W\cos\theta)] \tag{1-9}$$

式中　c——岩土的黏聚力（kPa）；
　　　φ——岩土的内摩擦角（°）；
　　　H——边坡高度（m）；
　　　θ——边坡的破裂角（°）。

对于土质边坡可取 $45° + \varphi/2$，φ 为土体的内摩擦角；对于岩质边坡可按以下取值：

①对无外倾结构面的岩质边坡，以岩体等效内摩擦角按侧向土压力方法计算侧向岩压力；破裂角按 $45° + \varphi/2$ 确定，I 类岩质边坡可取 75°左右；

②当有外倾硬性结构面时，侧向岩压力应分别以外倾硬性结构面的参数和以岩体等效内摩擦角按侧向土压力方法计算，取两种结果的较大值；除 I 类边坡岩体外，破裂角取外

倾结构面倾角和 $45° + \varphi/2$ 两者中的较小值；

③当边坡沿外倾软弱结构面破坏时，侧向岩石压力计算时的破裂角取该外倾结构面的视倾角和 $45° + \varphi/2$ 两者中的较小值，同时应按上述①和②款进行验算。

当资料缺乏时，边坡岩体的等效内摩擦角可按表 1-23 取经验值。

边坡岩体的等效内摩擦角　　　　　表 1-23

边坡岩体类别	I	II	III	IV
等效内摩擦角 φ_e (°)	$82 \geqslant \varphi_e \geqslant 72$	$72 \geqslant \varphi_e > 62$	$62 \geqslant \varphi_e > 52$	$52 \geqslant \varphi_e > 42$

1.3.3 边坡稳定性的影响因素

（1）土质边坡稳定性的影响因素

1）土坡作用力发生变化：例如由于在坡顶堆放材料或建造建筑物使坡顶受荷；或由于打桩、车辆行使、爆破作业、地震等引起的振动改变了原来的平衡状态。

2）土抗剪强度的降低：例如土体中含水量或孔隙水压力的增加。

3）静水力的作用：例如雨水或地面水流入土坡中的竖向裂缝，对土坡产生侧向压力，从而促进土坡的滑动。

4）地下水在坝或基坑等边坡中渗流所引起的渗流力常是边坡失稳的重要因素。

（2）岩质边坡稳定性的影响因素

1）地形要素：诱发新的地质问题，首先是由于对原有地形的改造，特别是在山区。

2）地层岩性要素：

①结晶岩：宽厚风化层（壳）沿冲沟两侧岸坡的局部性崩塌，在我国南方多成"崩岗"地形。

②石灰岩：除了含夹层顺向坡可以发生滑移性失稳外，多呈现为崩塌或被溶隙切割而形成的分割块体的倾倒、倾滑以及空间挠曲、压裂等。

③砂、泥岩互层：主要表现为泥岩风化、侵蚀而导致上覆砂岩座落（滑），故多呈台阶形地形。

常因砂、泥岩差异风化而形成"岩腔"，上覆砂岩常形成危岩而发生崩塌。如：重庆市万州区太白岩危岩带、重庆市渝中区虎头岩危岩带。

④泥岩：基本上是风化剥蚀、水土流失或泥石流。如：重庆市南岸区向家坡泥石流（1990 年）。

⑤膨润土：蒙脱石等亲水矿物必然成为坡体变形、失稳控制层。

岩质滑坡常发生在遇水容易软化的岩石（如：千枚岩、页岩、滑石片岩等）。

3）地质构造要素：

①地层产状近水平：坡体的变形、失稳主控界面是平行江河、沟谷的垂直裂隙同层面的组合，变形体的规模取决于侧向（垂直江河、沟谷）界面的间距。

②顺向坡：当地层层面倾向江河时，顺层（面）的变形、失稳是基本形式。变形、失稳条件：$\varphi < \alpha$（φ：层间内摩擦角，α：岩层倾角）。

③反向坡：当地层层面倾向山体时，坡体的变形、失稳控制界面是反倾向裂隙同层面

的组合。在低刚度砂、泥岩互层中呈现为坠溃形失稳。

④切向坡：坡体的变形、失稳形式及规模取决于裂隙产状同岩层面产状之间的关系。滑动面常常发生在顺坡的层面、节理面、不整合接触面、断层面等软弱面。

4) 气候要素：降雨不仅增加坡体的重量，而且雨水还起到润滑的作用，因此，许多滑坡有"大雨大滑、小雨小滑、无雨不滑"的现象。另外，坡体失稳还与冻融作用有关，在融冻季节较常出现滑坡。

5) 地下水：

①水渗入岩土层颗粒间的孔隙中将消除颗粒之间（特别是细颗粒之间）的吸附力。

②水溶解了颗粒之间的胶结物（如黄土中的碳酸钙），使颗粒丧失粘结力。

③水进入岩土孔隙将增加其单位体积的重量，因而加大了剪应力。

④水大量进入坡体内，将使潜水面上升，因而增加孔隙水压力，孔隙水压力对潜在破裂面上的岩土体起着浮托作用，降低了坡裂面上的正应力，因而使抗剪强度减少。

⑤大量的雨水沿节理裂隙入渗，软化节理裂隙面。

6) 地震要素：地震可通过松动斜坡岩土体结构、造成坡裂面和引起弱面错位等多种方式，降低斜坡的稳定性。

7) 人为要素：不合理的开挖与堆载。

1.3.4 边坡的稳定性评价

(1) 稳定等级的划分

一般分为稳定边坡、基本稳定边坡、欠稳定边坡和不稳定边坡。

1) 稳定边坡

边坡的坡形坡率符合岩土体的强度条件，无倾向临空面的不利结构面，无或少有地下水，整体或局部稳定系数均符合要求。稳定系数大于1.2。

2) 基本稳定边坡

边坡的坡形坡率符合岩土体的强度条件，无倾向临空面的不利结构面，少有地下水，整体和局部均稳定，但坡面有冲沟、剥落、落石等。稳定系数为1.1~1.2。

3) 欠稳定边坡

边坡整体稳定，但局部坡陡于岩土稳定角，或受地下水影响岩土强度降低，或有不利结构面倾向临空面，有局部坍、滑变形。稳定系数为1.0~1.1。

4) 不稳定边坡

边坡坡形坡率不符合岩土强度条件，或在古老滑体上开挖、堆载引起古老滑坡复活，或有发育的不利结构面倾向临空面，岩体破碎，地下水发育，开挖后会产生整体失稳。稳定系数小于1.0。

(2) 稳定性评价的边坡

下列边坡应进行稳定性评价：

①选作建筑场地的自然斜坡；

②由于开挖或填筑形成并需要进行稳定性验算的边坡；

③施工期出现不利工况的边坡；

④使用条件发生变化的边坡。

(3) 高边坡的稳定性评价方法

人们早已熟悉用力学平衡计算法评价边坡的稳定性，它可以得出稳定系数的定量数据，而且可算出需要加固工程承受力的大小。但是对于复杂的高边坡稳定性计算，由于计算的边界条件（范围）和破坏面岩土参数难以准确判定、试验和选取，使计算结果的可信度降低。边坡稳定性评价应在充分查明工程地质条件的基础上，根据边坡岩土类型和结构，以工程地质分析对比法为基础，辅以力学计算两者结合较为合理，前者为后者提供变形类型、范围和边界条件，后者则可得出稳定系数和作用力大小，为设计提供依据。

1) 工程地质分析对比法从以下几方面分析对比：

①从自然极限稳定坡的坡形、坡率、坡高与人工边坡的平均坡率和坡高对比中评价其稳定性；

②从自然山坡已发生的变形类型和规模推断人工边坡可能发生的变形类型和规模；

③从坡体结构分析人工边坡可能发生的变形类型及产生的部位（整体或局部）；

④从作用因素及其变化幅度分析，主要是开挖引起坡体松弛、地表水下渗、岩土（特别是软弱带）强度降低分析可能发生的变形类型及规模；

⑤从已发生的变形分析其发生机制并反演出破坏时的岩土强度参数。

2) 力学计算法

力学计算法有多种，只有选择与调查确定的破坏类型及模式相一致的计算方法才能得出正确的结果。其破坏范围主要是松弛范围（除顺层滑坡外），可用有限元计算开挖后边坡的应力场和位移场来确定。

①土质边坡和较大规模的碎裂结构岩质边坡宜采用传统的圆弧滑动法进行计算；

②对可能产生平面滑动的边坡宜采用平面滑动法进行计算；

③对可能产生折线滑动的边坡宜采用折线滑动法进行计算；

④对结构复杂的岩质边坡，可配合采用赤平极射投影法和实体比例投影法分析；

⑤当边坡破坏机制复杂时，宜结合数值分析法进行分析。

对土质边坡和类土质边坡可用传统的圆弧形破坏面进行计算，但沿土层界面滑动不一定是圆弧。岩质边坡，即使是强风化岩体，其破坏也要沿不利结构面组合，因此多为折线形，用推力传递法比较符合实际。其选用的计算参数 c、φ 值也应根据地质情况不同而分段选取。

1.4 斜坡与边坡的地质作用

1.4.1 斜坡与边坡地质作用的类型

(1) 有关概念

斜坡通常是指地表因自然作用而形成的、向一个方向倾斜的地段；而边坡则是指因人为作用而造成的地表向一个方向倾斜的地段。简单斜坡或边坡由以下要素组成（图1-2）：①斜坡和边坡本身——地表的倾斜地段；②坡缘——坡地的上限，即地面与坡地上方地面的交线；③坡脚——坡地的下限，即地面与坡地下方地面的交线。与坡脚毗邻的面叫做坡麓，坡缘和坡脚之间的垂直距离叫做斜坡高度；坡缘和坡脚之间的水平距离叫做斜坡平距。坡地上一点的坡度是指通过该点且与斜坡相切的倾斜面和水平面之间的夹角；坡地的平均坡度指坡缘和坡脚相连的倾斜线与水平线之间的夹角（β），或坡地高度与平距之比。边坡的坡度在工程实践中通常表示成比值 $1:\cot\beta$（如 1:1，1:1.5 等等）。边坡一般坡度较大，断面呈规则的几何形态，其界线在地面上表现清楚，因而易于和其他地形形态区分开来。自然斜坡则非常复杂，形态不规则，坡度不一。斜坡的坡度没有下限，因此斜坡与倾斜平原之间无明显的界线。

（2）斜坡运动的分类

斜坡或边坡的地质作用表现为斜坡岩土体的向下运动（移动），它改变着斜坡的外貌。使之逐渐地变缓。

斜坡运动的分类，国内外已有许多不同的方案，虽然每一种分类方法都涉及滑坡的识别、避绕、防治、整治和其他相关的特征，但因其用途不同，分类的标准也不一样，常用的标志有移动形式、物质种类、移动速率等。国际工程地质协会（IAEG）滑坡委员会建议采用 D.Varnes 的滑坡分类作为国际标准方案。该分类综合考虑了斜坡的物质组成和运动方式两方面的因素。按物质组成分为岩质和土质斜坡；按运动方式划分为崩落（falls）、倒塌（topples）、滑动（slides）、侧向扩展（lateral spreads）和流动（flows）5 种基本类型。这 5 种基本类型可进一步组合成多种复合类型（表 1-24）。

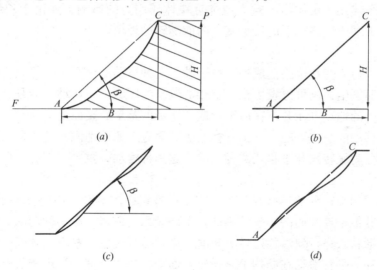

图 1-2 简单斜坡和边坡断面图
(a) 具明显坡缘和坡脚的凹形斜坡；(b) 直线边坡；
(c) 上凸下凹的斜坡；(d) 上凹下凸的斜坡

斜坡移动的分类　　　　　　　　　　　　　表 1-24

移动类型	物质种类		
	基 岩	工 程 土	
		粗粒为主	细粒为主
崩落类	岩石崩落	碎石崩落	土崩落
倒塌类	岩石倒塌	碎石倒塌	土倒塌

续表

移动类型			物质种类		
			基岩	工程土	
				粗粒为主	细粒为主
滑动类	旋转滑动	几乎无单元体	岩石转动滑坡	碎石转动滑坡	土转动滑坡
			岩石块体滑坡	碎石块体滑坡	土块体滑坡
	平移滑动	许多单元体	岩石滑坡	碎石滑坡	土滑坡
侧向扩展类			岩石扩展	碎石扩展	土扩展
流动类			岩石流（深部蠕动）	碎石流（土蠕动）	泥石流（土蠕动）
复合移动类			两个或两个以上主要移动类型的组合形式		

1) 崩落

崩落是陡坡或悬崖上任意大小的块体沿着没有或几乎没有剪切位移的面分离，从空中自由跌落、崩塌、弹跳或翻滚的现象。运动速度由很快到极快，事先可能有也可能没有导致块体从其母体中逐渐分开的微小运动。

2) 倒塌

倒塌是一个或几个块体由于重力或邻近块体作用力的影响，或由于裂缝中流体的影响，绕着块体下端或块体以下的某个支点向前翻转的现象。

3) 滑动

滑动是由于剪应变和位移造成的一种运动。这种运动沿着可见或可以合理地推断出来的一个或几个面发生，也可以发生在一个相对较窄的区域内。运动可能是渐进的，即开始时剪切破坏发生的地点可能并不在后来形成的明确的整个断裂面上，而是从一个局部破坏区逐步扩展。移动的块体可能会越出其初始破裂面进入原始地面，这些地面随后也成为分离面。滑动可分为旋转式和平移式两种，区分这两种滑动很重要，因为它影响分析方法和控制措施。

①旋转滑动　旋转滑动是沿着向上凹的弧形破裂面的滑动。破裂面的形状常受断层、节理、层理或其他不连续面的影响，因此，上凹裂面的曲率常是不均匀的。所以，当假定破裂面为某一形状去进行斜坡稳定性分析时，必须认真考虑这些不连续面的影响。

②平移滑动　平移滑动在结构上常受软弱面如断层、节理、层理和层状沉积层以及坚硬基岩和岩屑盖层间接触面的控制。

4) 扩展运动

扩展运动的主要方式是侧向延伸，伴随有剪切裂缝和拉伸裂缝的出现。由于下层材料的液化或塑流，在基岩或土里，扩展运动可能包括断裂和黏性材料的拉伸。互相粘结的上部块体可能下沉、移动、旋转、分离，或者产生液化和流动。其破坏机理不仅包括旋转和移动，还包括流动，因此某些侧向扩展破坏可看做是复合型的。

5) 流动

流动是岩土体在空间上的连续变形。

6) 复合移动

复合移动是上述主要移动类型的一个或多个的组合，它们既可以在滑动体的不同部分之内组合，也可以在滑动的不同发展阶段组合。

1.4.2 斜坡变形破坏的防治

（1）防治原则

防治原则应以防为主，及时治理，并根据工程的重要性制订具体整治方案。

1）以防为主就是要尽量做到防患于未然

①正确选择建筑场地，合理制订人工边坡的布置和开挖方案；

②查清可能导致天然斜坡或人工边坡稳定性下降的因素，事前采取必要措施消除或改变这些因素，并力图变不利因素为有利因素。以保持斜坡的稳定性，甚至向提高稳定性的方向发展。

2）及时治理就是要针对斜坡已出现的变形破坏情况，及时采取必要的增强稳定性措施

由于水是能诱发滑坡或在滑坡发生后使它加剧的主要原因，因此在滑坡出现的初期阶段，常用的快速治理措施有：

①截断和排出所有流入滑坡范围的地表水；

②抽出所有在滑坡范围内的井里的地下水和排去所有积水洼地里的水；

③填塞和夯实所有的裂缝，防止表面水渗入。

3）考虑工程的重要性是制订整治方案必须遵循的经济原则

对于那些威胁到重大永久性工程安全的斜坡变形和破坏，应采取较全面、严密的整治措施。以保证斜坡具有较高的安全系数；对于一般性工程或临时工程，则可采取较简易的防治措施。

（2）防治措施

防治斜坡变形破坏的措施可分为3大类。

1）排水

对滑体以外的地表水，可用拦截和旁引的方法；对于滑体中的地下水，可用水平排水廊道或竖向排水井的办法将水排出。

2）降低下滑力，增加抗滑力

降低下滑力主要通过刷方减载，此时应正确设计刷方断面，遵循"砍头压脚"的原则。提高抗滑力的措施很多，如直接修筑支挡建筑物以支撑、抵挡不稳定岩土体。支挡建筑物的基床必须砌置滑移面以下，否则支挡建筑物本身可能成为滑体的一部分，与滑体一起滑动。对岩质斜坡，用锚杆进行加固是一种很有效的措施，它可以增高结构面的抗滑力，改善结构面上剪应力的分布状况。锚杆的方向和设置深度应视斜坡的结构特征而定，控坡优势面的正确确定是合理布置锚杆的基本保证。

3）改变滑带土的性质

对于岩质斜坡，可采用水泥或化学灌浆等措施，但必须注意选择合适的灌浆压力，否则反而会促进斜坡的破坏。

对于土质斜坡，可采用电化学加固法、冻结法，还可采用焙烧法，即对坡脚处的土体进行焙烧加热，使其成为坚硬似砖的天然挡土墙，显然它仅适用于黏土类土层中。

1.5 边坡工程设计原则

不同的技术规范对边坡工程的设计要求有所差别,在实际设计和工程实践中,建筑边坡设计工程应根据工程实际情况,选择相应的设计规范进行建筑边坡工程设计。

1.5.1 建筑地基基础设计规范的有关规定

在《建筑地基基础设计规范》(GB 50007—2002)中关于山区地基、建筑边坡设计的有关要求,综述如下:

(1) 地基基础设计时,所采用的荷载效应最不利组合与相应的抗力限值应符合下列规定:

1) 按地基承载力确定基础底面积及埋深或按单桩承载力确定桩数时,传至基础或承台底面上的荷载应按正常使用极限状态下荷载效应的标准组合。相应的抗力应采用地基承载力特征值或单桩承载力特征值。

2) 计算地基变形时,传至基础底面上的荷载效应应按正常使用极限状态下荷载效应的准永久组合,不应计入风荷载和地震作用。相应的限值应为地基变形允许值。

3) 计算挡土墙土压力、地基或斜坡稳定及滑坡推力时,荷载效应应按承载能力极限状态下荷载效应的基本组合,但其分项系数均为1.0。

4) 在确定基础或桩台高度、支挡结构截面、计算基础或支挡结构内力、确定配筋和验算材料强度时,上部结构传来的荷载效应组合和相应的基底反力,应按承载能力极限状态下荷载效应的基本组合,采用相应的分项系数。

当需要验算基础裂缝宽度时,应按正常使用极限状态荷载效应标准组合。

5) 基础设计安全等级、结构设计使用年限、结构重要性系数应按有关规范的规定采用,但结构重要性系数 γ_0 不应小于1.0。

(2) 正常使用极限状态下,荷载效应的标准组合值 S_k 应用下式表示:

$$S_k = S_{Gk} + S_{Q1k} + \psi_{c2} S_{Q2k} + \cdots + \psi_{cn} S_{Qnk} \tag{1-10}$$

式中 S_{Gk}——按永久荷载标准值 G_k 计算的荷载效应值;

S_{Qik}——按可变荷载标准值 Q_{ik} 计算的荷载效应值;

ψ_{ci}——可变荷载 Q_i 的组合值系数,按现行《建筑结构荷载规范》(GB 50009—2001)的规定取值。

荷载效应的准永久组合值 S_k 应用下式表示:

$$S_k = S_{Gk} + \psi_{q1} S_{Q1k} + \psi_{q2} S_{Q2k} + \cdots + \psi_{qn} S_{Qnk} \tag{1-11}$$

式中 ψ_{qi}——准永久值系数,按现行《建筑结构荷载规范》(GB 50009—2001)的规定取值。

承载能力极限状态下,由可变荷载效应控制的基本组合设计值 S,应用下式表达:

$$S = \gamma_G S_{Gk} + \gamma_{Q1} S_{Q1k} + \gamma_{Q2} \psi_{C2} S_{Q2k} + \cdots + \gamma_{Qn} \psi_{cn} S_{Qnk} \tag{1-12}$$

式中　γ_G——永久荷载的分项系数，按现行《建筑结构荷载规范》（GB 50009—2001）的规定取值；

　　　γ_{Qi}——第 i 个可变荷载的分项系数，按现行《建筑结构荷载规范》（GB 50009—2001）的规定取值。

对由永久荷载效应控制的基本组合，也可采用简化规则，荷载效应基本组合的设计值 S 按下式确定：

$$S = 1.35 S_k \leq R \tag{1-13}$$

式中　R——结构构件抗力的设计值，按有关建筑结构设计规范的规定确定；

　　　S_k——荷载效应的标准组合值。

（3）山区（包括丘陵地带）地基的设计，应考虑下列因素：

1）建设场区内，在自然条件下，有无滑坡现象，有无断层破碎带；

2）施工过程中，因挖方、填方、堆载和卸载等对山坡稳定性的影响；

3）建筑地基的不均匀性；

4）岩溶、土洞的发育程度；

5）出现崩塌、泥石流等不良地质现象的可能性；

6）地面水、地下水对建筑地基和建设场区的影响。

（4）在山区建设时应对场区做出必要的工程地质和水文地质评价。对建筑物有潜在威胁或直接危害的大滑坡、泥石流、崩塌以及岩溶、土洞强烈发育地段，不宜选作建设场地。当因特殊需要必须使用这类场地时，应采取可靠的整治措施。

（5）山区建设中，应充分利用和保护天然排水系统和山地植被。当必须改变排水系统时，应在易于导流或拦截的部位将水引出场外。在受山洪影响的地段，应采取相应的排洪措施。

1.5.2　建筑边坡工程技术规范的有关规定

在《建筑边坡工程技术规范》（GB 50330—2002）中关于建筑边坡设计原则的有关要求，综述如下：

（1）边坡工程可分为下列两类极限状态：

1）承载能力极限状态：对应于支护结构达到承载力破坏、锚固系统失效或坡体失稳；

2）正常使用极限状态：对应于支护结构和边坡的变形达到结构本身或邻近建（构）筑物的正常使用限值或影响耐久性能。

（2）边坡工程设计采用的荷载效应最不利组合应符合下列规定：

1）按地基承载力确定支护结构的稳定立柱（肋柱或桩）和挡墙的基础底面积及其埋深时，荷载效应组合应采用正常使用极限状态的标准组合，相应的抗力应采用地基承载力特征值；

2）边坡与支护结构的稳定性和锚杆锚固体与地层的锚固长度计算时，荷载效应组合应采用承载能力极限状态的基本组合，但其荷载分项系数均取 1.0，组合系数按现行国家标准的规定采用；

3）在确定锚杆、支护结构立柱、挡板、挡墙截面尺寸、内力及配筋时，荷载效应组合应采用承载能力极限状态的基本组合，并采用现行国家标准规定的荷载分项系数和组合分项系数；支护结构的重要性系数 γ_0 按有关规范的规定采用，对安全等级为一级的边坡取 1.1，二、三级边坡取 1.0；

4) 计算锚杆变形和支护结构水平位移与垂直位移时，荷载效应组合采用正常使用极限状态的准永久组合，不计入风荷载和地震作用；

5) 在支护结构抗裂计算时，荷载效应组合应采用正常使用极限状态的标准组合，并考虑长期作用影响；

6) 抗震设计的荷载组合和临时性边坡的荷载组合应按现行有关标准执行。

(3) 永久性边坡的设计使用年限应不低于受其影响相邻建筑的使用年限。

(4) 边坡工程应按下列原则考虑地震作用的影响：

1) 边坡工程的抗震设防烈度可采用地震基本烈度，且不应低于边坡破坏影响区内建筑物的设防烈度；

2) 对抗震设防的边坡工程，其地震效应计算应按现行有关标准执行；岩石基坑工程可不作抗震计算；

3) 对支护结构和锚杆外锚头等，应采取相应的抗震构造措施。

(5) 边坡工程的设计应包括支护结构的选型、计算和构造，并对施工、监测及质量验收提出要求。

(6) 边坡支护结构设计时应进行下列计算和验算：

1) 支护结构的强度计算：立柱、面板、挡墙及其基础的受压、受弯、受剪及局部受压承载力以及锚杆体的受拉承载力等均应满足现行相应标准的要求；

2) 锚杆锚固体的受拔承载力和立柱与挡墙基础的地基承载力计算；

3) 支护结构整体或局部稳定性验算；

4) 对变形有较高要求的边坡工程可结合当地经验进行变形验算，同时应采取有效的综合措施保证边坡和邻近建（构）筑物的变形满足要求；

5) 地下水控制计算和验算；

6) 对施工期可能出现的不利工况进行验算。

对比《建筑地基基础设计规范》和《建筑边坡工程技术规范》关于建筑边坡设计的有关原则可知：建筑边坡工程技术规范比建筑地基基础设计规范的规定更为详细和具体，可操作性也较好，但仔细分析两者的差别，在土质边坡设计中，建筑地基基础设计规范的要求似更严。

1.6 岩土作用计算

在工程建设实践中，边坡工程设计不外乎需要解决两个问题：一是外部作用的计算，二是支护结构的抗力计算。由于岩土工程的特殊性、复杂性及可变性（或不确定性），使边坡工程外部作用的计算具有一定的不可预知性，在特定条件下，还具有突变性，加之，岩体边坡作用的机理和破坏作用人们还未认知清楚，因此，岩土作用计算带有很强的经验性和探索性，故此，根据信息施工法和施工勘察反馈的资料、对地质结论、设计参数及设计方案进行再验证是非常重要的问题。下面所述的岩土作用计算方法均是有条件的，应认真核实相关计算参数和计算条件，选择适合的方法计算岩土作用。

1.6.1 土压力计算

根据土压力试验结果，依据挡土墙位移和墙后土体所处的应力状态，可将土压力分为以下三种：①静止土压力。当挡土墙的位移情况和墙后土体所处弹性平衡状态，此时墙后土体作用在墙背上的土压力称为静止土压力，以 E_0 表示；②主动土压力。当挡土墙在墙后土体的推力作用下向前移动，土体的强度发挥作用，使作用在墙背上的土压力减小。挡墙向前位移不同，土体压力不同，当挡土墙向前位移达到某一临界位移时，此时墙后土体达到主动极限平衡状态，土压力减至最小，称为主动土压力，以 E_a 表示；③被动土压力。若挡土墙在外力作用下，向后移动推向填土，则填土受墙的挤压，使作用在墙背上的土压力增大；随挡土墙向填土方向的位移不同，被动土压力不同，当挡土墙向后位移达到某一临界位移时，墙后土体达到被动极限平衡状态，墙背上作用的土压力增至最大。墙后土体达到被动受压极根平衡状态时，作用在墙背上的土压力称为被动土压力，一般用 E_p 表示。

在相同的墙高和填土条件下，主动土压力小于静止土压力，静止土压力又小于被动土压力，即：

$$E_a < E_0 < E_p \tag{1-14}$$

式中　E_a——主动土压力；
　　　E_0——静止土压力；
　　　E_p——被动土压力。

1.6.1.1 静止土压力计算

当挡土墙静止不动，即挡土墙完全没有侧向位移、偏转和自身弯曲变形时，作用在其上的土压力即为静止土压力。

(1) 静止土压力计算公式

静止土压力状态犹如半空间弹性变形体，在自重作用下无侧向变形时的水平侧压力，故填土表面下任意深度 z 处的静止土压力可按下式计算

$$\sigma_z = K_0 \gamma z \tag{1-15}$$

式中　σ_z——静止土压力强度（kPa）；
　　　γ——填土的重度（kN/m³）；
　　　z——计算点深度（m）。

(2) 静止土压力系数 K_0 确定

静止土压力系数 K_0 与土的性质、密实程度以及应力历史均有关系，K_0 的值可根据试验测定，也可以根据经验公式计算。

1) 经验值：砂土　$K_0 = 0.34 \sim 0.45$；黏性土　$K_0 = 0.5 \sim 0.7$

2) 对正常固结土，可近似按下列半经验公式计算：

$$K_0 = 1 - \sin\varphi \tag{1-16}$$

式中　φ——土的有效内摩擦角。

(3) 静止土压力分布及合力

由式（1-15）可知静止土压力呈三角形分布。

作用在挡土墙上的总静止土压力的计算：沿墙长度方向取 1m，只需计算土压力分布的三角形面积，即

$$E_0 = \frac{1}{2}\gamma H^2 K_0 \tag{1-17}$$

式中　H——挡土墙高度（m）。

E_0 作用点位于静止土压力三角形分布图的重心，即下 $H/3$ 处，方向水平。

1.6.1.2　主动土压力和被动土压力计算

计算主动土压力和被动土压力的理论有多种，但世界各国大多采用两种古典的土压力理论，即朗肯（Rankine）理论和库仑（Coulomb）理论。尽管这些理论都基于不同的假定，但概念明确、计算简便，且国内外大量挡土墙实验、原位测试及理论研究结果均表明，其计算方法基本可靠。

1.6.1.2.1　朗肯土压力理论

（1）基本原理

朗肯研究了半无限土体在自重作用下的应力状态，当土体向两侧平行外移，土体内各点应力从弹性平衡状态发展到极限平衡状态，提出墙后土体达极限平衡状态时，采用莫尔库仑极限平衡条件，计算挡土墙压力的理论。

朗肯理论的计算条件是表面水平的半无限土体，处于极限平衡状态，因此朗肯土压力理论的适用条件为：

①挡土墙的墙背竖直、光滑；

②挡土墙后填土地表面水平。

（2）无黏性土的土压力

1）主动土压力

根据主动土压力的值是土体达到主动极限平衡状态这一特点，利用极限平衡条件公式，可得无黏性土的主动土压力计算公式

$$\sigma_a = K_a \gamma z \tag{1-18}$$

式中　σ_a——朗肯主动土压力强度，$K_a = \tan^2(45° - \varphi/2)$。

由式（1-18）可知，当 φ 一定时，K_a 为常数，且 γ 为常数，因此 σ_a 与 z 成线性关系。当 $z = 0$ 时，$\sigma_{a0} = 0$，当 $z = H$ 时，$\sigma_{aH} = K_a \gamma H$。土压力分布图为三角形。

总主动土压力的计算，可取挡土墙长度方向每延米计算，即为土压力三角形的面积，即

$$E_a = \frac{1}{2}\gamma H^2 K_a \tag{1-19}$$

作用点为重心，距墙底 $H/3$ 处，如图 1-3（c）所示。

2）被动土压力

$$\sigma_p = \gamma z K_p \tag{1-20}$$

式中　K_p——朗肯被动土压力系数，$K_p = \tan^2(45° + \varphi/2)$。

由式（1-20）可知，当 φ 已知时，K_p 为常数，γ 为常数，因此 σ_p 与 z 成线性关系。当 $z = 0$ 时，$\sigma_{p0} = 0$；当 $z = H$ 时，$\sigma_{pH} = \gamma H K_p$。故被动土压力呈三角形分布。

总被动土压力

$$E_p = \frac{1}{2}\gamma H^2 K_p \tag{1-21}$$

作用点为土压力分布三角形的重心，距墙底 $H/3$ 处，方向水平。

当挡土墙背垂直、光滑，而填土表面有无限斜坡时（倾角为 β），也可以用朗肯理论求解。

主动土压力为：

$$E_a = \frac{1}{2}\gamma H^2 \cos\beta \frac{\cos\beta - \sqrt{\cos^2\beta - \cos^2\varphi}}{\cos\beta + \sqrt{\cos^2\beta - \cos^2\varphi}} = \frac{1}{2}\gamma H^2 K'_a \tag{1-22}$$

当 $\beta = 0$ 时，$K'_a = \frac{1-\sin\varphi}{1+\sin\varphi} = \tan^2(45° - \frac{\varphi}{2}) = K_a$ \tag{1-23}

由式（1-23）可知，当 $\beta = 0$ 时，就和一般的朗肯条件相同。同理，被动土压力为

$$E_P = \frac{1}{2}\gamma H^2 \cos\beta \frac{\cos\beta + \sqrt{\cos^2\beta - \cos^2\varphi}}{\cos\beta - \sqrt{\cos^2\beta - \cos^2\varphi}} = \frac{1}{2}\gamma H^2 K'_p \tag{1-24}$$

同理，当 $\beta = 0$ 时，$K'_p = \frac{1+\sin\varphi}{1-\sin\varphi} = \tan^2(45° + \frac{\varphi}{2}) = K_p$ \tag{1-25}

应该指出，式（1-21）至式（1-25）只适合于 $c=0$ 的无黏性土。此时，墙背不是滑裂面，土压力的方向平行于墙后填土的斜坡面，因此，墙背和土之间的摩擦角必大于 β。

(3) 黏性土的土压力

黏性土的情况与无黏性土类似，不同的是有黏聚力 c 的存在，相应地将极限平衡条件改为黏性土的极限平衡条件公式即可。

1) 主动土压力

$$\sigma_a = \gamma z \cdot K_a - 2c\sqrt{K_a} \tag{1-26}$$

由式（1-26）可知，黏性土的土压力由两部分组成。一部分是 $\gamma z K_a$，是由土的自重产生的，呈三角形分布。另一部分是 $-2c(K_a)^{1/2}$，由黏性土的黏聚力产生，与深度 z 无关，是一常数。

由 $$\sigma_a = \gamma z_0 \cdot K_a - 2c\sqrt{K_a} = 0$$

可得 $$z_0 = \frac{2c}{\gamma\sqrt{K_a}} \tag{1-27}$$

式（1-27）常用来计算直立边坡的高度。可以证明，它是下限值。

当 $z=0$，$\sigma_a = -2c\sqrt{K_a}$；当 $z=H$，$\sigma_a = \gamma H K_a - 2c\sqrt{K_a}$

总主动土压力

$$E_a = \frac{1}{2}\gamma H^2 K_a - 2cH\sqrt{K_a} + \frac{2c^2}{\gamma} \tag{1-28}$$

总主动土压力作用点位于土压力分布线的重心，即距墙底 $(H-z_0)/3$ 处。

2) 被动土压力

同理，当土体达到被动极限平衡状态时，由极限平衡条件，可得黏性土被动土压力公式

$$\sigma_p = \gamma z K_a + 2c\sqrt{K_p} \tag{1-29}$$

由式（1-29）可知：黏性土被动土压力也由两部分组成：一部分是 $\gamma z K_p$，与深度 z 成

正比；另一部分是 $2c(K_p)^{1/2}$，由黏性土的黏聚力产生，与深度 z 无关，是一常数。

总被动土压力

$$E_p = \frac{1}{2}\gamma H^2 K_p + 2cH\sqrt{K_p} \tag{1-30}$$

E_p 作用点位于土压力分布的梯形重心。

1.6.1.2.2 库仑土压力理论

1773年库仑根据挡土墙后滑动楔体达到极限平衡状态时的静力平衡方程条件提出了一种土压力分析计算方法，即著名的库仑土压力理论。库仑理论计算原理简明，适应性较广，因此具有广泛地应用性。

（1）基本假设与适用条件

1) 库仑土压力理论的基本假设为：

①墙后填土是理想的散粒体（$c=0$）；

②当墙背向前或向后达到极限平衡状态时，滑动破裂面为通过墙踵的斜平面，在土体内部还形成一个滑动面，形成滑动楔动面，即滑动楔体；

③土楔体处于极限平衡状态，按理论力学刚性平衡法（力多边形法）分析力的平衡关系。

2) 库仑土压力理论的适用条件：

①墙背俯斜，倾角为 ε；

②墙背粗糙，墙、土摩擦角为 δ；

③填土表面倾斜，坡角为 β。

（2）无黏性土主动土压力

1) 计算原理（图1-3）：

①取滑动楔形体 $\triangle ABC$ 为脱离体，其自重 W 为：$\triangle ABC \cdot \gamma$。当滑动面 BC 已定时，W 数值已知，W 随 a 变化，即 $W = W(a)$。

②墙背 AB 给滑动楔体的力 E_a 的数值未知。此力 E_a 与要计算的土压力大小相等，方向相反。E_a 的方向与墙背法线 N_2 成 δ 角（墙与土的摩擦角）。若墙背光滑，则 E_a 与 AB 垂直。当土体下滑时，墙给土体的阻力方向朝上，故支承力 E_a 在法线 N_2 的下方。

③填土中的滑动面 BC 上，滑动面下方不动土体对滑动楔体的反力 R。此反力 R 的数

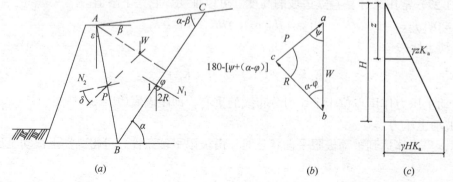

图1-3 库仑土压力计算图
（a）土楔上的作用力；（b）力矢三角形；（c）主动土压力分布

值未知,方向与滑动面 BC 的法线 N_1 成 φ 角。同理,R 位于 N_1 的下方。

④上述滑动楔体在自重 W 与土压力反力 E_a 和填土滑动面 AC 上的反力 R 这三个力作用下处于静止平衡状态。因此,而三个力交于一点,可得封闭的力三角形 $\triangle abc$。

由力三角形 $\triangle abc$ 可见:滑动楔体自重 W 为竖直向下降;W 与 R 的夹角:$\angle 2 = \alpha - \varphi$;令 W 与 E_a 的夹角为 ψ,则 E_a 与 R 的夹角为:$180° - [\psi - (\alpha - \varphi)]$。

⑤取不同滑动面坡角 α_1,α_2,…,则 W、R、E_a 数值也随之变化,找出最大的 $E_a = E_{amax}$ 即为所求的墙背上的主动土压力 E_a,其对应的滑动面即是土楔体最危险的滑动面。

2) 计算公式:

由正弦定理

$$\frac{a}{\sin A} = \frac{b}{\sin B} = \frac{c}{\sin C}$$

将力三角形 $\triangle abc$ 中各边及各角的数值代入上式,得

$$\frac{E_a}{\sin(\alpha - \varphi)} = \frac{W}{\sin(\psi + \alpha - \varphi)}$$

即:
$$E_a = \frac{W\sin(\alpha - \varphi)}{\sin(\psi + \alpha - \varphi)} \tag{1-31}$$

式中 ψ——W 与 E_a 的夹角,$\psi = 90° - \varepsilon - \delta$。

因 $E_a = f(\alpha)$,求 E_a 的极大值,还需求 $\frac{\partial E}{\partial \alpha} = 0$,可得真正滑动面的 α 值,代入式 (1-31) 可得

$$E_a = \frac{1}{2}\gamma H^2 \frac{\cos^2(\varphi - \varepsilon)}{\cos^2\varepsilon \times \cos(\delta + \varepsilon)\left[1 + \sqrt{\frac{\sin(\delta + \varphi) \times \sin(\varphi - \beta)}{\cos(\delta + \varepsilon) \times \cos(\varepsilon - \beta)}}\right]^2} = \frac{1}{2}\gamma H^2 K_a \tag{1-32}$$

式中 ε——墙背与竖直线的夹角,以垂线为准,逆时针为正(称俯斜);顺时针为负(称仰斜);

β——墙后土面的倾角;

δ——土与墙背间的外摩擦角。

$$K_a = \frac{\cos^2(\varphi - \varepsilon)}{\cos^2\varepsilon \times \cos(\delta + \varepsilon)\left[1 + \sqrt{\frac{\sin(\delta + \varphi) \times \sin(\varphi - \beta)}{\cos(\delta + \varepsilon) \times \cos(\varepsilon - \beta)}}\right]^2} \tag{1-33}$$

当墙背竖直($\varepsilon = 0$)、光滑($\delta = 0$)、填土面水平($\beta = 0$)时,式(1-33)变为

$$K_a = \tan^2\left(45° - \frac{\varphi}{2}\right)$$

可见,朗肯理论是库仑理论的特殊情况。

沿墙高的土压力分布强度 σ_a 可通过 E_a 对 z 取导数而得到

$$\sigma_a = \frac{dE_a}{dz} = \frac{d}{dz}\left(\frac{1}{2}\gamma z^2 K_a\right) = \gamma z K_a \tag{1-34}$$

由此可见,主动土压力分布强度沿墙高呈三角形线分布,土压力合力的作用点离墙底

$H/3$,方向与墙背法线成 δ 角。需注意,图 1-3(c) 中表示的土压力分布图只表示其数值大小,而不代表其作用方向。

了解上述关系,将有助于在挡土墙设计中如何减小主动土压力。墙背与填土之间的摩擦角 δ 由试验决定,也可参照表 1-25 取值。

(3) 无黏性土被动土压力

$$E_p = \frac{1}{2}\gamma H^2 K_p \tag{1-35}$$

$$K_p = \frac{\cos^2(\varphi+\varepsilon)}{\cos^2\varepsilon \times \cos(\varepsilon-\delta)\left[1-\sqrt{\frac{\sin(\varphi+\delta)\times\sin(\varphi+\beta)}{\cos(\varepsilon-\delta)\times\cos(\varepsilon-\beta)}}\right]^2} \tag{1-36}$$

若墙背竖直 ($\varepsilon=0$),光滑 ($\delta=0$) 及墙后填土表面水平 ($\beta=0$),则式 (1-36) 变为:

$$K_p = \tan^2\left(45°+\frac{\varphi}{2}\right)$$

与无黏性土的朗肯公式相同。

被动土压力分布可按下式计算

$$\sigma_p = \gamma z K_p \tag{1-37}$$

被动土压力的分布沿墙高呈三角形分布,其合力作用点位于距墙底 $H/3$ 处。同样,此分布图只表示大小,不表示方向,方向为与墙面的法线成 δ 角。

(4) 黏性土的库仑压力理论

为了考虑黏性土的黏聚力 c 对土压力的效应,以往常常采用所谓"等效内摩擦角 φ_D"的方法计算,但误差较大,在低墙上偏于保守,而高墙偏于危险,因此近年来较多学者在库仑理论的基础上计入了墙后填土面荷载、填土黏聚力、填土与墙背间的粘结力以及填土表面附近的裂缝深度等因素的影响,提出了所谓的"广义库仑理论"。库仑主动土压力系数 K_a 如下 (见图 1-3、图 1-4):

$$K_a = \frac{\cos(\varepsilon-\beta)}{\cos^2\varepsilon\cos^2\psi}\{[\cos(\varepsilon-\beta)\cos(\varepsilon+\delta)+\sin(\varphi-\beta)\sin(\varphi+\delta)]K_q$$
$$+2K_2\cos\varphi\cdot\sin\psi+K_1\sin(\varepsilon+\varphi-\beta)\cos\psi$$
$$+K_0\sin(\beta-\psi)\cos\psi-2\sqrt{G_1G_2}\} \tag{1-38}$$

其中:

$$K_q = \frac{1}{\cos\alpha}\left[1+\frac{2q}{\gamma h}\xi-\frac{h_0}{h^2}\left(h_0+\frac{2q}{\gamma}\right)\xi^2\right]$$

$$K_0 = \frac{h_0^2}{h^2}\left(1+\frac{2q}{\gamma h_0}\right)\frac{\sin\varepsilon}{\cos(\varepsilon-\beta)}\xi$$

$$K_1 = \frac{2c'}{\gamma h \cdot \cos(\varepsilon-\beta)}\left(1-\frac{h_0}{h}\right)\xi$$

$$K_2 = \frac{2c}{\gamma h}(1-\frac{h_0}{h})\xi$$

$$\xi = \frac{\cos\varepsilon \cdot \cos\psi}{\cos(\varepsilon - \beta)}$$

$$h_0 = \frac{2c}{\gamma} \cdot \frac{\cos\varepsilon \cdot \cos\varphi}{1 + \sin(\varepsilon - \varphi)}$$

$$G_1 = K_q \cdot \sin(\delta + \varphi)\cos(\delta + \varepsilon) + K_2\cos\varphi + \cos\psi[K_1 \cdot \cos\delta - K_0 \cdot \cos(\varepsilon + \delta)]$$

$$G_2 = K_q\cos(\varepsilon - \beta) \cdot \sin(\varphi - \beta) + K_2\cos\varphi$$

$$\psi = \varepsilon + \delta + \varphi - \beta$$

式中 q——填土表面的均布荷载（kPa）；

h_0——地表裂缝深度（m）。

显然，当 $c=0$，$q=0$，$c'=0$ 则，式（1-38）可变为式（1-33）。

1.6.1.2.3 主动土压力系数"规范"计算公式

（1）侧向总岩土压力可采用总岩土压力公式直接计算或按岩土压力公式求和计算，侧向岩土压力和分布应根据支护类型确定。

（2）根据平面滑裂面假定（图 1-4），主动土压力合力标准值可按下式计算：

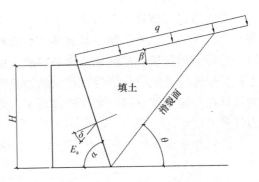

图 1-4　土压力计算简图

$$E_{ak} = \frac{1}{2}\gamma H^2 K_a \tag{1-39}$$

$$K_a = \frac{\sin(\alpha+\beta)}{\sin^2\alpha\sin^2(\alpha+\beta-\varphi-\delta)} \{K_q[\sin(\alpha+\beta)\sin(\alpha-\delta) + \sin(\varphi+\delta)\sin(\varphi-\beta)]$$

$$+ 2\eta\sin\alpha\cos\varphi\cos(\alpha+\beta-\varphi-\delta) - 2\sqrt{K_q\sin(\alpha+\beta) + \sin(\alpha-\beta) + \eta\sin\alpha\cos\varphi}$$

$$\times \sqrt{K_q\sin(\alpha-\beta)\sin(\alpha+\beta) + \eta\sin\alpha\cos\varphi}\} \tag{1-40}$$

$$K_q = 1 + \frac{2q\sin\alpha\cos\beta}{\gamma H\sin(\alpha+\beta)} \tag{1-41}$$

$$\eta = \frac{2c}{\gamma H} \tag{1-42}$$

式中 E_{ak}——主动土压力合力标准值（kN/m）；

K_a——主动土压力系数；

H——挡土墙高度（m）；

γ——土体重度（kN/m³）；

c——土的黏聚力（kPa）；

φ——土的内摩擦角（°）；

q——地表均布荷载标准值（kN/m²）；

δ——土对挡土墙墙背的摩擦角（°）（可按表 1-25 取值）；

β——填土表面与水平面的夹角（°）；

α——支挡结构墙背与水平面的夹角（°）；

θ——滑裂面与水平面的夹角（°）。

土对挡土墙墙背的摩擦角 δ 表 1-25

挡土墙情况	摩擦角 δ	挡土墙情况	摩擦角 δ
墙背平滑，排水不良	$(0 \sim 0.33)\varphi$	墙背平滑，排水不良	$(0 \sim 0.33)\varphi$
墙背糙粗，排水良好	$(0.33 \sim 0.50)\varphi$	墙背与填土不可能滑动	$(0 \sim 0.33)\varphi$

1.6.2 岩石压力计算

岩体边坡的破坏具有一定的突变性和不确定性，其破坏力极大，即使发现岩体边坡出现破坏的先兆，也无法制止其破坏，只能减少、减轻人员伤亡和部分财产损失，因此加强边坡破坏前的防护和监测是非常必要的。由于人们对岩体边坡破坏机制的认识还不充分，因此，岩体边坡的设计仍带有很大的经验性和某些盲目性，不同的计算模型，其支护结构的设计在一定条件下将产生质的差别，为此这里主要说明建筑边坡工程技术规范对岩体压力计算的规定。

(1) 静止岩石压力标准值可按式（1-43）计算，静止岩石压力系数 K_0 可按下式计算：

$$K_0 = \nu/(1-\nu) \tag{1-43}$$

式中 ν——岩石泊松比，宜采用实测数据或当地经验数据。

(2) 对沿外倾结构面滑动的边坡，其主动岩石压力合力标准值可按下式计算：

$$E_{ak} = \frac{1}{2}\gamma H^2 K_a \tag{1-44}$$

$$K_a = \sin(\alpha+\beta)/[\sin^2\alpha\sin(\alpha-\delta+\theta-\varphi_s)\sin(\theta-\beta)]$$
$$\times [K_q\sin(\alpha+\theta)\sin(\theta-\varphi_s) - \eta\sin\alpha\sin\varphi_s] \tag{1-45}$$

$$\eta = 2c_s/\gamma H \tag{1-46}$$

式中 θ——外倾结构面倾角（°）；

c_s——外倾结构面黏聚力（kPa）；

φ_s——外倾结构面内摩擦角（°）；

K_q——系数，按式（1-41）计算；

δ——岩石与挡墙背的摩擦角（°），取 $(0.33 \sim 0.5)\varphi$；

其他符号详见图 1-4；当有多组外倾结构面时，侧向岩压力应计算每组结构面的主动岩石压力并取其大值。

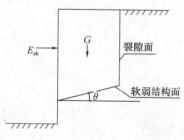

图 1-5 岩质边坡四边形滑裂时侧向压力计算

(3) 对沿缓倾的外倾软弱结构面滑动的边坡（图 1-5），主动岩石压力合力标准值可按下式计算：

$$E_{ak} = G\tan(\theta-\varphi_s) - c_s L\cos\varphi_s/\cos(\theta-\varphi_s) \tag{1-47}$$

式中 G——四边形滑裂体自重（kN/m）；

L——滑裂面长度（m）；

θ——缓倾的外倾软弱结构面的倾角（°）；

c_s——外倾软弱结构面的黏聚力（kPa）；

φ_s——外倾软弱结构面内摩擦角（°）。

(4) 侧向岩石压力和破裂角计算应符合下列规定：

1) 对无外倾结构面的岩质边坡，以岩体等效内摩擦角按侧向土压力方法计算侧向岩压力；破裂角按 $45°+\varphi/2$ 确定，Ⅰ类岩体边坡可取 75°左右；

2) 当有外倾硬性结构面时，侧向岩压力应分别以外倾硬性结构面的参数按（2）条的方法和以岩体等效内摩擦角按侧向土压力方法计算，取两种结果的较大值；除Ⅰ类边坡岩体外，破裂角取外倾结构面倾角和 $45°+\varphi/2$ 两者中的较小值；

3) 当边坡沿外倾软弱结构面破坏时，侧向岩石压力按（2）条计算，破裂角取外倾结构面倾角和 $45°+\varphi/2$ 两者中的较小值，同时应按本条1)、2)款进行验算。

(5) 当坡顶建筑物基础下的岩质边坡存在外倾软弱结构面时，边坡侧压力应按(6)和(4)两种情况分别计算，并取其中的较大值。

(6) 对支护结构变形有控制要求或坡顶有重要建（构）筑物时，可按表1-26确定支护结构上侧向岩土压力。

侧向岩土压力的修正　　　　　　　　　　　　表 1-26

支护结构变形有控制要求或坡顶有重要建（构）筑物基础位置 a		侧向岩土压力修整方法
土质边坡	对支护结构变形控制严格；或 $a<0.5H$	E_0
	对支护结构变形控制较严格；或 $0.5H \leqslant a<1.0H$	$E'_a=(E_0+E_a)/2$
	对支护结构变形控制不严格；或 $1.0H<a$	E_a
岩质边坡	对支护结构变形控制严格；或 $a<0.5H$	$E'_0=\beta_1 E_0$ 且 $E'_0 \geqslant (1.3 \sim 1.4)E_a$
	对支护结构变形控制不严格；或 $0.5H \leqslant a$	E_a

注：1. E_a 为主动岩土压力，E_0 为静止岩土压力；E'_a 为修正主动土压力，E'_0 为岩质边坡修正静止岩石压力；
2. β_1 为岩质边坡静止岩石压力折减系数；
3. 当基础浅埋时，H 取边坡高度；
4. 当基础埋深较大，若基础周边与岩土间设有软性弹性材料隔离层或作了空位构造处理，能使基础垂直荷载传至边坡破裂面以下足够深度的稳定岩土层内，且基础水平荷载对边坡不造成较大影响，H 可从隔离下端算至坡底，否则 H 按坡高计算；
5. 基础埋深大于边坡高度且采取了注4的处理措施，基础的垂直荷载与水平荷载均不传给支护结构时，边坡支护结构侧压力可不考虑基础荷载的影响；
6. 表中 a 为坡脚到坡顶重要建（构）筑物基础外边缘的水平距离。

(7) 岩质边坡静止侧压力的折减系数 β_1，可根据边坡岩体类别按表1-27确定。

静止岩石压力折减系数表　　　　　　　　　　表 1-27

边坡岩体类别	Ⅰ	Ⅱ	Ⅲ	Ⅳ
静止岩石压力折减系数 β_1	0.30~0.45	0.40~0.55	0.50~0.65	0.65~0.85

注：当裂隙发育时取表中大值，裂隙不发育时取小值。

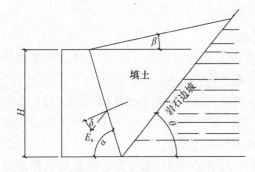

图 1-6 有限范围填土土压力计算简图

1.6.3 特殊情况下的岩土压力计算

(1) 有限填土土压力计算 当挡墙后土体破裂面以内有较陡的稳定岩石坡面时,岩坡坡角 $\theta > 45° + \varphi/2$ 时(图 1-6),应视为有限范围填土情况计算主动土压力。

有限范围填土时,规范规定的主动土压力合力标准值计算公式如下:

$$E_{ak} = \frac{1}{2}\gamma H^2 K_a \qquad (1\text{-}48)$$

$$K_a = \frac{\sin(\alpha+\beta)}{\sin(\alpha-\delta+\theta-\delta_R)\sin(\theta-\beta)} \times \left[\frac{\sin(\alpha+\theta)\sin(\theta-\delta_R)}{\sin^2\alpha} - \eta\frac{\cos\delta_R}{\sin\alpha}\right] \qquad (1\text{-}49)$$

式中 θ——稳定岩石坡面的倾角(°);

δ_R——稳定且无软弱层的岩石坡面与填土间的摩擦角(°),宜根据试验确定。当无试资料时,黏性土与粉土可取 $\delta_R = 0.33\varphi$,砂性土与碎石土可取 $\delta_R = 0.5\varphi$。

有限范围填土时,《建筑地基基础设计规范》(GB 50007—2002)规定的主动土压力系数计算公式为:

$$K_a = \sin(\alpha+\beta)\sin(\alpha+\theta)\sin(\theta-\delta_r)/\sin^2\alpha\sin(\theta-\beta)\sin(\alpha-\delta+\theta-\delta_r) \qquad (1\text{-}50)$$

(2) 坡顶作用线性分布荷载时土压力计算:

①距支护结构顶端 a 处作用有线分布荷载 Q_L 时(图 1-7),附加侧向土压力分布可简化为等腰三角形,最大侧向附加压力标准值按下式计算:

$$e_{h,max} = (2Q_L/h)(K_a)^{1/2} \qquad (1\text{-}51)$$

式中 $e_{h,max}$——最大附加侧向压力标准值(kN/m²);

h——附加侧向压力分布范围(m),$h = (\tan\beta - \tan\varphi)$,$\beta = 45° + \varphi/2$;

Q_L——线分布荷载标准值(kN/m);

K_a——主动土压力系数,$K_a = \tan^2(45° - \varphi/2)$。

②距支护结构顶端 a 处作用有宽度 b 的均布荷载时(图 1-8),附加侧向土压力标准值按下式计算:

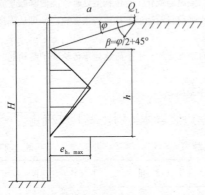

图 1-7 线荷载产生的附加侧向压力分布图

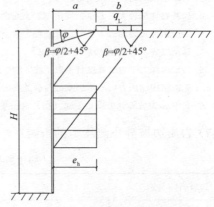

图 1-8 局部荷载产生的附加侧向压力分布图

$$e_{hk} = K_a q_L \tag{1-52}$$

式中 e_{hk}——附加侧向压力标准值（kN/m²）；

q_L——线分布荷载标准值（kN/m）；

K_a——主动土压力系数。

（3）当坡顶地面有非水平作用时按《建筑边坡工程技术规范》（GB 50330—2002）附录 B 中 B.0.3 条的有关规定进行计算。

（4）当岩土体分层，且有水压力作用时，应分层计算。

（5）地震作用计算 地震时地震作用在挡土墙上产生的土压力称为动土压力

① 地震条件下的主动土压力（物部—冈部的公式）E_{ae}

$$E_{ae} = (1 - K_V) \frac{\gamma H^2}{2} K_{ae} \tag{1-53}$$

$$K_{ae} = \frac{\cos^2(\varphi - \varepsilon - \theta)}{\cos\theta \cdot \cos^2\varepsilon \cdot \cos(\varepsilon + \theta + \delta)\left[1 + \sqrt{\frac{\sin(\varphi + \delta)\sin(\varphi - \beta - \theta)}{\cos(\varepsilon - \beta)\cos(\varepsilon + \theta + \delta)}}\right]^2} \tag{1-54}$$

式中 K_{ae}——考虑了地震影响的主动土压力系数；

K_V——竖向地震系数。

根据平衡要求，回填土的极限坡角应为 $\beta \leq \varphi - \theta$。

② 我国《水工建筑物抗震设计规范》（DL 5073—2000）建议的计算公式，具体为：

$$E_{ae} = (1 + K_H c_z c_e \cdot \tan\varphi) \cdot E_a \tag{1-55}$$

式中 E_{ae}——总动土压力（kN/m）；

K_H——水平向地震系数；

c_z——综合影响系数，一般取 1/4；

c_e——地震动土压力系数，与填土坡度 β 及内摩擦角 φ 有关，其值可按表 1-28 选用。

地震动主动土压力系数 c_e 值　　　　　表 1-28

β \ φ	21°~25°	26°~30°	31°~35°	36°~40°	41°~45°
0	4.0	3.5	3.0	2.5	2.0
10°	5.0	4.5	3.5	3.0	2.5
20°	—	5.0	4.0	3.5	3.0
30°	—	—	—	4.0	3.5

（6）大俯角墙背的主动土压力计算—第二破裂面法 在挡土墙设计中，往往遇到墙背俯斜很缓，即墙背倾角 ρ 比较大，如衡重式挡土墙的上墙或 L 形墙背。墙身向前移动，土体达到主动极限平衡状态，破裂楔体将不沿墙背滑动，而是沿着出现在土中相交于墙踵的第 2 个破裂面滑动，远墙的破裂面称为第一破裂面，而近墙的破裂面则称为第二破裂面（图 1-9）。因此用库仑土压力理论来计算土压力将不再适用。在这种怀情况下，应按破裂面出现的位置，求算土压力。在工程实际中，常把出现第二破裂面时计算土压力的方法

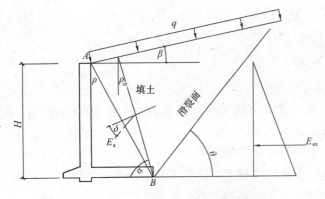

图1-9 第二破裂面土压力计算简图

称为第二破裂面法。

产生第二破裂面的条件是：①墙背倾角必须大于第二破裂面的倾角(ρ_{cr})，即$\rho > \rho_{cr}$；②投影在墙背AB(图1-9)上的诸力所产生的下滑力必须小于墙背处的抗滑力，即$E_{ax} > (E_{ay} + W)\cot(\rho + \delta)$。

一般情况下当$\rho > 20° \sim 25°$时，应考虑可能产生第二破裂面。临界破裂角的计算公式如下[12]：

$$\rho_{cr} = 45° - \varphi/2 + \beta/2 - \arcsin(\sin\beta/\sin\varphi)/2 \qquad (1-56)$$

若已知：$\varphi = 30°$，$\beta = 10°$，则$\rho_{cr} \approx 25°$；当确定了第二破裂面，则可按库仑理论计算土压力：

①墙后填土表面水平，其上作用有连续均匀分布荷载q时：

$$E_{ax} = \gamma H^2(1 + 2q/\gamma H)(1 + \tan\varphi\tan\rho_{cr})^2\cos^2\varphi/2$$

$$E_{ay} = E_{ax}\tan(\varphi + \rho_{cr})$$

合力作用点在$H/3$处。

②墙后表面倾斜（无q）：

$$E_{ax} = \gamma H^2/2\sec^2\rho\cos(\rho - \beta)[1 - \tan(\varphi - \beta)\tan(\theta'_{cr} + \beta)]^2\cos^2(\varphi - \beta)$$

$$E_{ay} = E_{ax}\tan(\varphi + \rho_{cr})$$

式中 $\theta'_{cr} = 45° - \varphi/2 - \beta/2 + \arcsin(\sin\beta/\sin\varphi)/2$。

合力作用点在$H/3$处。

1.6.4 算例分析

1.6.4.1 【算例1】 根据式(1-39)～式(1-42)计算不同条件下的主动土压力系数及主动土压力。

【解】 计算参数、计算结果用表格表达，计算部分数据详见表1-29～表1-34所示，该表格只是作者计算结果中的一部分数据，这些表可用于边坡工程初步设计，从计算数据分析有如下基本规律：

(1) 随挡土墙高度增加，土压力迅速增大；随土内摩擦角增大，土压力减小；

(2) 随土黏聚力增大，土压力减小，当黏聚力达到特定值时，侧向土压力为零，此点与多数工程事故的发生有一定因果关系，工程设计时应特别小心；

(3) 随墙顶面填土表面与水平面的夹角（表中未列出计算数据）β值的不同，土压力计算结果不同，应注意β必须小于φ值，否则挡土墙顶面填土为非稳定土体易发生坡顶土体滑移破坏，工程实践中部分挡土墙顶面填土与水平面的夹角β值有大于φ的情况，应引起特别注意。

1.6.4.2 【算例2】 根据式(1-39)～式(1-42)计算不同条件下岩石边坡主动土压力（由岩

体强度控制）。

【解】 计算参数、计算结果用表格表达，计算部分数据详见表 1-35～表 1-38 所示，该表格只是作者计算结果中的一部分数据，这些表可用于边坡工程初步设计，但需说明的是部分岩体参数取值明显偏小，其作用仅是考察岩体参数变化对计算结果的影响，从计算数据分析有如下基本规律：

（1）随支护结构高度（即边坡高度）的增加，岩体压力迅速增大；随岩体内摩擦角增大，侧向岩石压力减小；

（2）岩石黏聚力一般均比较大，表中所给岩体黏聚力偏小，因此多数情况下，岩石边坡安全性不由岩体强度控制（因为岩体强度较高），岩体安全性一般由岩体软弱结构面强度、或岩体内部裂隙面强度控制；当理论计算不需进行边坡支护时，也应按工程经验和构造要求进行岩体边坡工程支护（岩体边坡高度超过 5～8m）；对于岩体高边坡而言，计算同时表明，计算参数的取值直接影响边坡工程的支护结构的选型，以锚杆挡墙为例，相同高度岩体边坡（如 18m 直立边坡）当岩体设计参数选择变化时，可能会出现多种情况：①岩体边坡不需支护，从安全考虑，进行构造配筋支护；②按一般经验进行锚杆挡墙支护，可能会因不同的设计者使锚杆配筋量差异较大；③锚杆挡墙支护结构形式无效，无法支护。因此工程设计时应特别小心，不可照搬照套其他工程设计图纸。

1.7 常见支护结构设计要点

1.7.1 重力式挡土墙

（1）重力式挡土墙的类型

1）根据墙背倾斜情况，重力式挡土墙可分为：俯斜式挡墙、仰斜式挡墙、直立式挡墙和衡重式挡墙以及其他形式的挡墙。

2）根据挡墙组成的材料情况，重力式挡土墙可分为：浆砌条石挡墙、浆砌片石挡墙、混凝土挡墙和毛石混凝土挡墙以及其他形式的挡墙。

地面荷载为零时不同内摩擦角条件下土压力计算数据表　　　表 1-29

附加荷载 q (kN)	土的重度 γ (kN/m³)	土的黏聚力 c (kPa)	土的内摩擦角 φ (°)	挡土墙高度 H (m)	土对挡土墙墙背的摩擦角 δ (°)	填土表面与水平面的夹角 β (°)	支挡结构与墙背与水平面的夹角 α (°)	破裂角 θ (°)	主动土压力系数 K_a	主动土压力合力标准值 (kN/m)
0	19	0	20	5	10	0	90	—	0.447	106.1
0	19	0	22	5	10	0	90	—	0.416	98.7
0	19	0	24	5	10	0	90	—	0.387	91.8
0	19	0	26	5	10	0	90	—	0.359	82.3
0	19	0	28	5	10	0	90	—	0.333	79.1
0	19	0	30	5	10	0	90	—	0.308	73.3

地面荷载为 3kN/m² 时不同内摩擦角条件下土压力计算数据表　　表 1-30

附加荷载 q (kN/m²)	土的重度 γ (kN/m³)	土的黏聚力 c (kPa)	土的内摩擦角 φ (°)	挡土墙高度 H (m)	土对挡土墙墙背的摩擦角 δ (°)	填土表面与水平面的夹角 β (°)	支挡结构与墙背与水平面的夹角 α (°)	破裂角 θ (°)	主动土压力系数 K_a	主动土压力合力标准值 (kN/m)
3	19	0	20	5	10	0	90	—	0.475	112.8
3	19	0	22	5	10	0	90	—	0.442	105.0
3	19	0	24	5	10	0	90	—	0.411	97.6
3	19	0	26	5	10	0	90	—	0.382	90.7
3	19	0	28	5	10	0	90	—	0.354	84.1
3	19	0	30	5	10	0	90	—	0.328	77.9

地面荷载为 10kN/m² 时不同内摩擦角条件下土压力计算数据表　　表 1-31

附加荷载 q (kN/m²)	土的重度 γ (kN/m³)	土的黏聚力 c (kPa)	土的内摩擦角 φ (°)	挡土墙高度 H (m)	土对挡土墙墙背的摩擦角 δ (°)	填土表面与水平面的夹角 β (°)	支挡结构与墙背与水平面的夹角 α (°)	破裂角 θ (°)	主动土压力系数 K_a	主动土压力合力标准值 (kN/m)
10	19	0	20	5	10	0	90	—	0.541	128.4
10	19	0	22	5	10	0	90	—	0.503	119.5
10	19	0	24	5	10	0	90	—	0.468	111.1
10	19	0	26	5	10	0	90	—	0.435	103.2
10	19	0	28	5	10	0	90	—	0.403	95.7
10	19	0	30	5	10	0	90	—	0.373	88.7

地面荷载为 3kN/m² 土的黏聚力 5kPa 时不同内摩擦角条件下土压力计算数据表　　表 1-32

附加荷载 q (kN/m²)	土的重度 γ (kN/m³)	土的黏聚力 c (kPa)	土的内摩擦角 φ (°)	挡土墙高度 H (m)	土对挡土墙墙背的摩擦角 δ (°)	填土表面与水平面的夹角 β (°)	支挡结构与墙背与水平面的夹角 α (°)	破裂角 θ (°)	主动土压力系数 K_a	主动土压力合力标准值 (kN/m)
3	19	5	20	5	10	0	90	—	0.339	80.6
3	19	5	22	5	10	0	90	—	0.311	73.9
3	19	5	24	5	10	0	90	—	0.285	67.7
3	19	5	26	5	10	0	90	—	0.260	61.8
3	19	5	28	5	10	0	90	—	0.237	56.3
3	19	5	30	5	10	0	90	—	0.215	51.1

地面荷载为 3kN/m² 土的黏聚力 10kPa 时不同内摩擦角条件下土压力计算数据表　　表 1-33

附加荷载 q (kN/m²)	土的重度 γ (kN/m³)	土的黏聚力 c (kPa)	土的内摩擦角 φ (°)	挡土墙高度 H (m)	土对挡土墙墙背的摩擦角 δ (°)	填土表面与水平面的夹角 β (°)	支挡结构与墙背与水平面的夹角 α (°)	破裂角 θ (°)	主动土压力系数 K_a	主动土压力合力标准值 (kN/m)
3	19	10	20	5	10	0	90	—	0.205	48.7
3	19	10	22	5	10	0	90	—	0.182	43.1
3	19	10	24	5	10	0	90	—	0.160	37.9
3	19	10	26	5	10	0	90	—	0.139	33.1
3	19	10	28	5	10	0	90	—	0.120	28.6
3	19	10	30	5	10	0	90	—	0.103	24.4

地面荷载为 3kN/m² 土的黏聚力 15kPa 时不同内摩擦角条件下土压力计算数据表　　表 1-34

附加荷载 q (kN/m²)	土的重度 γ (kN/m³)	土的黏聚力 c (kPa)	土的内摩擦角 φ (°)	挡土墙高度 H (m)	土对挡土墙墙背的摩擦角 δ (°)	填土表面与水平面的夹角 β (°)	支挡结构与墙背与水平面的夹角 α (°)	破裂角 θ (°)	主动土压力系数 K_a	主动土压力合力标准值 (kN/m)
3	19	15	20	5	10	0	90	—	0.071	17.0
3	19	15	22	5	10	0	90	—	0.052	12.4
3	19	15	24	5	10	0	90	—	0.035	8.3
3	19	15	26	5	10	0	90	—	0.019	4.4
3	19	15	28	5	10	0	90	—	0.004	0.95
3	19	15	30	5	10	0	90	—	-0.009	

地面荷载为 3kN/m² 土的黏聚力 0kPa 时不同内摩擦角条件下土压力计算数据表　　表 1-35

附加荷载 q (kN/m²)	土的重度 γ (kN/m³)	土的黏聚力 c (kPa)	土的内摩擦角 φ (°)	挡土墙高度 H (m)	土对挡土墙墙背的摩擦角 δ (°)	填土表面与水平面的夹角 β (°)	支挡结构与墙背与水平面的夹角 α (°)	破裂角 θ (°)	主动土压力系数 K_a	主动土压力合力标准值 (kN/m)
3	25	0	20	10	3	0	90	55	0.485	606.7
3	25	0	25	10	7	0	90	57.5	0.403	503.7
3	25	0	30	10	10	0	90	60	0.316	394.8
3	25	0	35	10	10	0	90	62.5	0.259	323.6
3	25	0	40	10	10	0	90	65	0.209	261.7
3	25	0	45	10	10	10	90	67.5	0.181	225.9
3	25	0	50	10	10	10	90	70.0	0.139	173.8

注：表 1-34～表 1-37 主要考虑的是岩石边坡情况，但部分参数的取值偏小，主要目的是说明有关参数对土压力的影响，而非实际土压力计算，以下各表相同。

地面荷载为3kN/m²土的黏聚力20kPa时不同内摩擦角条件下土压力计算数据表　　表1-36

附加荷载 q (kN/m²)	土的重度 γ (kN/m³)	土的黏聚力 c (kPa)	土的内摩擦角 φ (°)	挡土墙高度 H (m)	土对挡土墙墙背的摩擦角 δ (°)	填土表面与水平面的夹角 β (°)	支挡结构与墙背与水平面的夹角 α (°)	破裂角 θ (°)	主动土压力系数 K_a	主动土压力合力标准值 (kN/m)
3	24	20	20	10	3	0	90	55	0.239	359.1
3	24	20	25	10	7	0	90	57.5	0.191	228.6
3	24	20	30	10	10	0	90	60	0.138	165.3
3	24	20	35	10	10	0	90	62.5	0.097	116.3
3	24	20	40	10	10	0	90	65	0.063	76.0
3	24	20	45	10	10	10	90	67.5	0.039	46.4
3	24	20	50	10	10	10	90	70.0	0.015	17.7

地面荷载为3kN/m²土的黏聚力50kPa时不同内摩擦角条件下土压力计算数据表　　表1-37

附加荷载 q (kN/m²)	土的重度 γ (kN/m³)	土的黏聚力 c (kPa)	土的内摩擦角 φ (°)	挡土墙高度 H (m)	土对挡土墙墙背的摩擦角 δ (°)	填土表面与水平面的夹角 β (°)	支挡结构与墙背与水平面的夹角 α (°)	破裂角 θ (°)	主动土压力系数 K_a	主动土压力合力标准值 (kN/m)
3	24	50	20	15	3	0	90	55	0.109	285.5
3	24	50	25	15	7	0	90	57.5	0.055	148.1
3	24	50	30	15	10	0	90	60	0.018	48.1
3	24	50	35	15	10	0	90	62.5	−0.014	—
3	24	50	40	15	10	0	90	65	−0.038	—
3	24	50	45	15	10	10	90	67.5	−0.057	—
3	24	50	50	15	10	10	90	70.0	−0.069	—

地面荷载为3kN/m²土的黏聚力50kPa时不同内摩擦角条件下土压力计算数据表　　表1-38

附加荷载 q (kN/m²)	土的重度 γ (kN/m³)	土的黏聚力 c (kPa)	土的内摩擦角 φ (°)	挡土墙高度 H (m)	土对挡土墙墙背的摩擦角 δ (°)	填土表面与水平面的夹角 β (°)	支挡结构与墙背与水平面的夹角 α (°)	破裂角 θ (°)	主动土压力系数 K_a	主动土压力合力标准值 (kN/m)
3	24.5	50	20	20	3	0	90	55	0.203	996.5
3	24.5	50	25	20	7	0	90	57.5	0.141	691.0
3	24.5	50	30	20	10	0	90	60	0.094	460.0
3	24.5	50	35	20	10	0	90	62.5	0.058	281.9
3	24.5	50	40	20	10	0	90	65	0.028	136.9
3	24.5	50	45	20	10	10	90	67.5	0.005	23.1
3	24.5	50	50	20	10	10	90	70.0	−0.015	—

(2) 重力式挡土墙的稳定性验算

1) 重力式挡土墙的抗滑移稳定性：

重力式挡土墙的抗滑移稳定系数 $K_s \geqslant 1.3$。

2）重力式挡土墙的抗倾覆稳定性：

重力式挡土墙的抗倾覆稳定系数 $K_f \geqslant 1.6$。

注：①许多设计者反映，重力式挡土墙的稳定性验算，主要由抗滑移稳定性控制，而现实工程中倾覆稳定破坏的可能性又大于滑动破坏。说明过去抗倾覆稳定系数偏低，因此，《建筑地基基础设计规范》（GB 50007—2002）对抗倾覆稳定系数进行了调整，即由原来的 1.5 调整为 1.6。

②主动土压力 E_a 为主动土压力标准值乘以主动土压力增大系数，即

$$E_a = \Psi_c (\gamma h^2 K_a / 2)$$

主动土压力增大系数 Ψ_c，土坡高度小于 5m 时宜取 1.0；高度为 5~8m 时宜取 1.1；高度大于 8m 时宜取 1.2（有的参考文献建议取值为 1.4）。

(3) 重力式挡土墙墙身强度验算

重力式挡土墙墙身强度可按《砌体结构设计规范》（GB 50003—2001）进行验算。

1.7.2 锚杆（索）挡墙

(1) 锚杆的类型

目前，在我国和全世界范围内，适用于不同的地质条件，具有不同功能和用途的锚杆类型很多。锚杆分类方法按不同分类原则和分类标志也有多种。现在介绍一些主要的分类：

1）按应用对象可分为：岩石锚杆、土层锚杆和海洋锚杆。

2）按是否预先施加应力可分为：预应力锚杆（主动式锚杆）和非预应力锚杆（被动式锚杆）。

3）按锚固机理可分为：

粘结式锚杆：水泥砂浆锚杆和树脂锚杆；

摩擦式锚杆：管缝式锚杆和水胀式管状锚杆；

机械式锚杆：胀壳式锚杆和楔缝式锚杆。

4）按锚杆杆体材料可分为：金属锚杆、木锚杆、竹锚杆和钢筋混凝土锚杆。

5）按锚固体形态可分为：圆柱型锚杆、端部扩大型锚杆和连续球体型锚杆。

(2) 一般要求

在计划使用岩土锚杆时，应充分研究锚固工程的安全性、经济性和施工的可行性。锚杆设计主要包括以下内容：

1）计算外荷载（斜坡、挡墙、锚拉桩）；

2）决定锚杆布置和安设角度；

3）锚杆锚固体尺寸设计；

4）预应力钢筋确定；

5）稳定性验算；

6）锚头设计。

(3) 锚杆布置和安设角度

1）锚杆上覆地层厚不应小于 4m（规范规定：最上一排锚杆距地面不应小于 1.5m），

以避免车辆行驶等反复荷载的影响,也是为了不致由于较高注浆压力而使上覆岩体隆起。

2) 锚杆的水平和垂直间距一般不宜大于 4m,以避免压力集中,也不得小于 1.5m,以免"群锚效应"而降低锚固力。

3) 必须充分了解斜坡的地质状况,确定斜坡变形破坏的模式后,才能决定锚杆布置位置。总原则是:锚杆布置对斜坡产生最大抗力。

4) 锚杆的安设角度,对基坑或近于直立的边坡而言,需考虑临近状况,锚固地层位置及施工方法。一般锚杆的俯角不小于 15°,不大于 45°,以 15°~35°为好。俯角愈大,则有利于抵抗侧压力的水平分力愈小,而由于垂直分力加大,会引起护壁桩向下压力增大等不良影响。此外,在可能条件下,锚杆锚固体应锚定于较好的地层中。

(4) 锚固力计算

1) 平面破坏面的锚固力(图 1-10)

假设锚杆锚固力 P 以 θ 角穿过斜坡的破坏面,则有斜坡安全系数 K_s 为:

$$K_s = \{[W\cos\beta - U_1 - U_2\sin\beta + P\sin(\beta+\theta)]\tan\varphi + cL\} / [W\sin\beta + U_2\cos\beta - P\cos(\beta+\theta)] \tag{1-57}$$

可得出:

$$P = [(K_s W\sin\beta + K_s U_2\cos\beta) - (W\cos\beta - U_1 - U_2\sin\beta)\tan\varphi - cL] / [\sin(\beta+\theta)\tan\varphi + K_s\cos(\beta+\theta)] \tag{1-58}$$

式中 P——锚杆锚固力;

c、φ——岩土的黏聚力和内摩擦角;

W——滑体的自重;

L——滑体长度;

U_1——滑体破坏面上的静力上托力;

U_2——满水时后缘拉裂缝中的静水压力;

K_s——斜坡的安全系数;

α、β——斜坡坡角(计算 W 时用)和破坏面倾角;

θ——锚杆方向与水平线的夹角。

2) 圆弧形破坏面的锚固力(图 1-11)

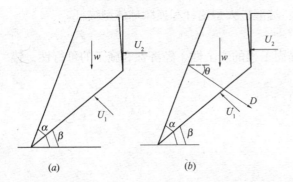

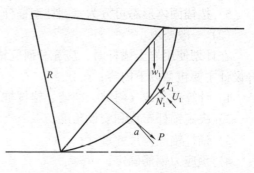

图 1-10 边坡平面破坏受力分析图   图 1-11 圆弧型破坏边坡锚固受力分析图

$$K_s = (f\Sigma\Delta N + c\Sigma\Delta L)/\Sigma\Delta T \tag{1-59}$$

当一锚固力 P 作用于剪切面时,其法向分力 P_n 和切向分力 P_t 有助于斜坡稳定。锚固后斜坡的安全系数为：
$$K_s = [f(\Sigma\Delta N + P_n) + c\Sigma\Delta L]/(\Sigma\Delta T - P_t) \quad (1\text{-}60)$$

当锚杆轴线与剪切破坏面的法线成 a 角时，有
$$P_n = P \times \sin a$$
$$P_t = P \times \cos a$$

代入上式验算：
$$P = (K_s\Sigma\Delta N - f\Sigma\Delta N - c\Sigma\Delta L)/(K_s\sin a + f\cos a) \quad (1\text{-}61)$$

式中 ΔN——土体重量垂直于剪切破坏面的分力；

ΔT——土体重量平行于剪切破坏面的分力；

ΔL——第 i 条剪切破坏面的宽度；

c、f——土体的黏聚力和摩擦系数。

3）其他计算（略）

（5）锚杆结构设计

1）锚杆极限锚固力及锚固体设计

锚杆的极限锚固力随锚固形式不同，计算方法也有所不同，圆柱型锚杆的锚固力由锚固体表面与周围地层的摩擦力或砂浆的握裹力提供。

①圆柱型锚杆的极限锚固力 P_L 和锚固段长度 L_m：
$$P_L = \pi d L_m q_s \quad (1\text{-}62)$$
$$L_m = (KN_t)/(\pi d q_s) \quad (1\text{-}63)$$

式中 P_L——锚杆极限锚固力；

L_m——锚固段长度；

N_t——锚杆的设计轴向拉力；

q_s——锚固体表面与周围岩土体间的粘结强度；

d——锚固体直径，一般为 80~150mm（土层中）；

K——安全系数。

②端部扩大型锚杆的极限锚固力和锚固长度：

（A）砂土中锚杆极限锚固力可按下式计算：
$$P_L = \gamma h \beta_c \pi (D^2 - d^2)/4 + \pi d L_1 q_s + \pi d L_2 q_s \quad (1\text{-}64)$$

则在外力作用下所需锚固段的长度由下式求得：
$$KN_t = \gamma h \beta_c \pi (D^2 - d^2)/4 + \pi d L_1 q_s + \pi d L_2 q_s \quad (1\text{-}65)$$

式中 N_t——锚杆轴向拉力值；

D、d、L_1、L_2——锚固体结构尺寸；

K——安全系数；

q_s——粘结强度；

β_c——锚固力系数；

h——扩大头上覆土层厚度；

γ——土体重度。

(B) 黏土中端部扩大头型锚杆的极限锚固力计算：

$$P_L = c_u \beta_c \pi (D^2 - d^2)/4 + \pi d L_1 c_u + \pi d L_2 q_s \tag{1-66}$$

锚固段长度可由下式求得

$$KN_t = c_u \beta_c \pi (D^2 - d^2)/4 + \pi d L_1 c_u + \pi d L_2 q_s \tag{1-67}$$

式中 c_u——土体不排水抗剪强度，其他参数同以前。

锚固体表面与周围地层间的粘结强度，与许多因素有关，如：钻孔方法、岩土性质、渗透性、抗剪强度、锚杆上覆地层厚度等，它一般不能精确确定，应由试验确定。结合国内外实测结果，表 1-39 所示给出了粘结强度推荐值。但它仅用于初步设计时估算锚杆锚固力。

锚固体表面与周围岩土体间的粘结强度特征值　　　　表 1-39

岩土种类	岩土状态	q_s 值（kPa）
填土	—	15～20
淤泥及淤泥质土	—	20～50
黏性土	坚硬	60～70
	硬塑	50～60
	可塑	40～50
	软塑	30～40
粉土	稍密	22～44
	中密	44～64
	密实	64～100
砂土	松散	30～50
	稍密	50～70
	中密	70～105
	密实	105～140
岩石	极软岩	135～180
	软岩	180～380
	较软岩	380～550
	较硬岩	550～900
	坚硬岩	900～1300

2）锚杆自由段长度的确定

锚杆自由段长度一般应超过破裂面 1.0m，以利于改善被锚固地层的稳定性。预应力锚杆自由段长度不宜小于 5.0m，以防止由于锚具的缺陷或移动使施加的预应力出现显著的衰减。

3）锚杆预应力筋的设计

锚杆的预应力钢筋尽可能的采用钢绞线、高强钢丝或高强精轧螺纹钢筋，最大限度的减少钻孔和施加预应力的工作量。

普通级钢筋仅用于设计轴向力小于 500kN，长度小于 20m 的锚杆，锚杆的预应力钢筋的截面面积按下（6）确定。

（6）预应力锚杆的锁定荷载和锚头设计

1）锁定荷载

对于锚杆，原则上可按锚杆设计轴向拉力值（工作荷载）作为预应力值而加以锁定。但锁定荷载应视锚杆的使用目的和地层性状而加以调整。

①岩体加固和边坡抗滑的锚固

加固松动岩体、滑移边坡时，以轴向拉力设计值为锁定荷载为宜。

②结构物背面地层为松散土质

一般锁定荷载为轴向拉力设计值的 0.6~0.8。

③预计地层有明显的徐变情况

可先将锚杆张拉到设计拉力设计值的 1.2~1.3 倍，然后再退到设计拉力值锁定。

2）锚头设计概述

锚头的传力台座的尺寸和结构构造应使台座具有足够的承载力和刚度，不得产生有害的变形。

锚具型号、尺寸的选取应保持锚杆预应力值的恒定。

（7）锚杆稳定性验算原则

锚杆有多种破坏形式，设计时必须仔细校核各种可能的破坏形式。因此除了要求每根锚杆必须能够有足够的承载力之外，还必须考虑包括锚杆和岩土体在内的整体稳定性。

（8）锚杆的防腐设计

对锚杆的腐蚀环境，应进行充分的调查，并选择适当的防护方法。

1）锚杆防腐设计的原则

①防腐方法不能影响锚杆各部件的功能。因此对锚杆的不同部位要作不同的防腐结构设计。

②防腐方法的确定还必须使防腐材料在施工期间免受损伤，并保证长期具有防腐效能。

③永久性锚杆应采用双层防腐，临时性锚杆可采用简单防腐（当腐蚀环境特别严重时，也应采用双层防腐）。

2）锚杆防腐设计

①锚固体的防腐

（A）波形防护管：永久性锚杆防腐使用，防护管与锚杆间的空隙内填充环氧树脂和水泥砂浆。

（B）水泥砂浆封闭防腐：注意锚杆一定要居中，一般使用定位器。保护厚度：大于等于 20mm（永久性锚杆），大于等于 10mm（临时性锚杆）。

②自由段防腐

该段的防腐构造必须不影响张拉钢材的自由伸长。

临时性锚杆防腐法：用润滑油或防腐油漆涂刷后，再用塑料布包裹。

永久性锚杆防腐法：在临时性锚杆防腐方法之后，还要在塑料布上涂润滑油或防腐漆，最后套防腐塑料管。

注：若自由段存在空隙，容易积存雨水，经上述防腐处理后，最后用水泥浆充填封死。

③锚头防腐

（A）临时性锚杆锚头防腐：沥青封闭。

（B）永久性锚杆锚头防腐：承压板涂沥青。

（C）如锚杆不需要再次张拉，锚头涂润滑油、沥青后用混凝土封死。

（D）如锚杆需要再次张拉，可采用夹具封闭，但夹具的空腔内必须用润滑油充填。

1.7.3 抗滑桩

（1）桩的类型

1) 按承载性状桩可分为：摩擦型桩和端承型桩。

摩擦型桩包括摩擦桩和端承摩擦桩。

摩擦桩：在极限承载力状态下，桩顶荷载由桩侧阻力承受。

端承摩擦桩：在极限承载力状态下，桩顶荷载主要由桩侧阻力承受。

端承型桩包括端承桩和摩擦端承桩。

端承桩：在极限承载力状态下，桩顶荷载由桩端阻力承受。

摩擦端承桩：在极限承载力状态下，桩顶荷载主要由桩端阻力承受。

2) 按使用功能桩可分为：竖向抗压桩（抗压桩）、竖向抗拔桩（抗拔桩）、水平受荷桩（主要承受水平荷载）和复合受荷桩（竖向、水平荷载均较大）。

3) 按桩身材料桩可分为：混凝土桩（灌注桩、预制桩）、钢桩和组合材料桩。

4) 按成桩方法（成桩对地基土的影响程度）桩可分为：

非挤土桩：干作业法、泥浆护壁法、套管护壁法

部分挤土桩：部分挤土灌注桩、预钻孔打入式预制桩、打入式敞口桩

挤土桩（不宜用于饱和软黏土）：挤土灌注桩、挤土桩预制桩

5) 按桩径大小（桩径不同，桩的受荷性能不一样）桩可分为：

小桩：$d \leqslant 250mm$

中等直径桩：$250mm < d < 800mm$

大直径桩：$d \geqslant 800mm$

6) 按横向荷载作用下桩的工作特性与破坏性状，根据桩的入土深度 h 与桩的特征系数 a 的关系桩可分为：

刚性桩（短桩，$ah \leqslant 2.5$）

半刚性桩（中长桩，$2.5 < ah < 4.0$）

柔性桩（长桩，$ah \geqslant 4.0$）

（2）抗滑桩的优点

1) 抗滑能力强，圬工数量小，在滑坡推力大、滑动带深的情况下，能够克服抗滑挡土墙难以克服的困难。

2) 桩位灵活，可以设在滑坡体中最有利于抗滑的部位，可以单独使用，也可与其他构筑物配合使用。

3) 可以沿桩长根据弯矩大小合理地布置钢筋（优于管形状、打入桩）。

4) 施工方便，设备简单。采用混凝土或少筋混凝土护壁，安全、可靠。

5）间隔开挖桩孔，不易恶化滑坡状态，有利于抢修工程。

6）通过开挖桩孔，可直接揭露校核地质情况，修正原设计方案。

7）施工影响范围小，对外界干扰小。

（3）抗滑桩设计的要求和步骤

1）抗滑桩设计应满足的要求：

①整个滑坡体具有足够的稳定性，即抗滑稳定安全系数满足设计要求值，保证滑体不从桩顶滑出，不从桩间挤出。

②桩身要有足够的强度和稳定性。桩的断面和配筋合理，能满足桩内应力和桩身变形的要求。

③桩周的地基抗力和滑体的变形在容许范围内。

④抗滑桩的间距、尺寸、埋深等都较适当，保证安全，方便施工，并使工程量最省。抗滑桩的设计任务就是根据以上要求，确定抗滑桩的桩位、间距、尺寸、埋深、配筋、材料和施工要求等。这是一个很复杂的问题，常常要经分析研究才能得出合理的方案。

2）抗滑桩设计计算步骤：

①首先查明滑坡的原因、性质、范围、厚度等基本条件，分析滑坡的稳定状态、发展趋势。

②根据滑坡地质剖面及滑动面处岩（土）的抗剪强度指标，计算滑坡推力。

③根据地形、地质及施工条件等确定设桩的位置及范围。

④根据滑坡推力大小、地形及地层性质，拟定桩长、锚固深度、桩截面尺寸及桩间距等桩参数。

⑤确定桩的计算宽度，并根据滑体的地层性质，选定地基系数。

⑥根据选定的地基系数及桩的截面形式、尺寸，计算桩的变形系数（a 或 b）及其计算深度（ah 或 bh），据此判断是按刚性桩还是按弹性桩来设计。

⑦根据桩底的边界条件采用相应的公式计算桩身各截面的位移（变形）、内力及侧壁应力等，并计算确定最大剪力、弯矩及其部位。

⑧校核地基强度：若桩身作用于地基的弹性应力超过地层容许值或者小于其容许值过多时，则应调整桩的埋深或桩的截面尺寸，或桩的间距，重新计算，直至符合要求为止。

⑨根据计算的结果，绘制桩身的剪力图和弯矩图。

⑩对于钢筋混凝土桩，还需进行配筋设计。

（4）抗滑桩的计算

1）抗滑桩的计算方法

理论基础：将地基土视为弹性介质，应用弹性地基梁的计算原理，以捷克学者温克勒提出的"弹性地基"的假说作为计算的理论基础。

计算方法主要有悬臂桩法、地基系数（m 法、k 法、$m-k$ 法）和有限元法（矩阵分析）。

2）作用于抗滑桩的外力包括：滑坡推力、受荷段地层（滑体）抗力、锚固段地层抗力、桩侧摩阻力和黏着力以及桩底应力等。这些力均为分布力。

3）抗滑桩设计的相关问题：

①滑坡推力：滑坡推力作用于滑面以上部分的桩背上，可假定与滑面平行。一般假定

每根桩所承受的滑坡推力等于桩距（中至中）范围之内的滑坡推力。

②根据设桩的位置及桩前滑坡体的稳定情况，抗滑桩可分为悬臂式和沉埋式两种。当桩前滑坡体不能保持稳定可能滑走的情况下，抗滑桩应按悬臂式桩考虑；而当桩前滑坡体能保持稳定，抗滑桩将按沉埋式桩考虑。

③岩土抗力：埋于滑床中的桩将滑坡推力传递给桩周的岩（土），桩的锚固段前、后岩（土）受力后发生变形，从而产生由此引起的岩（土）抗力作用。

④桩周摩阻力：抗滑桩截面大，桩周面积大，桩与地层间的摩阻力、黏着力必然也较大，由此产生的平衡弯矩对桩有利。但其计算复杂，一般不予考虑。

⑤基底应力：抗滑桩的基底应力，主要是由自重引起的。而桩侧摩阻力、黏着力又抵消了大部分自重。实测资料表明，桩底应力一般相当小，为简化计算，桩底应力可忽略不计。

4）设计宽度

抗滑桩受滑坡推力的作用产生位移，则桩侧岩土体对桩将产生抗力。当岩（土）变形处于弹性变形阶段时，桩受到岩（土）的弹性抗力作用。岩（土）对桩的弹性抗力及其分布与桩的作用范围有关。

为了将空间的受力简化为平面受力，并考虑桩截面形状的影响，将桩的设计宽度（或直径）换算成相当于实际工作条件下的矩形桩宽 B_P，此 B_P 称为桩的计算宽度。

①试验表明，对不同尺寸的圆形桩和矩形桩施加水平荷载时，直径为 d 的圆形桩与正面边长为 $0.9d$ 的矩形桩，在其两侧土体开始被挤出的极限状态下，其临界水平荷载值相等。所以，矩形桩的形状换算系数为 $K_f = 1$，而圆形桩的形状换算系数为 $K_f = 0.9$。

②同时，由于将空间受力状态简化成为平面受力状态，在决定桩的计算宽度时，应将实际宽度乘以受力换算系数 K_B。由试验资料可知，对于正面边长 b 大于或等于 1m 的矩形桩受力换算系数 K_B 为 $(1 + 1/b)$，对于直径 d 大于或等于 1m 的圆形桩受力换算系数 K_B 为 $(1 + 1/d)$。

故桩的计算宽度应为：

矩形桩： $$B_P = b + 1$$
圆形桩： $$B_P = 0.9(d + 1)$$

附注：只有在计算桩侧弹性抗力时，采用桩的正面计算宽度。计算桩底反力时，仍用桩的实际宽度。

③桩的截面形状应从经济合理及施工方便考虑。目前多用矩形桩，边长 2～3m，以 1.5m×2.0m 及 2.0m×3.0m 两种尺寸的截面为常见。

5）桩侧岩（土）的地基系数　桩侧岩（土）的弹性抗力系数简称地基系数，是地基承受的侧压力与桩在该处产生的侧向位移的比值。

①认为地基系数是常数，不随深度而变化，以"K"表示之，相应的计算方法称为"K"法，可用于地基较为完整硬质岩层、未扰动的硬黏土或性质相近的半岩质地层。

②认为地基系数随深度按直线比例变化，即在地基内深度为 y 处的水平地基系数为 $K = m \cdot y$ 或 $K = K_0 + my$，相应这一假定的计算方法称为"m"法，可用于硬塑～半坚硬的砂黏土、碎石土或风化破碎成土状的软质岩层以及重度随深度增加的地层。

③地基系数 K 及比例系数 m 应通过试验确定；当无试验资料时，可采用工程地质类比方法确定。

1.7.4 高边坡设计

(1) 高边坡的结构类型

所谓坡体结构是指构成坡体的不同岩层及构造结构面（包括接触分界面）的产状、性质、厚度、含水状况，在边坡上的分布位置及其与开挖面之间的关系。它控制了边坡可能发生变形的类型、位置和规模。高边坡的结构类型主要有表 1-40 中的六种类型。

高边坡的结构类型   表 1-40

坡体结构类型	特 征
类均质体结构	各种类均质土坡体，多发生崩塌及沿弧形面的滑动。
近水平层状结构	倾角小于 10°的土层和岩层坡体，多发生差异风化形成的崩塌、错落型滑坡、顺层滑坡。
顺倾层状结构	层面倾向开挖面，倾角大于 10°，多发生顺层滑坡，倾角由下向上变陡者滑坡规模大，也有顺层～切层滑动。
反倾层状结构	层面倾向坡内，倾角大于 10°，多发生切层滑坡、倾倒和倾倒型滑坡。
碎裂状结构	构造或风化破碎岩体，多发生坍塌及沿弧形面和构造面的滑坡。
块状结构	厚层块状岩体，一般稳定性好，当构造面倾向开挖面、倾角较陡时，易发生崩塌和滑坡。

(2) 高边坡设计的特点

1）高边坡设计应以详实的地质资料为基础。

2）高边坡设计是预测性设计。

3）高边坡设计是风险性设计。

4）高边坡设计应是动态设计（根据信息施工法及施工勘察反馈的资料，确认原设计条件有较大变化时，及时补充、修改原设计的设计方法）。

5）高边坡设计对施工工艺提出严格要求—信息施工法和逆作法。

信息施工法：根据施工现场的地质情况和监测数据，对地质结论、设计参数进行验证，对施工安全性进行判断和及时修正施工方案的施工方法。

逆作法：采用自上而下，分阶与支护的一种施工方法。

(3) 高边坡设计的原则

1）高边坡根据其使用年限和保护对象的重要性，应是安全可靠的。

2）高度 10m 以下的边坡原则上以放稳定坡率为主，大于 10m 的边坡，放缓边坡可能增加大量弃方、破坏大量植被、增大征地量，于环保不利，应采取较陡的坡率增加支挡加固工程以减小边坡高度。

3）下列边坡工程的设计与施工应进行专门论证：

①岩质边坡的高度超过 30m，土质边坡的高度超过 15m 的建筑边坡工程；

②地质和环境条件很复杂、稳定性极差的边坡工程；

③边坡临近有重要建（构）筑物、地质条件复杂、破坏后果很严重的边坡工程；

④已发生过严重事故的边坡工程；

⑤采用新结构、新技术的一、二级边坡工程。

4）由于坡脚应力和地下水集中，加固工程应贯彻"固脚强腰"的原则，"固脚"即加强坡脚1、2或3级边坡的支撑力,"强腰"则是防止高边坡的局部失稳。既要保整体稳定,也要保局部稳定。

5) 高边坡设计应有完善的地表和地下排水系统,减少水对边坡稳定的影响。

6) 高边坡设计应充分考虑环境保护,美化环境。

(4) 高边坡的设计方法

1) 岩土是一种最复杂的材料,无论何种力学模型都难以全面而准确地描述它的性状;岩土具有显著的时空变异性,在复杂地质条件下,再细致的勘察测试也难以完全查明岩土性状的时空分布;岩土又有很强的地区性特点,不同地区往往形成各种各样的特殊性岩土。因此,单纯的理论计算和试验分析常常解决不了实际问题,而需要岩土工程师根据工程所处位置的工程地质情况和工程的要求,凭借自己的经验和对关键技术问题的把握,进行临场处置。从这个意义上讲,岩土工程至今还是不够严谨、不够完善、不够成熟的技术学科,因而其难度大,潜力也很大。

高边坡设计目前尚无统一的方法,一般采用三种方法相结合,即工程地质类比法、力学计算法和经验对比法。

工程地质类比法:从自然稳定坡的调查中寻找可供类比的坡形、坡率和坡高。

力学计算法:选择符合坡体结构和破坏模式的计算方法对设计的坡形进行稳定性计算,调整坡形或增加支挡工程以达到合理的设计。既保整体稳定,又保局部稳定。

经验对比法:以类似地质条件下稳定的人工边坡作参考设计新的边坡。

2) 坡形坡率的设计 一般采用台阶状坡形。每级台阶的高度:8~10m。台阶(卸荷平台)宽度:一般2~3m;高度大于30m的边坡,在中部留4~6m的宽平台。

坡率:土质边坡:1:1~1:1.5(黄土边坡除外);类土质边坡:1:1~1:1.5;强风化岩边坡:1:0.75~1:1;弱风化岩边坡:1:0.5~1:0.75;微风化岩边坡:1:0.3~1:0.5。

对岩层顺倾地段的高边坡,当岩层倾角大于40°时,可采用顺层面刷方。但当倾角较缓时,不宜顺层刷方,那样会增大边坡高度,破坏植被,增大征地和弃方,对环境保护不利,还可能留下不稳定隐患。

3) 加固工程的设计:对计算评价不稳定和欠稳定的边坡必须设置一定的加固工程措施,常用的有挡土墙、抗滑桩、预应力锚索抗滑桩、预应力锚索框架(地梁、墩),锚杆框架(地梁)等,可根据边坡的具体情况单独或组合使用。

4) 排水系统设计:①地面排水系统;②地下排水系统。

2 边坡工程设计实例

2.1 重力式挡土墙及扶壁式挡墙设计实例

2.1.1 【实例2-1】 ××研究院边坡治理

(1) 设计依据

1) ××研究院8区改造工程岩土工程勘察报告，××勘察设计研究院，2004年4月；
2) ××研究院8区改造工程总平面图，××研究院建筑设计院；
3)《建筑地基基础设计规范》(GB 50007—2002)；
4)《建筑边坡工程技术规程》(GB 50330—2002)；
5)《砌体结构设计规范》(GB 50003—2001)；
6)《混凝土结构设计规范》(GB 50010—2002)。

(2) 工程概况

1) 概况

拟建场地位于××八区海天机械化公司内。地形呈阶梯状台地，形成约1200m长的边坡。场地平整将形成高度1.0~10.5m的边坡，其中1号~11号边坡（挡土墙）为低矮边坡（平面图略），边坡高度一般不超过3.0m，总长度超过700m。12号~16号（平面图略）边坡高度一般在3.0~9.0m范围内，17号边坡高度最高，高度约10.5m。12号~17号边坡总长度超过500m。

根据岩土工程勘察报告，场地内不存在滑坡等不良地质作用。

据场区岩土工程条件，场地环境条件及边坡破坏后的后果严重程度，边坡安全等级为二级。

2) 地层岩性

场地地貌单元属涪江水系Ⅲ级阶地。

据钻探揭露，场区上覆土层主要由第四系人工填土层（Q_4^{ml}）及第四系中更新统冰水沉积的黏土层（Q_2^{fgl}）、粉质黏土层（Q_2^{fgl}）、含卵石粉质黏土层（Q_2^{fgl}）及卵石层（Q_2^{fgl}）组成。下伏基岩主要由侏罗系中统沙溪庙组（J_2s）泥岩、泥质砂岩组成，现将各地层分述如下：

①素填土（Q_4^{ml}）：褐黄色，湿，松散，以黏性土为主，含少量砖瓦屑及卵砾石，该层表面20cm厚为混凝土地板。该层分布于整个场地，层厚0.30~5.30m。

②黏土（Q_2^{fgl}）：褐黄色，硬塑~坚硬，无摇振反应，稍有光泽，干强度高，韧性低。含大量铁锰质氧化物及少量钙质结核，网状裂隙较为发育，充填较多灰白色黏土。该层主要分布于新3栋住宅楼所在场地，层厚2.60~3.80m。

③粉质黏土（Q_2^{fgl}）：褐黄色，硬塑～坚硬，无摇振反应，稍有光泽，干强度高，韧性低，含较多铁锰质氧化物。该层主要分布于新3栋住宅楼所在场地，层厚0.40～0.90m。

④含卵石粉质黏土（Q_2^{fgl}）：黄褐色，粉质黏土呈可塑状，卵石粒径2～5cm，亚圆形，呈强风化～中等风化状，主要成份为火成岩，夹少量漂石，卵石含量约25%左右。该层主要分布于新3栋住宅楼所在场地及北侧边坡。层厚0.90～2.00m。N_{120}击数2～4击。

⑤-1 稍密卵石（Q_2^{fgl}）：黄褐色，灰黄色。卵石含量50～55%，粒径2～8cm，其母岩成份以火成岩为主，沉积岩次之，卵石呈亚圆形，呈强风化～中等风化状，充填约30～40%的黏性土（呈可塑状），含少量漂石（直径20～35cm）。主要分布于新3栋住宅楼所在场地及北侧边坡。层厚0.70～6.00m。N_{120}击数4～7击。

⑤-2 中密卵石（Q_2^{fgl}）：灰黄色，褐黄色，卵石含量约65%，粒径3～10cm，其母岩成份以火成岩为主，沉积岩次之，亚圆形，中等风化，个别呈强风化状，充填物为黏性土（呈可塑状），约占25%左右，含较多的漂石（直径20～40cm）。该层分布于新3栋住宅楼所在场地，层厚0.70～3.90m。N_{120}击数7～11击。

⑥全风化泥岩（J_2s）：紫红色，其矿物成分为黏土质矿物，岩石组织结构基本破坏，岩芯呈土状。该层分布于新1栋住宅楼所在场地及北东侧边坡。层厚0.60～2.30m。

⑦强风化泥岩（J_2s）：紫红色，其矿物成分为黏土质矿物，风化裂隙发育，岩体较破碎，可用手捏碎岩块，遇水易软化，用镐可挖掘，干钻可钻进。该层分布于整个场地，新1栋住宅楼层顶标高为491.29～495.31m，层厚4.00～7.90m，平均厚度约5.00m；新3栋住宅楼层顶标高为495.75～497.11m，层厚0.70～2.80m，平均厚度约1.20m。

⑧-1 中等风化泥岩（J_2s）：紫红色，层理清晰，其矿物成份为黏土质矿物，风化裂隙较发育，巨厚层构造，整体结构，泥质胶结，胶结程度中等。锤击易碎，用镐难挖掘，岩芯钻方可钻进。岩芯采取率平均约92%。岩石坚硬程度为软岩，岩体完整程度为较完整，岩体基本质量等级为Ⅳ级。该层分布于整个场地，最大揭露厚度5.00m。

⑧-2 中等风化泥质砂岩（J_2s）：紫红色，层理清晰，其矿物成份主要为长石、石英，风化裂隙较发育，巨厚层构造，整体结构，泥质胶结，胶结程度中等。锤击易碎，用镐难挖掘，岩芯钻方可钻进。岩芯采取率一般95%。岩石坚硬程度为软岩，岩体完整程度为较完整，岩体基本质量等级为Ⅳ级。该层分布于整个场地，最大揭露厚度5.80m。

3）气象及水文地质特征

①气象 勘察区属四川盆地北部亚热带季风气候，气候温和，雨量充沛。据××气象站资料，多年平均气温16.3℃，多年平均降水量为960.40mm，最大日降水量为306.00mm，年平均相对湿度为79%，降水时间多集中于7～9月，占全年的75.5%左右，区内平均风速1～2m/s，最大风速17m/s，主导风向为东北风。

②水文地质特征 拟建场地无稳定含水层，在勘察期间未发现地下水。

4）地震

工程区抗震设防烈度为6度，设计基本地震加速度为$0.05g$。

5）设计参数

根据岩土工程勘察报告，岩土的工程特性指标按表2-1采用。

(3) 边坡治理设计

挡土墙不超过9.0m的边坡，采用重力式挡土墙进行支护，挡土墙高度超过9.0m的边坡，采用扶壁式挡土墙进行支护。

岩土的工程特性指标　　　　　　　　　　　　　表 2-1

岩土名称	重度 γ (kN/m³)	压缩模量 E_s (MPa)	变形模量 E_o (MPa)	黏聚力 c (kPa)	内摩擦角 φ (°)	承载力特征值 f_{ak} (kPa)	基底摩擦系数 μ
黏土	20.4	12.0		30	15.0	220	0.30
粉质黏土	20.2	10.0		25	15.0	180	0.3
含卵石粉质黏土	20.5	10.0		20	20.0	230	0.35
稍密卵石	21.0	24.0	21.0	0	35.0	300	0.40
中密卵石	22.0	36.5	32.0	0	40.0	500	0.40
全风化泥岩	18.8	10.0		25	15.0	180	0.30
强风化泥岩	23.5		35.0			250	0.35
中等风化泥岩	23.5					750	0.50
中等风化泥质砂岩	23.5					1200	0.50

1）重力式挡土墙说明

①挡土墙采用 C15 毛石混凝土，毛石粒径 20~40cm，含量体积比 25%。单元段挡土墙施工应一次性完成，不得留施工缝。

②基础埋置深度：边坡高度不超过 5.0m 时，基础埋置深度不小于 1.0m，边坡高度超过 6.0m 时，基础埋置深度 1.5m。挡土墙基础不得以填土层作为基础持力层。

③挡土墙 15~20m 设置一伸缩缝，缝宽 20mm，三面填塞沥青麻筋，填塞深度 15~20cm。

④挡土墙基底横坡坡度超过 1:20 时，基底应开挖成台阶状。

⑤挡土墙每 2.0m 间距设置一泄水孔，上下左右呈梅花形布置。泄水孔采用 d_e100PVC 管预埋。挡土墙墙背设置厚度 0.5m 的反滤层，反滤层采用砂卵石回填。

⑥边坡开挖临时坡度：黏性土 1:1、强风化基岩，卵石 1:0.75。

⑦回填土压实系数 0.94，不得以建筑垃圾、膨胀土等不良地基土作为回填料。

2）扶壁式挡土墙说明

①扶壁式挡土墙为钢筋混凝土板式结构，混凝土强度等级 C25，钢筋保护层厚度 50mm，受力钢筋采用对焊或搭接焊连接，钢筋锚固长度 $40d$。

②挡土墙扶壁间距 4.0m，每 16~20m 设置一伸缩缝，伸缩缝端部均应设置扶壁。伸缩缝三面填塞沥青麻筋，填塞深度 15~20cm。

③挡土墙土以强风化基岩或卵石层作为基础持力层，基础埋置深度不小于 1.5m。基底横坡角度超过 1:20 时，基底应开挖成台阶状。基础埋深改变位置应设置伸缩缝。

④挡土墙坡面泄水孔间距 2.0m，梅花形布置，采用 d_e100PVC 管预埋。挡土墙墙背设置厚度 0.5m 的反滤层，反滤层为砂卵石。

⑤回填土不得采用膨胀土、建筑垃圾等不良地基土进行回填，填土压实系数 0.94。

（4）检测与监测

除一般常规检测外，尚应对填土的压实系数进行检测。

对边坡高度超过 5.0m 的边坡段，应设置监测点对边坡进行监测。

（5）其他说明

图中尺寸除注明的外，标高为 m，其余为 mm。

基槽开挖后，应进行验槽。

排水系统由建筑设计统一考虑，本设计不包含排水设计。

未尽事宜，须符合相关规范规程要求。

（6）施工图

各段挡土墙设计情况见表 2-2；典型重力式挡墙和扶壁挡墙施工图见图 2-1、图 2-2。

边坡（挡土墙）一览表　　　　　　　　　　　　　表 2-2

边坡编号	高度（m）	长度（m）	边坡编号	高度（m）	长度（m）
1	1.5	67.7	10	1.5	42.7
2	1.5	81.1	11	2.2	80.5
3	1.0	80.6	12	1.0~5.0	72.8
4	2.5	36.9	13	1.0~8.0	70.3
5	2.0	67.7	14	1.0~9.0	150.2
6	2.8	65.3	15	1.0~4.5	64.4
7	1.0	58.3	16	1.0~7.0	77.8
8	1.0	69.0	17	10.5	107.3
9	1.5	77.9			

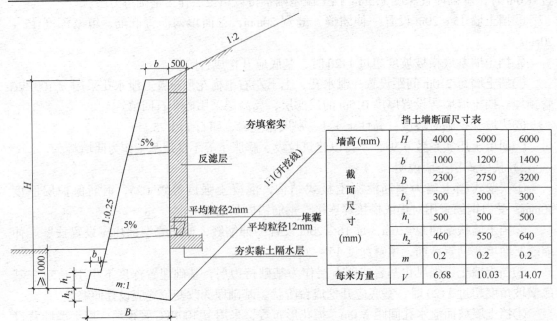

图 2-1　重力式挡土墙断面图

（7）部分支护结构计算书

部分支护结构计算书见附录 A 中的 A1、A2。

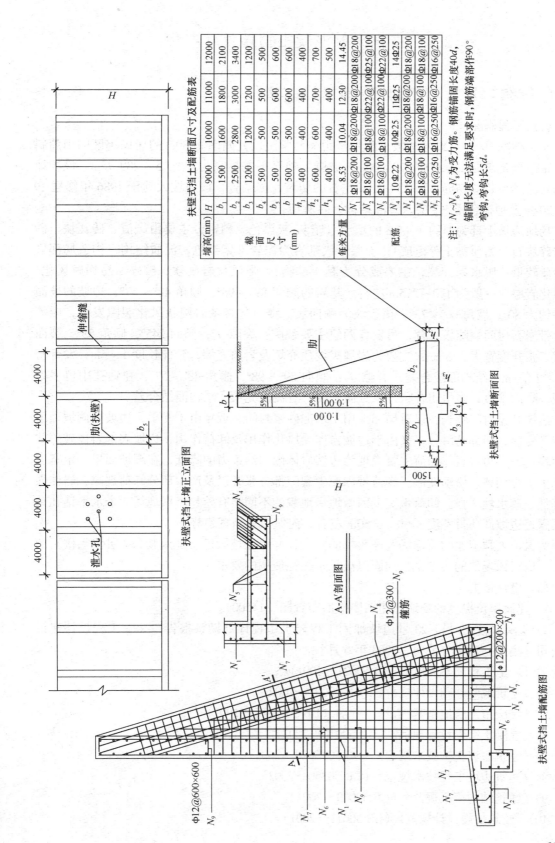

图 2-2 扶壁式挡土墙施工图

2.2 锚杆喷射混凝土挡墙设计实例

2.2.1 【实例2-2】 ××学院19号~20号边坡工程

(1) 工程概况

××学院19号~20号边坡工程位于距××学院幼儿园南侧80m的居民小区的山麓斜坡地带。场地坡顶±0.000=294.00m,坡脚场地已平基标高为278.75~280.75m。该场地平基后已形成长约70m,高13~15m左右的切坡,据调查,该边坡大约于1986年修建19号~20号教师宿舍楼(7层,砖混结构)时所切。

场地边坡上部为厚约1~5m的填土(暗灰-灰黑色,稍密,主要由碳渣、砖瓦块、砂泥岩碎块石、粉质黏土等组成);土层下伏基岩为泥岩(紫红色,泥质结构,构造局部含粉砂质较重,脱水易开裂,主要成分为黏土矿物),强风化岩质软,破碎,易崩解风化,强风化岩层厚一般为1.0~2.5m左右。基岩的倾向89°~98°,倾角48°~57°,边坡的坡面倾向约为80°,坡角60°~73°,该边坡为顺向坡。强风化带基岩网状风化裂隙发育,中等风化带岩石层间裂隙较发育,另发育两组主要裂隙:裂隙J_1:倾向245°,倾角35°,裂面平直,张开度宽大于3mm,主要为岩屑夹泥质充填及岩屑充填,延伸长度1~6m,发育密度1~2条/m,结构面结合差;裂隙J_2:倾向89°~98°,倾角48°~57°,在钻孔中也多处发现,裂面平直,多呈闭合状,少数微张裂,有泥质充填,结构面结合差。

边坡开挖时间较长,仅对局部采用了水泥砂浆封闭,近年由于暴雨,边坡南侧坡顶覆盖层已变形,局部已滑移,又由于边坡岩体受风化作用及卸荷作用,边坡表部岩体破碎并有掉块现象。边坡岩体卸荷主要表现为边坡岩体侧向约束力的降低,在顺坡面里一定宽度内产生应力调整、松动变形。卸荷带内原生裂隙部分张开以及产生部分卸荷裂隙,岩体强度降低、透水性增强。卸荷带宽度因微地形地貌的不同略有差异。据现场2个水平钻孔钻探揭露,边坡卸荷带宽度3.50~6.50m左右,向坡顶呈渐宽趋势。

为保证坡顶拟建的篮球场及停车场的安全,并保证坡脚已有建筑物(7层住宅楼)的安全,应对该场地的边坡进行加固以满足永久性使用的要求。

(2) 设计依据

1) 建设单位提供的场地已建挡墙平面布置图(1:500)。

2) ××学院19号~20号边坡加固工程岩土工程详细勘察报告,××工程设计建设总公司(集团)重庆分公司,2003年6月。

3)《岩土工程勘察规范》(GB 50021—2001)。

4)《建筑地基基础设计规范》(GB 50007—2002)。

5)《重庆市建筑地基基础设计规范》(DB 50/5001—1997)。

6)《混凝土结构设计规范》(GB 50010—2002)。

7)《建筑边坡支护技术规范》(DB 50/5018—2001)。

8)《建筑边坡工程技术规范》(GB 50330—2002)。

9)《建筑结构荷载规范》(GB 50009—2001)。

10)《建筑抗震设计规范》(GB 50011—2001)。

11)《锚杆喷射混凝土支护技术规范》(GB 50086—2001) 等。

(3) 支护方案

根据场地边坡的工程地质特征，结合场地边坡的平面布置要求，AB 地段上部采用重力式挡墙、下部采用锚杆喷射混凝土进行永久性支护；BC、CD 地段均采用锚杆喷射混凝土进行永久性支护。

本工程设计采用动态设计方法，还应根据挡墙施工反馈的信息进行修改和完善。

(4) 设计参数

1) 边坡类别：IV_A 类。

2) 边坡重要性系数为 1.00 (边坡工程安全等级为二级)。

3) 岩土参数：

①填土：$\gamma = 20 \text{kN/m}^3$，综合内摩擦角 $\varphi_D = 30°$。

②强风化岩石：$\gamma = 23 \text{kN/m}^3$，$c = 20.0 \text{kPa}$，内摩擦角 $\varphi = 30°$。

③中风化岩体：$\gamma = 25 \text{kN/m}^3$，$c = 0.14 \times 0.90$ (时间效应系数) $= 0.126 \text{MPa}$，内摩擦角 $\varphi = 29° \times 0.90$ (时间效应系数) $= 26.1°$

④外倾结构面：$c = 80 \text{kPa}$，内摩擦角 $\varphi = 25°$。

⑤坡顶附加荷载：汽 – 10。

⑥中风化岩石天然抗压强度标准值：3.0MPa。

⑦岩体破裂角：57°。

⑧M30 水泥砂浆与岩石之间的粘结强度：0.22MPa。

(5) 锚杆工程

1) 锚杆的孔径为 110mm，主筋为 2Φ25 (Φ：HRB335，强度标准值 $f_{yk} = 335 \text{N/mm}^2$，强度设计值 $f_y = 300 \text{N/mm}^2$)，锚杆与水平线夹角 20°；锚杆采用 M30 水泥砂浆在 2~3 个大气压下压力灌注。

2) 钢筋接长：应采用机械连接，符合《钢筋机械连接通用技术规程》(JGJ 107—2003) 的规定。

3) 锚固段长度：应锚入卸荷裂隙带以内的完整中等风化岩石不少于 4000mm。

4) 施工前，锚杆应进行性能试验，性能试验锚杆的根数为 3 根 (锚固长度为设计锚固长度的 0.6 倍)。施工完后应进行验收试验，验收试验锚杆的根数为锚杆总数的 5%，且不少于 5 根 (试验荷载值为设计值的 1.1 倍)。

5) 锚杆的轴向拉力设计值：203kN (2Φ25)。

6) 应保证锚杆与肋柱的整体连接。

7) 土层及强风化岩层中的锚杆应进行防腐处理，可采用润滑油三度沥青玻纤布缠裹二层的方法。

8) 锚杆锚入肋柱内的长度应不小于 $35d$。

9) 肋柱及面板应嵌入排水沟沟底的中等风化岩层不少于 800mm 和 400mm。

10) 挡墙应沿长度方向每 20m 设置一道竖向伸缩缝，缝设置于两肋柱之间板的中部，缝宽 30~50mm，缝中嵌沥青麻筋，嵌入深度 100mm。

11) 锚杆施工应满足以下要求：

①锚杆施工前，应查明锚杆施工区建 (构) 筑物基础、地下管线等情况；判明锚杆施

工对临近建筑物及地下管线的影响，并拟定相应预防措施。

②锚孔施工应符合下列规定：

（A）锚孔定位尺寸不宜大于20mm；

（B）锚孔偏斜度不应大于3%；

（C）孔深超过锚杆设计长度0.5m左右。

③锚杆体安装应符合下列要求：

（A）杆体应保持直顺，避免扭压、弯曲；

（B）锚杆与注浆管宜一起放入钻孔，注浆管内端距孔底宜为50～100mm。

④灌浆材料性能应符合下列规定：

（A）水泥应使用普通硅酸盐水泥，其强度等级不应低于32.5级；

（B）砂的含泥量按重量计不得大于3%。宜采用中细砂，当采用特细砂时，其细度模数不宜小于0.7；

（C）浆体配制的灰砂比宜为0.8～1.5，水灰比为0.38～0.5；

（D）浆体材料28d的无侧限抗压强度，用于全粘结型锚杆时不应低于25MPa。

12）锚杆施工顺序应满足以下要求：

①放孔，施工锚杆。

②修坡，现浇C25混凝土肋柱及压顶梁。

③喷射混凝土施工。

锚杆施工按《建筑边坡支护技术规范》（DB 50/5018—2001）的有关要求进行。

（6）喷射混凝土

1）材料：C25混凝土（采用普通硅酸盐水泥，水泥强度等级不应低于32.5MPa）；钢筋网：$\phi10@150$（双层双向）；保护层厚度25mm。

2）厚度：150mm。

3）喷射混凝土1d龄期的抗压强度不应低于5MPa；喷射混凝土与岩层的粘结强度不应低于0.5MPa；喷射混凝土的弹性模量为2.3×10^4MPa。

4）喷射混凝土施工：

①准备工作：

（A）清除作业面的浮石、强风化岩石和墙脚的岩渣、堆积物。

（B）风压清扫岩面。

（C）埋设控制喷射混凝土厚度的标志。

②喷射作业：

（A）喷射作业应分片分段依次进行，喷射顺序应自下而上。

（B）分层喷射时，后一层喷射应在前一层混凝土终凝后进行，若终凝1h后再进行喷射时，应先用清水洗喷层表面。

③钢筋网喷射混凝土施工：

（A）钢筋使用前应除污锈。

（B）钢筋网应在岩面喷射一层混凝土后铺设，钢筋与壁面的间距宜为30mm。

（C）第二层钢筋网应在第一层钢筋网被混凝土覆盖后铺设。

其余要求按《锚杆喷射混凝土支护技术规范》（GB 50086—2001）执行。

(7) 重力式挡土墙

1) 材料：MU30 条石，M5（墙高 $H<5m$）、M7.5（$H<8m$）、M10（$H \geqslant 8m$）水泥砂浆。

2) 挡墙嵌入中风化岩层不小于 500mm（$H<5m$）、1000mm（$H<8m$）、1500mm（$H \geqslant 8m$）。

3) 泄水孔：应按 2.0m×2.0m 网格布置，孔径 150mm，外倾 5%，墙背后 500mm 厚范围做卵石堆囊，泄水孔下部设置 500mm 厚夯实的黏土层作为隔水层。

4) 墙后填料：采用碎石土，碎石含量 60%，粒径不得大于 200mm。耕土、树皮、树根、腐殖土等不能作为填料。在墙后宽度 1000mm，沿整个墙身高度范围应填中风化砂岩块石。

5) 填土应分层夯实，在挡墙净距 3m 范围不得采用机械夯实，分层厚度不能超过 300mm，密实度达中密，$\gamma=20kN/m^3$，压实系数 0.90。

6) 挡墙应沿长度方向每 15m 设置一道竖向伸缩缝，缝宽 30~50mm，缝中嵌沥青麻筋，嵌入深度 100mm。

7) 填土质量应分层进行检测，每层土的检测点数：每 100m^{2}1 个点且不少于 9 个点。

8) 挡墙断面采用国家建筑标准设计《重力式挡土墙（一般地区）》[95SJ008（一）]，第 56 页；挡墙的高度 h 按墙顶标高至中风化岩层顶标高之差计算；其余施工要求按《重力式挡土墙》[95SJ008（一）] 执行。

(8) 排水系统工程

1) 建设单位应及时做好本工程场地及周边环境的整体排水系统工程。

2) 结合场地整体排水系统工程，建设单位应设置场地内的地表排水系统。

3) 泄水孔：应按 2.0m×2.0m 网格布置，孔径 150mm，外倾 5%，墙背后 500mm 厚范围做卵石堆囊。

(9) 墙顶封闭处理

1) 采用厚 100mm 的 C15 素混凝土封闭。

2) 封闭的宽度现场确定。

(10) 其他

1) 本边坡工程形成的时间较长，因此，应及时对该边坡工程进行加固施工。

2) 本边坡后缘按设计荷载使用，严禁加载。

3) 本工程必须选择具有一定施工资质等级，并从事过挡墙施工的专业队伍进行施工。

4) 所有材质符合国家现行规范要求。

5) 坡顶应设置围护栏，高度不小于 1200mm，其做法按建设方要求执行。

6) 其他未尽事宜，应严格按现行有关规范进行。

7) 施工中如出现有关问题请及时与建设单位、监理单位及勘察、设计人员联系，共同协商处理。

8) 本工程按目前设计现况设计，如今后发生其他工程活动，应保证挡墙的稳定和安全性。

(11) 锚杆喷射混凝土挡墙平面布置图

锚杆喷射混凝土挡墙平面布置图见图 2-3。

（12）锚杆喷射混凝土挡墙立面图

锚杆喷射混凝土挡墙立面图见图 2-4、图 2-5。

（13）锚杆喷射混凝土挡墙剖面图

锚杆喷射混凝土挡墙剖面图见图 2-6、图 2-7。

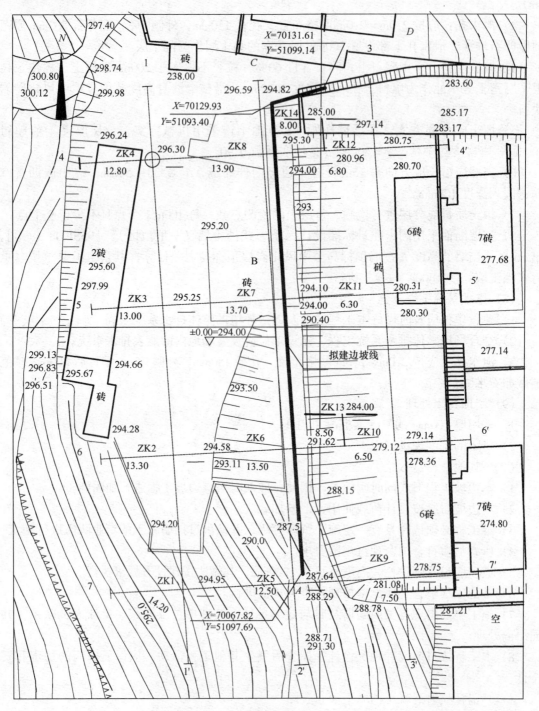

图 2-3 锚杆喷射混凝土挡墙平面布置图

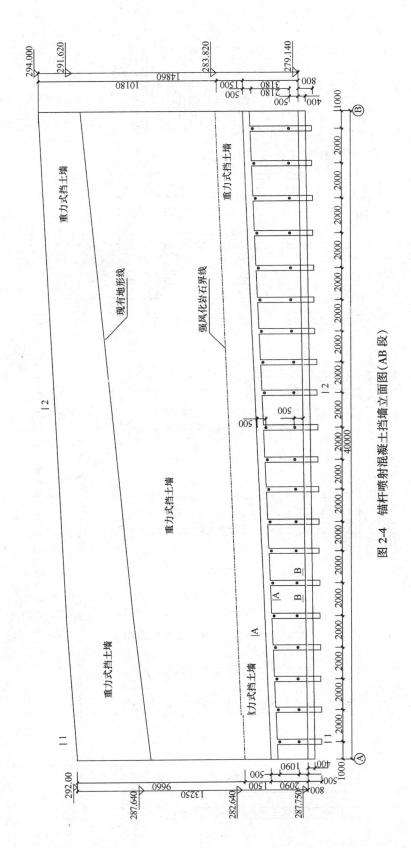

图 2-4 锚杆喷射混凝土挡墙立面图（AB 段）

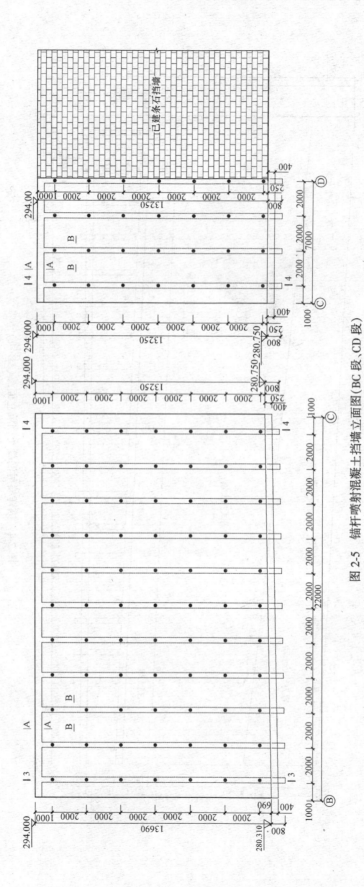

图 2-5 锚杆喷射混凝土挡墙立面图（BC 段、CD 段）

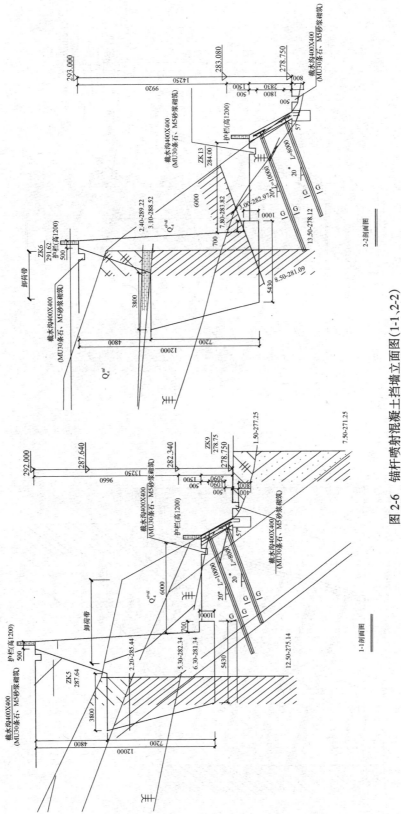

图 2-6 锚杆喷射混凝土挡墙立面图(1-1、2-2)

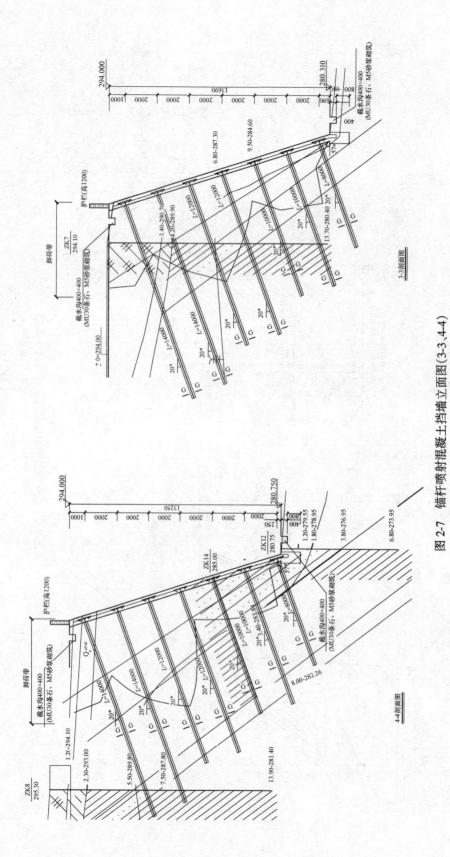

图 2-7 锚杆喷射混凝土挡墙立面图(3-3、4-4)

(14) 支护结构部分计算书

支护结构部分计算书见附录 A3。

2.3 板肋式锚杆挡墙设计实例

2.3.1 【实例 2-3】 板肋式锚杆挡墙设计

(1) 任务来源

建设中的××中学位于××新县城中心区 Qa-3 地块，望江路以南地段，在学校运动场西侧因平场开挖而形成了高 2.0～29.0m，总长约 307.5m 的岩质边坡，其中 FGH 段分为上、下两阶，下阶长 170m，受××新县移民局委托，某设计单位承担了操场段边坡的施工图设计工作，要求在确保安全的前提下，做到经济合理。该段边坡的工程安全等级为二级。

(2) 设计依据

1) 设计委托书、设计合同；

2) ××中学边坡工程地质详细勘察报告（××工程集团重庆设计研究院，2002 年 6 月）；

3) 有关规范：

《建筑地基基础设计规范》（GB 50007—2002）；

《建筑边坡工程技术规范》（GB 50330—2002）；

《混凝土结构设计规范》（GB 50010—2002）；

《砌体结构设计规范》（GB 50003—2001）等。

(3) 边坡工程地质概况

边坡高 2～29m，长约 300m。组成边坡的岩石主要为中～厚层状的中等风化砂岩及砂质泥岩，强风化埋深 1.50m 左右，厚度 0.00～0.80m。

上覆土层厚度 0.5～0.90m，边坡内发育两组共轭剪节理，其产状分别为节理 J_1：65°∠60°、节理 J_2：140°∠80°，根据地质勘察报告为Ⅲ类边坡。边坡内未见地下水存在，仅在裸露的边坡壁上，局部有少量基岩裂隙水渗出，水量小，且受大气降雨控制，季节性变化大，该裂隙水对混凝土无腐蚀性。

场地地震基本烈度为 6 度。

(4) 岩土设计参数

根据地勘报告，本工程设计所用岩土设计参数取值如下：

1) 岩体抗剪强度标准值

岩体抗剪强度标准值见表 2-3。

2) 结构面抗剪强度标准值

结构面抗剪强度标准值见表 2-4。

3) 岩体等效内摩擦角 φ_D

Ⅲ类边坡：φ_D 取 60°。

4) 岩石与锚固体粘结强度特征值 q_e

岩体抗剪强度标准值 表2-3

抗剪强度 岩性	内摩擦角（φ）	黏聚力（c）
砂质泥岩	25.6°	190kPa
砂岩	30°	430kPa

结构面抗剪强度标准值 表2-4

抗剪强度 边坡类别	内摩擦角（φ）	黏聚力（c）
Ⅲ边坡	15°	60kPa

采用 M30 水泥砂浆，常压注浆时：
中风化砂岩：$q_e = 450$KPa（查表并结合相关工程经验）
中风化砂质泥岩：$q_e = 200$kPa
5）其他
岩体重度 γ 取 25.5kN/m³（经验值）
破裂角：当边坡稳定性由外倾结构面控制时，取 60°；当边坡稳定性由岩体等效内摩擦角控制时，取 $45° + \varphi/2$（φ 为岩体的内摩擦角）。
重力式挡墙基底摩擦系数取 0.4，墙后填土综合摩擦角取 35°，重度取 20kN/m³。
（5）材料及质量要求
1）钢筋
图中"Φ、Φ"分别表示热轧 HPB235、HRB335 级钢筋，钢筋必须具备出厂合格证明，使用前，应对钢筋进行随机抽样，做力学性能试验，满足规范要求后方可使用。
2）混凝土
肋柱，挡板及冠梁均采用 C25 混凝土浇筑，浇筑前，应按设计的配合比，做混凝土试块，并做抗压强度试验，其强度设计值满足规范要求后，方可按设计的配合比拌制混凝土进行浇筑。
3）注浆材料
锚孔注浆采用 M30 水泥砂浆，其水泥应使用普通硅酸盐水泥，其强度不应低于42.5MPa；砂宜采用中细砂，当采用特细砂时，其细度模数不宜小于 0.7。砂中含泥量按重量计不得大于 3%，云母、有机物，硫化物及硫酸等有害物质含量按重量计不得大于1%。拌合水宜为饮用水。
4）石料
本工程重力式挡墙采用 MU30 细料石，M5.0 水泥砂浆砌筑；截水沟、排水沟采用 MU30 毛石，M5.0 水泥砂浆砌筑，并用 M7.5 水泥砂浆勾缝，所选石料应坚硬耐风化。
（6）施工要求
1）混凝土保护层厚度
肋柱及冠梁为 35mm。
2）锚杆防腐
自由段防腐：采用除锈，刷沥青船底漆，或采用润滑油二度，并用沥青玻纤布缠裹二层即可。经过防腐处理后的自由段外端应伸入肋柱内 50mm 以上。
锚固段防腐：锚筋除锈后，应使锚筋位于锚孔中部，并确保水泥砂浆保护层厚度不小于 25mm。

3）伸缩缝

本工程的混凝土结构,应留设伸缩缝,缝宽25~30mm,用沥青玛琋脂嵌缝,伸缩缝间距为20~25m,伸缩缝位置可设在两肋柱间的挡板及冠梁中部。

4）锚孔直径及锚孔倾角

锚孔直径及锚孔倾角见表2-5。

锚孔直径及锚孔倾角　　表2-5

项目 锚杆类型	锚孔直径	锚孔倾角
3Φ28	130	15°
2Φ25	110	15°
1Φ25	90	15°

5）注浆压力

采用常压注浆,注浆压力为0.3~0.5MPa。

6）泄水孔

在挡板上设直径为ϕ100mm的泄水孔,间距2.0~2.5m,要求上下左右错开布置,泄水孔向外倾斜5%；挡墙上也应设泄水孔,孔径50mm×200mm；其他要求同挡板；挂网喷浆的混凝土面层内也应设泄水孔,要求同挡板。

7）锚孔质量要求

①锚孔定位偏差不宜大于20mm；

②锚孔偏倾度不应大于5%；

③钻孔深度超过设计长度应不小于0.5m；

④作为钻孔质量监控的一项措施,现场施工人员必须认真填写好锚孔钻进中的原始记录。

8）截、排水沟

截、排水沟设沉降缝,间距同挡墙伸缩缝,缝内填沥青玛琋脂油膏,沟内壁用M7.5的水泥砂浆勾缝。

(7)施工顺序

本工程因边坡已经形成,可按"正作法"施工,并按下述顺序组织施工：

挡墙肋柱及锚孔放线定位→平整坡面,锚孔施工→安装锚筋,注浆→锚杆验收试验→扎钢筋,支模板→浇肋柱,挡板及冠梁混凝土→砌截水沟,排水沟。

(8)验收试验

锚杆验收试验荷载值及试验根数要求见表2-6。

锚杆验收试验荷载值及试验根数　　表2-6

项目 锚杆类型	试验荷载值（kN）	试 验 根 数
3Φ28	420	该类型锚杆总数的3%,且不少于5根
2Φ25	230	该类型锚杆总数的3%,且不少于5根
1Φ25	115	该类型锚杆总数的3%,且不少于5根

(9) 重力式挡墙

1) 构造要求

①墙身设泄水孔，间距 2.5m，外斜 5%，孔眼尺寸 100mm×100mm，上下左右交错布置，最下排泄水孔口应高出地面（或排水沟顶面）300mm。泄水孔材料采用 PVC 管。

②应沿墙背填筑厚度不小于 500mm 的砂砾石透水材料，并采用土工布和墙后填土隔离。

③基底力求粗糙，逆坡应符合设计要求，顺墙方向的地面坡度大于 5% 时，基础应作成高宽比不大于 1:2 的台阶。

④墙身持力层变化处应设置沉降缝，缝宽 30mm，间距 10~15m，墙高变化较大处，结合地基情况布置，缝中填浸透沥青的木板或沥青麻筋，填塞深度 150mm。

⑤墙顶用 1:3 的水泥砂浆抹成 5% 的外斜护顶，厚度不小于 30mm。

2) 施工要求

①施工前应搞好地面排水，避免雨水沿斜坡排泄，保持基坑干燥，基础施工完后应及时回填夯实，并作成不小于 5% 的向外流水坡，以免积水软化地基。

②边坡及基坑开挖的临时放坡值为：粉质黏土 1:1，强风化岩石 1:0.4，中等风化岩石 1:0.2。

③墙后回填前，应先清除坡面草皮、耕土等有机质，对墙后地面横坡坡度大于 1:6 时，应形成台阶状，台阶宽度不小于 1m，呈 2%~4% 的逆坡，回填时应分层夯实，压实系数大于 0.85，每 100m² 不小于 2 个检测点密实度达中密，干密度不小于 19kN/m³。

④待墙身强度达到 70% 时及时施工墙背填土。墙体砌筑与墙背填土应交叉进行，以免墙身悬空断裂。

⑤砌体应上下错缝，内外搭接，基底和墙趾台阶转折处不应有垂直通缝，砂浆饱满，严禁铺石灌浆。

(10) 其他

1) 施工中出现与设计不符的情况时，应及时通知设计人员，并会同有关单位协商解决。

2) 施工期间及竣工后三年内，甲方应委托有资质的专业测量单位，对挡墙进行长期位移及变形观测。

3) 为确保施工质量，应选择有相应资质的专业施工队伍施工。

4) 未尽事宜严格按现行有关规范执行。

5) 图中所注数值单位，除标高为米及注明者外，均为毫米。

(11) 板肋式锚杆挡墙平面布置图（略）

(12) 板肋式锚杆挡墙立面图

板肋式锚杆挡墙代表性立面图见图 2-8。

(13) 板肋式锚杆挡墙剖面图

板肋式锚杆挡墙剖面图见图 2-9、图 2-10。

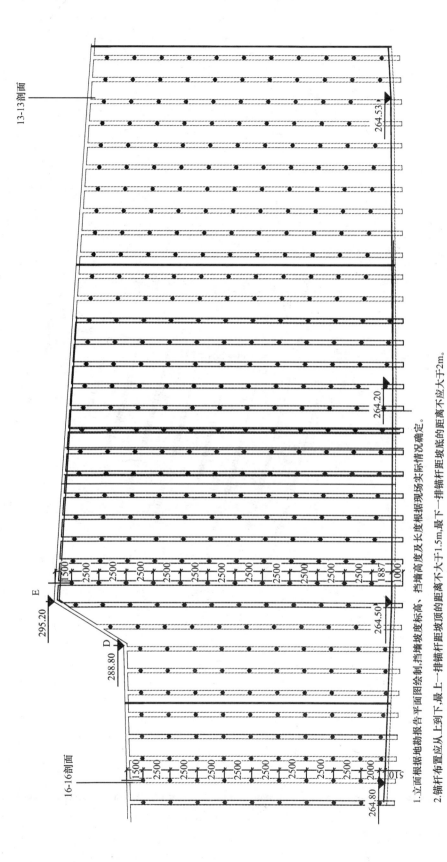

1. 立面根据地勘报告平面图绘制,挡墙高度及坡度标高、挡墙高度及长度根据现场实际情况确定。
2. 锚杆布置应从上到下,最上一排锚杆距坡顶的距离不应大于1.5m,最下一排锚杆距坡底的距离不应大于2m。锚杆的平面位置可根据施工的实际情况调整。
3. 锚杆的长度根据边坡的实际坡度来调整。

图 2-8 板肋式锚杆挡墙代表性立面图

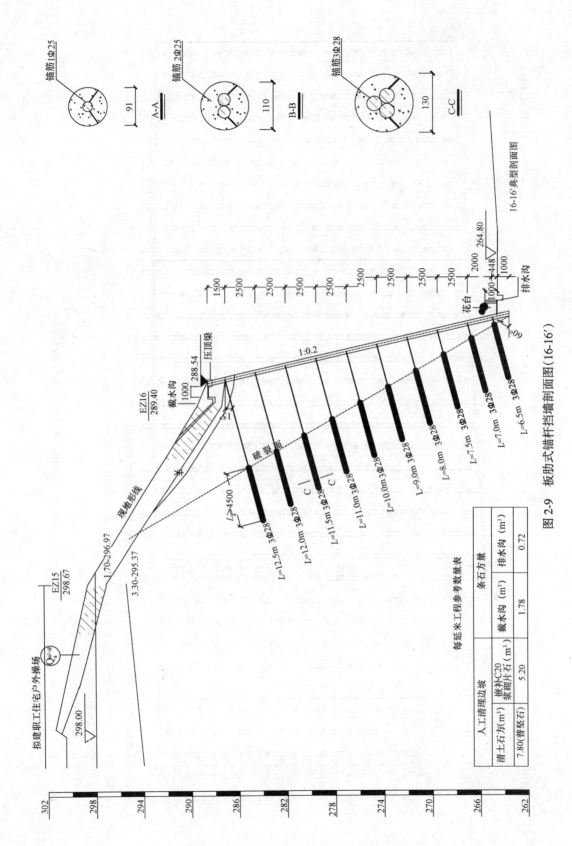

图 2-9 板肋式锚杆挡墙剖面图（16-16'）

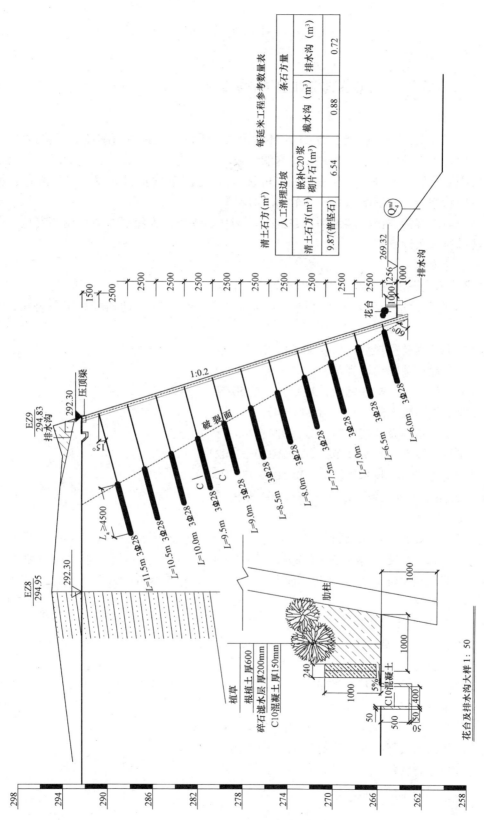

图 2-10 板肋式锚杆挡墙剖面图(13-13')

2.4 抗滑桩设计实例

2.4.1 【实例2-4】 ××监狱改造工程抗滑桩设计

(1) 工程概况

××监狱改造工程平场挡土墙C1段环境边坡工程位于桂西镇西湖村的山麓斜坡地带，场地平基后将形成长约55m，高11m左右的边坡。该边坡为填方边坡；其下部为7~8m左右的残坡积层粉质黏土（灰、灰黑色，呈可塑状），土层下伏基岩为泥岩（紫红色，泥质结构，厚层状构造，易崩解风化），强风化岩层厚1.5~2.5m左右。

场地边坡坡脚为农田，坡顶为拟建的运动场和训练场，为保证拟建挡墙的安全，应对场地边坡进行永久性支护。

(2) 设计依据

1) 建设单位提供的场地边坡平面布置图（1:500）；

2) ××监狱改造工程岩土工程勘察报告（详细勘察），××地质勘察工程公司，2003年1月；

3) 《岩土工程勘察规范》（GB 50021—2001）；

4) 《建筑地基基础设计规范》（GB 50007—2002）；

5) 《重庆市建筑地基基础设计规范》（DB 50/5001—1997）；

6) 《建筑桩基技术规范》（JGJ 94—94）；

7) 《混凝土结构设计规范》（GB 50010—2002）；

8) 《建筑边坡工程技术规范》（GB 50330—2002）；

9) 《建筑边坡支护技术规范》（DB 50/5018—2001）；

10) 《公路工程抗震设计规范》（JTJ 004—89）等。

(3) 支护方案

根据场地边坡的工程地质特征（11m左右的填方，场地原有土层厚7~8m，即土层厚达20m左右，强风化岩石厚1.5~2.5m），结合场地边坡的平面布置要求，该边坡下部结构采用人工挖孔桩及桩上承台梁，上部结构采用重力式挡土墙进行永久性支护。

(4) 设计参数

1) 边坡类别：土质边坡。

2) 边坡重要性系数为1.00。

3) 岩土参数：

①墙后填土（场地平基开挖的砂岩和泥岩块、碎石与粉质黏土夯填）：$\gamma = 19\text{kN/m}^3$，综合内摩擦角 $\varphi = 35°$。

②粉质黏土：$\gamma = 20\text{kN/m}^3$，综合内摩擦角 $\varphi = 30°$。

③中风化岩石天然抗压强度标准值：5.0MPa。

4) 坡顶附加荷载：$q = 10\text{kN/m}^2$。

(5) 钢筋混凝土桩、板工程

1) 材料

①桩、板混凝土强度等级为C25，桩护壁混凝土强度等级为C20。
②钢筋：HPB235级（Φ），HRB335级（Ⅲ）。

2）钢筋混凝土

①混凝土保护层厚度：桩为50mm，梁为35mm。
②钢筋混凝土梁内应渗入水泥重量10%的UEA-H膨胀剂。
③钢筋接长：均要求采用电渣压力焊接。当采用搭接焊接时，单面焊搭接长度为$10d$，双面焊为$5d$。焊接后钢筋应位于同一直线上，其接头位置应符合规范要求。
④所有箍筋弯135°，长$10d$。

3）施工要求

①钢筋混凝土框架护壁施工要求

（A）由于本工程护壁部分在土中，施工中应严格检查护壁不能错位，以保证桩的准确位置。

（B）护壁施工完后，应进行岩样试压，达到设计要求后，并请建设方、监理方、质检站及勘察、设计人员到现场验收合格后才能施工桩。

②桩施工要求

（A）当各桩施工完后即可施工桩顶承台梁，施工时应注意梁与桩的整体连接；

（B）桩基施工应严格按《建筑桩基技术规范》（JGJ 94—94）执行。

③其他

（A）挡墙应沿长度方向每20m设置一道竖向伸缩缝，缝宽30～50mm，缝中嵌沥青麻筋，嵌入深度100mm。

（B）桩应嵌入中等风化岩石内不少于3.5m。

（C）桩基应进行检测。

（D）桩应跳槽施工。

（6）重力式挡土墙工程

1）材料：C20毛石混凝土，毛石的掺量不超过30%。

2）泄水孔：按2.0mm×2.0m网格布置，孔径150mm，外倾5%，墙背后500mm厚范围做卵石堆囊。泄水孔下部为500mm厚的黏土作为隔水层。

3）墙后填料：碎石土（可采用场地平基开挖的砂岩和泥岩碎、块石与粉质黏土），碎石含量不少于60%。在墙后宽度1500mm，沿整个墙身高度范围应采用手辦中等风化的砂岩碎、块石（强度等级为MU30）。树皮、树根、腐殖土等不能作为填料。

4）填土应分层夯实，在挡墙净距5m范围不得采用机械夯实，分层厚度不能超过300mm，填料的最大粒径不大于400mm，密实度达中密，$\gamma=1.9t/m^3$，压实系数不小于0.93。

5）挡墙应每20m长度设置一道伸缩缝，其做法同第（5）节。

6）填土质量应分层进行检测，每层土的检测点数：每100m^2 3个点且不少于9个点。

（7）施工顺序

1）施工桩

①施工挖孔桩（跳桩施工）。
②施工桩及桩上承台梁。
③回填土的施工。回填的速度：每天不超过1m。

④挡墙的高度不超过回填土高度的 1.5m。

2）施工重力式挡墙

①待承台梁的混凝土强度达设计强度的 75%后，施工重力式挡墙。

②重力式挡墙每天的施工高度不超过 1m。

③待重力式挡墙的混凝土强度达设计强度的 75%后进行回填土施工，回填土施工的速度：每天不超过 1m。

④挡墙的高度不超过回填土高度的 1.5m。

⑤重力式挡墙的施工应按大体积混凝土施工的有关要求进行。

⑥水平施工缝的处理：见设计交底。

3）护栏施工：挡墙墙顶应设置护栏。

(8) 排水系统工程

1）建设单位应及时做好本工程场地及周边环境的整体排水系统工程。

2）结合场地整体排水系统工程，建设单位应设置场地内的地表排水系统。

3）本工程设置地下排水系统——塑料排水盲沟：在竖向上，设置 3 道盲沟（其标高为 419.0m、422.0m 和 425.0m）；在垂直于挡墙平面上，每 5m 设置一道（每道的长度应不小于 12m，坡度为 3%）。

4）设置排水明沟，截面为 400mm×300mm，材料：MU20 条石和 M5 水泥砂浆。其位置为：衡重式挡墙墙顶。

5）本工程施工不宜在雨期，并宜在雨期前竣工。

(9) 填土表部处理

坡顶运动场和训练场地段：采用厚 100mm 的 C15 素混凝土封闭。

(10) 其他

1）本工程应按有关文件规定，进行边坡评估和施工图审查；本工程在施工中和竣工后三年应进行位移和变形观测。

2）按"重庆市人民政府关于在工程建设活动中加强防治地质灾害工作的意见"，工程施工必须坚持先支挡、后主体的原则；凡边坡支护未完成，或达不到设计要求的，不得进行场地建筑物的施工。

3）本挡墙墙后严禁加载，如需修建建筑物，其基础应采用人工挖孔桩，且桩端应嵌入中等风化岩层。

4）本工程必须选择具有一定施工资质等级并从事过挡墙施工的专业队伍来进行施工。

5）所有材质符合国家现行规范要求。

6）坡顶应设置围护栏，护栏的高度不小于 1500mm，其做法按建设方要求执行。

7）其他未尽事宜，应严格按现行有关规范进行。

8）施工中如出现有关问题请及时与建设单位、监理单位及勘察、设计人员联系，共同协商处理。

9）本工程按目前设计现况设计，如今后发生其他工程活动，应保证挡墙的稳定和安全性。

(11) 施工图

1）边坡平面位置、桩平面位置及挡墙立面见图 2-11、图 2-12 所示。

2）抗滑桩配筋、挡墙施工图见图 2-13、图 2-14 所示。

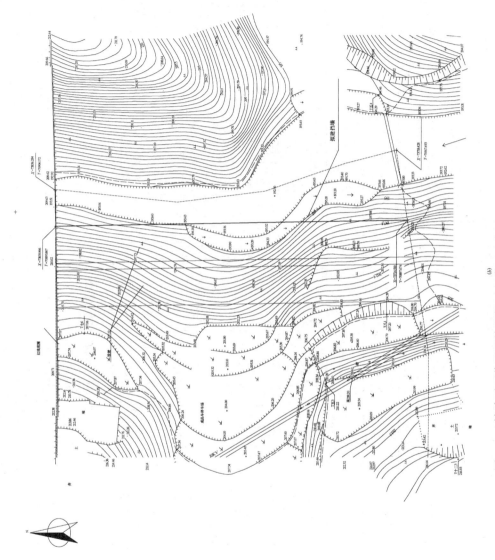

图 2-11 挡墙平面位置及抗滑桩平面位置示意图
(a) 挖孔桩平面布置图；(b) 环境挡墙平面布置图

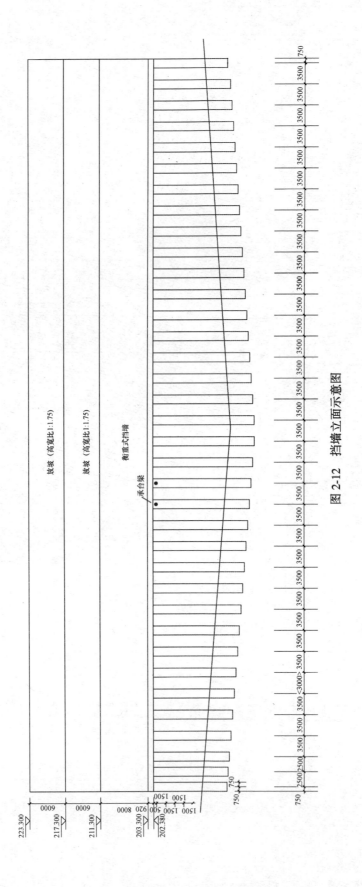

图 2-12 挡墙立面示意图

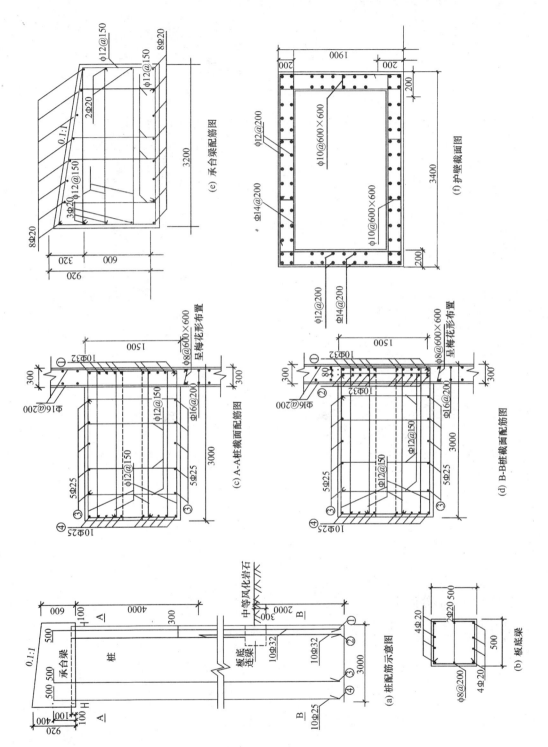

图 2-13 抗滑桩施工示意图

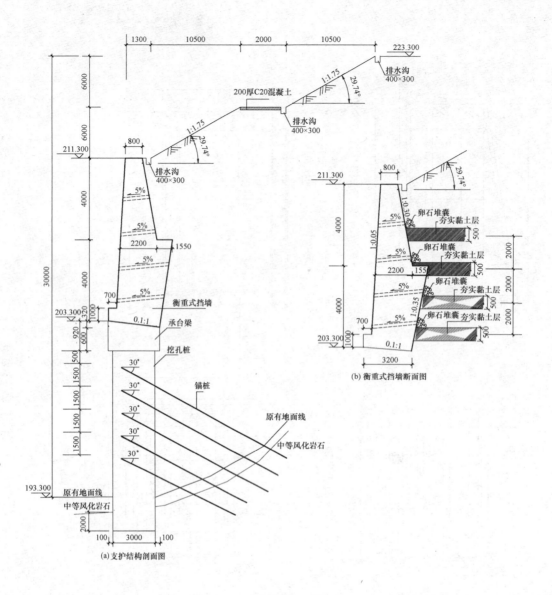

图 2-14 挡墙施工示意图

（12）支护结构部分计算书

支护结构部分计算书见附录 A4。

2.5 岩石锚喷支护设计实例

2.5.1 【实例 2-5】 某部队经济适用住房环境边坡治理工程

（1）工程概况

某部队经济适用住房环境边坡治理工程位于大东海榆亚大道北侧的山麓斜坡地带，场地平基后将形成长约130m,高15～22m左右的边坡。该边坡为岩质边坡;其上部为1～2m左右的第四系残积层粉质黏土(土黄色、灰白色,含20%～35%的砾岩质角砾或碎石,呈硬塑状态),土层下伏基岩为奥陶系中统复成分砾岩,局部夹有燕山期侵入蚀变角闪闪长玢岩,强风化岩层厚0.5～1.5m左右。场区内优势节理有2组(J_1:39°～98°∠81°～88°;J_2:240°～332°∠71°～74°),具有倾角陡、切割深等特点。

场地边坡坡顶为自然风景的山体斜坡,坡度一般为40°左右;坡脚为拟建建(构)筑物(19层住宅、停车场等),为保证拟建建(构)筑物的安全,应对该场地边坡进行永久性支护。

鉴于该边坡已基本切坡至设计标高,因此,应及时对该边坡进行永久性支护。

(2) 设计依据

1) 建设单位提供的场地边坡平面布置图(1:500)。
2) 某部队经济适用住房岩土工程勘察报告(××勘察院,2004年8月)。
3)《岩土工程勘察规范》(GB 50021—2001)。
4)《建筑地基基础设计规范》(GB 50007—2002)。
5)《混凝土结构设计规范》(GB 50010—2002)。
6)《建筑边坡工程技术规范》(GB 50330—2002)。
7)《锚杆喷射混凝土支护技术规范》(GB 50086—2001)等。

(3) 支护方案

根据场地边坡的工程地质特征,结合场地边坡的平面布置要求,该边坡采用放坡(放坡的高宽比为1:0.364,坡度为70°)+锚杆喷射混凝土挡墙和板肋式锚杆挡墙进行永久性支护。

(4) 设计参数

1) 边坡类别:Ⅲ类岩质边坡。
2) 边坡重要性系数为1.10(工程安全等级为一级)。
3) 岩土参数:

(a) 粉质黏土:$\gamma = 19.4 kN/m^3$,$c = 35 kPa$,内摩擦角 $\varphi = 18°$。
(b) 强风化岩石:$\gamma = 24 kN/m^3$,$c = 20.0 kPa$,内摩擦角 $\varphi = 30°$。
(c) 中风化岩体:$\gamma = 25.2 kN/m^3$,$c = 1.1 \times 0.20$(折减系数)$\times 0.90$(时间效应系数)$= 0.198 MPa$,内摩擦角 $\varphi = 38° \times 0.80$(折减系数)$\times 0.90$(时间效应系数)$= 27°$。
(d) 岩体破裂角:55°[按《建筑边坡工程技术规范》(GB 50330—2002)第6.3.4条]。
(e) M30水泥砂浆与岩石之间的粘结强度:0.30MPa。
(f) 中风化岩石天然抗压强度标准值:5.0MPa。

4) 坡顶附加荷载:$q = 3.5 kN/m^2$。
5) 6度抗震设防。
6) 设计合理使用年限:50年。

(5) 锚杆工程

1) 受力锚杆(结构锚杆)孔径为110mm,主筋2Φ28;构造锚杆孔径为75mm,主筋1Φ28(Φ:HRB335,强度标准值$f_{yk} = 330 N/mm^2$),锚杆与水平线夹角20°;锚杆采用

M30水泥砂浆在2~3个大气压下压力灌注。

2）肋柱：截面400mm×400mm，主筋6Φ20，箍筋Φ8@150，锚杆1m范围加密为100mm，C25混凝土。

3）钢筋接长：应采用机械连接，符合《钢筋机械连接通用技术规程》（JGJ 107—2003）的规定。

4）锚固段长度：应锚入稳定的中等风化岩石内不少于4000mm。

5）施工前，锚杆应进行性能试验，性能试验锚杆的根数为3根（锚固长度为设计锚固长度的0.6倍）。施工完后应进行验收试验，验收试验锚杆的根数为锚杆总数的5%，且不少于5根（试验荷载值为设计值的1.1倍）。

6）锚杆的轴向拉力设计值：255kN。

7）应保证锚杆与肋柱的整体连接。

8）土层及强风化岩层中的锚杆应进行防腐处理，可采用润滑油三度沥青玻纤布缠裹二层的方法。

9）锚杆锚入肋柱内的长度应不小于35d。

10）肋柱及面板应嵌入中等风化岩层不少于800mm和400mm。

11）挡墙应沿长度方向每20m设置一道竖向伸缩缝，缝宽30~50mm，缝中嵌沥青麻筋，嵌入深度100mm。

12）锚杆施工应满足以下要求：

①锚杆施工前，应查明锚杆施工区建（构）筑物基础、地下管线等情况；判明锚杆施工对临近建筑物及地下管线的影响，并拟定相应预防措施。

②锚孔施工应按《建筑边坡工程技术规范》（GB 50330—2002）的有关要求进行。

（6）喷射混凝土

1）材料：C25混凝土（采用普通硅酸盐水泥，水泥强度等级不应低于32.5MPa）；钢筋网：Φ10@150（单层双向）；保护层厚度25mm。

2）厚度：120mm。

3）喷射混凝土1d龄期的抗压强度不应低于5MPa；喷射混凝土与岩层的粘结强度不应低于0.5MPa；喷射混凝土的弹性模量为$2.3×10^4$MPa。

4）喷射混凝土施工：

①准备工作：

（A）清除作业面的浮石、强风化岩石和墙脚的岩渣、堆积物。

（B）用风压清扫岩面。

（C）埋设控制喷射混凝土厚度的标志。

②喷射作业：

（A）喷射作业应分片分段依次进行，喷射顺序应自下而上。

（B）分层喷射时，后一层喷射应在前一层混凝土终凝后进行，若终凝1h后再进行喷射时，应先用清水洗喷层表面。

③钢筋网喷射混凝土施工：

（A）钢筋使用前应除污锈。

（B）钢筋网应在岩面喷射一层混凝土后铺设，钢筋与壁面的间距宜为30mm。

5）钢筋网应嵌入中等风化岩石400mm。其余要求按《锚杆喷射混凝土支护技术规范》（GB 50086—2001）执行。

（7）排水系统工程

1）建设单位应及时做好本工程场地及周边环境的整体排水系统工程。

2）结合场地整体排水系统工程，建设单位应设置场地内的地表排水系统。

3）放坡工程的施工不宜在雨期，并宜在雨期前竣工。

（8）墙顶土层封闭处理

1）采用厚100mm的C15素混凝土封闭。

2）封闭的宽度现场确定。

（9）其他

1）本工程在施工中和竣工后两年应进行位移和变形观测。

2）工程施工必须坚持先支挡、后主体的原则；凡边坡支护未完成，或达不到设计要求的，不得进行场地建筑物的施工。

3）本挡墙墙后严禁加载。

4）本工程必须选择具有一定施工资质等级，并从事过挡墙施工的专业队伍进行施工。

5）所有材质符合国家现行规范要求。

6）坡顶应设置围护栏，高度不小于1200mm，其做法按建设方要求执行。

7）其他未尽事宜，应严格按现行有关规范进行。

8）施工中如出现有关问题请及时与建设单位、监理单位及勘察、设计人员联系，共同协商处理。

9）本工程按目前设计现况设计，如今后发生其他工程活动，应保证挡墙的稳定和安全性。

（10）部分施工图

岩石锚喷支护挡墙平面布置图2-15；岩石锚喷支护立面图见图2-16；岩石锚喷支护剖面图见图2-17；岩石锚喷支护大样图见图2-18。

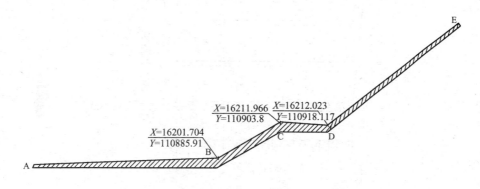

图2-15 岩石锚喷支护挡墙平面布置

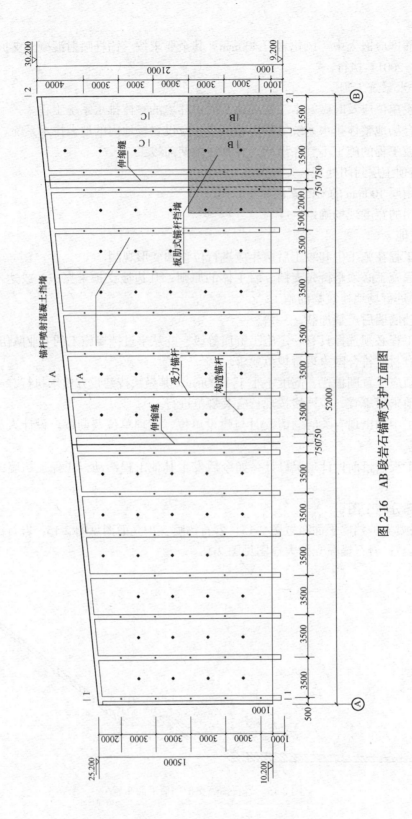

图 2-16 AB 段岩石锚喷支护立面图

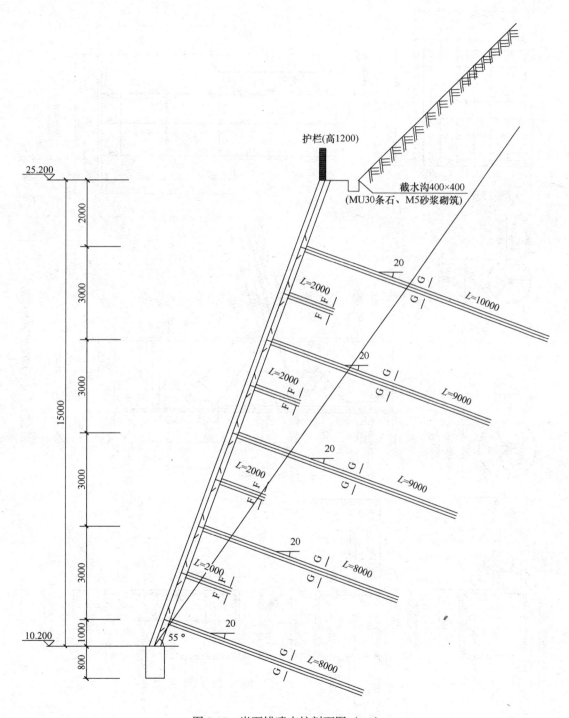

图 2-17 岩石锚喷支护剖面图（1-1）

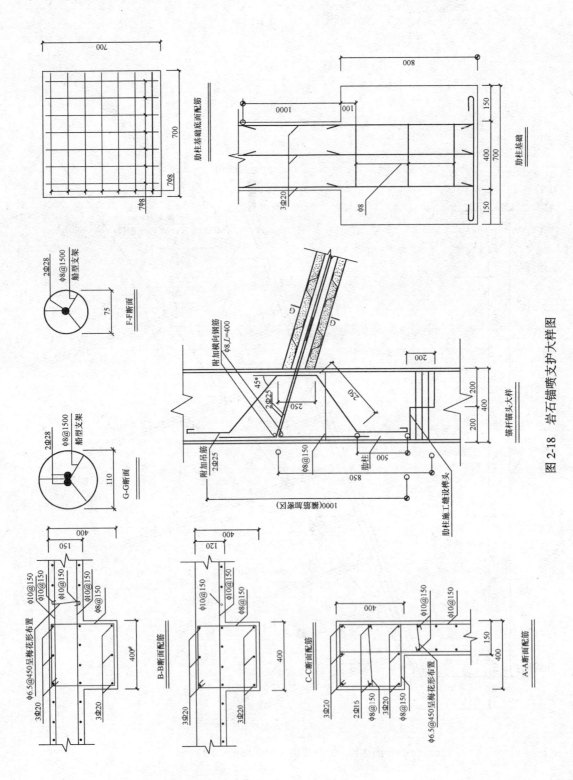

图 2-18 岩石锚喷支护大样图

2.6 格构锚杆设计实例

2.6.1 【实例2-6】 某农转非安置房边坡工程

(1) 工程概况

××区观音岩路102号机场农转非安置房边坡工程位于观音岩路102号的山麓斜坡地带，场地平基后修建农转非安置房已形成长约110m，高25～30m左右的边坡。该边坡中上部及边坡下部均存在建筑物（据调查，3栋建筑物为6层，1栋建筑物为7层，建筑物的基础均为条形基础，基础的埋置深度为0.3～1.5m，基础持力层为中等风化砂岩，局部地段为强风化砂岩）。该边坡工程部分地段为重力式挡墙，未见设计图及施工的竣工资料，于1985年竣工。

场地岩层倾向270°，倾角28°。场地边坡为厚约0.6～4.5m的土层（人工杂填土，主要成分为砖块、砂石等建筑垃圾，结构松散），边坡下伏基岩为侏罗系中统沙溪庙组砂岩和泥岩。泥岩为紫红色、暗紫色，泥质结构，局部含粉砂质较多，中至厚层状构造。砂岩为褐灰色、浅灰色，细粒结构，中至厚层状构造。场地基岩中发育三组构造裂隙，其产状分别为280°∠30°、240°∠55°和65°∠65°，第一组裂隙隙面平直，部分为泥质充填，裂隙宽10～40mm，裂隙延伸长度大于5m，间距1.0～2.5m；第二组、第三组裂隙隙面较粗糙，无充填，裂隙宽1.5～3.0mm，裂隙延伸长度1.5～2.7m，间距0.8～2.0m。场地斜坡地带存在少量地下水。

场区地震基本烈度为6度，未见地下洞室、无滑坡等不良地质现象，但存在外倾结构面及软弱夹层不利于边坡稳定的因素。

经检测，挡墙的地基承载力设计值满足挡墙地基的荷载值要求；挡墙的断面尺寸、砂浆强度以及泄水孔做法等不满足永久性安全的要求；并且，该挡墙的支护不满足《建筑边坡支护技术规范》（DB 50/5018—2001），因此，应对该挡墙进行加固以满足永久性安全的要求。

(2) 设计依据

1) 建设单位提供的场地已建挡墙平面布置图（1:500）。
2) ××农转非安置房边坡安全性鉴定报告，××检测中心，2002年4月。
3) 《岩土工程勘察规范》（GB 50021—2001）。
4) 《建筑地基基础设计规范》（GB 50007—2002）。
5) 《重庆市建筑地基基础设计规范》（DB 50/5001—1977）。
6) 《建筑边坡支护技术规范》（DB 50/5018—2001）。

(3) 支护方案

根据场地边坡的工程地质特征，结合场地边坡的平面布置要求，该边坡采用格架式锚杆挡墙进行永久性支护。

本边坡治理设计采用动态设计方法，还应根据挡墙施工反馈的信息进行修改和完善。

(4) 设计参数

1) 边坡为岩质边坡，场地边坡类别：Ⅲ类边坡［按《重庆市工程地质勘察规范》

(DB 50/5005—1998) 第6.1.3条]。

2) 边坡重要性系数为1.10 (边坡工程安全等级为一级)。

3) 岩土参数:

①结构面: $c = 0.06$ MPa, $\varphi = 16°$。

②坡顶附加荷载: $q = 10.0$ kN/m²。

③中风化岩石饱和抗压强度标准值: 10.0MPa。

④M30水泥砂浆与岩石之间的粘结强度: 250kPa。

(5) 锚杆工程

1) 锚杆孔径为110mm, 主筋2Φ25, 锚杆与水平线夹角20°; 锚杆采用M30微胀水泥砂浆在2~3个大气压下压力灌注。

2) 钢筋接长: 应采用机械连接, 符合《钢筋机械连接通用技术规程》(JGJ 107—2003) 的规定。

3) 锚固段长度: 应锚入中等风化岩石内不少于4000mm。

4) 施工前, 锚杆应进行性能试验, 性能试验锚杆的根数为3根 (锚固长度为设计锚固长度的0.6倍)。施工完后应进行验收试验, 验收试验锚杆的根数为锚杆总数的5%, 且不少于5根 (试验荷载值为设计值的1.1倍)。

5) 锚杆的轴向拉力设计值: 230kN。

6) 土层及强风化岩层中的锚杆应进行防腐处理, 可采用润滑油三度沥青玻纤布缠裹二层的方法。位于现有地形以外的外露锚杆, 除按上述要求处理外, 还应采用300mm×300mm的C20素混凝土封闭。

7) 锚杆锚入肋柱内的长度应不小于$35d$。

8) 锚杆施工应按《建筑边坡支护技术规范》(DB 50/5018—2001) 的有关要求进行。

(6) 其他

1) 本工程应进行边坡评估和施工图审查; 在施工中和竣工后三年应进行位移观测。

2) 本挡墙墙后严禁加载, 如需修建建筑物, 其基础应采用人工挖孔桩, 且桩端应嵌入中等风化岩层。

3) 本工程必须选择具有一定施工资质等级, 并从事过挡墙施工的专业队伍来进行施工。

4) 所有材质符合国家现行规范要求。

5) 坡顶应设置围护栏, 栏杆高度不小于1100mm, 其做法可按建设方要求执行。

6) 其他未尽事宜, 应严格按现行有关规范进行。

7) 施工中如出现有关问题请及时与建设单位、监理单位及设计人员联系, 共同协商处理。

8) 本挡墙底部按目前设计现况设计, 如今后发生其他工程活动, 应保证挡墙的稳定和安全性。

(7) 部分施工图

格构锚杆平面布置图 (略)。

格构锚杆立面图见图2-19。

格构锚杆剖面图见图2-20、图2-21。

格构锚杆大样图见图2-22。

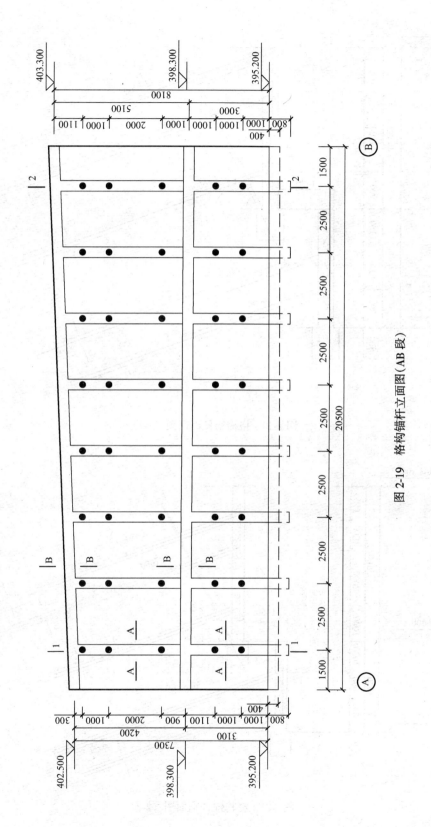

图 2-19 格构锚杆立面图(AB 段)

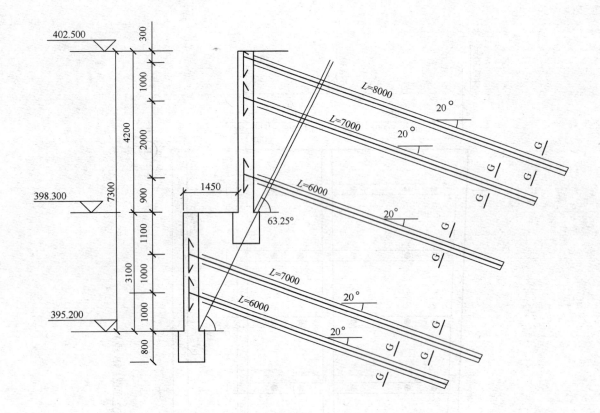

图 2-20 格构锚杆剖面图（1-1）

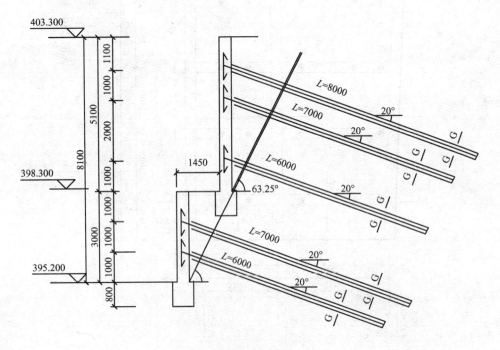

图 2-21 格构锚杆剖面图（2-2）

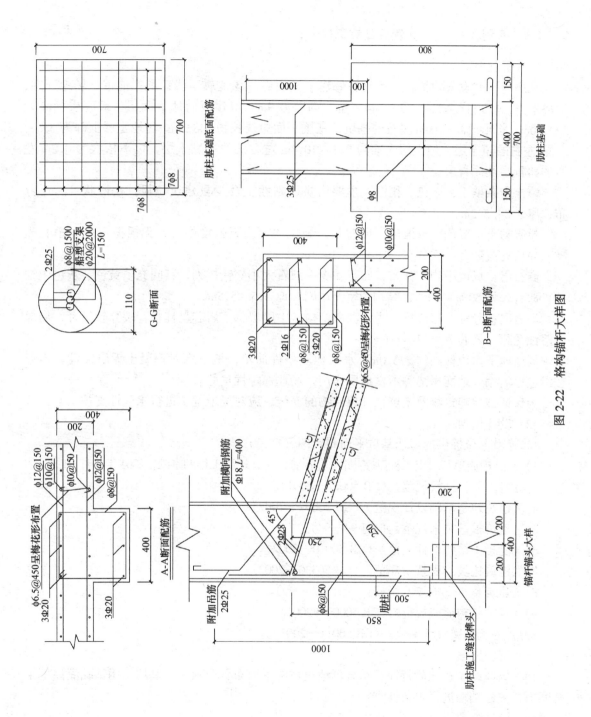

图 2-22 格构锚杆大样图

2.7 基坑支护设计实例

2.7.1 【实例2-7】 ××饭店基坑工程

(1) 工程概况

某房地产开发公司拟在治平路旁修建××饭店。场地属于浅丘堆积地带，场地开阔，地势平坦，场地标高 243.75~244.65m，高差 0.9m。拟建饭店地下两层，最底层标高为 234.00m，将形成高 9.60m 左右的基坑，基坑平面边线长约 148.5m。场地土层上部为 3.8~5.2m 左右的填土层，填土层下面为 9.1~10.4m 左右的粉质黏土层，以下依次为 4.2m 左右的卵石层及泥岩层。

填土为杂填土，杂色，稍湿，主要为炭、黏性土及少量建筑垃圾，松散状，广泛分布，厚 3.8~5.2m。

粉质黏土：黄色、黄褐色，可塑状，韧性中等，干强度中等，无摇振反应，稍有光泽，局部夹流砂，广泛分布，厚 9.1~10.4m。

卵石层：场地中均匀分布，卵石和少许漂石大小交错排列，其间充填黄色、灰色中细砂，卵石含量 50%~60%，结构稍密至中密，厚 3.5~5.5m。

泥岩层：紫红、暗红色为主，泥质结构，中厚层状，岩芯呈柱状，裂隙较发育，局部含溶蚀孔隙，岩芯节长 10~60mm。

场地地下水位标高约 233.0m，水文地质条件简单，地下水对混凝土无腐蚀性。不存在滑坡、坍塌、地面塌陷等不良地质作用，场地稳定性良好。

为保证拟建建筑物及基坑顶部建筑物的安全，应对场地基坑进行永久性支护。

(2) 设计依据

1) 建设单位提供的场地基坑平面布置图 (1:500)。
2) ××饭店地基岩土工程勘察报告（初勘），××地质工程勘察院，2004 年 1 月 18 日。
3)《岩土工程勘察规范》(GB 50021—2001)。
4)《建筑地基基础设计规范》(GB 50007—2002)。
5)《建筑桩基技术规范》(JGJ 94—94)。
6)《混凝土结构设计规范》(GB 50010—2002)。
7)《建筑边坡工程技术规范》(GB 50330—2002)。
8)《建筑基坑支护技术规程》(JGJ 120—99)。
9)《建筑结构荷载规范》(GB 50009—2001)。
10)《建筑抗震设计规范》(GB 50011—2001)。

(3) 支护方案

根据场地的工程地质特征，结合场地边坡的平面布置要求，该基坑采用钻孔灌注桩+桩间板式锚杆挡墙进行永久性支护。

(4) 设计参数

1) 场地类别：Ⅰ类建筑场地。
2) 基坑类别：土质基坑。

3）基坑支护重要性系数为 1.10。
4）本工程按 6 度抗震设防，设计使用年限为：50 年。
5）岩土参数：

①填土：取 $\gamma = 20\text{kN/m}^3$，综合内摩擦角 $\varphi_D = 30°$。

②粉质黏土：取 $\gamma = 20.0\text{kN/m}^3$，$c = 20\text{kPa}$，内摩擦角 $\varphi = 20°$。

③坡顶附加荷载：$q = 3.5\text{kN/m}^2$（边坡后缘已建建筑物采用桩基础，且嵌入岩土体塌滑区范围以内）。

(5) 钻孔灌注桩、板工程

1）材料：

①桩、板混凝土强度等级为 C25。

②钢筋：Φ-HPB235（Q235），Ⱶ-HRB335（20MnSi）。

2）钢筋混凝土：

①混凝土保护层厚度：桩为 50mm，梁为 35mm，板为 25mm。

②钢筋混凝土板内应渗入水泥重量 10% 的 UEA-H 膨胀剂。

③钢筋接长：均要求采用电渣压力焊接。当采用搭接焊接时，单面焊搭接长度为 $10d$，双面焊为 $5d$。焊接后钢筋应位于同一直线上，其接头位置应符合规范要求。

④所有箍筋弯 135°，长 $10d$。

3）施工要求：

①桩施工要求：

（A）当各桩施工完后即可施工桩顶连梁、板，施工时，应注意梁、板与桩的整体连接。

（B）桩基施工应严格按《建筑桩基技术规范》（JGJ 94—94）执行。

②板施工要求：

（A）板底设置连续暗梁，梁截面 200mm×500mm，上、下面配筋均为 3Ⱶ20，侧向腰筋各 2Ⱶ20，箍筋Φ10@150，C25 混凝土。

（B）板竖向每段水平施工缝应严格处理，保证其整体性。

（C）板泄水孔：桩间板应按 2.5m×2.0m 设 ϕ150 泄水孔，外倾 5%，墙背后 500mm 厚范围做卵石堆囊。

4）其他：

①挡墙应沿长度方向每 20m 设置一道竖向伸缩缝，缝宽 30~50mm，缝中嵌沥青麻筋，嵌入深度 100mm。

②桩应嵌入密实的卵石层内不少于 1.5m。

③桩基应进行检测。

④桩应跳槽施工，施工时应准确预留锚孔位置。

(6) 锚杆工程

1）锚杆孔径为 110mm，主筋 2Ⱶ28（Ⱶ：HRB335，强度标准值 $f_{yk} = 330\text{N/mm}^2$），锚杆与水平线夹角 20°；锚杆采用 M30 水泥砂浆在 2~3 个大气压下压力灌注。

2）肋柱（圆桩）：直径 400mm，主筋 6Ⱶ22，箍筋Φ8@150，锚杆 1m 范围加密为 100mm，C25 混凝土。

3）钢筋接长：应采用机械连接，符合《钢筋机械连接通用技术规程》（JGJ 107—2003）的规定。

4）施工前，锚杆应进行性能试验，性能试验锚杆的根数为 3 根（锚固长度为设计锚固长度的 0.6 倍）。施工完成后应进行验收试验，验收试验锚杆的根数为锚杆总数的 5%，且不少于 5 根（试验荷载值为设计值的 1.1 倍）。

5）锚杆的轴向拉力设计值：255kN。

6）应保证锚杆与桩的整体连接。

7）土层中的锚杆应进行防腐处理，可采用润滑油三度沥青玻纤布缠裹二层的方法。

8）锚杆锚入肋柱（圆桩）内的长度应不小于 $35d$。

9）面板底标高为 233.600m。

10）挡墙应沿长度方向每 20m 设置一道竖向伸缩缝，缝宽 30～50mm，缝中嵌沥青麻筋，嵌入深度 100mm。

11）锚杆施工应满足以下要求：

①锚杆施工前，应查明锚杆施工区建（构）筑物基础、地下管线等情况；判明锚杆施工对临近建筑物及地下管线的影响，并拟定相应预防措施。

②锚孔施工应按《建筑边坡支护技术规范》（DB 50/5018—2001）和《建筑基坑支护技术规程》（JGJ 120—99）的有关要求进行。

（7）其他（略）

（8）部分施工图

基坑支护设计平面图见图 2-23。

基坑支护设计代表性立面图见图 2-24。

基坑支护设计代表性剖面图见图 2-25。

基坑支护设计大样图见图 2-26。

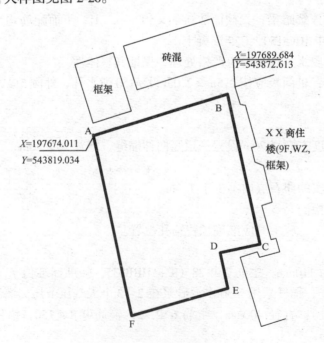

图 2-23 基坑支护设计平面图

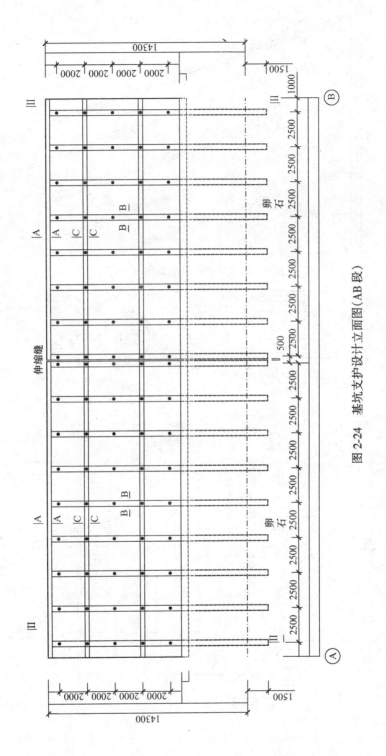

图 2-24 基坑支护设计立面图（AB 段）

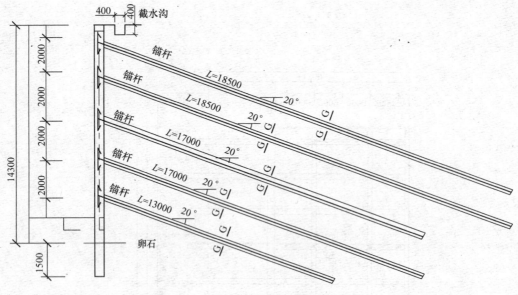

图 2-25 基坑支护设计剖面图（Ⅱ-Ⅱ）

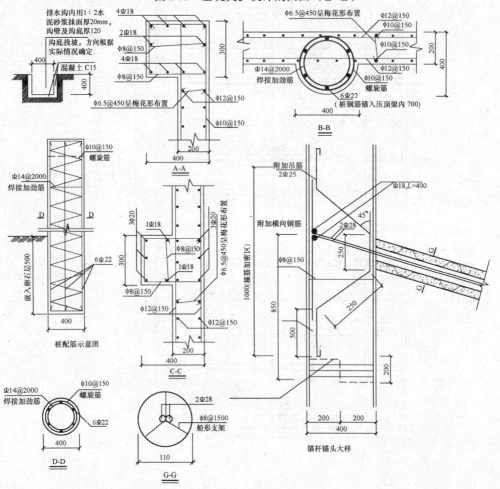

图 2-26 基坑支护设计大样图

2.8 危岩治理设计实例

2.8.1 【实例2-8】 ××中心报警台危岩治理工程

(1) 工程概况

××中心报警台危岩治理工程位于大坪虎头岩顶，地形总体中部高，四周低，中部最高点标高为323.83m，场地北侧、东侧为陡崖，陡崖最大高差17.5m，坡角75°~85°。该地区地质构造位于化龙桥向斜东翼，岩层呈单斜状产出，倾向为240°，倾角10°。场地岩层有3组裂隙发育：裂隙$J1$：倾向10°~30°，倾角55°~75°，隙面较平直，缝宽10~30mm，为黏土充填，间距0.6~4.0m；裂隙$J2$：倾向190°~205°，倾角75°~85°，隙面较平直，缝宽20~50mm，为黏土半充填，间距0.5~5.0m；裂隙$J3$：倾向260°~290°，倾角77°~85°，隙面较平直，缝宽20~40mm，为黏土半充填，间距2~5m。

场地北侧有3组卸荷裂隙发育：裂隙$J1$：倾向350°~0°，倾角70°~80°，隙面呈开启状，裂隙宽20~70mm，裂隙延伸至崖顶，上部较宽；裂隙$J2$：倾向40°~45°，倾角70°~80°，隙面呈开启状，裂隙宽5~40mm；裂隙$J3$：倾向110°，倾角85°~90°，隙面较平直，裂隙宽5~15mm。崖顶1~7m范围卸荷裂隙发育，卸荷带的长度约为180m，并有危岩4处，体积约50~350m^3；少数部位存在崖腔。

场地陡崖为黄灰色，中~粗粒结构，块状构造的砂岩，主要矿物成分为长石、石英，含遇云母，泥质胶结。强风化岩层厚约0.3~1.5m。

场地北东部的拟建建筑物（两层半）距崖边的水平距离约为3~30m，场地北侧距崖边的水平距离约为20~30m的坡脚为已有的中学。

为保证陡崖崖顶拟建建筑物、崖脚已有建筑物及陡崖的安全，应对该场地的危岩及存在潜在隐患的卸荷裂隙带进行永久性支护。

(2) 设计依据

1) 建设单位提供的场地拟建挡墙平面布置图（1:500）。
2) ××中心工程地质勘察报告，××地质工程勘察设院，1999年4月。
3)《岩土工程勘察规范》（GB 50021—2001）。
4)《建筑地基基础设计规范》（GB 50007—2002）。
5)《重庆市建筑地基基础设计规范》（DB 50/5001—1997）。
6)《混凝土结构设计规范》（GB 50010—2002）。
7)《建筑边坡支护技术规范》（DB 50/5018—2001）。
8)《建筑结构荷载规范》（GB 50009—2001）。
9)《重庆市三峡库区滑坡及危岩防治工程设计技术规定》（试行）等。

(3) 支护方案

根据场地陡崖的工程地质特征，结合场地陡崖的平面情况及崖顶报警台的情况，采用锚杆、毛石混凝土全充填式墙支撑和灌浆封闭的联合支护方案对危岩及存在潜在隐患的卸荷裂隙带进行永久性支护。

本支护治理设计采用动态设计方法，还应根据挡墙施工反馈的信息进行修改和完善。

(4) 设计参数
1) 治理工程为危岩,本工程安全等级为一级。
2) 岩土参数:
①强风化岩石:$\gamma = 23kN/m^3$,$c = 20.0kPa$,内摩擦角 $\varphi = 30°$。
②中风化岩体:$\gamma = 25kN/m^3$,$c = 590.0kPa$,内摩擦角 $\varphi = 28°$。
③岩体破裂角:70°。
④坡顶附加荷载:$q = 3.5kN/m^2$(一般地段),$q = 40kN/m^2$(建筑物地段)。
⑤中风化岩石饱和抗压强度标准值:10MPa。
3) 墙支撑:
①对于崖腔采取毛石混凝土全充填式墙支撑。
②材料:C20 毛石混凝土,毛石掺量不超过 25%,毛石的强度等级为 MU30。墙的外表面采用条石砌面,条石为 MU30,M5 水泥砂浆。
③墙嵌入中风化岩层不小于 500mm(墙的高度 $H < 5m$)、800mm($H < 8m$)。
④泄水孔:应按 2.0m×2.0m 网格布置,孔径 150mm,外倾 5%,墙背后 500mm 厚范围做卵石堆囊,泄水孔下部设置 500mm 厚夯实的黏土层作为隔水层。
⑤墙应沿长度方向每 15m 设置一道竖向伸缩缝,缝宽 30~50mm,缝中嵌沥青麻筋,嵌入深度 100mm。
⑥墙撑结构顶部距离危岩体底部 200mm 范围内,采用膨胀混凝土。
预计墙支撑的毛石混凝土体积约为 300m³。
(5) 锚杆工程
1) 锚杆孔径为 110mm,主筋 2Φ25,锚杆与水平线夹角 20°;锚杆采用 M30 水泥砂浆在 2~3 个大气压下压力灌注。
2) 钢筋接长:应采用机械连接,符合《钢筋机械连接通用技术规程》(JGJ 107—2003)的规定。
3) 锚固段长度:应锚入卸荷裂隙带后的稳定的中等风化岩层内不小于 4000mm。
4) 施工前,锚杆应进行性能试验,性能试验锚杆的根数为 3 根(锚固长度为设计锚固长度的 0.6 倍)。施工完后应进行验收试验,验收试验锚杆的根数为锚杆总数的 5%,且不少于 5 根(试验荷载值为设计值的 1.1 倍)。
5) 锚杆的轴向拉力设计值:210kN。
6) 强风化岩层中的锚杆应进行防腐处理,可采用润滑油三度沥青玻纤布缠裹二层的方法。
7) 锚杆锚入锚墩内的长度应不小于 $35d$。
8) 锚杆施工应满足以下要求:
①锚杆施工前,应查明锚杆施工区建(构)筑物基础、地下管线等情况;判明锚杆施工对临近建筑物及地下管线的影响,并拟定相应预防措施。
②锚孔施工应按《建筑边坡支护技术规范》(DB 50/5018—2001)的有关要求进行。
9) 施工顺序应满足以下要求:
①有崖腔的地段,待墙支撑的毛石混凝土强度达到设计强度 75% 后,施工第一排锚杆。

②锁定第一排锚杆，待其砂浆强度达到设计强度75%后，施工第二排锚杆。

③以下按第2）步要求执行。

④最后进行灌浆处理。

(6) 灌浆工程

1）危岩体后部裂缝采用 M30 水泥砂浆灌注处理，灌注压力为 80kPa。

2）砂浆中掺入适量的缓凝剂。水泥应使用普通硅酸盐水泥，其强度等级不应低于 32.5 级。

3）灌浆孔径为 90mm，沿危岩体后部拉张裂缝前后各 500mm 的宽度，按 1500mm 的间距呈梅花形布置，钻孔应尽可能穿越主要结构面。

4）危岩体后部卸荷带，采用厚 150mm 的 C15 素混凝土封闭。封闭过程中应清除地表腐殖土。

5）危岩顶部所有外露裂隙均应采用 C15 素混凝土换填封闭，防止雨水进入危岩体。

(7) 排水系统工程

1）建设单位应及时做好本工程场地及周边环境的整体排水系统工程。

2）结合场地整体排水系统工程，建设单位应设置场地内的地表排水系统。

(8) 其他

1）本工程应进行边坡评估和施工图审查；本工程在施工中和竣工后三年应进行位移和变形观测。

2）按"重庆市人民政府关于在工程建设活动中加强防治地质灾害工作的意见"（重庆市人民政府文件［2001］39号文），工程施工必须坚持先支挡、后主体的原则；凡边坡支护未完成，或达不到设计要求的，不得进行场地建筑物的施工。

3）本挡墙墙后严禁加载。

4）本工程必须选择具有一定施工资质等级，并从事过挡墙施工的专业队伍进行施工。

5）所有材质符合国家现行规范要求。

6）坡顶应设置围护栏，高度不小于 1200mm，其做法按建设方要求执行。

7）其他未尽事宜，应严格按现行有关规范进行。

8）施工中如出现有关问题请及时与建设单位、监理单位及勘察、设计人员联系，共同协商处理。

9）本工程按目前设计现况设计，如今后发生其他工程活动，应保证挡墙的稳定和安全性。

(9) 施工图

部分施工图参见图 2-27 ~ 图 2-29 所示。

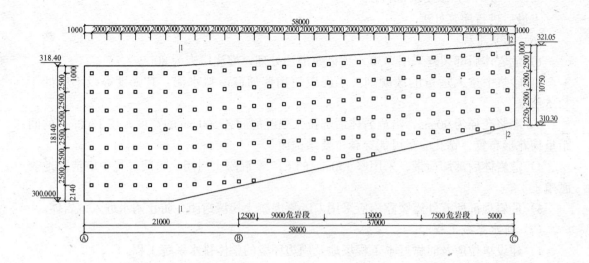

图 2-27 支护结构立面图（AC 段）

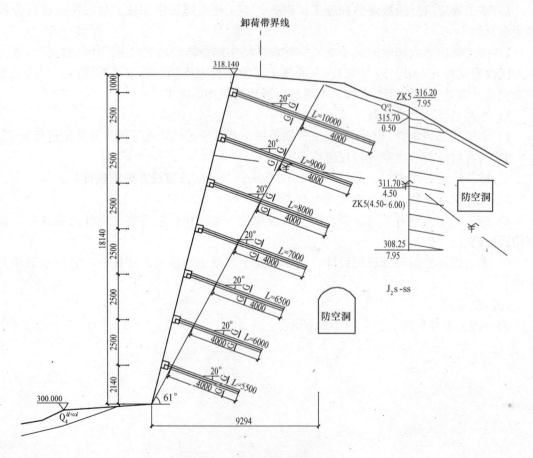

图 2-28 支护结构剖面图（1-1）

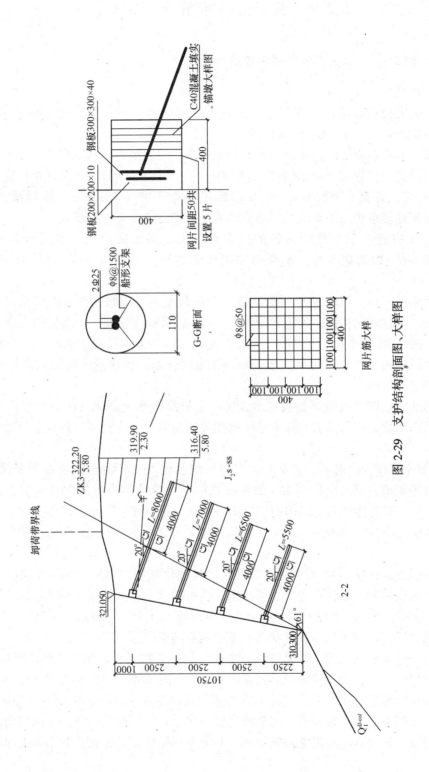

图 2-29 支护结构剖面图、大样图

2.9 预应力锚索桩设计实例

2.9.1 【实例2-9】 ××办公大楼边坡治理工程

(1) 工程概况

××办公大楼边坡治理工程位于杨家坪××办公楼地段,其地理坐标系范围界于:X:62700~62800;Y:58600~58700之间。

拟建场区属构造剥蚀浅丘斜坡地貌。场地位于一斜坡地带,其地形主要呈南东高、北西低。场区最高点位置位于南东侧钻孔ZK19一带,标高:268.41m,最低点位置位于北侧钻孔ZK2一带,标高:252.08m,地形标高界于252.08~268.41m,相对最大高差约16.33m,场地地形地貌较简单。场区地质环境复杂程度属中等复杂场地。

场区地质构造位于金鳌寺向斜的南东翼,为单斜岩层产出,岩层产状为:倾向282°,倾角60°,根据地表地质调查和钻探深度揭示,场区内发育两组构造裂隙,其特征如下:

LX1裂隙:产状:倾向307°,倾角62°,裂面较平直,微张,少量泥质充填,结合程度为结合差,为软弱结构面。裂隙间距约1.5~3m,贯通性较差。LX2裂隙:产状:倾向204°,倾角69°,裂面较平直,微张,铁锰质充填,局部见少量泥质充填,结合程度为结合差,为软弱结构面。裂隙间距约2~4m,贯通性较差。拟建场区裂隙发育程度属不发育,地质构造较简单。

根据场地地质调查及野外钻探揭示,场区上覆第四系全新统(Q_4)土层由人工素填土、粉质黏土组成,下伏基岩为侏罗系中统沙溪庙组砂、泥岩互层。各岩土层特征分述如下:

1) 素填土(Q_4^{ml}):褐色。主要由人工回填的黏性土、砂泥岩碎块石和少量碎砖块、混凝土碎块等组成,其粒块径在20~280mm之间,含量约占总重的25%~35%,回填时间约8~10年,随意性堆填,结构中密、稍湿。该层在拟建场区全部钻孔中均有分布,其厚度在0.70m(ZK5)~4.80m(ZK12)之间变化。其分布和厚度详见钻孔柱状图和工程地质剖面图。

2) 粉质黏土(Q_4^{el+dl}):黄褐色。局部含少量风化状泥岩角砾,无摇振反应,切面稍有光泽,干强度中等,韧性中等,手可搓条,呈可塑状。该层在拟建场区仅在北西侧钻孔ZK1~ZK4、ZK7、ZK8、ZK12一带中有分布,其厚度在1.10m(ZK12)~2.70m(ZK2)之间变化。其分布和厚度详见钻孔柱状图和工程地质剖面图。

3) 泥岩(J_2s):紫红色、暗紫红色。主要由黏土矿物组成,泥质结构,厚层状构造,局部砂质含量较重,含少量灰绿色斑团及条带。强风化带岩质软,岩芯破碎,呈碎块状、薄饼状,该层在拟建场区大部分钻孔中有分布,其厚度在1.00m(ZK2)~3.10m(ZK15)之间变化;中风化带岩质较坚硬,岩芯较完整,多呈长、短柱状,该层在拟建场区大部分钻孔中有分布,厚度在本次勘察时未钻穿。其分布和厚度详见钻孔柱状图和工程地质剖面图。

4) 砂岩(J_2s):灰色、灰白色。中细粒结构,厚层状构造,主要矿物成分为长石、石英及云母等，泥钙质胶结。强风化带岩质较软，岩芯较破碎，呈碎块状，该层仅在拟建场区小部分钻孔 ZK6、ZK13、ZK17 中有分布，其厚度在 1.50m（ZK6）～2.90m（ZK13）之间变化；中风化带岩质坚硬，岩芯完整，呈长、短柱状，该层在拟建场区全部钻孔中均有分布，厚度在本次勘察时未钻穿。

按拟建建筑物设计地坪标高平场及开挖地下室基坑，将在拟建场地多处形成高度约 4.3～19.66m 的人工挖填方岩土质边坡。边坡坡顶水平距离 1～2m 为已有建筑物（7-8F，20 世纪 80 年代修建，砖混结构，条形浅埋基础，基础埋深约 2m）。为保证边坡和坡脚拟建建筑物的安全，应对该场地边坡进行永久性支护。

(2) 设计依据
1) 建设单位提供的场地在建建筑物及边坡平面布置图（1:500）；
2) ×× 办公大楼岩土工程勘察报告（直接详勘）（×× 冶金建设公司勘察设计院，2006 年 4 月）；
3)《岩土工程勘察规范》(GB 50021—2001)；
4)《建筑地基基础设计规范》(GB 50007—2002)；
5)《重庆市建筑地基基础设计规范》(DB 50/5001—1997)；
6)《建筑桩基技术规范》(JGJ 94—94)；
7)《混凝土结构设计规范》(GB 50010—2002)；
8)《建筑抗震设计规范》(GB 50011—2001)；
9)《建筑边坡工程技术规范》(GB 50330—2002)；
10)《建筑边坡支护技术规范》(DB 50/5018—2001) 等。

(3) 边坡破坏模式
根据场地边坡的岩土组成成分、工程地质条件分析，场地岩质边坡可能出现滑移破坏。

(4) 支护方案
根据场地边坡的工程地质特征，结合场地边坡的平面布置要求，对边坡采用桩+预应力锚索（上部 2 排孔）和锚杆+钢筋混凝土面板进行支护。
本边坡治理设计采用动态设计方法，还应根据挡墙施工反馈的信息进行修改和完善。

(5) 设计参数
1) 边坡类别：Ⅲ类岩质边坡。
2) 边坡重要性系数为 1.10（边坡工程安全等级为一级）。
3) 岩土参数：
中风化岩体：$\gamma = 25kN/m^3$；岩石：$c = 480kPa$，内摩擦角 $\varphi = 25°$；软弱结构面：$c = 20kPa$，内摩擦角 $\varphi = 12°$；岩体破裂角：$60°$；岩体等效内摩擦角 $\varphi_D = 53°$；基底摩擦系数：0.60；M30 水泥砂浆与岩石之间的粘结强度：0.25MPa；中风化岩石饱和抗压强度标准值：7.4MPa。
4) 坡顶附加荷载：$q = 350kN/m^2$。
5) 桩嵌固段地基的水平抗力系数：$100MN/m^3$。
6) 6 度抗震设防。
7) 设计合理使用年限：50 年。

(6) 锚杆工程

1) 锚杆孔径为150mm（主筋3Φ28）（Φ：HRB335，强度标准值 $f_{yk}=330\text{N/mm}^2$），锚杆与水平线夹角20°；锚杆采用M30水泥砂浆在2~3个大气压下压力灌注。

钢筋必须具备出厂合格证明，使用前，应对钢筋进行随机抽样，做力学性能试验，满足规范要求后方可使用。

锚孔注浆采用M30水泥砂浆，其水泥应使用普通硅酸盐水泥，其强度不应低于42.5MPa；砂宜采用中细砂，当采用特细砂时，其细度模数不宜小于0.7。砂中含泥量按重量计不得大于3%，云母、有机物、硫化物及硫酸等有害物质含量按重量计不得大于1%。拌合水宜为饮用水。

2) 钢筋接长：应采用机械连接，符合《钢筋机械连接通用技术规程》（JGJ 107—2003）的规定。

3) 锚固段长度：应锚入稳定的中等风化岩石内不少于4000mm。

4) 施工前，锚杆应进行性能试验，性能试验锚杆的根数为3根（锚固长度为设计锚固长度的0.6倍）。施工完后应进行验收试验，验收试验锚杆的根数为锚杆总数的3%，且不少于5根（试验荷载值为设计值的1.1倍）。

5) 锚杆的轴向拉力设计值：382kN（3Φ28）。

6) 应保证锚杆（索）与桩的整体连接。

7) 土层及强风化岩层中的锚杆应进行防腐处理，可采用润滑油三度沥青玻纤布缠裹二层的方法。经过防腐处理后的自由段外端应伸入桩（面板）内50mm以上。

锚固段防腐：锚筋除锈后，应使锚筋位于锚孔中部，并确保水泥砂浆保护层厚度不小于25mm。

8) 锚杆锚入桩内的长度应不小于$35d$。

9) 锚杆施工应满足以下要求：

①锚杆施工前，应查明锚杆施工区建（构）筑物基础、地下管线等情况；判明锚杆施工对临近建筑物及地下管线的影响，并拟定相应预防措施。

②锚孔施工应符合下列规定：

（A）锚孔定位尺寸不宜大于20mm；

（B）锚孔偏斜度不应大于3%；

（C）孔深超过锚杆设计长度0.5m左右。

③锚杆体安装应符合下列要求：

（A）杆体应保持直顺，避免扭压、弯曲；

（B）锚杆与注浆管宜一起放入钻孔，注浆管内端距孔底宜为50~100mm。

④灌浆材料性能应符合下列规定：

（A）水泥应使用普通硅酸盐水泥，其强度等级不应低于42.5级；

（B）砂的含泥量按重量计不得大于3%。宜采用中细砂，当采用特细砂时，其细度模数不宜小于0.7；

（C）浆体配制的灰砂比宜为0.8~1.5，水灰比为0.38~0.5；

（D）浆体材料28d的无侧限抗压强度，用于全粘结型锚杆时不应低于25MPa。

锚杆施工按《建筑边坡支护技术规范》（DB 50/5018—2001）的有关要求进行。

(7) 锚索工程

1) 锚索的孔径为 150mm，主筋为 $7 \times 7\Phi^s$（钢绞线 Φ^s 的直径 $d = 15.2$mm，强度标准值 $f_{ptk} = 1860$N/mm^2，强度设计值 $f_{py} = 1320$N/mm^2），锚索与水平线夹角 20°；锚索采用 M30 微胀水泥砂浆在 2～3 个大气压下压力灌注。

2) 锚固段长度：应锚入中等风化岩石内不少于 8000mm。

3) 施工前，锚索应进行性能试验，性能试验锚杆的根数为 3 根（锚固长度为设计锚固长度的 0.6 倍）。施工完后应进行验收试验，验收试验锚杆的数为锚杆总数的 5%，且不少于 5 根（试验荷载值为设计值的 1.1 倍）。

4) 锚索的轴向拉力设计值：880kN（$7 \times 7\Phi^s$）。

5) 锚索的锁定值：400kN（$7 \times 7\Phi^s$）。

6) 应保证锚索与桩的整体连接。

7) 土层及强风化岩层中的锚索应进行防腐处理，可采用润滑油三度沥青玻纤布缠裹二层，最后装入塑料套管的方法。自由段两端 100～200mm 长范围内用黄油充填，外绕扎工程胶布固定。位于现有地形以外的外露锚索（局部还需回填土地段），除按上述要求处理外，还应采用 200mm×200mm 的 C20 素混凝土封闭，封闭层内采用 PVC 管脱开。

8) 锚头的锚具除锈涂防腐漆后应用钢筋网片罩（每 100mm 设置 1 片，共设 5 片）、采用 400mm×400mm 的 C40 素混凝土封闭。

9) 预应力筋用锚具、夹具及连接器必须符合《预应力筋用锚具、夹具及连接器应用技术规程》（JBJ 85—2002）。

10) 锚索定位及灌浆同锚杆。

(8) 钢筋混凝土桩板工程

1) 材料

①桩混凝土强度等级为 C30，桩护壁混凝土强度等级为 C20。

②钢筋：Φ-HPB235（Q235），Φ-HRB335（20MnSi）。

2) 钢筋混凝土

①混凝土保护层厚度：桩为 50mm。

②钢筋混凝土板内应渗入水泥重量 10% 的 UEA-H 膨胀剂。

③钢筋接长：均要求采用电渣压力焊接。当采用搭接焊接时，单面焊搭接长度为 $10d$，双面焊为 $5d$。焊接后钢筋应位于同一直线上，其接头位置应符合规范要求。

④所有箍筋弯 135°，长 $10d$。

3) 施工要求

①桩施工时，应预埋锚喷混凝土板筋，锚入桩内 300mm 和锚入桩内 600mm 间隔布置。

②当各桩施工完后即可施工喷射面板（与桩同高的部分），施工时，应注意板与桩的整体连接。

③桩基施工应严格按《建筑桩基技术规范》（JGJ 94—94）执行。

4) 板施工要求

①面板采用 C25 混凝土现浇混凝土，面板嵌入设计地坪不小于 500mm。

②板竖向每段水平施工缝应严格处理，保证其整体性。

③板泄水孔：桩间板应按 2.0m×3.5m 设 φ150 泄水孔，外倾 5%，墙背后 500mm 厚范围做卵石堆囊。

5）其他

①挡墙应沿长度方向每 20m 设置一道竖向伸缩缝，缝宽 30~50mm，缝中嵌沥青麻筋，嵌入深度 100mm。

②桩基应进行检测。

③桩应跳槽施工，施工时应准确预留锚孔位置。

(9) 施工顺序

先施工桩，桩应跳槽施工，即先施工单号桩，待单号桩浇注混凝土后，再施工双号桩。待所有桩施工完，桩的混凝土强度达到设计强度 75% 后，再施工锚索及锚杆。

切坡：逆做法施工。先切 2m 厚的土层，分段长度为 14m。切坡后及时施工第一排（自上而下）预应力锚索，待锚索锁定后施工跳槽段的预应力锚索；待第一排锚索施工完毕后，按上述要求施工第二排预应力锚索，待第二排预应力锚索锁定后，可分段实施下部锚杆。

(10) 排水系统工程

1）建设单位应及时做好本工程场地及周边环境的整体排水系统工程。

2）结合场地整体排水系统工程，建设单位应设置场地内的地表排水系统。

3）挡墙墙顶和墙脚的排水按整体排水系统要求由建设方统一考虑。

(11) 其他

1）本工程应进行边坡评估和施工图审查。

2）按"重庆市人民政府关于在工程建设活动中加强防治地质灾害工作的意见"（重庆市人民政府文件〔2001〕39 号文），工程施工必须坚持先支挡、后主体的原则；凡边坡支护未完成，或达不到设计要求的，不得进行场地建筑物的施工。

3）本支护结构顶部按正常使用荷载 $3.5kN/m^2$ 设计。

4）本工程必须选择具有一定施工资质等级，并从事过相关挡墙施工的专业队伍进行施工。

5）所有材质符合国家现行规范要求。

6）本工程施工期间加强对支护结构的监测，在施工中和竣工后 3 年应进行位移和变形观测。

7）墙顶应设置围护栏，高度不小于 1200mm，其做法按建设方要求执行。

8）其他未尽事宜，应严格按现行有关规范进行。

9）施工中如出现有关问题请及时与建设单位、监理单位及勘察、设计人员联系，共同协商处理。

10）本工程按目前设计现况设计，如今后发生其他工程活动，应保证挡墙的稳定和安全性。

(12) 部分施工图

边坡平面布置图见图 2-30；支护结构立面图见图 2-31；锚索、桩详图见图 2-32~图 2-34。

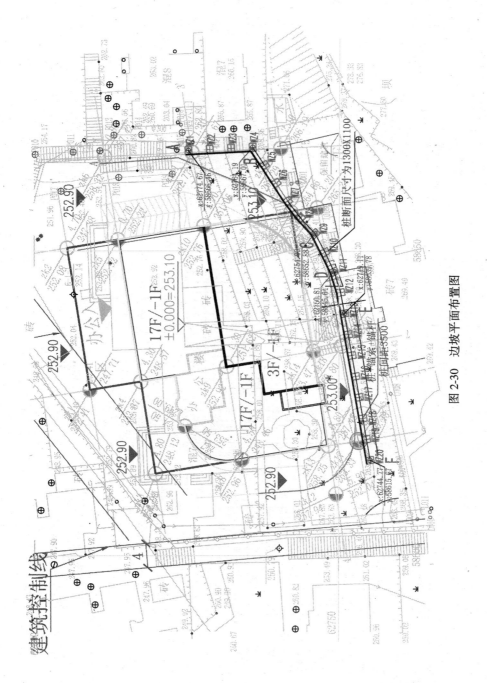

图 2-30 边坡平面布置图

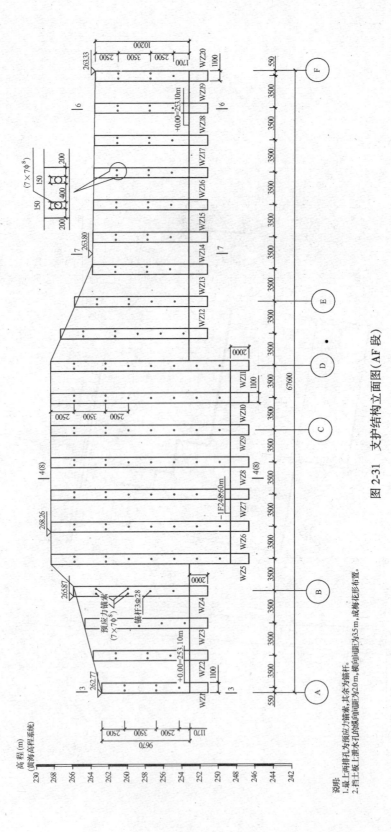

图 2-31 支护结构立面图 (AF 段)

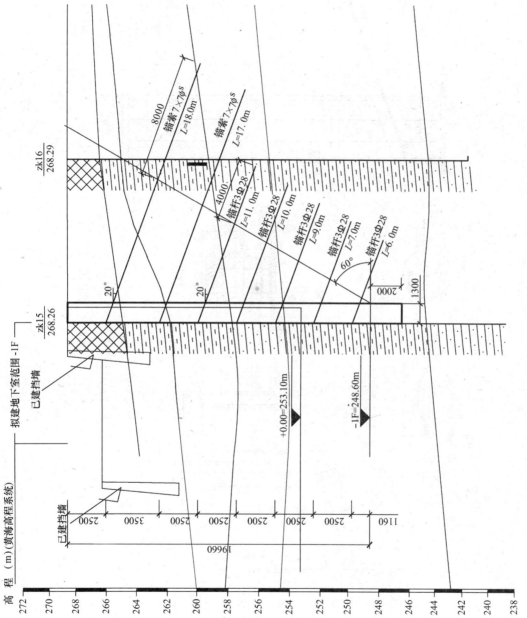

图 2-32 锚索、桩剖面详图 (4-4)

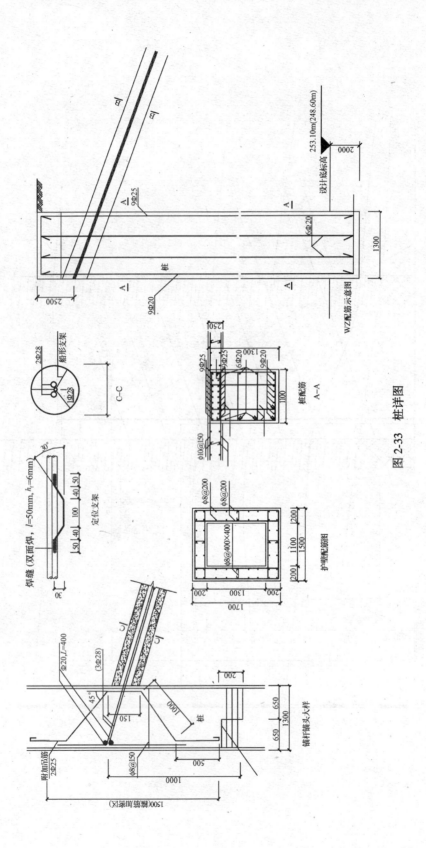

图 2-33 桩详图

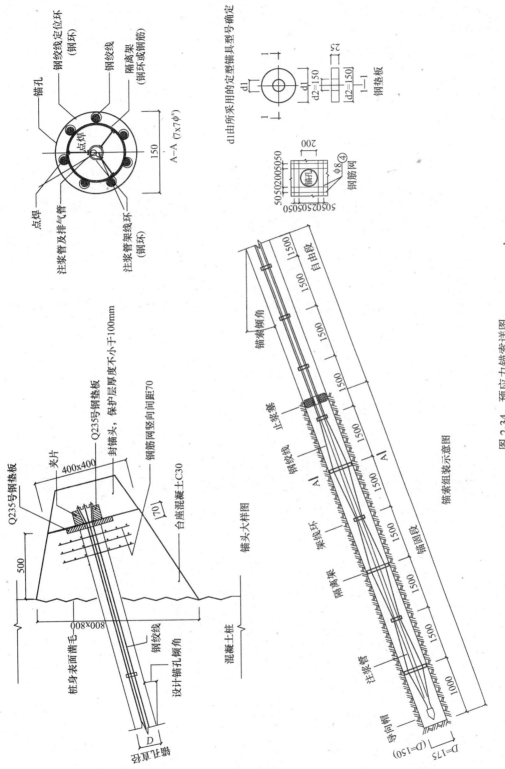

图 2-34 预应力锚索详图

第二篇　边坡监测、检测及鉴定

3 边坡工程监测

3.1 边坡工程的变形控制

3.1.1 边坡工程的变形控制

影响支护结构变形的因素相当复杂，对支护结构变形允许值的规定大部分地区尚无地方标准，仅个别地区有地方标准，如上海市所制定的《软土市政地下工程施工技术手册》对其变形指标进行了明确规定，其变形控制标准如表 3-1 所示，工程实践中可通过将实测值与变形控制标准值进行比较判断基坑的安全性。

变形控制标准   表 3-1

测量项目	安全或危险判别	判 别 法			
		变形控制标准	危 险	注 意	安 全
墙体变位	墙体变位与开挖深度之比	F_1 = 实测（或预测）/开挖深度	$F_1 > 1.2\%$	$0.4\% \leq F_1 \leq 1.2\%$	$F_1 < 0.4\%$
			$F_1 > 0.7\%$	$0.2\% \leq F_1 \leq 0.7\%$	$F_1 < 0.2\%$
基坑隆起	隆起量与开挖深度之比	F_2 = 实测（或预测）/开挖深度	$F_2 > 1.0\%$	$0.4\% \leq F_2 \leq 1.0\%$	$F_1 < 0.4\%$
			$F_2 > 0.5\%$	$0.2\% \leq F_2 \leq 0.5\%$	$F_1 < 0.2\%$
			$F_2 > 0.2\%$	$0.04\% \leq F_2 \leq 0.2\%$	$F_1 < 0.04\%$
地表沉降	沉降量与开挖深度之比	F_3 = 实测（或预测）/开挖深度	$F_3 > 1.2\%$	$0.4\% \leq F_3 \leq 1.2\%$	$F_3 < 0.4\%$
			$F_3 > 0.7\%$	$0.2\% \leq F_3 \leq 0.7\%$	$F_3 < 0.2\%$
			$F_3 > 0.2\%$	$0.04\% \leq F_3 \leq 0.2\%$	$F_3 < 0.04\%$

注：表 3-1 中墙体变位有两种判别标准，上行适用于基坑近旁无建筑物或地下管网；下行适用于基坑近旁有建筑物或地下管网。基坑隆起和地表沉降（F_2 和 F_3）有 3 种判别标准，上、中行的适用情况同墙体变位（F_1）的相同，而下行适用于对变形有特别严格要求的情况，一般对于中、下行都需进行地基加固。

《建筑地基基础设计规范》（GB 50007—2002）给出了建筑物的地基变形允许值，但正常使用状态下支护结构的变形允许值尚无统一的国家标准。如悬臂护坡桩的侧向位移 Δ 及由此产生周围地面下沉可使在建工程或相邻建筑物的正常使用功能受到破坏；若侧向位移 Δ 和沉降 S 过大，则相邻建筑物会下沉、倾斜、开裂、门窗变形及周围地下管网设施受损造成断电、断气、断水等。鉴于我国目前尚未制定出统一的限制侧向位移的标准 $[\Delta]$ 和限制沉降的标准 $[S]$，因此评价正常使用极限状态下的变形标准就很难统一，只能因工程建筑物环境和地质条件而定，并根据相邻建筑物的调查（建筑层数、建筑结构、地基持力层的岩土结构、地基承载力、基础的形式、基础的埋置深度等）结果，总结已有工程的经验教训和工程监测资料，参考有关文献等来确定容许变形值。

有关文献的统计资料结果（相对沉降量 0.002～0.003，即 0.2%～0.3%）表明，相对沉降量为 0.2%～0.3%与表 3-1 中的地表沉降一栏的下行的判别数据相近，因此，重庆地区也可参考采用表 3-1 的变形控制标准。

3.1.2 边坡工程的变形控制措施

任何支护结构设计方法和理论都是基于特定的边坡类型、工程条件下提出的。因此，基于某一支护理论进行支护结构的可靠性与准确性与否分析，在很大程度上取决于边坡岩土体、相邻建筑物的认识的可靠程度以及对支护结构设计理论的理解和使用能力。换言之，这里涉及两个方面的问题，其一：对于边坡岩土体、相邻建筑物的认识与研究程度；其二：设计人员如何使用这些资料和信息。笔者从边坡工程的勘察、设计、施工和检测工作的经验和教训的角度，提出以下几种控制边坡变形的认识和措施。

(1) 详细、准确的边坡勘察资料是控制边坡变形的基础

边坡勘察中，除应查明基本的水文地质条件、工程地质条件，尚应全面收集相邻建筑物的荷载、结构、基础形式及埋深，地下设施的分布、管线材料、接头情况及埋深等，并分析确定其容许变形值。

按照重庆市地方标准《工程地质勘察规范》（DB 50/5005—1998），岩质边坡分为 I 类、II 类、III 类（IIIA 类和 IIIB 类）和 IV 类（IVA 类和 IVB 类）；硬质岩、软质岩的强风化层及软弱岩边坡宜划为 IVB 类。在 2001 年 7 月 1 日起强制执行的《建筑边坡支护技术规范》（DB 50/5018—2001）中，明确给出了不同边坡高度、不同边坡类别采用不同的支护结构形式。因此，准确判定边坡类型就为采用合适的支护结构形式提供了可靠的依据。

(2) 施加预应力是控制边坡变形的首要措施

在边坡支护中，非预应力锚固结构属于被动支护方式，当锚固结构的变形达到一定值时才提供一定的支护抗力，只有当锚固结构有较大的变形时，这种锚固结构中的支护抗力才能充分发挥，而预应力锚固结构则恰好可以直接提供这样的抗力，起到"及时顶住"的效果。在锚固工程施加预应力以后的过程中，锚索（杆）能充分发挥它具有较大的支护抗力的优势，能够防止边坡产生过量的有害变形乃至边坡失稳，确保边坡的稳定和安全。通过模拟试验和计算分析表明，预应力锚固结构的竖向变形可减少 27%，而水平变形可减少 50%～90%，这些减少量随预应力的增大而逐渐减少。故采取施加预应力就比不采用预应力的锚固结构在控制边坡变形方面具有更加明显的效果。这就是实际工程中对变形要求高或变形敏感的边坡常常采用预应力锚索（杆）的原因。

预应力锚固结构的预应力容易出现损失。减少应力损失的工程措施主要有：

1) 增加造孔精度，减少孔斜误差。首先选择机型小、轻便、灵活的机具，便于在支护边坡的施工架子上移动。其次应牢牢固定钻机机架，不允许钻机来回摆动，以减少孔斜误差。

2) 选择合适的锚具。锁定螺母、连接套及锚杆应为通过质量认证的产品，具有材质检测报告，严禁使用不合格产品。

3) 改进张拉方式。逐级缓慢加荷，消除锚具变形引起的预应力损失，减少摩阻应力。

目前预应力损失值尚不能准确测试，那么预应力锚固结构的安全性系数就不能准确计算，其安全性就难以评估与判定。

(3) 逆做法施工是控制边坡变形的首要措施

在锚杆挡墙的支护结构中，采用逆做法、跳槽施工取得了良好的效果。逆做法就是采用自上而下的，分阶开挖与支护的一种施工方法。分阶的高度和跳槽的长度主要根据边坡的工程地质条件、边坡滑塌区范围建筑物的侧向位移容许值和沉降值确定。边坡滑塌区范围可按式 (1-1) 估计。

分阶开挖与支护的目的，就是使卸荷作用的应力调整缓慢发生；边坡应随开挖，随锚固，使无支承条件下的边坡所暴露的时间尽可能的短，所暴露的面积尽可能的少。

跳槽施工的目的，就是利用岩土体的自身潜力来限制边坡变形。锚杆成孔采取"跳钻"，即在水平方向上每隔2~3个锚杆孔位钻孔，并随即完成插筋、注浆作业，使扰动范围降低到最小程度。

(4) 动态设计法和信息化施工法是控制边坡变形的重要措施

动态设计法就是根据信息施工法及施工勘察反馈的资料，确认原设计条件有较大变化时，及时补充、修改原设计的设计方法。信息化施工法就是根据施工现场的地质情况和监测数据，对地质结论、设计参数进行再验证，对施工安全性进行判断和及时修正施工方案的施工方法。动态设计法和信息化施工法可以达到以下目的。

1) 避免勘察结论失误。山区地质情况复杂、多变，受多种因素制约，地质勘察资料准确性的保证率较低，勘察主要结论失误而造成边坡工程失败的现象不乏其例。因此，在边坡施工中补充"施工勘察"，收集地质资料，查对核实原地质勘察结论，可有效避免因勘察结论失误而造成工程事故。

2) 设计人员根据施工开挖反馈的更详实的地质资料、边坡变形量、应力监测值等，对原设计作校核和补充、完善设计，确保工程安全，设计合理。

3) 边坡变形和应力监测资料是加快施工速度或排危应急抢险，确保工程安全施工的重要依据。

(5) 设置冠梁对控制边坡变形具有良好效果

冠梁（设置在支护结构顶部的钢筋混凝土连梁）具有较大的截面尺寸，水平抗弯刚度不可忽视，所以，合理设计冠梁可以减少挡墙的内力与水平位移。

此外，尚有其他措施：

1) 适当加大支护结构尺寸和加密锚杆，以提高支护结构的刚度。
2) 对被动区土体进行加固处理是控制边坡变形的有效措施之一。
3) 严格控制施工质量是控制边坡变形的关键措施。
4) 缩短开挖与支护的时间。

3.2 边坡工程变形监测

关于边坡变形的计算和控制，目前还未形成完整的计算和控制理论，仅有积累的工程经验和定性认识。为此，《建筑地基基础设计规范》(GB 50007—2002)、《建筑边坡工程技术规范》(GB 50330—2002) 等技术文件给出了一些原则性的规定和要求。

3.2.1 建筑边坡工程变形监测依据

(1) 建筑地基基础设计规范中的有关规定

在《建筑地基基础设计规范》(GB 50007—2002) 第10章检验与监测中关于边坡工程监测的有关要求有如下规定：

1) 预应力锚杆施工完成后应对锁定的预应力进行监测，监测锚杆数量不得少于总数的10%，且不得少于6根。

2) 边坡工程施工过程中，应严格记录气象条件、挖方、填方、堆载等情况。爆破开挖时，应监控爆破对周边环境的影响。土石方工程完成后，尚应对边坡的水平位移和竖向位移进行监测，直到变形稳定为止，且不得少于三年。

3) 下列建筑物在施工期间及使用期间进行变形观测：

①地基基础设计等级为甲级的建筑物；

②复合地基或软弱地基上的设计等级为乙级的建筑物；

③加层、扩建建筑物；

④受邻近深基坑开挖施工影响或受场地地下水等环境因素变化影响的建筑物；

⑤需要积累建筑经验或进行设计反分析的工程。

(2) 建筑边坡工程技术规范中的有关规定

在《建筑边坡工程技术规范》(GB 50330—2002) 第14、第16章中给出了原则性的规定，其具体要求如下：

1) 需控制变形的一级边坡工程应采取设计、施工及监测等综合措施，并根据当地工程经验采取类比法实施。

2) 边坡变形控制应满足下列要求：

①工程行为引发的边坡过量变形和地下水的变化不应造成坡顶建（构）筑物开裂及其基础沉降差超过允许值；

②支护结构基础置于土层地基时，地基变形不应造成邻近建（构）筑物开裂和影响基础桩的正常使用；

③应考虑施工因素对支护结构变形的影响，变形产生的附加应力不得危及支护结构安全。

3) 对边坡有较高要求时，应根据边坡周边环境的重要性、对变形的适应能力和岩土性状等因素，按当地经验确定边坡支护结构的变形允许值。

对上述要求的原因是：支护结构变形控制等级应根据周边环境条件对边坡的要求确定，可分为严格、较严格和不严格。当坡顶附近有重要建（构）筑物时除应保证边坡整体稳定性外，还应保证变形满足设计要求。边坡的变形值大小与边坡高度、地质条件、水文条件、支护结构类型、施工开挖方案等因素相关，变形计算复杂且不够成熟，有关规范均未提出较成熟的计算方法，工程实践中只能根据地区经验，采用工程类比的方法，从设计、施工、变形监测等方面采取措施控制边坡变形。

同样，支护结构变形允许值涉及因素较多，难以用理论分析和数值计算确定，工程设计中可根据边坡条件按地区经验确定。

4) 需控制变形的边坡工程，应采取预应力锚杆（索）等受力后变形量较小的支护结构形式。

5）位于软弱土质地基上的边坡工程，当支护结构的地基变形不能满足设计要求时，应采取卸载、对地基和支护结构被动土压力加固等处理措施（当地基变形较大时，有关地基及被动土压力区加固方法按国家现行有关规范进行）。

6）存在临空的外倾软弱结构面的岩质边坡和土质边坡，支护结构的基础必须置于软弱面以下稳定的地层内。

7）当施工期边坡垂直变形较大时，应采取设置竖向支撑的支护结构方案。

8）对造成边坡变形增大的张开型岩石裂隙和软弱层面，可采取注浆加固。

9）边坡工程行为对邻近建（构）筑物可能引发较大变形或危害时，应加强监测，采取设计和施工措施，并应对建（构）筑物及其他地基基础进行预加固处理。

10）稳定性较差的边坡开挖方案应按不利工况进行边坡稳定和变形验算，必要时采取措施增强施工期边坡的稳定性（稳定性较差的岩土边坡（较软弱的土边坡，有外倾软弱结构面的岩石边坡、潜在滑坡等）开挖时，不利工况时边坡的稳定和变形控制应满足有关规定要求，避免出现施工事故，必要时应采取施工措施增强施工期的稳定性）。

11）锚杆施工应避免对相邻建（构）筑物地基基础造成损害。当水钻成孔可能诱发边坡和周边环境变形过大时，应采取无水成孔法。

12）边坡工程监测项目应考虑其安全等级、支护结构变形控制要求、地质和支护结构特点，根据表3-2进行选择。

边坡工程监测项目表　　　　　　　　　　　　　　　表3-2

测试项目	测点布置位置	边坡安全等级		
		一级	二级	三级
坡顶水平位移和垂直位移	支护结构顶部	应测	应测	应测
地表裂缝	墙顶背后1.0H(岩质)～1.5H(土质)范围内	应测	应测	选测
坡顶建（构）筑物变形	边坡坡顶建筑物基础、墙面	应测	应测	选测
降雨、洪水与时间关系		应测	应测	选测
锚杆拉力	外锚头或锚杆主筋	应测	选测	可不测
支护结构变形	主要受力杆件	应测	选测	可不测
支护结构应力	应力最大处	应测	选测	可不测
地下水、渗水与降雨的关系	出水点	应测	选测	可不测

注：1. 在边坡塌滑区内有重要建（构）筑物，破坏后果严重时，应加强对支护结构的应力监测；
　　2. H为挡墙高度。

13）边坡工程应由设计单位提出监测要求，由业主委托有资质的监测单位编制监测方案，经设计、监理和业主等共同认可后实施。方案应包括监测项目、监测目的、监测方法、测点布置、监测项目报警值、信息反馈制度和现场原始状态资料记录等内容。

14）边坡工程监测应符合下列规定：

①坡顶位移观测，应在每一典型边坡段的支护结构顶部设置不少于3个观测点的观测

网，观测位移量、移动速度和方向；

②锚杆拉力和预应力损失的监测，应选择有代表性的锚杆，测定锚杆（索）应力和预应力损失；

③非预应力锚杆的应力监测根数不宜少于锚杆总数的5%，预应力锚索的应力监测根数不应少于锚索总数的10%，且不应少于3根；

④监测方案可根据设计要求、边坡稳定性、周边环境和施工进程等因素确定。当出现险情时应加强监测；

⑤一级边坡工程竣工后的监测时间不应少于二年。

15）边坡工程监测报告应包括下列内容：

①监测方案；

②监测仪器的型号、规格和标定资料；

③监测各阶段原始资料和应力、应变曲线图；

④数据整理和监测结果评述；

⑤使用期监测的主要内容和要求。

关于边坡监测要求《建筑边坡工程技术规范》（GB 50330—2002）未对其第16章内容给出有关说明，这本身也说明"边坡监测"理论与技术还很不完善，有待工程技术人员不断研究和探索。

3.2.2 滑坡监测

（1）滑坡监测目的

为监测和掌握目前、施工期及后期运行过程中滑坡稳定的变化趋势、检验治理工程的效果，及时发现异常现象并进行分析处理，确保滑坡体上居民的生命财产安全，均有必要布置适量的监测设施。

（2）滑坡监测设计原则与依据

①以滑体表面位移和抗滑桩位移监测为主，辅以其他相应的校验监测；

②针对滑坡防治工程的需要，根据施工期和运行期不同特点，对监测进行统一规划；

③监测设备选取要满足实用性、稳定性、精确性、耐久性等要求；

④监测范围：包括整个滑坡区，重点放在滑坡后缘，抗滑工程施工处、地形突变处等；

⑤对所测资料应及时整理、处理和解释，以便对工程中存在的不安全因素及时发现和处理。

（3）滑坡监测项目

滑坡监测项目主要包括：

①位移监测，主要有大地形变、裂缝、巡视检查和深部位移；

②倾斜监测，主要有表面倾斜和深部倾斜；

③应力应变监测；

④水的动态监测，主要有地下河水位、地下水位、孔隙水压力、水量、水温；

⑤环境因素监测，主要有降雨量、气温和人类工程活动。

（4）滑坡监测要求

滑坡监测应满足下列要求：
①监测点的设置：
（A）监测点应按防治工程的措施、地质条件、结构特点和观测项目来确定，并选择有代表性的部位布置；
（B）在开工初期，应进行仪器埋设观察，以便获得连续完整的记录。
②监测剖面的设置：
监测剖面应控制主要变形方向，原则上应与防治工程垂直和平行。每个地质灾害体上的监测纵剖面数量，对安全等级为一级的防治工程，监测纵剖面不宜少于3条；二级防治工程，不宜少于2条。单个灾害体上的纵、横剖面不应少于1条，并尽量与地质剖面一致。
③地表变形监测点的设置：
对地表变形剧烈地段的防治工程部位应重点控制，适当增加检测点和监测手段。监测手段视防治对象的多少而确定，每条剖面上的监测点，不应少于3个。
④监测要求：
（A）变形观测应以绝对位移监测为主。在剖面所经过的裂缝、支挡工程结构、以及其他防治工程结构上，宜布置相对位移监测点及其他监测点。监测剖面两端要进入稳定岩（土）体并设置永久性水泥标桩作为该剖面的基准点和照准点。
（B）应尽量利用钻孔或平洞、竖井进行灾害体深部变形监测，并测定监测剖面上不同点的位移变化量、方向和速率。
（C）施工安全监测点应布置在滑坡体稳定性差部位，宜形成完整剖面，采用多种手段互相验证和补充。
（D）仅用地表排水的工程，应对各沟段排水流量进行监测。观测点应在修建排水沟渠时建立，主要布置在各段沟渠交接点上游10m处。

3.2.3 基坑现场监测

在深基坑开挖的施工过程中，基坑内外的土体将由原来的静止土压力状态向被动和主动土压力状态转变，应力状态的改变引起土体的变形，即使采取了支护措施，一定数量的变形总是难以避免的。因此，在深基坑施工过程中，只有对基坑支护结构、基坑周围的土体和相邻构筑物进行综合、系统的监测，才能对工程情况有全面的了解，确保工程顺利进行。

（1）基坑监测的目的
对深基坑施工过程进行综合监测的目的主要有：
①根据监测结果，发现安全隐患，防止工程和环境破坏事故的发生；
②利用监测结果指导现场施工，进行信息化反馈优化设计，使设计达到优质安全、经济合理，施工简捷；
③将监测结果与理论预测值对比，用反分析法求得更准确的设计计算参数，修正理论公式，以指导下阶段的施工或其他工程的设计和施工。

（2）基坑监测项目
基坑监测项目根据基坑侧壁安全等级按表3-3执行。

基坑监测项目表　　　　　　　　　表 3-3

监测项目 \ 基坑侧壁安全等级	一级	二级	三级
支护结构水平位移	应测	应测	应测
周边建筑物、地下管线变形	应测	应测	宜测
地下水位	应测	应测	宜测
桩、墙的内力	应测	宜测	可测
锚杆拉力	应测	应测	可测
支撑轴力	应测	应测	可测
立柱变形	应测	应测	可测
土体分层竖向位移	应测	应测	可测
支护结构界面上侧向压力	宜测	可测	可测

(3) 基坑监测技术要求

基坑现场监测应满足下列技术要求：

1) 观察工作必须是有计划的，应严格按照有关的技术文件（如监测任务书）执行。这类技术文件内容，至少应该包括监测方法和使用的仪器、监测精度、测点的布置、观测周期等等。计划性是观测数据完整性的保证。

2) 监测数据必须是可靠的。数据的可靠性由监测仪器的精度、可靠性以及观测人员的素质来保证。

3) 观测必须是及时的。因为基坑开挖是一个动态的施工过程，只有保证及时观测才能有利于发现隐患，及时采取措施。

4) 对于观测的项目，应按照工程具体情况预先设定预警值，预警值应包括变形值、内力值及其变化速率。当观测发现超过预警值的异常情况，要立即考虑采取应急补救措施。

5) 每个工程的基坑支护监测，应该有完整的观测记录，形象的图表、曲线和观测报告。

3.3　边坡工程变形监测常用设备

3.3.1　应力计和应变计原理

应力计和应变计是工程实践中最为常见的测试元件，其主要区别在于测试敏感元件与被测物体相对刚度之间的差别。这里用弹簧原理来说明此问题，将被测物体看成一个弹簧，其刚度定义为 $K1$，在外荷载 P 的作用下，被测物体的变形和荷载存在如下关系：

$$P = K1 \times U1 \tag{3-1}$$

式中　$U1$——被测物体的竖向位移。

在被测物体间并联一个测试元件，其刚度为 $K2$，在外荷载 P 的作用下，系统的竖向位移为 $U2$，系统的变形和荷载关系为：

$$P = (K2 + K1) \times U2 \tag{3-2}$$

将式（3-1）代入式（3-2）中，有如下结果：

$$U1 = (K1 + K2) \times U2/K1 = (1 + K2/K1) \times U2 \tag{3-3}$$

若 $K2 \ll K1$，则

$$U1 \approx U2 \tag{3-4}$$

$$P2 = K2 \times U2 \tag{3-5}$$

将式（3-2）代入式（3-5）中有如下关系：

$$P2 = K2 \times P/(K1 + K2) = P/(1 + K1/K2) \tag{3-6}$$

若 $K1 \ll K2$，则

$$P2 \approx P \tag{3-7}$$

由式（3-4）可知：当测试元件刚度远小于被测体刚度时，测试元件可测出系统的变形，此时，测试元件做应变计使用。

由式（3-7）可知：当测试元件刚度远大于被测体刚度时，测试元件可测出系统的荷载，此时，测试元件做应力计使用。

3.3.2 常用几类传感器

在不同条件下，测试元件可测出系统的应力或应变，因此，测试元件被称为传感器。不论哪一类传感器均是通过不同量的转换测出相应的力学量，因此，目前常用传感器有以下几类：

(1) 机械式传感器，如机械式百分表，千分表等；

(2) 电量式传感器，如电阻式传感器、电位式传感器、热敏式传感器、电位式传感器、压电式传感器等，常用的产品有纸基式应变片、金属基应变片、位移传感器等；

(3) 钢弦式传感器，利用钢弦内力变化转化为钢弦振动频率的变化，测量应变或应力。部分国产钢弦式传感器见表3-4[13]。

国产钢弦式传感器　　　　表3-4

种　类	钢筋应力计	土压力盒	孔隙水压力	混凝土应变计	渗水压力计
型　号	GJJ10	TYJ20	TYJ25	EBJ50	TYJ36
量　程	$\phi 10 \sim \phi 40$	$0.2 \sim 6.0$MPa	$0.2 \sim 1.6$MPa	$(-6 \times 10^3 \sim 12 \times 10^3)$ ue	$0.2 \sim 1.4$MPa

3.3.3 边坡位移测量常用设备

建筑边坡变形监测主要是测量建筑边坡坡顶、中下部及周边建筑物基础的变形，同时也需监测房屋整体的倾斜量，建筑边坡变形主要测量其水平位移和竖向位移。根据施工现场条件、周边环境、设计要求、测量精度要求和现有测量仪器情况，常采用水准仪测量建筑边坡、建筑物基础的竖向位移，用全站仪测量建筑边坡水平、竖向位移及建筑物整体倾斜。

(1) 水准仪

测量地面上各点高程的工作，称为高程测量。按所用的仪器和实测方法不同，测量地面点高程可分为水准测量、三角高程测量和其他物理高程测量。由于水准测量快捷、精度高，地面高程测量一般采用水准测量，也称几何水准测量。

水准测量法是利用水准仪提供的水平视线，观测竖立在地面两点上的水准尺，分别读取水准尺上的读数，算出两点间的高差。利用水准测量法从一个已知的高程地面点出发可以测量出地面上任何一点的高程，其测量方法原理如图 3-1 所示。

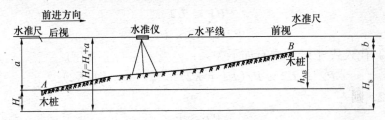

图 3-1 水准测量原理

已知 A 点高程 H_a，欲测定 B 点的高程 H_b，可在 A、B 两点上竖立水准尺，在 A、B 之间安置一台水准仪，利用水准仪提供的水平视线，分别读取 A 点上的刻度 a，B 点上的刻度 b，则 A、B 两点之间的高差为：

$$h_{AB} = a - b \tag{3-8}$$

A 点为已知高程，因此，a 称为后视读数，b 称为前视读数，地面 A 点与 B 点的高差等于后视读数减去前视读数，B 点高程为：

$$H_b = H_a + a - b \tag{3-9}$$

在建筑边坡和建筑物基础竖向位移测量中，若 A 点为不动点，B 点为建筑边坡坡顶某一测点（或建筑物基础某一测点），在不同的时间反复测量 A、B 两点之间的高差，即可测量出建筑边坡或建筑基础的竖向位移。方法如下：

1) 初次测量 A、B 两点之间的高差，h_{AB}；

2) 第二次（第二时间）测量 A、B 两点之间的高差，h'_{AB}；

3) 计算两次测量 A、B 两点之间的高差的差值 $\Delta 1$，$\Delta 1 = h'_{AB} - h_{AB}$，若 $\Delta 1$ 为零，则此时所测 B 点无竖向位移；若 $\Delta 1$ 不为零，需判断 $\Delta 1$ 值的大小是否在仪器误差范围内，若 $\Delta 1$ 值超出仪器误差范围，则说明此次测量 B 点有竖向位移；

4) 第三次（第三时间）测量 A、B 两点之间的高差，h''_{AB}，计算第三次与第一次测量 A、B 两点之间的高差的差值 $\Delta 2$，根据 $\Delta 2$ 的差值用 3) 条判断 B 点是否有竖向位移；

5) 按 4) 的方法依时间关系反复测量 A、B 两点之间的高差，则可测量出 t_i 与 Δ_i 之间的关系，从而分析建筑边坡或建筑物基础的竖向位移。

(2) 全站仪

全站仪又称全站型电子速测仪，在测站上安置好仪器后，除照准需人工操作外，其余可以自动完成，而且几乎在同一时间得到平距、高差和点的坐标。全站仪是由电子测距仪、电子经纬仪和电子记录装置三部分组成。从结构上分，全站仪可分为组合式和整体式两种。组合式全站仪是用一些连接器将测距部分、电子经纬仪部分和电子记录装置部分分别连接成的组合体。它的优点是能通过不同的构件进行灵活多样的组合，当个别构件损害坏时，可以用其他部分构件代替。整体式全站仪是在一个仪器内装配测距部分、测角部分和电子记录部分。测距和测角共用一个望远镜，方向和距离测量只需一次照准，使用十分方便。

全站仪的电子记录装置是由存储器、微处理器、输入和输出部分组成。由微处理器对获取的斜距、水平角、竖直角、视准轴误差、棱镜常数、气压等信息进行处理，可以获得各种修正后的数据。在只读存储器中固化了一些常用的测量程序，如：坐标测量、导线测量、放样测量、后方交会等，只要进入相应的测量程序模式，输入已知数据，便可依据程序进行测量过程，获取观测数据，并解算出相应的测量结果。

全站仪的应用是多方面的，这里主要使用全站仪的坐标测量性能，根据《工程测量规范》（GB 50026—93）第九章变形测量的有关技术要求，在不同的时间内对测点进行测量，计算出随时间变化，边坡的水平位移及垂直位移的变化规律。

3.4 边坡工程变形监测系统

（1）常规监测网

目前，我国选用的变形监测仪器种类较多，仪器的特性与精度也不尽相同，可按仪器的特性与技术要求进行安装并测试。主要的监测方法包括大地测量法、地面摄影测量、裂缝观测和机电测量法。

1）大地测量法

所谓"大地测量法"系指以垂线为参照系的各种测量方法。

常用的大地测量仪器主要有：经纬仪、水准仪、视准仪、电磁波测距仪和摄影经纬仪等。

优点：由于这类方法基本上不受量程的限制，可监测边坡变形的全过程。

缺点：不便于自动化遥测。

主要的方法包括视准线法、前方交会法（前方交会分为测角交会、测边交会和测边测角交会三种）、边角网（边角网包括三角网、三边网和测边测角网三种）、水准测量和三角高程测量。

2）地面摄影测量

地面摄影测量的精度主要取决于 Y 距（又称纵距）及摄影仪的焦距。一般来说，纵距越小精度越高；焦距越长精度越高。因此，用地面摄影测量做边坡变形监测时，应根据边坡变形量的大小及 Y 距远近，选用适当的摄影仪。较大的滑体，Y 距一般都比较大，因此，最好在相邻测次间的变形量大于 0.1m 时才使用这种方法。由于摄影像片记录了大量的地面信息，因此，应对变形各阶段的像片进行地面摄影测量工作，以便获取监测区必要的地理信息。

3）裂缝观测

裂缝观测的主要任务是观测相对变形，即缝的张合变化和上下错动。

一般在裂缝的两边埋设标桩，桩顶安精密的测量标志，直接丈量两标志之间的距离（缝小时，用游标卡尺丈量；缝大时，可用钢尺或电磁波测距仪量测）即可测出裂缝的张合变化。用水准仪量测两标志之间的高差即可得出裂缝两边上下的错动值。

4）机电测量法

所谓"机电测量法"就是利用机械和电学原理进行变形监测。

常用的机电测量仪器主要有：激光准直仪和变位计（钻孔测斜仪、多点位移计、测缝计、渗压计、声发射仪等）。

优点：能够进行自动化观测。

缺点：量程一般不大，不能监测边坡变形发展的全过程；对环境要求较高，必须建立防护（防日光直接照射、防潮）和保护（避免人为的破坏）设施，才能保证监测工作正常运行。

机电测量方法很多，常用的方法有激光准直仪法和变位计法。

(2) GPS 监测网

GPS（全球卫星定位系统，Global Positioning System，简写为 GPS）基本网由基准点和基本点组成。

基准点是进行长期连续观测的永久性 GPS 卫星观测站。每个基准站中均应配备有双频 GPS 接收机、气象元素传感器、数据通讯设备及微机。

基本点是 GPS 基本网的主体，在这些点上进行定期复测时应按 GPS 测量中的最高标准进行。

采用 GPS 定位技术进行边坡变形监测具有以下优点：①观测不受气候条件限制，可进行全天候监测；②可同时进行平面位移及垂直位移监测；③可进行长期连续监测，不会漏过危险的变形信息；④从数据采集、数据处理到数据分析、管理全过程易于实现全自动化。

采用 GPS 定位技术进行边坡变形监测具有以下不足：①监测点的数量很多，如果全部进行长期连续自动化监测，需要大量的 GPS 接收机；②GPS 接收机等设备在野外无人值守的房内，安全难以得到保证。

(3) 自动化监测网

边坡，特别是崩滑体的自动化监测，国内外都有成熟的设备和技术。

近 10 多年来，地理信息系统（Geography Information System，简写为 GIS）和全球卫星定位系统在应用于边坡监测以来，自动化监测技术又有了很大发展。

在 GIS 支持下，融 GPS、遥感（Remote Sensing）以及常规监测手段为一体，可建立完整的变形监测系统。

3.5　边坡工程监测实例

3.5.1 【实例 3-1】　××工程高切坡挡土墙长期变形监测

××实业总公司委托××检验测试中心，对××工程高切坡挡土墙变形进行长期监测。××中心接受委托后，有关工程技术人员从 2002 年 11 月至 2004 年 12 月对××工程高切坡挡土墙变形进行了长期监测，现根据监测数据将监测结果报告如下：

(1) 工程概况

××工程高切坡挡土墙，长约 300m，高 25m，由××设计研究院设计，××单位施工。该工程采用板肋式锚杆挡土墙，于 1994 年开始修建，1995 年竣工。2001 年 6 月 8 日至 2002 年 7 月 9 日，××单位第七项目部对该挡土墙倾斜进行了观测，观测结果为：观测期间挡土墙的倾斜值未发现变化。

××中心受××实业总公司委托后，根据《重庆市建筑边坡支护技术规范》（DB 50/5018—2001）和现场的实际情况，编制了监测方案；监测频率、监测时间、测点数量按一级边坡进行考虑。××中心按照边坡变形监测方案对××工程高切坡挡土墙进行了15次监测。

（2）监测主要依据

1）委托书；

2）××工程高切坡挡土墙监测方案；

3）《建物变形测量规程》（JGJ/T 8—97）；

4）《建筑边坡支护技术规范》（DB 50/5018—2001）；

5）《建筑边坡工程技术规范》（GB 50330—2002）。

（3）监测要求

1）观测项目

①坡顶水平位移观测、坡顶垂直位移观测；

②挡墙墙面变形观测；

③观测过程中，观察挡土墙墙面有无裂缝或其他异常情况；观察坡顶地面和建筑物有无裂缝或其他异常情况。

2）观测点的布置

①坡顶水平位移观测：坡顶水平位移观测共设9个测点。

②坡顶垂直位移观测：坡顶垂直位移观测共设9个测点。

③挡墙墙面变形观测：挡墙墙面变形观测共设观测截面5个，每1截面3个观测点，共15点。

④工作基准点：本次观测共设置工作基准点15点。测点布置见图3-2。

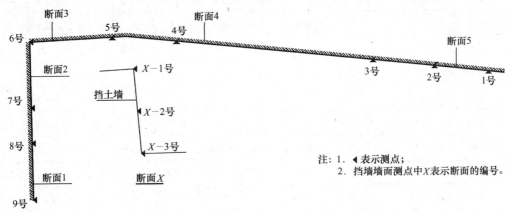

图3-2 ××二期工程挡墙监测测点布置示意图

3）监测设备

主要监测设备为日本拓普康公司生产的GPT—6001C型电子全站仪。

（4）监测数据及分析

1）水平位移监测数据及分析

根据测点水平位移累计值绘制水平位移与时间的关系曲线图，水平位移与时间的关系曲线见图 3-3，水平位移监测数据见表 3-5。由表 3-5 监测数据及图 3-3 分析，水平位移与时间的关系曲线为波浪形，曲线的趋势线近似为水平线，说明挡墙水平位移处于稳定状态。

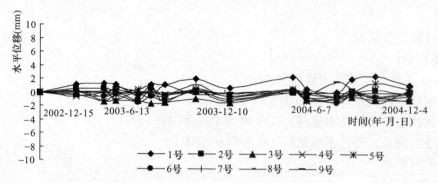

图 3-3 水平位移与时间的关系曲线图

水平位移（每次累计）数据（单位 mm） 表 3-5

监测时间	测点编号								
	1号	2号	3号	4号	5号	6号	7号	8号	9号
2002年12月15日	0.0	0.0	0.0	0.0	0.0	0.0	0.0	0.0	0.0
2003年2月25日	1.2	0.5	-0.4	-0.7	0.0	-0.5	-0.1	0.1	0.1
2003年4月20日	1.2	0.5	-1.4	-0.1	-1.4	-0.6	0.1	0.0	-0.7
2003年5月26日	1.2	0.0	-1.2	-0.4	-0.4	-0.4	-1.1	0.3	0.6
2003年5月15日	-0.6	-1.2	-1.3	0.1	0.3	-1.6	0.1	-0.3	-0.1
2003年7月22日	1.1	0.6	-1.6	0.1	0.8	-0.6	-0.4	-0.1	-0.8
2003年8月18日	1.1	-0.5	-1.6	-0.4	-1.4	-1.3	-0.6	-0.4	0.9
2003年10月15日	2.0	0.2	-1.0	0.3	0.5	0.1	1.1	0.4	-0.4
2003年12月20日	0.6	-0.5	-1.6	-0.9	-0.5	-1.2	-0.7	-0.2	-0.1
2004年4月21日	2.2	0.3	0.1	0.3	0.5	0.4	0.4	0.5	0.3
2004年5月18日	0.4	0.0	-1.1	-0.8	-1.3	-0.6	-0.6	-0.3	-0.3
2004年7月16日	0.1	-0.7	-1.0	-0.6	-0.8	-1.6	-1.4	-0.6	1.5
2004年8月15日	2.0	-0.1	-0.6	0.3	-0.1	-0.3	-0.1	0.4	0.5
2004年9月29日	2.5	0.3	-1.2	-0.8	1.4	-0.6	-0.7	-0.5	-1.5
2004年12月4日	1.2	-0.2	-1.1	-0.6	0.5	-1.3	-0.3	0.0	0.3

2）竖向位移监测数据分析

根据测点竖向位移累计值绘制垂直位移与时间的关系曲线图，垂直位移与时间的关系曲线见图 3-4，垂直变形监测数据见表 3-6。由表 3-6 监测数据及图 3-4 分析，垂直位移与时间的关系曲线为波浪形,曲线的趋势线近似为水平线,说明挡墙竖向位移处于稳定状态。

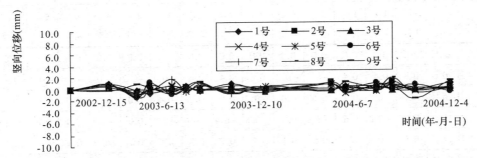

图 3-4 垂直位移与时间的关系曲线图

竖向位移(每次累计)数据(单位 mm)　　　　　表 3-6

监测时间	测 点 编 号								
	1号	2号	3号	4号	5号	6号	7号	8号	9号
2002 年 12 月 15 日	0.0	0.0	0.0	0.0	0.0	0.0	0.0	0.0	0.0
2003 年 2 月 25 日	1.0	0.4	0.8	0.4	0.6	0.8	1.0	0.0	-0.2
2003 年 4 月 20 日	-0.2	-1.2	-0.8	-1.0	-0.8	-1.4	-1.4	0.0	0.8
2003 年 5 月 26 日	-0.7	0.7	-0.1	-0.3	-0.1	1.1	-0.5	0.0	0.3
2003 年 5 月 15 日	0.0	-0.4	-0.4	0.6	0.4	-1.0	1.6	-0.1	-0.9
2003 年 7 月 22 日	0.4	0.2	0.2	-0.4	0.0	0.0	-0.6	0.1	0.5
2003 年 8 月 18 日	-0.4	-0.2	-0.2	0.4	0.0	0.0	0.6	0.9	1.1
2003 年 10 月 15 日	0.7	-0.3	0.5	-0.3	-0.3	-0.1	-0.9	-0.8	-1.0
2003 年 12 月 20 日	-0.3	-0.7	-0.1	-0.3	0.3	-0.5	0.3	-0.1	0.1
2004 年 4 月 21 日	-0.4	1.0	-0.4	0.6	0.0	0.6	0.6	-0.4	-0.6
2004 年 5 月 18 日	0.3	-0.3	0.3	-0.9	0.1	-0.5	-0.7	0.3	0.9
2004 年 7 月 16 日	0.2	-0.6	0.4		-0.6	0.8	0.4	-0.2	0.0
2004 年 8 月 15 日	-0.5	0.9	-0.5	0.5	0.5	-0.3	0.3	1.7	0.3
2004 年 9 月 29 日	-0.4	-0.6	0.0	-0.6	0.0	0.4	-0.4	-1.0	-2.0
2004 年 12 月 4 日	0.7	-0.1	-0.3	0.1	-0.3	-0.7	-0.3	-0.2	1.2

3)挡墙墙面变形监测数据分析

挡墙墙面变形监测数据见表 3-7,未发现挡墙墙面水平方向位移有明显变化,说明挡墙墙面变形处于稳定状态。

(5)监测结论

由 24 个月(两年)边坡变形监测数据可得如下监测结论:××工程高切坡挡土墙的变形处于稳定状态。

挡墙墙面变形（累计）监测数据（单位 mm） 表 3-7

监测时间	测点编号													
2002年12月15日	1-1号	1-2号	1-3号	2-1号	2-2号	2-3号	3-1号	3-2号	3-3号	4-1号	4-2号	4-3号	5-1号	5-2号	5-3号
2003年2月25日	0.0	0.0	0.0	0.0	0.0	0.0	0.0	0.0	0.0	0.0	0.0	0.0	0.0	0.0	0.0
2003年4月20日	0.8	0.4	0.4	-0.2	-0.2	0.6	0.4	0.6	-0.4	-0.2	0.0	-0.4	-0.2	0.6	0.4
2003年5月26日	-0.8	-0.2	0.2	0.6	0.0	-0.2	0.0	0.2	0.4	0.0	0.6	0.0	-0.2	-0.4	0.0
2003年5月15日	0.2	-0.2	0.0	-0.8	0.8	-0.8	-0.4	-0.6	-0.2	0.0	-0.2	0.0	0.8	0.2	-0.2
2003年7月22日	0.5	-0.1	-0.7	0.5	0.1	1.3	0.5	0.9	0.5	0.7	-0.1	0.0	0.3	0.7	0.9
2003年8月18日	0.3	0.5	0.1	-0.1	-0.5	-0.7	-0.1	-0.9	-0.5	0.1	0.1	-0.1	-0.9	0.1	-1.1
2003年10月15日	-0.5	-0.1	-0.3	0.1	0.3	0.3	0.1	0.3	0.1	-0.5	-0.1	0.1	0.5	-0.3	0.7
2003年12月20日	1.3	0.9	1.3	0.7	1.1	0.9	0.9	0.7	0.5	0.7	1.1	0.9	1.1	0.7	0.5
2004年4月21日	0.2	0.4	0.0	-1.0	-0.4	-0.4	-0.8	-0.6	-0.4	-0.8	-0.6	-0.8	-1.0	-1.0	-1.0
2004年5月18日	-1.3	-1.3	-0.7	0.1	-0.5	0.1	-0.1	-0.1	-0.1	0.1	0.3	-0.1	0.1	0.7	0.3
2004年7月16日	0.2	0.2	-0.2	0.1	-0.8	0.1	-0.6	-0.4	-0.2	-0.4	-0.4	-0.4	-0.6	0.1	0.6
2004年8月15日	0.5	-0.1	0.1	0.5	0.1	0.1	0.7	0.5	-0.1	0.5	0.3	0.3	0.9	-0.1	0.3
2004年9月29日	0.0	-0.4	-0.6	0.1	-0.2	0.0	0.1	0.0	0.0	-0.4	0.0	-0.2	0.0	1.0	0.0
2004年12月4日	0.1	1.3	0.7	0.9	0.7	1.3	0.9	0.5	0.7	1.1	-0.7	1.7	0.3	0.3	-1.7
2002年12月15日	-1.8	-1.6	-1.8	-0.8	-1.0	-1.0	-1.2	0.0	-1.2	-1.4	0.6	-1.0	-2.0	-1.0	0.4

3.5.2 【实例3-2】 ××路 K0+660~K0+740 边坡、建筑物变形监测

（1）工程概况

××实业有限公司于2005年9月在××路 K0+660~K0+740 段采用抗滑桩修建了人工边坡（图 3-5）。××矿务局4号~7号集资住宅楼（现楼房编号为1~4单元），位于边坡坡顶，据住户有关人员反映 2005 年 9 月 ××实业有限公司修建边坡以来，逐步发现地面、墙体有开裂现象，2006 年 2~3 月地面、墙体裂缝变化明显，为此，××实业有限公司委托××检验测试中心对 K0+660~K0+740 段采用抗滑桩修建的人工边坡和坡顶建筑物变形进行3个月的变形监测。

（2）监测主要依据

1）委托书、合同书；
2）××矿务局集资住宅楼工程地质勘察报告；
3）××矿务局4号~7号集资住宅楼（3本，2001年7月，××矿务局）；
4）《建筑地基基础设计规范》（GB 50007—2002）；
5）《混凝土结构设计规范》（GB 50010—2002）；
6）《建筑结构荷载规范》（GB 50009—2001）；
7）《建筑边坡工程技术规范》（GB 50330—2002）；
8）《工程测量规范》（GB 50026—1993）；
9）《建筑边坡支护技术规范》（DB 50/5018—2001）。

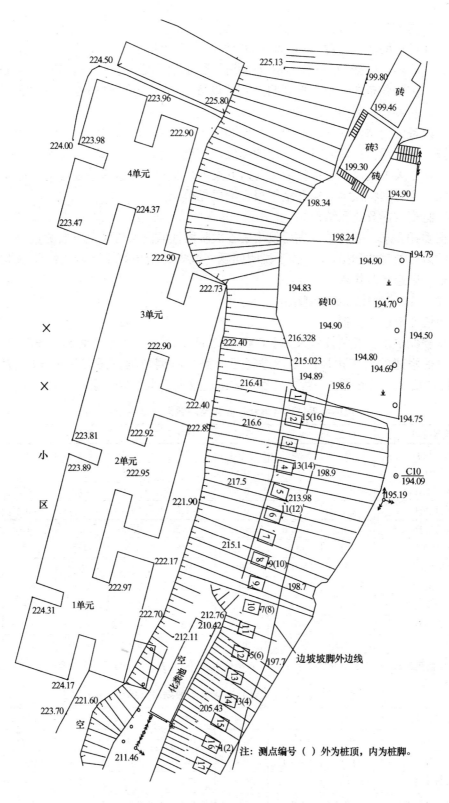

图 3-5 支护结构与建筑物位置关系及监测点布置图

(3) 监测方法与设备

根据现场踏勘情况，对 K0+660～K0+740 段采用抗滑桩修建的人工边坡变形采用监测设备进行监测。根据 K0+660～K0+740 段采用抗滑桩修建人工边坡的实际情况，在 8 根桩桩顶、桩脚各布置一个变形观测点，共设置了 16 个变形监测点，建筑物与边坡的位置关系及监测点布置见图 3-5 所示。

监测设备为全站仪；同时对边坡其他部位采用巡查的方法监测边坡变形的变化情况，重点检查边坡后缘张力裂缝可能形成的部位；监测次数第一个月 1 天 1 次，后两个月，监测次数为每 2 天 1 次，若遇特殊情况（如下大雨，监测、巡查次数还应适当增加）。

每隔一定时间将监测数据和结果报告给委托单位。

(4) 监测数据及监测结论

根据委托要求，委托单位先后发出了 6 次阶段性监测报告及最终监测报告（委托要求的时间结束后的总监测报告），为了说明问题，此处，给出第 1 次阶段性监测报告和最后监测报告，以起示范作用。

1) 第一次监测数据及监测结论

①边坡变形监测数据

根据委托要求，有关技术人员于 2006 年 3 月 30 日至 4 月 3 日对 K0+660～K0+740 段采用抗滑桩修建的人工边坡的变形进行了监测。监测数据、图表见表 3-8、表 3-9 和图 3-6、图 3-7 所示。现场巡查，暂未发现边坡出现重大安全事故迹象。

边坡水平位移（累计）变化监测数据表（单位：mm）　　表 3-8

监测时间	1号	2号	3号	4号	5号	6号	7号	8号
3月30日	0	0	0	0	0	0	0	0
3月31日	0.5	1.2	0.5	-0.4	-0.7	0.0	-0.5	-0.1
4月1日	0.6	1.2	0.5	-1.4	-0.1	-1.4	-0.6	0.1
4月2日	0.6	1.2	0.0	-1.2	-0.4	-0.4	-0.4	-1.1
4月3日	-0.2	-0.6	-1.2	-1.3	0.1	0.3	-1.6	0.1
监测时间	9号	10号	11号	12号	13号	14号	15号	16号
3月30日	0	0	0	0	0	0	0	0
3月31日	0.1	0.0	-0.3	0.3	0.2	0.4	0.2	1.5
4月1日	0.0	-0.3	0.1	1.8	1.2	0.0	0.6	1.2
4月2日	0.3	-0.2	0.0	0.5	0.1	-1.0	0.3	1.2
4月3日	-0.3	-0.1	1.0	1.5	0.1	-0.6	0.6	0.5

注：1. 监测起始时间为 2006 年 3 月 30 日；2. 水平位移为测点垂直边坡表面方向的位移"-"号表示边坡向外移动。

边坡垂直位移（累计）变化监测数据表（单位：mm）　　表 3-9

监测时间	1号	2号	3号	4号	5号	6号	7号	8号
3月30日	0.0	0.0	0.0	0.0	0.0	0.0	0.0	0.0
3月31日	0.1	-0.1	0.4	-0.3	0.0	-0.4	0.0	-0.1
4月1日	-0.2	0.7	0.8	0.1	-0.2	-0.7	0.6	0.3
4月2日	-0.4	-0.1	0.6	0.4	0.4	-0.7	0.4	0.3
4月3日	0.0	0.0						

续表

监测时间	9号	10号	11号	12号	13号	14号	15号	16号
3月30日	0.0	0.0	0.0	0.0	0.0	0.0	0.0	0.0
3月31日	-0.4	-0.4	0.4	-0.5	-0.2	0.0	-0.1	-0.3
4月1日	0.2	-0.8	0.2	-0.5	-0.6	-0.3	0.6	0.1
4月2日	0.4	-0.4	0.2	0.1	-0.6	-0.4	0.2	0.1
4月3日	0.0	0.0	0.0	0.0	0.0	0.0	0.0	0.0

注：数字为正表示边坡有向下的位移。

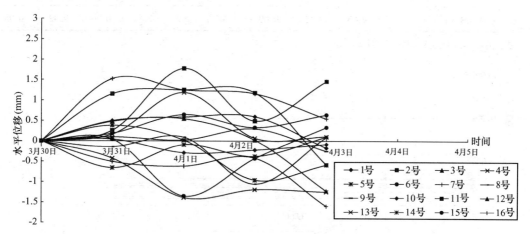

图 3-6 边坡水平位移变化与时间关系图

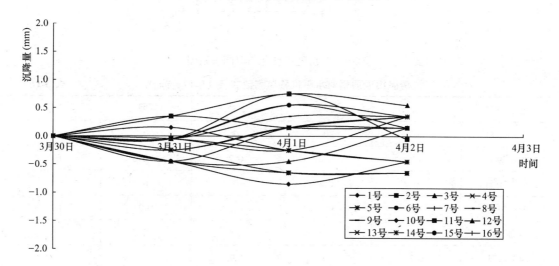

图 3-7 边坡垂直位移变化与时间关系图

②建筑物变形监测数据

根据委托要求，××检测中心有关技术人员于 2006 年 3 月 28 日至 4 月 3 日对××矿务局 4 号~7 号集资住宅楼墙体裂缝、地面裂缝及建筑物变形进行了监测，监测测点布置示意图见图 3-9 所示。监测数据、图表见表 3-10、表 3-11，图 3-8、图 3-10、图 3-11 所示。现场巡查，暂未发现结构出现重大安全事故迹象。

裂缝宽度变化监测数据表　　　　　　　　　　表 3-10

监测时间	1号	2号	3号	4号	5号	6号	7号	8号	9号
3月30日	2.00	2.20	10.00	5.80	3.00	1.50	0.80	2.50	1.00
3月31日	2.05	2.21	10.01	5.81	3.00	1.50	0.78	2.49	0.95
4月1日	2.00	2.13	9.96	5.77	3.05	1.46	0.72	2.44	0.97
4月2日	2.03	2.21	9.93	5.74	3.04	1.47	0.70	2.41	0.96
4月3日	2.03	2.15	10.00	5.74	2.99	1.45	0.70	2.42	0.95

注：监测起始时间为 2006 年 3 月 30 日。

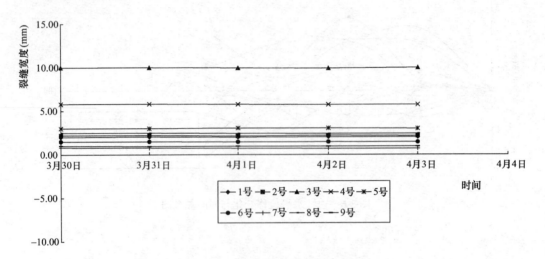

图 3-8　裂缝宽度变化与时间关系图

房屋山墙顶相对水平位移监测数据表（单位：mm）　　　　表 3-11

监测时间	1号	2号	3号	4号	5号
3月28日	0	0	0	0	0
3月29日	0.2	0.2	0.2	-0.2	0.2
3月30日	0	0.4	0	0	0
3月31日	0.2	0.2	0.2	0.2	0.2
4月1日	0.2	0.4	0.4	0	0
4月2日	0.2	0	0.2	0	0
4月3日	0.2	0.4	0.2	0	0.2

③ 阶段性监测结论

（A）从监测数据及图 3-6、图 3-7 可见：边坡水平位移与垂直位移变化呈波浪形，未见直线增长或突然增大形式，说明边坡变形暂无突变现象，暂未见到突发事件发生的预兆。

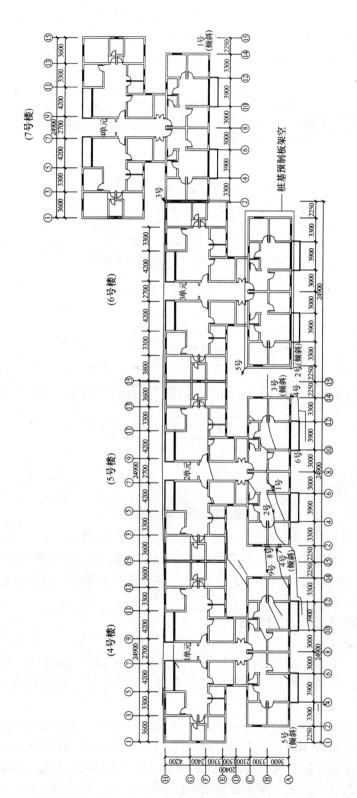

图 3-9 1单元～4单元一层平面及监测点布置示意图

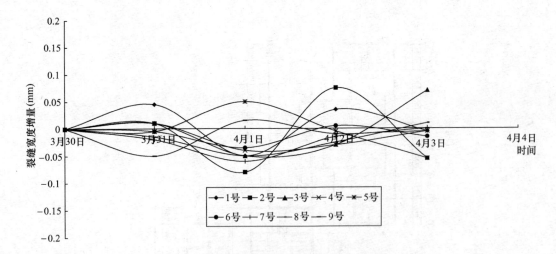

图 3-10 裂缝宽度变化增量与时间关系图

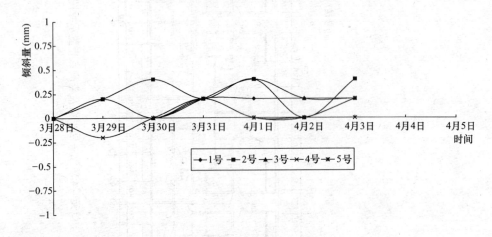

图 3-11 房屋倾斜量与时间关系曲线

(B) 从监测数据及图 3-8、图 3-10、图 3-11 可见：房屋裂缝宽度变化及裂缝宽度变化增量几乎为一直线，房屋相对倾斜量变化在 0.2mm 以内说明：建筑物变形无突变现象，未见到突发事件发生的预兆；2006 年 3 月 28 日至 4 月 3 日变形监测期间原建筑物的安全等级未改变，应加强观测。

2) 最后一次监测数据及监测结论

①边坡变形监测数据

根据委托要求，检测中心有关技术人员于 2006 年 3 月 30 日至 6 月 30 日期间对 K0+660~K0+740 段采用抗滑桩修建的人工边坡的变形进行了监测，监测期间检测中心曾发出 5 份阶段性监测报告。

监测初期边坡与建筑物情况见图 3-12，监测结束时边坡与建筑物情况见图 3-13。

监测数据、图表见表 3-12、表 3-13、图 3-14、图 3-15 所示。现场巡查，发现 12~16 号桩桩后岩土体有渗水现象，观察地面未找到水源，分析判断可能是桩上方化粪池底板有渗漏，4 月 29 日在坡顶有一施工单位在开挖一排水沟，5 月修建边坡桩支护结构外的其他支护结构，期间可见桩间挡板有渗水现象，桩顶与锚杆挡墙连接处有渗水现象（图 3-13）。

图 3-12 监测初期边坡与建筑物情况

图 3-13 监测结束时边坡与建筑物情况

边坡水平位移（累计）变化监测数据表（单位：mm） 表 3-12

监测时间	1号	2号	3号	4号	5号	6号	7号	8号
3月30日	0	0	0	0	0	0	0	0
3月31日	0.5	1.2	0.5	-0.4	-0.7	0.0	-0.5	-0.1
4月1日	0.6	1.2	0.5	-1.4	-0.1	-1.4	-0.6	0.1

续表

监测时间	1号	2号	3号	4号	5号	6号	7号	8号
4月2日	0.6	1.2	0.0	-1.2	-0.4	-0.4	-0.4	-1.1
4月3日	-0.2	-0.6	-1.2	-1.3	0.1	0.3	-1.6	0.1
4月4日	0.2	1.1	0.6	-1.6	0.1	0.8	-0.6	-0.4
4月5日	0.1	1.1	-0.5	-1.6	-0.4	0.6	-1.3	-0.6
4月6日	0.3	1.5	0.2	-1.0	0.3	1.0	0.1	1.1
4月7日	0.0	1.1	-0.5	-1.6	-0.9	0.0	-1.2	-0.7
4月8日	0.6	1.7	0.3	0.1	0.3	0.4	0.4	0.4
4月9日	0.2	0.9	0.1	-1.1	-0.8	-0.2	-0.6	-0.6
4月10日	0.3	0.6	-0.7	-1.0	-0.6	0.3	-1.6	-1.4
4月11日	0.4	1.2	-0.1	-0.6	0.3	1.0	-0.3	-0.1
4月12日	0.1	1.6	0.3	-1.2	-0.8	1.6	-0.6	-0.7
4月13日	0.0	0.3	-0.2	-1.1	-0.6	0.6	-1.3	-0.3
4月14日	0.4	0.7	-0.4	-0.8	-0.1	-0.1	-1.4	-0.6
4月15日	0.0	-1.8	-1.3	-1.0	-1.0	-1.8	-1.6	-0.8
4月16日	0.1	0.8	0.0	-0.6	-0.6	-0.2	-1.4	0.7
4月17日	0.4	0.5	-0.1	-0.7	-0.5	-0.2	-1.6	0.3
4月18日	0.4	0.4	-0.8	-1.3	0.3	0.7	0.6	0.6
4月19日	0.2	0.5	-0.7	-1.9	-0.2	0.2	-0.3	0.2
4月20日	0.5	-1.0	-0.5	-1.3	0.0	0.5	-0.8	-0.4
4月21日	0.5	0.6	0.9	-1.0	0.2	0.6	-0.7	0.0
4月22日	0.5	-0.2	-0.5	-1.6	0.1	-0.4	-0.1	0.5
4月23日	0.5	-0.1	-0.5	-1.6	0.1	-0.4	-0.1	0.5
4月24日	0.6	-0.1	-0.6	-1.4	-0.4	-0.3	-1.0	-0.2
4月25日	0.1	-0.1	-0.5	0.0	-0.4	-0.5	-1.1	-0.9
4月26日	0.2	1.0	-0.1	0.3	-0.2	0.9	-1.1	0.3
4月27日	0.1	0.3	-1.2	0.2	-0.8	0.9	-1.4	-0.4
4月28日	0.2	1.4	0.2	-1.4	1.6	1.9	1.4	-0.3
4月29日	0.4	1.4	-0.5	0.3	0.3	1.5	-0.2	0.6
4月30日	0.2	1.0	-0.7	1.2	-0.2	0.9	-1.1	0.3
5月2日	0.1	0.3	-1.4	1.2	-0.8	0.9	-1.4	-0.4
5月4日	0.4	0.6	-0.8	2.1	0.4	1.1	-1.2	-0.6
5月6日	0.5	0.6	-1.5	1.4	0.2	0.6	-0.7	-1.2
5月8日	0.2	0.1	-2.0	0.1	-0.6	0.4	-1.5	-0.8
5月11日	0.3	0.3	-1.0	-1.7	0.0	0.6	-0.8	-0.6
5月13日	0.6	-0.1	-1.2	-0.5	-0.4	0.2	-1.0	-1.5
5月15日	0.2	0.0	-1.1	-1.2	-0.5	0.7	-1.2	-1.6

续表

监测时间	1号	2号	3号	4号	5号	6号	7号	8号
5月17日	0.0	-0.3	-1.5	-1.4	-0.8	0.5	-1.5	-1.4
5月19日	0.3	0.1	-1.6	-0.8	-0.8	1.0	-1.9	-0.5
5月21日	0.3	0.7	-1.1	0.0	-0.4	1.3	-1.1	0.4
5月23日	0.5	-0.5	-0.7	-0.7	0.0	0.5	-0.8	-1.6
5月25日	0.6	-0.1	-0.8	-1.1	-0.4	-0.3	-1.0	-1.5
5月27日	0.5	-0.2	-0.7	-1.1	0.1	-0.4	-0.1	-0.7
5月29日	0.4	0.0	-1.0	-0.7	0.3	0.7	0.6	-0.7
5月31日	0.1	0.1	-1.6	-1.1	-0.8	0.8	-0.6	-1.5
6月8日	0.4	0.0	-1.0	-0.7	0.3	0.7	0.6	-0.7
6月14日	0.0	0.4	-0.7	-1.2	-1.0	0.3	-0.6	0.6
6月20日	0.3	0.3	-1.0	-1.7	0.0	0.6	-0.8	-0.6
6月28日	0.5	-0.2	-1.1	-1.1	0.1	-0.4	-0.1	-0.7
监测时间	9号	10号	11号	12号	13号	14号	15号	16号
3月30日	0	0	0	0	0	0	0	0
3月31日	0.1	0.0	-0.3	0.3	0.2	0.4	0.2	1.5
4月1日	0.0	-0.3	0.1	1.8	1.2	0.0	0.6	1.2
4月2日	0.3	-0.2	0.0	0.5	0.1	-1.0	0.3	1.2
4月3日	-0.3	-0.1	1.0	1.5	0.1	-0.6	0.6	0.5
4月4日	0.2	1.1	0.6	-1.6	0.1	0.8	-0.6	-0.4
4月5日	0.1	1.1	-0.5	-1.6	-0.4	0.6	-1.3	-0.6
4月6日	0.3	1.5	0.2	-1.0	0.3	1.0	0.1	1.1
4月7日	0.0	1.1	-0.5	-1.6	-0.9	0.0	-1.2	-0.7
4月8日	0.6	1.7	0.3	0.1	0.3	0.4	0.4	0.4
4月9日	0.2	0.9	0.1	-1.1	-0.8	-0.2	-0.6	-0.6
4月10日	0.3	0.6	-0.7	-1.0	-0.6	0.3	-1.6	-1.4
4月11日	0.4	1.2	-0.1	-0.6	0.3	1.0	-0.3	-0.1
4月12日	0.1	1.6	0.3	-1.2	-0.8	1.6	-0.6	-0.7
4月13日	0.0	0.3	-0.2	-1.1	-0.6	0.6	-1.3	-0.3
4月14日	0.4	0.7	-0.4	-0.8	-0.1	-0.1	-1.4	-0.6
4月15日	0.0	-1.8	-1.3	-1.0	-1.0	-1.8	-1.6	-0.8
4月16日	0.1	0.8	0.0	-0.6	-0.6	-0.2	-1.4	0.7
4月17日	0.4	0.5	-0.1	-0.7	-0.5	-0.2	-1.6	0.3
4月18日	0.3	0.0	0.8	0.5	0.7	-1.5	-0.7	0.9
4月19日	0.8	-0.2	0.8	0.5	0.0	-0.8	0.1	0.4
4月20日	0.2	-0.3	-0.3	1.3	-0.4	-0.5	0.1	0.0
4月21日	1.4	-0.2	0.5	0.8	0.3	-1.0	0.4	0.0

续表

监测时间	9号	10号	11号	12号	13号	14号	15号	16号
4月22日	0.0	-0.4	0.4	0.1	-0.8	-1.1	0.1	0.2
4月23日	0.0	-0.4	0.4	0.1	-0.8	-1.1	0.1	0.3
4月24日	-0.4	-0.3	0.0	0.5	-0.1	-0.8	0.1	-0.5
4月25日	0.5	-0.3	-0.6	-1.4	-0.8	-1.6	-0.4	-0.7
4月26日	-0.5	0.1	-0.6	-1.4	-0.3	0.6	-0.1	-0.9
4月27日	-0.7	0.1	-1.3	-1.8	-0.2	1.4	-0.4	-0.9
4月28日	0.7	0.6	1.1	-0.2	0.3	0.1	1.3	-1.2
4月29日	-0.5	0.4	-0.2	-0.2	0.6	-1.8	0.2	-1.3
4月30日	-1.3	0.1	-0.3	-0.9	-0.3	-0.4	-0.1	-1.3
5月2日	-1.9	0.1	-1.2	-1.9	-0.2	0.2	-0.4	-0.9
5月4日	-0.8	0.3	0.0	-1.7	0.6	1.1	-0.4	-0.4
5月6日	0.3	-0.2	0.1	-2.0	0.3	0.6	0.4	-1.0
5月8日	1.6	-0.4	-0.8	-1.5	-0.1	-0.3	-0.2	-1.5
5月11日	1.8	-0.1	-1.1	-1.7	-0.5	-0.9	-1.0	-1.4
5月13日	0.3	-0.3	-0.3	-0.9	-0.1	-0.8	0.1	-1.6
5月15日	-0.8	-0.5	-0.4	-1.6	0.8	-0.9	0.8	-1.1
5月17日	-1.5	-0.6	-0.7	-2.0	1.4	-1.2	1.3	-1.1
5月19日	-0.9	-0.4	-1.4	-1.4	0.9	-0.6	1.2	-0.2
5月21日	-0.8	0.3	-0.7	-2.1	1.1	-1.5	0.7	-0.9
5月23日	-0.8	-0.3	-0.7	-1.5	0.1	-1.3	0.1	-1.0
5月25日	-1.6	-0.3	-0.3	-0.7	-0.1	-0.8	0.1	-0.4
5月27日	-1.3	-0.4	0.0	-1.0	-0.8	-1.1	0.1	0.2
5月29日	-0.7	0.0	0.4	-0.8	-0.4	-1.5	-0.7	-0.5
5月31日	-0.7	-0.5	0.0	-0.8	-1.2	-0.8	0.1	-0.7
6月8日	-0.7	0.0	0.7	-1.3	-0.7	-1.5	-0.7	-1.3
6月14日	-0.8	-0.5	0.2	-0.7	-0.9	-0.8	-0.5	-0.7
6月20日	0.4	-0.1	-0.5	-1.9	-0.5	-0.9	-1.0	-1.4
6月28日	0.1	-0.4	0.6	-1.9	-0.8	-1.1	0.1	-0.2

注：1.监测起始时间为2006年3月30日；2.水平位移为测点垂直边坡表面方向的位移，"-"号表示边坡向外移动。

边坡垂直位移（累计）变化监测数据表（单位：mm） 表3-13

监测时间	1号	2号	3号	4号	5号	6号	7号	8号
3月30日	0.0	0.0	0.0	0.0	0.0	0.0	0.0	0.0
3月31日	0.1	-0.1	0.4	-0.3	0.0	-0.4	0.0	-0.1
4月1日	-0.2	0.7	0.8	0.1	-0.2	-0.7	0.6	0.3
4月2日	-0.4	-0.1	0.6	0.4	0.4	-0.7	0.4	0.3

续表

监测时间	1号	2号	3号	4号	5号	6号	7号	8号
4月3日	0.0	0.0	0.0	0.0	0.0	0.0	0.0	0.0
4月4日	1.1	0.6	0.2	0.3	0.1	0.3	0.8	0.6
4月5日	1.5	0.9	0.8	0.4	0.0	-0.2	0.2	0.5
4月6日	0.0	0.4	0.7	0.1	0.5	-0.5	0.5	0.7
4月7日	0.3	1.7	1.6	1.4	1.2	0.6	1.4	1.5
4月8日	0.4	1.9	1.9	1.4	0.2	0.2	0.9	0.8
4月9日	0.2	0.7	0.7	0.7	0.5	-0.3	1.1	0.7
4月10日	0.9	0.8	0.8	0.4	-0.4	-0.4	0.7	0.0
4月11日	0.4	1.3	0.8	1.0	-0.1	-0.2	0.8	0.8
4月12日	1.0	1.3	0.3	0.4	0.4	-0.4	0.8	0.4
4月13日	1.1	1.4	1.7	1.1	1.3	0.3	2.1	1.2
4月14日	0.3	-0.4	0.0	-0.8	0.5	-0.8	1.0	0.0
4月15日	0.7	1.1	1.3	0.5	1.1	-0.5	1.5	1.1
4月16日	1.3	1.2	1.9	1.7	1.5	0.3	1.5	0.8
4月17日	0.7	0.3	0.7	0.1	0.1	0.1	-0.2	1.2
4月18日	0.9	0.9	0.9	0.6	1.2	0.8	1.1	1.5
4月19日	0.2	0.5	0.9	0.6	0.6	-0.6	1.3	1.5
4月20日	0.4	0.5	1.2	0.5	0.6	0.4	0.6	0.9
4月21日	0.3	0.8	0.6	0.8	1.0	0.0	1.6	0.8
4月22日	0.0	0.3	0.8	0.4	1.0	0.1	1.8	1.7
4月23日	0.4	1.3	0.8	1.0	-0.1	-0.2	0.8	0.8
4月24日	0.0	0.3	1.2	0.5	0.8	-0.3	1.0	0.7
4月25日	1.1	1.3	1.6	1.4	1.2	0.4	1.8	1.7
4月26日	0.1	1.1	0.4	0.5	0.2	-0.4	0.4	0.3
4月27日	1.3	0.4	1.0	0.5	-0.1	-0.5	1.4	-0.1
4月28日	0.0	0.4	0.7	0.1	0.5	-0.1	0.5	1.5
4月29日	0.3	0.8	0.9	0.3	0.1	-0.1	0.5	0.8
4月30日	0.0	0.4	0.7	0.1	0.5	-0.1	0.5	1.5
5月2日	0.1	1.1	0.4	0.5	0.2	-0.4	0.4	0.5
5月4日	-0.5	0.8	-0.3	0.4	-0.1	-0.1	-0.1	0.8
5月6日	0.0	0.4	0.7	0.1	0.5	-0.1	0.5	1.5
5月8日	0.0	0.8	0.3	0.4	-0.5	0.0	-0.1	0.8
5月11日	-0.8	0.9	-0.3	0.6	-0.1	-0.6	0.8	1.1
5月13日	0.0	0.4	0.7	0.1	0.5	-0.1	0.5	1.5
5月15日	-0.3	0.0	0.1	0.1	-0.1	-0.1	0.9	1.1
5月17日	-0.5	0.8	-0.1	-0.2	0.0	-0.4	0.2	0.8

续表

监测时间	1号	2号	3号	4号	5号	6号	7号	8号
5月19日	-0.1	0.4	0.0	-0.5	-0.8	-0.9	-0.2	-0.2
5月21日	-0.4	0.1	0.3	1.0	-0.5	0.1	-0.5	-0.1
5月23日	1.0	0.7	0.2	0.3	0.1	0.3	0.8	0.7
5月25日	1.6	0.9	0.8	0.3	0.0	-0.3	0.2	0.5
5月27日	0.0	0.4	0.7	0.1	0.5	-0.5	0.5	0.7
5月29日	0.3	1.7	1.6	1.4	1.2	0.6	1.4	1.5
5月31日	0.4	1.9	1.9	1.4	0.2	0.2	0.9	0.8
6月8日	0.2	0.7	0.7	0.7	0.5	-0.3	1.1	0.7
6月14日	0.5	0.8	0.8	0.3	1.5	-0.1	0.9	1.1
6月20日	0.4	1.3	0.8	1.0	-0.1	-0.2	0.8	0.8
6月28日	0.2	0.7	0.5	0.7	0.3	-0.1	0.9	0.7

监测时间	9号	10号	11号	12号	13号	14号	15号	16号
3月30日	0.0	0.0	0.0	0.0	0.0	0.0	0.0	0.0
3月31日	-0.4	-0.4	0.4	-0.5	-0.2	0.0	-0.1	-0.3
4月1日	0.2	-0.8	0.2	-0.5	-0.6	-0.3	0.6	0.1
4月2日	0.4	-0.4	0.2	0.1	-0.6	-0.4	0.2	0.1
4月3日	0.0	0.0	0.0	0.0	0.0	0.0	0.0	0.0
4月4日	0.7	-0.1	0.8	-0.2	-0.7	0.7	1.0	0.8
4月5日	-0.2	-0.6	0.9	0.0	-0.8	-0.2	1.1	-0.2
4月6日	0.3	-0.3	0.5	-0.1	-0.7	0.3	0.8	0.5
4月7日	1.0	0.4	1.2	0.9	0.3	1.4	1.5	1.0
4月8日	0.4	0.0	0.3	0.4	-0.6	0.4	0.5	0.0
4月9日	0.3	-0.1	0.5	0.7	-0.7	0.5	1.2	0.3
4月10日	-0.1	-0.4	0.0	0.0	-1.1	-0.1	0.6	0.8
4月11日	0.4	-0.4	0.5	0.4	-0.8	0.8	0.5	1.1
4月12日	-0.1	-0.4	0.1	0.4	-1.0	0.8	1.5	1.1
4月13日	0.5	0.3	1.3	-0.4	0.8	1.1	1.9	-0.5
4月14日	0.5	-0.9	-0.2	0.2	-0.3	-0.9	0.8	-0.1
4月15日	1.1	0.1	0.1	0.7	-0.5	0.3	1.2	0.9
4月16日	1.3	1.7	0.5	0.8	-0.3	1.5	0.2	0.4
4月17日	-0.4	-0.7	0.7	0.0	-0.9	1.5	0.0	0.4
4月18日	1.0	0.0	0.8	0.5	-0.4	1.3	0.9	0.3

续表

监测时间	9号	10号	11号	12号	13号	14号	15号	16号
4月19日	0.2	0.4	0.9	0.5	−0.2	0.0	−0.1	0.5
4月20日	−0.2	0.1	1.6	0.9	0.3	0.9	−0.1	0.9
4月21日	0.4	0.4	1.2	−0.7	0.8	1.4	1.1	1.1
4月22日	1.2	0.0	1.0	−0.3	−0.1	0.4	−0.8	−0.1
4月23日	0.4	−0.4	0.5	0.4	−0.8	0.0	0.5	0.8
4月24日	0.0	−0.3	0.8	0.3	0.7	1.3	0.6	0.9
4月25日	0.8	0.6	0.9	0.5	−0.1	0.8	−0.3	0.1
4月26日	0.8	−0.8	0.6	0.5	1.0	1.1	1.1	0.9
4月27日	0.8	−1.1	0.0	−0.1	0.8	−0.3	0.8	−0.8
4月28日	0.3	0.3	0.5	−0.1	−0.7	0.3	0.8	1.1
4月29日	−0.1	0.0	0.3	0.6	−0.4	1.2	1.0	1.2
4月30日	0.3	0.3	0.5	−0.1	−0.7	0.3	0.8	1.1
5月2日	0.8	−0.3	0.6	0.5	1.0	1.1	1.1	0.9
5月4日	−0.1	−0.5	0.3	0.2	−0.8	0.7	0.8	0.6
5月6日	0.3	0.3	0.5	−0.1	−0.7	0.3	0.8	1.1
5月8日	0.2	0.0	0.3	0.0	−0.6	1.4	−0.1	0.8
5月11日	−0.1	−0.4	0.9	−0.8	−0.4	1.9	0.3	1.5
5月13日	0.3	0.3	0.5	−0.1	−0.7	1.1	0.8	1.1
5月15日	0.5	0.5	−0.6	−0.1	−0.8	1.3	−0.2	1.2
5月17日	−0.5	0.0	−0.8	0.1	−1.2	−0.2	−0.9	1.4
5月19日	−0.4	−0.9	−0.2	−0.8	−1.3	−0.4	0.0	0.4
5月21日	−0.3	−0.7	0.1	−0.1	0.0	0.0	0.3	0.8
5月23日	0.7	−0.1	0.8	−0.1	−0.7	−0.9	1.0	0.0
5月25日	−0.2	−0.7	0.9	−0.1	−0.8	0.3	1.1	1.5
5月27日	0.3	−0.3	0.5	−0.1	−0.7	−0.4	0.8	0.8
5月29日	1.0	0.4	1.2	0.9	0.3	−0.3	1.5	0.9
5月31日	0.4	0.0	0.3	0.4	−0.6	−0.3	0.5	0.8
6月8日	0.3	−0.1	0.5	0.7	−0.7	0.3	1.2	1.1
6月14日	0.5	0.1	0.7	0.3	0.2	0.3	0.3	1.1
6月20日	0.4	−0.4	0.5	0.4	−0.8	0.0	0.5	0.8
6月28日	0.3	0.3	0.5	−0.8	0.8	0.0	0.7	0.7

注：数字为正表示边坡有向下的位移。

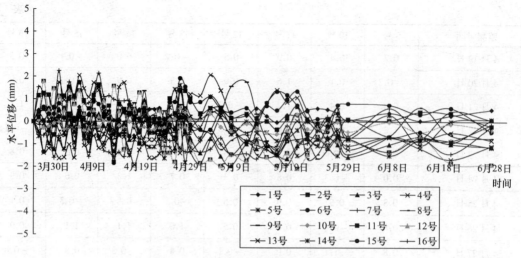

图 3-14 边坡水平位移变化与时间关系图

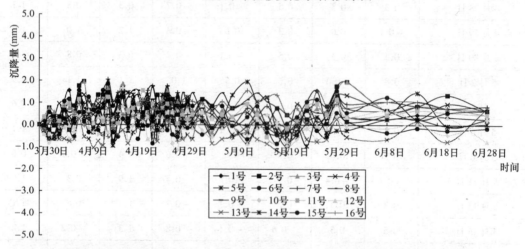

图 3-15 边坡垂直位移变化与时间关系图

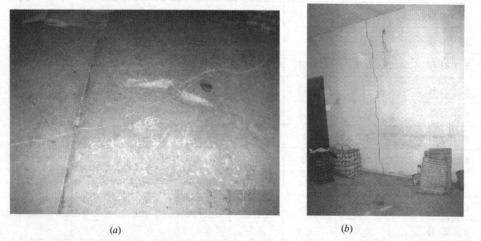

图 3-16 2单元（5号楼）一层地面裂缝、墙体裂缝、预制板板缝情况
（a）④~⑥/Ⓐ~Ⓑ轴线地面裂缝；（b）一层⑥/Ⓐ~Ⓑ轴线墙体裂缝

②建筑物变形监测数据

根据委托要求，××检测中心有关技术人员于 2006 年 3 月 28 日至 6 月 30 日对××矿务局 4~7 号集资住宅楼宅楼墙体裂缝、地面裂缝及建筑物变形了进行了监测，监测期间检测中心曾发出 5 份阶段性监测报告。

典型的房屋地面裂缝、墙体裂缝及测点布置情况见图 3-16、图 3-17 所示。

监测数据（略）、图见图 3-18~图 3-20 所示。除 3 号测点裂缝宽度有所增加外，其他测点裂缝宽度变化不明显，同时天气条件变化对裂缝宽度变化有一定影响；现场巡查，未发现结构出现重大安全事故迹象。

③监测结论及建议

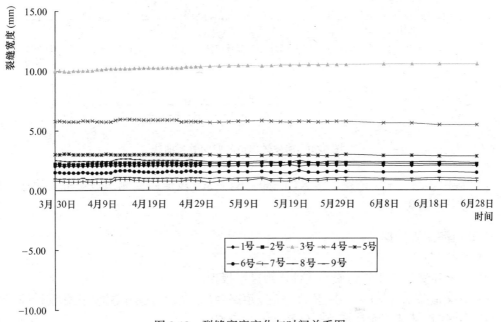

图 3-17　3、4 单元交接处一层裂缝（3 号测点）情况

（A）根据 2006 年 3 月 30 日至 2006 年 6 月 30 日的监测数据可知：建筑物变形无突变现象，未见到突发事件发生的预兆；监测期间原建筑物的安全等级未改变。

图 3-18　裂缝宽度变化与时间关系图

（B）建筑物裂缝影响建筑物美观，建议采取适当的处理措施。

（C）根据 2006 年 3 月 30 日至 2006 年 6 月 30 日的监测数据可知：监测期间边坡变形无突变现象，边坡变形稳定，未见到突发事件发生的预兆。

（D）建议按《建筑边坡工程技术规范》（GB 50330—2002）和设计要求，对边坡变形进行长期观测。

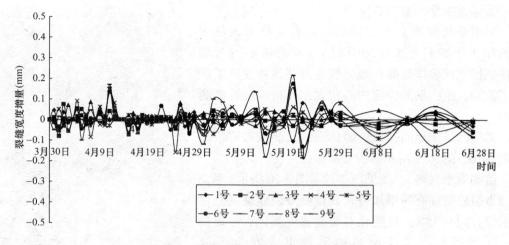

图 3-19 裂缝宽度变化增量与时间关系图

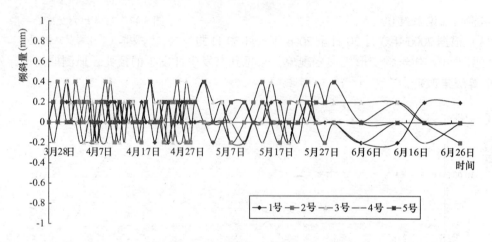

图 3-20 房屋倾斜量与时间关系曲线

3.5.3 【实例 3-3】 ××道路工程 K1+280～K1+320 段道路西侧边坡变形及边坡上建筑物变形监测报告

(1) 监测主要依据

1) 委托书；
2) ××道路工程工程地质一次性详细勘察报告；
3) ××道路工程 K1+250～K1+450 段道路西侧边坡及铁塔段边坡优化设计施工图；
4)《建筑地基基础设计规范》(GB 50007—2002)；
5)《混凝土结构设计规范》(GB 50010—2002)；
6)《建筑结构荷载规范》(GB 50009—2001)；
7)《建筑边坡工程技术规范》(GB 50330—2002)；
8)《砌体结构设计规范》(GB 50009—2001)；
9)《工程测量规范》(GB 50026—1993)；
10)《建筑边坡支护技术规范》(DB 50/5018—2001)。

(2) 工程概况

××管理有限公司拟修建××城市道路工程。本项目经过区域现状为近郊农村及部分旧厂房、居民住房。最初工程由湖南××设计研究院设计；后由于工程实际情况的变化，甲方委托××设计研究院进行了××道路工程 K1+250～K1+450 段道路西侧边坡及铁塔段边坡优化设计，并出具了设计施工图；该段边坡施工开工日期为 2005 年 12 月 4 日，第一次锚杆灌浆施工在 2005 年 12 月 18 日左右，××分公司住宅楼位于边坡坡顶，据住户反映 2006 年 1 月 20 日左右发现住宅楼墙体、地梁有裂缝，2006 年 2 月 9 日住宅楼旁的边坡局部发生塌落，住户反映住宅楼墙体、地梁裂缝有新的变化，为此，××管理有限公司委托××检测单位对施工期间××道路工程 K1+280～K1+320 段道路西侧边坡的变形和坡顶建筑物变形进行监测。

(3) 监测方法与设备

根据现场踏勘情况，对××道路工程 K1+280～K1+320 段道路西侧边坡变形采用监测设备进行监测。根据 K1+280～K1+320 段道路西侧边坡的实际情况，在 K1+280～K1+320 段道路西侧边坡坡顶上共设置了 6 个变形监测点，同时在条石堡坎上设置了 3 个变形监测点监测条石堡坎与边坡的相对变形，建筑物与边坡的关系见图 3-21 所示。

监测设备为全站仪；同时对边坡其他部位采用巡查的方法监测边坡变形的变化情况，重点检查边坡后缘张力裂缝可能形成的部位；监测次数前期 1 天 1 次，后期 2 天 1 次，边坡排危抢险预应力锚索施工期间，监测次数 1 天 2 次，若遇特殊情况（如下大雨，监测、巡查次数还应适当增加）。监测合同规定的时间到期后，由于边坡施工未完成，委托单位要求继续监测，8 月份每星期监测 1 次。6 月底以后建筑物陆续拆除，仅对地面裂缝变化进行观察。

(4) 监测结果

1) 边坡变形监测结果

根据委托要求，检测单位有关技术人员于 2006 年 2 月 22 日至 8 月 31 日期间对××道路工程 K1+280～K1+320 段道路西侧边坡变形进行了监测，监测测点布置示意图见图 3-22 所示。监测数据见附录 C、图见图 3-24、图 3-25 所示。5 月 25 日发现边坡变形有突变现象，为此某检测单位于 2006 年 5 月 25 日向委托方发出了紧急通告，5 月 25 日至 5 月 28 日，边坡变形速度变小，现场巡查，部分建筑物裂缝有所发展，部分墙体出现新裂缝；2006 年 6 月 22 日观测，边坡变形有较大变形，应进一步观察。2006 年 7 月 10～12 日期间，边坡变形有突变，边坡局部中部支护体有外鼓、开裂现象，检测单位及时进行了边坡变形通报；随后边坡变形在新基础上变化较平稳。由于建筑物拆除，监测点 7 号～9 号被损坏，2006 年 6 月底以后监测点 7 号～9 号无有效监测数据。

2) 建筑物变形监测结果

根据委托要求，检测单位有关技术人员于 2006 年 2 月 20 日至 6 月 22 日对××分公司住宅楼墙体裂缝、地梁裂缝及建筑物变形进行了监测，主要监测测点布置示意图见图 3-23 所示。监测数据见附录 C、图见图 3-26～图 3-28 所示。2006 年 5 月 25 日发现建筑物变形有突变现象，为此检测单位于 2006 年 5 月 25 日向委托方发出了紧急通告，2006 年 5 月 25 日至 5 月 28 日，建筑物变形速度变小，现场巡查，部分建筑物裂缝有所发展，部分墙体

图 3-21 边坡与建筑物位置关系图

出现新裂缝,需进一步观察。

2006 年 6 月 7 日检测单位出具了"××路 D 线 K1+380 处边坡上××分公司住宅楼安全性鉴定"报告,随后委托方决定搬迁住户,且拆除××分公司住宅楼。

2006 年 6 月 22 日观测,⑧~⑨/Ⓐ轴线地梁裂缝宽度增大较多,应引起注意。

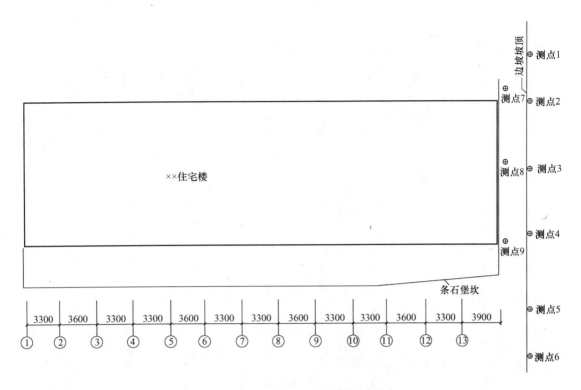

图 3-22 边坡变形监测点布置示意图

2006年7月17日检测单位发出了"边坡变形监测数据通报",主要情况为:2006年7月12日至7月15日期间,边坡(1号~6号测点)水平、垂直位移有突变,边坡水平位移变化量在10.5~23.8mm之间,1号测点累计水平位移为63.5mm;垂直位移变化量在10.3~26.5mm之间,1号测点累计垂直位移为72.9mm;7月16、17日巡查发现地面裂缝宽度仍在增大;对边坡出现的变形应引起高度重视,避免发生意外。

2006年6月22日后至2006年8月,××分公司住宅楼拆除前、后部分情况见图3-29~图3-32所示。

(5) 监测结论

根据2006年5月15日至8月31日对××道路工程K1+280~K1+320段道路西侧边坡变形和建筑物变形监测数据的综合分析,有如下监测结论:

1) 截至2006年6月22日,建筑物变形继续增大,建筑物变形未稳定;截至2006年8月31日,西侧边坡水平位移、垂直位移发生了3次突变,7月下旬至8月31日期间边坡变形变化幅度不大,边坡变形基本稳定。

2) 截至2006年8月31日,西侧边坡水平位移、垂直位移累计变形较大,其原因不详,委托单位应引起高度重视。

3) 截至2006年8月底,建筑物拆除完毕,后期建筑物地面变形基本稳定,应根据设计和《建筑边坡工程技术规范》(GB 50330—2002)要求对西侧边坡变形进行长期观测。

(6) 几点说明

该工程边坡变形观测为边坡施工期间的施工监测,而非边坡工程完工后的边坡监测,

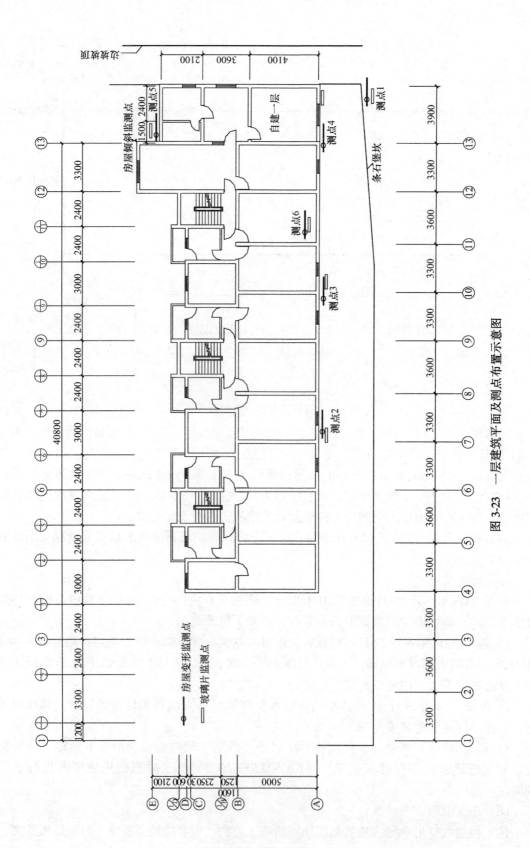

图 3-23 一层建筑平面及测点布置示意图

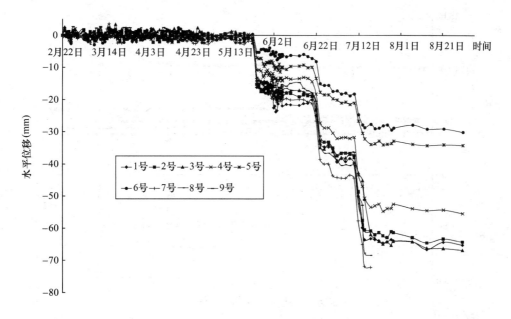

图 3-24　边坡水平位移变化与时间关系图

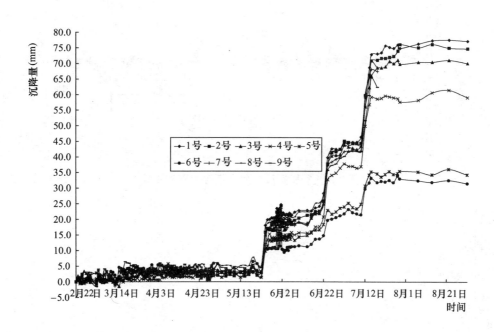

图 3-25　边坡垂直位移变化与时间关系图

该边坡工程施工期间每 15 天完成一次边坡阶段性边坡变形监测报告，特殊情况下应紧急通报边坡变形状况。该工程典型的边坡变形监测通报情况如下。

1）紧急通告

××管理有限公司：

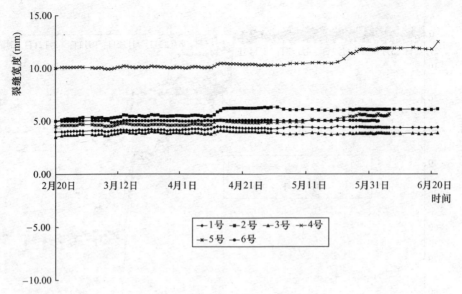

图 3-26　裂缝宽度变化与时间关系图

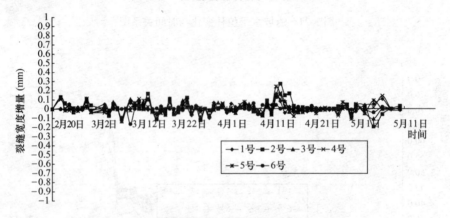

图 3-27　裂缝宽度变化增量与时间关系图

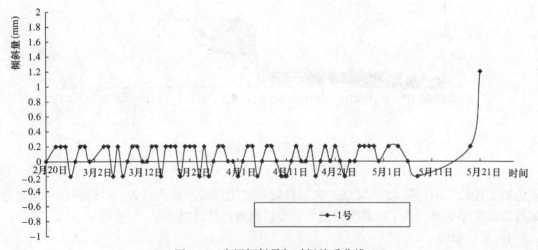

图 3-28　房屋倾斜量与时间关系曲线

图 3-29　2 月 19 日重庆××分公司住宅楼情况

图 3-30　7 月 12 日重庆××分公司住宅楼拆除情况

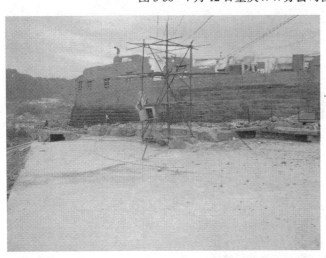

图 3-31　7 月 18 日重庆××分公司住宅楼拆除时地裂缝情况

2006 年 5 月 24 日凌晨重庆市普降暴雨，2006 年 5 月 25 日检测单位工程技术人员对××道路工程 K1+250～K1+450 段道路西侧边坡进行变形监测，发现边坡有明显的垂直

图 3-32 重庆××分公司住宅楼拆除后情况

和水平位移；监测点布置示意图如图 3-22 所示，2006 年 5 月 25 日边坡水平、垂直位移监测数据见表 3-14、表 3-15（图 3-33、图 3-34）所示。从监测数据可知：暴雨过后，边坡水平、垂直位移有突变，变化量在 6~15mm 之间；监测同时发现：建筑物、地面已有裂缝有所增大，部分位置出现新裂缝，裂缝宽度增加在 10mm 左右。为此紧急通告贵单位：对边坡、建筑物出现的变形应引起高度重视，避免发生意外。为便于检测单位开展监测、预警工作请贵单位以公文形式告之我中心边坡变形、建筑物变形的预警指标。

边坡水平位移监测数据　　　　　　　　　　　　表 3-14

时 间	1 号	2 号	3 号	4 号	5 号	6 号	7 号	8 号	9 号
5 月 10 日	0.2	0.4	0.8	1.4	-0.6	1.0	0.2	0.6	0.4
5 月 23 日	1.5	-1.9	-1.5	-1.2	0.1	0.1	-4.7	-2.0	-2.4
5 月 25 日	-16.6	-13.9	-12.8	-9.8	-6.1	-5.6	-8.7	-10.8	-10.8

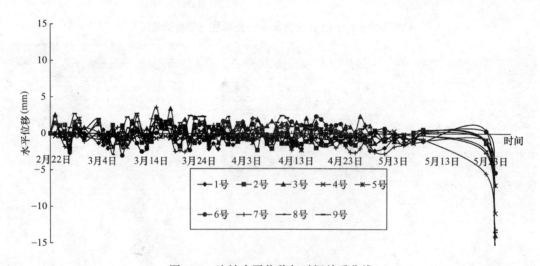

图 3-33　边坡水平位移与时间关系曲线

边坡垂直位移监测数据　　　　　　　　　　　　表 3-15

时 间	1 号	2 号	3 号	4 号	5 号	6 号	7 号	8 号	9 号
5 月 10 日	2.5	1.9	2.8	3.2	4.6	3.2	2.7	4.0	4.8
5 月 19 日	3.0	3.2	4.9	4.5	4.7	6.5	5.0	7.9	5.5
5 月 25 日	18.1	15.9	15.0	10.6	9.8	10.4	15.9	17.2	12.2

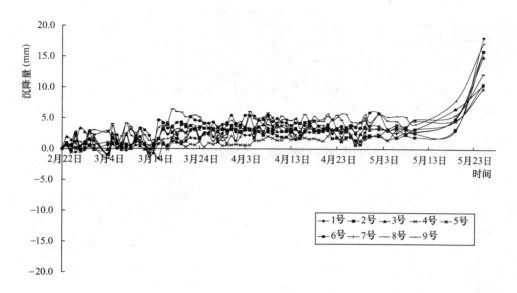

图 3-34 边坡垂直位移与时间关系曲线

××检测中心

2006 年 5 月 25 日

2）监测结果通报

××管理有限公司：

贵单位于 2006 年 2 月委托我中心对××路 D 线 K1+380 处边坡上××分公司的住宅楼进行变形监测，并预报房屋的安全性。2006 年 5 月 24 日我市普降暴雨，2006 年 5 月 25 日我中心监测发现边坡、建筑物变形有突变现象，建筑物墙体、地面多处产生新裂缝；6 月 2 日前后连续下雨，建筑物变形仍有所发展，西北侧边坡待治理。为便于开展有关工作，我中心根据《民用可靠性鉴定标准》（GB 50292—1999）的有关规定，对建筑物的安全性预报如下：××分公司的住宅楼现有安全性等级评定为 D_{SU} 级，必须立即采取措施。

××检测中心

2006 年 6 月 3 日

3）边坡变形监测数据通报

××管理有限公司：

2006 年 7 月 12~17 日期间，我中心工程技术人员对重庆××城市道路工程 K1+250~K1+450 段道路西侧边坡进行变形监测，发现边坡又有明显的垂直和水平位移，边坡肋柱发现裂缝，2006 年 7 月 12~15 日边坡水平、垂直位移监测数据见表 3-16、表 3-17（图 3-35、图 3-36）所示。从监测数据可知：7 月 12 日至 7 月 15 日期间，边坡（1 号~6 号测点）水平、垂直位移有突变，边坡水平位移变化量在 10.5~23.8mm 之间，1 号测点累计水平位移为 63.5mm；垂直位移变化量在 10.3~26.5mm 之间，1 号测点累计垂直位移为 72.9mm；7 月 16、17 日巡查发现地面裂缝宽度仍在增大。为此我中心通告贵单位：对边坡出现的变形应引起高度重视，避免发生意外。

边坡水平位移监测数据 表3-16

时间\测点	1号	2号	3号	4号	5号	6号	7号	8号	9号
7月10日	-39.7	-37.4	-38.0	-31.7	-21.0	-18.2	-44.4	-40.4	-36.3
7月12日	-50.0	-48.5	-42.7	-43.4	-26.6	-24.7	-57.6	-52.3	-49.0
7月14日	-59.8	-57.6	-45.2	-46.9	-30.5	-27.9	-65.1	-58.6	-52.8
7月15日	-63.5	-60.4	-50.9	-50.6	-32.2	-28.7	-71.8	-67.7	-60.8

注：监测数据为累积值，表3-17相同。

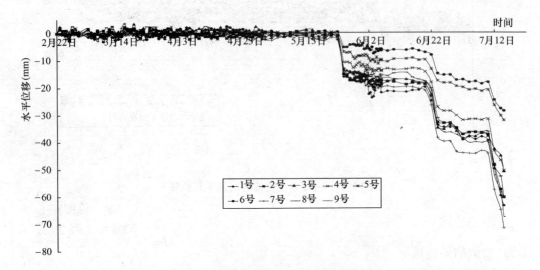

图3-35 边坡水平位移与时间关系曲线

边坡垂直位移监测数据 表3-17

时间\测点	1号	2号	3号	4号	5号	6号	7号	8号	9号
7月10日	46.4	44.4	43.5	36.9	24.9	21.5	42.0	43.9	41.7
7月12日	59.0	59.8	56.1	49.9	30.7	29.7	56.4	60.5	51.7
7月14日	68.7	66.3	62.3	56.8	34.2	31.7	65.5	65.8	59.8
7月15日	72.9	70.9	66.0	59.2	35.2	33.2	68.1	70.6	65.4

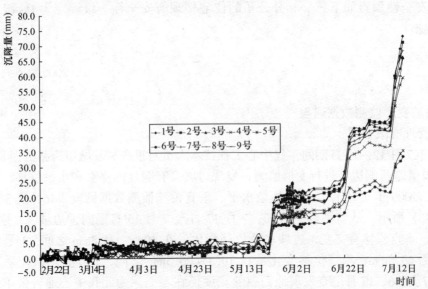

图3-36 边坡垂直位移与时间关系曲线

重庆市××检测中心
2006年7月17日

4）2006 年 12 月边坡外观状况

由于在边坡顶部重新修建建筑物，作者拍摄了边坡支护结构完工后情况，边坡外观见图 3-37 ~ 图 3-39 所示。

图 3-37　2006 年 12 月边坡正立面情况

图 3-38　2006 年 12 月从边坡正立面右侧向左侧观察边坡情况

图 3-39　2006 年 12 月从边坡正立面左侧向右侧观察边坡情况

3.6 边(滑)坡治理效果评估

边（滑）坡治理效果的评估方法很多，不同方法各有特点。对于一般边坡工程可仅做边坡工程质量检验和验收，对一级边坡和高切坡工程的验收应有边坡和周围建（构）筑物监测报告，即缺少2年以上监测资料的一级边坡和高切坡工程原则上不宜验收。评估边坡工程的安全性一般有两种方法：一是边坡工程安全性鉴定；二是专家评估边坡的安全性。这里以重庆库区高切坡防护工程为例，说明专家评估高切坡安全性的方法。

3.6.1 高切坡安全评估工作的基本要求

3.6.1.1 高切坡安全评估的重要性及必要性

由于重庆库区移民迁建规划区地形起伏较大、地质条件复杂、地质环境容量极为有限，使得在大规模移民搬迁建设过程中，不可避免地形成了大量高切坡。至2005年9月，重庆库区纳入高切坡防护规划并经国务院三峡办组织复核确认的已治理高切坡项目达1239处，治理面积219万m^2。高切坡影响人口40.7万人、房屋建筑1087万m^2、基础设施496座（处）。为保证移民搬迁入住和移民工程安全，重庆库区各区县及部分移民迁建单位利用贷款、借用移民补偿资金或自筹资金等，对部分稳定性差、危害对象严重且紧急的高切坡实施了应急治理。但由于这些防护工程措施缺乏统筹规划和统一的防护标准，安全程度差异较大，有些防护工程存在程度不一的安全隐患。同时高切坡多受制于地形条件，其分布往往紧邻企业、机关、学校、医院以及生命线工程，其变形、失稳等灾害事件的发生，将直接威胁到城镇基础设施、建（构）筑物和人民生命财产的安全，成为影响库区社会稳定和经济发展的重要制约因素。因此，由具有相应资质的专业技术单位全面系统地开展各类已治理高切坡项目的安全评估工作，基本查明已治理高切坡防护工程的安全现状，找出已治理高切坡项目存在的质量安全问题，为今后开展对存在隐患项目的整改工作提供依据，是保证已治理高切坡发挥防护效益，同时排除安全隐患、切实保障移民迁建区内人民生命财产安全的一项重要工作。

3.6.1.2 审查复核技术要求

依据国家和重庆市现行的规程、规范、技术标准和国家部委有关文件、会议纪要及竣工验收文件、档案资料，组织市级专家对安全评估的调查方法、勘察检验手段、资料分析结论进行认真的审查、对局部不安全和不安全的高切坡项目，要现场逐一复查，对勘察检验手段、资料分析结论进行认真的讨论、分析，确保结论准确，整改工作建议中肯，对下一步工作具有指导意义和可操作性。

3.6.1.3 有关规程、规范

1)《建筑边坡工程技术规范》（GB 50330—2002）以下简称边坡规范；
2)《岩土工程勘察规范》（GB 50021—2002）；
3)《建筑地基基础设计规范》（GB 50007—2002）；
4)《水利水电工程测量规范》（SL 197—97）；
5)《混凝土结构设计规范》（GB 50010—2002）；
6)《锚杆喷射混凝土支护技术规范》（GB 50086—2001）；

7)《土层锚杆设计与施工规范》(CECS 22∶90);
8)《混凝土结构施工质量验收规范》(GB 50204—2002);
9)《室外排水设计规范》(GBJ 14—87);
10)《建筑结构荷载规范》(GB 50009—2001);
11)《砌体结构设计规范》(GB 50003—2001);
12)《建筑变形测量规程》(JGJ/T 8—97)。

3.6.1.4 审查复核工作内容

本次评估报告审查复核的主要工作内容为:

(1) 组织专家审查14个区县的安全评估报告

安全评估报告审查采用专家集中室内审查的方法,其主要内容包括:

1) 对评估报告"图表汇总"部分的审查

主要是对"图表汇总"中三峡库区已治理高切坡项目安全评估表内容完备性及一致性的审查,主要包括:

①高切坡基本信息及工程建设情况:基本信息包括高切坡编号、名称、高切坡位置、坐标、高切坡长度、坡高和坡面面积、平均坡度、坡向等;工程建设情况包括项目建设单位(业主单位)名称,勘察、设计、施工、监理单位名称及资质,项目开工、竣(完)工时间及竣工验收情况等。

②影响对象基本情况:包括受影响人数、房屋面积、基础设施以及高切坡失稳破坏可能造成的经济损失,对局部不安全和不安全项目是否绘制影响对象分布位置图。

③高切坡地质条件及可能变形破坏模式:地质条件包括高切坡类型、岩性、岩层倾向和倾角、高切坡地质结构等基本地质情况。可能变形破坏模式有局部掉块、局部塌落、有滑移破坏可能性、上部土层可能局部变形或沿基岩界面滑动、有局部变形或滑移可能性等五种基本变形破坏模式。

④高切坡安全等级、主要防护工程措施、防护方案评估、施工质量问题,安全等级分为一、二、三级。防护工程措施有重力式挡墙、扶壁式挡墙、悬臂式支护、板肋式或格构式锚杆挡墙支护、排桩式锚杆(索)挡墙支护、岩石锚喷支护和削坡等基本形式或是某几种的组合支护。防护方案评估有合理、基本合理和不合理三种结论。有无明显的施工质量问题,若有,则应列出具体情况。

⑤维护管理情况及存在的主要问题:针对具体高切坡,列出维护管理中存在的具体问题。对影响高切坡安全性存在的主要问题的描述。

⑥安全评估结论:对高切坡进行综合分析后,给出高切坡的现状安全性结论,包括安全、基本安全、局部不安全和不安全四种。

⑦整改建议简述:对高切坡的现状情况提出整改建议措施或为高切坡的后续运行提出具体要求。

⑧资料完备性:包括勘察、设计、施工、监理和竣工资料的完备性。

⑨评估人员及负责人的签署是否完备。

对上述9个方面的内容,专家组都认真进行了审查,在审查过程中,发现有一些评估单位存在缺项、前后矛盾、填写格式不统一、内容不具体等问题,对这些问题,专家组在审查现场与评估单位交换意见时,向评估单位作了通报,并要求评估单位及时更正。

对资料不完备，尤其是无勘察设计或竣工验收资料的项目，若评估结论为安全或基本安全，但评估单位未进行必要的补充勘察和检测、监测，无法进行验算，只能靠外观查验来判断，其评估结论的理由就不是很充分。这类项目，专家组要求评估单位进一步收集资料或补充必要的勘察、检测或监测，重新验算，对评估依据作再分析，确保评估结论的准确可靠。

2）对单元或区县报告的审查

对单元或区县报告，从以下几个方面来重点审查：

①报告编写及出版格式的审查：按《评估报告出版一般规定》及有关规定的要求严格审查，发现问题，通知评估单位及时更正。

②安全评估结论与安全性判定标准是否相符的审查：对高切坡防护工程安全性评估判定标准的熟悉和掌握是进行安全性评估的重要依据，用"坡面与防护工程结构变形破坏程度、工程方案合理性与施工质量、完工时间、边坡管理与维护"四个方面的评估标准与所评估的高切坡项目进行对照，逐一核实，发现有与判定标准不符的评估结论，要求评估单位进行复核落实。

③局部不安全及不安全高切坡形成原因分析的审查：对评估单位作出的原因分析进行审查，判断其原因分析是否正确、全面，是否符合高切坡实际情况。

④评估结论及相关建议的审查：审查评估结论是否准确可靠，相关建议是否具有针对性、可行性和可操作性。

⑤对相关内容一致性的审查：审查高切坡介质类型、安全等级、评估结论在文档中说明与表格、图形中内容是否一致，要求三者要统一。

3）对整改建议意见专题报告的审查

专题报告审查的重点为：

①安全评估结论依据的充分性：对于有工程建设资料（尤其是设计和竣工验收资料）的项目，审查评估单位是否作了验算，变形破坏迹象是否符合安全性判定标准；对于无工程建设资料的项目，审查评估单位是否作了必要的补充勘察和检测工作，其补充勘察和检测的手段、方法及深度是否满足评估需要，资料分析过程是否完善，验算结论是否正确。

②整改工作建议的针对性、可行性和可操作性：包括补充勘察、设计工作是否符合高切坡的实际情况，防护工程整改措施是否切实可行，是否经济节约又能确保安全。

(2) 复核14个区县经评估单位评估结论为局部不安全和不安全的高切坡项目

对局部不安全和不安全高切坡的复核采用室内资料审核与现场实地调查相结合的方法：专家组先在室内对评估为局部不安全和不安全的高切坡项目进行初审，主要是查阅勘察、设计、施工、监理和竣工验收资料，判断评估单位对资料的分析是否恰当，评估结论理由是否充分。然后到现场对每一个局部不安全和不安全高切坡进行实地调查，从地形地貌、地质条件、高切坡现状、管理维护、与相邻建构筑物的相对关系、评估单位是否作了补充勘察与检测等诸多方面进行调查，掌握高切坡的实际性状。最后再回到室内，对评估单位的勘察检验手段、资料分析结论进行认真的讨论、分析，对评估单位的评估结论提出专家组的意见和建议。

(3) 汇总编制重庆库区评估总报告

在各区县评估单位按照专家组意见补充、修改、完善所有评估资料并经专家组复核确认的基础上，对三峡库区重庆市所有已治理高切坡项目安全评估报告进行收集、分类、汇总并编制安全评估汇总报告。

3.6.1.5 审核工作程序及基本结论

（1）审核工作程序

本次安全评估报告审查复核的基本工作程序是：

①组建高切坡安全评估审查及复核组。

②专家组赴14个区县进行审查复核。

③专家组对评估报告中存在的问题和质疑与评估单位交换意见，提出对评估报告的修改建议意见。

④评估单位就评估报告中存在的问题和专家组意见进行资料的再收集、补充必要的勘察检测工作，并对报告进行修改完善，再上报专家组进行复查。

⑤以专家组复查通过后的评估报告为基础，对整个重庆库区的高切坡评估报告进行汇总，得出重庆库区高切坡安全评估基本结论，并提出相关建议，编制汇总报告。

（2）审查基本结论

通过对各评估单位提交的评估报告进行认真的分析、讨论和现场复核，专家组认为各评估单位资质符合要求，提交的评估报告内容较翔实，评估目的任务明确、评估技术标准选用恰当、评估依据比较充分、评估结论基本可信，提出的整改建议措施基本可行，原则通过各评估单元的评估报告。对报告中存在的问题和不足之处也提出了修改完善的建议意见，对个别评估依据不充分的高切坡项目，要求评估单位进一步收集资料和补充必要的勘察检测，认真复核其安全评估结论，确保结论的准确可靠。

3.6.2 高切坡安全性评估标准

重庆库区的地质灾害主要有滑坡、崩塌和泥石流三种，且在库区广泛分布。重庆库区滑坡以松散堆积层滑坡为主，其诱发因素主要是降雨和库水位的涨落作用，人类工程活动如边坡开挖和加载也是诱发滑坡的重要因素之一；滑坡主要以巫山、奉节、云阳和万州区的数量最多，危害程度也最大；崩塌以倾倒式崩塌和滑移型崩塌为主，其主要诱发因素为冲蚀、人工开挖、采矿、降雨和库水位变化；泥石流以沟谷型泥石流为主，其暴发的主要因素为暴雨、崩滑堆积失稳、人工弃渣堵沟等多种因素的叠加。

重庆库区地质条件的复杂性、地质灾害的多发性、地形地势的分段差异性、微地貌形态的多样性，决定了移民迁建规划区环境容量的有限性。填沟补壑、挖山切坡在所难免，形成大量的高切坡也是必然的，同时也决定了高切坡地质环境、地质结构复杂以及自身稳定问题的复杂性。

3.6.2.1 高切坡分类

（1）坡高分类

根据有关规定，三峡库区已治理高切坡分为岩质高切坡、岩土质高切坡、土质高切坡三类，各类高切坡坡高规定为：

1）岩质高切坡（Ⅰ）：是指由基岩组成，且坡高≥15m的高切坡。岩质高切坡又分为三个亚类即Ⅰ1、Ⅰ2、Ⅰ3类，依据介质及其组合类型、高切坡结构特征和可能变形破坏形式确定。

2) 岩土质高切坡（Ⅱ）：是指由基岩和土体、土石混合体或碎裂岩体组成，以基岩为基座，且坡高≥10m 的高切坡。

3) 土质高切坡（Ⅲ）：是指由土体、土石混合体，以及滑坡堆积体组成，且坡高≥8m 的高切坡。

(2) 高切坡安全等级分类

根据有关规定，对高切坡防护工程的安全等级分为一级、二级、三级，具体分级标准如表 3-18。

3.6.2.2 坡体类型

根据有关规定，结合 3.6.2.1 条有关坡高规定，边坡类型分类如表 3-19。

已治理高切坡防护工程安全等级划分　　　　表 3-18

边坡类型	边坡高度（m）	高切坡失稳危害程度	安全等级
Ⅰ1、Ⅰ2	≥30	很严重	一级
		严重、较严重、不严重	二级
	≥15	很严重	二级
		严重、较严重、不严重	三级
Ⅰ3	≥30	很严重、严重	一级
		较严重、不严重	二级
	≥15	很严重	一级
		严重	二级
		较严重、不严重	三级
Ⅱ	≥15	很严重、严重	一级
		较严重、不严重	二级
	≥10	很严重	一级
		严重	二级
		较严重、不严重	三级
Ⅲ	≥15	很严重、严重	一级
		较严重、不严重	二级
	≥8	很严重	一级
		严重	二级
		较严重、不严重	三级

注：1. 很严重。直接威胁居民生命安全 300 人以上，或直接经济损失 1000 万元以上。2. 严重。直接威胁居民生命安全 100 人以上 300 人以下，或者直接经济损失 500 万元以上 1000 元以下。3. 较严重。直接威胁居民生命安全 50 人以上 100 人以下，或直接经济损失 200 万元以上 500 万元以下。4. 不严重。直接威胁居民生命安全 50 人以下，或直接经济损失 200 万元以下。

各类型已治理高切坡判定条件　　　　　表3-19

高切坡类型		判定条件		
		介质及其组合类型	高切坡结构特征	可能变形、破坏方式
Ⅰ	Ⅰ1	层状岩体或均质块状岩体	块状岩体，存在不利结构面组合	局部掉块
	Ⅰ2		层状岩体，岩层平缓或反倾，并有内倾结构面	局部塌落
	Ⅰ3		存在优势外倾结构面或不同外倾结构面的组合线	有滑移破坏可能性
Ⅱ		岩土质	上部为土体，下部为岩石	上部土层可能局部变形或沿基岩界面滑动
Ⅲ		土质（不含松散回填土和弃土）	各类残、坡、洪、冲积物，结构相对均匀	有局部变形或滑动可能性

3.6.2.3 高切坡的安全性评估

高切坡的现状安全性分为安全、基本安全、局部不安全和不安全4个等级，确定安全性等级主要依据下述几个方面的内容。

（1）坡面与防护工程结构变形破坏程度

这是判断高切坡和防护工程结构现状安全性的直接和首要依据。局部出现变形破坏迹象，变形破坏不至于导致整个坡面或主体部分失稳的，定为局部不安全；出现变形破坏迹象，变形破坏有可能导致整个坡面或主体部分失稳的，定为不安全。

（2）防护方案合理性

根据高切坡的具体地质条件，所实施的防护工程方案针对性不强，措施不合理，偏于危险，不能有效防护高切坡失稳和变形的情况，如果有可能导致高切坡整个坡面或主体部分失稳或破坏的，定为不安全，有可能导致高切坡局部坡面失稳或破坏的，定为局部不安全。

（3）施工质量评述

施工质量未达到设计要求或明显存在施工质量问题，不能保证高切坡安全的情况，如果有可能导致高切坡整个坡面或主体部分失稳或破坏的，定为不安全，有可能导致高切坡局部坡面失稳或破坏的，定为局部不安全。

（4）高切坡竣工时间

完工后安全运行时间是检验高切坡及其防护工程结构有效性的重要依据之一。防护工程完工后运行3年以上，未出现明显变形或破坏迹象的高切坡，可定为安全或基本安全。完工运行不到3年的高切坡防护工程项目，应视变形破坏迹象、防护工程措施的合理性与施工质量、以及后期管理维护等方面的情况综合判断安全性，但不能定为安全等级。

（5）高切坡监测记录

通过审查高切坡监测记录，对进行了监测的高切坡稳定性有初步的认识，其监测（中间）结论可作为判定高切坡安全性的基本依据。

（6）高切坡管理与维护情况

加强高切坡防护工程的维护管理，是保证防护工程安全有效的重要方面。对边坡维护管理不到位，存在重要的有害或违规现象，可能影响高切坡整体稳定的，应评估为不安全项目；局部存在有害或违规现象的项目可能影响高切坡局部稳定的，应评估为局部不安全项目；对维护管理有缺陷，但不存在重要的有害或违规现象，不至影响边坡稳定性的，应指出问题，提出要求整改的建议意见，可评估为基本安全。

(7) 高切坡安全性判定

高切坡防护工程安全性等级（安全、基本安全、局部不安全和不安全）评估的判定标准见表3-20。

高切坡防护工程安全性评估判定标准　　　　　表 3-20

安全性等级	坡面与防护工程结构变形破坏程度	工程方案合理性与施工质量	完工时间	边坡管理与维护情况
安全	边坡与防护工程结构均无变形破坏迹象。	防护工程措施切合边坡的地质条件，针对性强，施工质量好，治理效果好。	完工后时间3年以上	边坡维护管理情况良好
基本安全	边坡与防护工程主体结构均无明显变形破坏迹象。	防护工程措施符合边坡的地质条件，针对性较强，无明显施工质量问题，治理效果较好。	工程已完工	边坡维护管理有一定缺陷，整改后不影响高切坡的稳定性。
局部不安全	边坡或防护工程结构局部出现显著位移、变形裂纹或破坏现象，出现的变形破坏迹象不至于导致整个坡面或主体部分失稳。	防护工程对地质条件考虑不足，部分治理措施不合理，或存在施工质量问题，边坡局部存在失稳和变形破坏隐患。	工程已完工	边坡维护管理存在有害或违规现象，对防护工程局部安全性和坡体稳定性存在直接影响。
不安全	边坡或防护工程结构出现显著位移、变形裂纹或破坏现象，出现变形破坏迹象可能导致整个坡面或主体部分失稳。	对地质条件认识有偏差，防护工程措施不合理，或存在重大施工质量问题，治理效果差，不能有效防止高切坡失稳和变形破坏，存在重大不安全隐患。	工程已完工	边坡维护管理存在重要的有害或违规现象，直接影响高切坡防护工程安全和坡体总体稳定。

注：存在的不安全隐患符合上述等级其中一条的，即定为该安全等级。

3.6.3 高切坡安全性评估基本情况

3.6.3.1 建设程序执行情况

多数防护工程建设程序执行情况良好，少数防护工程建设程序执行情况不理想。重庆库区已治理高切坡1239处中，执行基本建设程序的920处，占74.25%；未执行基本建设程序的319处，占25.75%，主要包括1998年12月底以前完建的防护工程、1999年以后高切坡变形后应急抢险修建的防护工程、1999年以后完建的规模较小的防护工程（如农村居民点、集镇迁建规划区已治理高切坡防护工程）。

3.6.3.2 地质勘察情况

重庆库区1239处已治理高切坡防护工程中，进行了地质勘察的964处，占77.80%；

未进行地质勘察的 275 处，占 22.20%。

开展了地质勘察的已治理高切坡，以合并勘察为主，合并勘察的工程主要是房屋建筑和城（集）镇基础设施。合并勘察的高切坡 779 处，占勘察总数的 80.81%；独立勘察的高切坡 185 处，占勘察总数的 19.19%。地质勘察单位资质以工程勘察和综合勘察甲级为主，占 72.44%，乙级占 20.45%，丙级占 6.28%，资质不详的占 0.83%。

未开展地质勘察的已治理高切坡地质情况，建设单位主要是参照长江委综合勘测局在移民迁建规划阶段编制的城（集）镇迁建规划区地质详勘成果。

3.6.3.3 设计情况

重庆库区 1239 处已治理高切坡防护工程中，进行了设计的 1018 处，占 82.16%；未进行设计或建设单位自行设计或无资质单位（个人）设计的 221 处，占 17.84%。设计中采用标准图集设计的 104 处，占设计总数的 10.22%。设计单位资质中甲级占 55.82%，乙级占 18.48%，丙级占 24.21%，设计单位资质不详的占 1.49%。

在移民迁建规划阶段，对高切坡危害的严重性认识不足，限于当时条件和政策限制，未列高切坡治理专项资金，因而在高切坡实施治理中未提出统一的技术要求，加之设计单位众多，设计所依据的规程规范不同，因此多数设计资料未提供设计标准和主要计算参数。

3.6.3.4 施工监理情况

重庆库区 1239 处已治理高切坡防护工程建设中，进行了施工监理的 833 处，占 67.23%，监理单位的资质中甲级占 73.88%，乙级占 21.11%，丙级占 5.01%；未进行施工监理的 406 处，占 32.77%，主要包括 1998 年底以前完建的防护工程（当时没有要求）、1999 年以后完建的、投资在 50 万元以下（按移民项目要求，50 万元以上的工程应实施施工监理）的防护工程、1999 年以后应急抢险修建的防护工程、1999 年以后完建的少数 50 万元以上的防护工程。

3.6.3.5 竣工验收情况

重庆库区 1239 处已治理高切坡防护工程中，完成了竣工验收的 678 处，占 54.72%；未进行验收的 561 处，占 45.28%。

完成验收的 678 处高切坡防护工程中，验收为合格的 670 处，占 98.82%；验收为优良的 8 处，占 1.18%。验收组织单位为建设单位或县质量监督站。

防护工程未验收的主要原因：一是未执行基本建设程序的防护工程，因无勘察设计资料，手续不齐全，未进行验收；二是部分高切坡治理标准偏低，或存在质量隐患或安全问题未进行验收；三是少数防护工程因施工单位垫资，部分工程款未支付，施工单位未提供资料，未进行验收。

3.6.3.6 防护工程措施情况

重庆库区已治理高切坡 1239 处，面积 219 万 m²。由于地形地貌及地质条件千差万别，勘察设计单位众多，防护标准不统一，因而采用的支护结构形式也多种多样。其支护结构形式以重力式挡土墙为主，其防护面积近 140 万 m²，约占 64%；第二是锚喷，其防护面积近 33 万 m²，约占 15%；其他支护结构形式如格构锚、锚索、锚杆、抗滑桩以及削坡等共占 21%。

3.6.3.7 高切坡安全评估结论基本情况

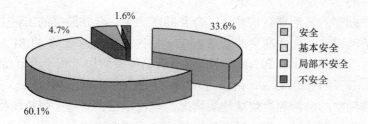

图 3-40 高切坡安全性评估基本结论比例饼状图

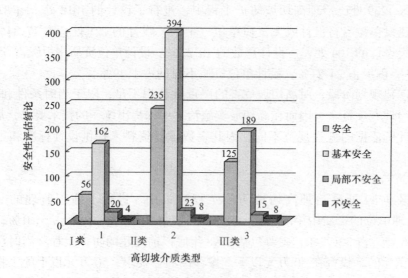

图 3-41 不同介质类型高切坡安全评估结果直方图

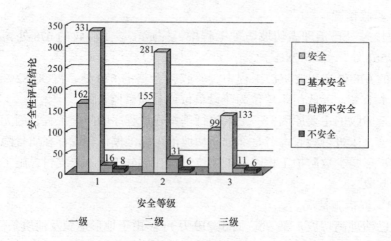

图 3-42 不同安全等级高切坡安全性评估结果直方图

3.6.3.8 局部不安全及不安全高切坡成因及整改建议措施

（1）局部不安全及不安全高切坡基本情况

在三峡库区重庆市已治理1239处高切坡中，经评估单位现场调查（补充勘察）及后期资料整理、核算，参照《高切坡防护工程安全性评估判定标准》（表3-20），并经专家组核实，判定评估对象中，局部不安全高切坡（防护工程）58处，不安全高切坡（防护工程）20处。

根据统计，局部不安全及不安全项目的防护面积为14.4万m^2，占6.56%；影响人口为22047人，占5.42%；影响房屋面积为578557m^2，占5.32%。除防护面积比例略高于局部不安全和不安全项目占项目总数的百分比（6.29%）外，其余二项均低于项目百分比，说明高切坡安全程度与项目规模和影响对象并无必然关系，主要还是与地质条件和工程建设参与方的工作质量有关。

在78处局部不安全和不安全项目中，其防护面积≥3000m^2的有12处，影响人口不少于300人的有26处，影响房屋面积不小于5000m^2的有44处，受影响的基础设施有14处，其危害性是相当严重的。其中同时满足影响人口不少于300人和房屋面积不小于5000m^2两项指标的项目有23处，属于影响重大的隐患项目，更要引起高度重视。

（2）局部不安全及不安全高切坡形成原因

结合评估单位提供资料并经对有关数据的统计归类分析，可以发现造成高切坡局部不安全及不安全的原因主要有以下几个方面：

①高切坡勘察工作不足、资料较欠缺

在重庆库区1239处已治理高切坡中，高切坡地质勘察资料没有或不齐全的占相当大的比例，特别是针对高切坡勘察的资料更少。独立勘察的高切坡仅185处（占14.93%），合并勘察的高切坡779处（占62.87%），未进行地质勘察的达275处（占22.20%）。

在78处局部不安全和不安全项目中，对高切坡进行了独立勘察的仅19处（占24.4%），进行合并勘察的35处（占44.8%），而未进行地质勘察的有24处（占30.8%）。在24处未勘察项目中，有15处出现设计不合理（如YY0057、YY0109等），占未勘察项目的62.5%。合并勘察的工程主要包括房屋建筑和城（集）镇基础设施，对其周边的高切坡并未进行专门勘察，所提供的岩土力学参数，对高切坡治理的针对性不强。

勘察资料的缺陷导致设计和施工的地质依据不足，也使相应的治理工程达不到理想的治理效果。

②设计不合理或欠合理

在78处局部不安全和不安全项目中，有32处设计方案不合理（占41.0%），20处不安全项目设计方案不合理的达9处（占45%）。

设计方案不合理主要表现在：

（A）防护工程支挡结构基底持力层选择不合理（有的基础未置于基岩中、有的嵌岩深度不够、还有的不同岩性段按同一参数进行设计，造成基础的不均匀沉降）；

（B）支挡结构断面尺寸偏小，不能完全满足抗倾覆、抗滑移要求；

（C）支护结构形式不切合高切坡实际，治理方案不合理；

（D）伸缩缝及泄水孔设置不合理，截、排水措施不完善；

（E）对高切坡的实际性状不了解，治理方案不完善，已治理高切坡高度低于边坡高度，使未治理边坡顶端发生风化剥落、掉块、小型垮塌等现象。

③施工质量有缺陷

在78处局部不安全和不安全项目中，有47处存在施工质量问题（占60.3%），其存在的主要问题有：

（A）未按设计的支护型式施工，削弱了设计方案的针对性；

（B）未按设计要求设置伸缩缝，造成不均匀沉降；

（C）泄水孔设置（位置、坡比、反滤层）不合理或数量偏少，泄水孔排水不畅；

（D）墙后回填土材料不合格、压实度不够，土体较松散，孔隙率较大，有利于地表水的下渗，不但增加了墙后土体的重量，增加了对墙体的推力，而且使墙后岩土体的力学性能降低，不利于切坡的稳定；

（E）砌筑质量差，混凝土、砂浆强度或石材强度不达标，砂浆不饱满，有干砌现象等其他情况。

④高切坡维护管理不善

在78处局部不安全和不安全项目中，有69处（占88.5%）高切坡存在维护管理不善的情况，主要表现有：

（A）对排、截水沟的维护管理不善，造成排水不畅。坡顶未设截水沟或截水沟被破坏、堵塞，造成地表水直接渗入坡体内或杂物、雨水沿坡面冲刷；坡面泄水孔或坡脚排水沟堵塞，未及时进行疏通，造成坡面到处渗水，坡脚积水横流；

（B）坡脚违规开挖和坡顶违规加载，改变了高切坡和防护工程结构原有的受力条件，直接影响高切坡局部或整体的稳定性，以及防护工程的安全性；

（C）对已出现的裂缝不及时封闭、墙体出现破坏后不及时加固处理，墙顶风化堆积物不及时清理；

（D）马道或坡顶边缘有人工种植活动，植物根系破坏墙体或排水设施；

（E）建筑物与挡墙之间采用刚性连接，改变了挡墙的受力条件。

⑤受滑坡的影响或处于滑坡体中

受滑坡的影响或处于滑坡体中的高切坡，其防治工程多数未考虑滑坡的影响，导致支挡结构物处在滑坡的滑体中。虽自身的防护方案合理、施工质量也较好，但在滑坡的蠕滑变形时，整个主体将处于不安全状态，随着滑坡的不断变形，高切坡主体防护工程结构也将产生变形破坏，极易造成高切坡坡体局部或整体变形破坏，治理工程失效。

在78处局部不安全和不安全项目中，有7处（占9.0%）高切坡处于滑坡中，并受滑坡影响出现过变形破坏迹象。

由于高切坡所处的地形地质条件不同，其变形破坏的原因也各有不同，但总的来说，造成高切坡局部不安全或不安全的主要原因还是上述五条中的一种或几种的综合影响结果。

（3）局部不安全及不安全高切坡整改建议措施

通过上述分析，搞清楚了高切坡变形破坏的机理，就要有针对性地对每一个高切坡提出切实可行的整改措施。78处局部不安全及不安全高切坡的具体整改建议措施此处略。

3.6.4 三峡库区重庆市三期已治理高切坡安全性评估结论及建议

（1）三峡库区重庆市三期已治理高切坡安全性评估结论

根据15个评估单位提供的安全评估报告，三峡库区重庆市已治理高切坡安全评估的结果如表3-21所示。

三峡库区重庆市已治理高切坡项目安全评估结果表　　表 3-21

安全性分类	项目个数	所占比例
安全	416	33.58%
基本安全	745	60.13%
局部不安全	58	4.68%
不安全	20	1.61%
合计	1239	100%

从三峡库区重庆市已治理高切坡项目安全评估的汇总情况和评估结果中得出以下结论：

1）三峡库区重庆市已治理高切坡项目达 1239 处，治理面积 219 万 m^2，高切坡影响人口 40.68 万人、影响房屋建筑 1086.9 万 m^2、影响基础设施 496 座（处），因此，进行安全评估是十分必要的，具有重要的现实意义。

2）已治理 1239 个高切坡中，安全及基本安全的高切坡 1161 个，占总数的 93.70%，而局部不安全及不安全的高切坡 78 个，仅占总数的 6.30%，总的来说，三峡库区重庆市已治理高切坡绝大多数是安全或基本安全的，比较全面地反映了已治理高切坡的工程质量。

3）已治理高切坡的防护工程措施绝大多数是切合边坡的地质条件的，有较强的针对性，其防护方案是合理或基本合理的。

4）施工质量总体较好，存在问题主要是伸缩缝和泄水孔设置不合理、砌筑质量较差。

5）维护管理普遍存在排水不畅的情况。

6）造成高切坡局部不安全或不安全的主要因素有：

①高切坡勘察工作不足、针对性不强，资料较欠缺；

②对部分高切坡地质条件的认识不足，造成设计不合理；

③施工质量存在明显缺陷；

④高切坡维护管理有违规现象；

⑤部分高切坡受到滑坡体影响或处于滑坡体中；

⑥在日常维护管理中，虽然有巡视检查，但绝大多数高切坡未进行专业监测，对高切坡的变形情况无法准确掌握，不能有效实施应急处理。

（2）相关建议

针对所有评估对象普遍存在的问题，对高切坡的加固处理和后期运行维护提出以下几条建议：

1）针对局部不安全或不安全高切坡及其支挡体系，各区县应有专人负责，督促各责任单位应尽快委托有资质的勘察设计单位按整改建议意见进行补充勘察和设计，并从人、财、物上进行充分的准备，及早整改完善，消除存在的安全隐患，保人民群众一方平安。

2）排水系统的不完善是此次高切坡评估中普遍存在的问题，要从以下几个方面着手进行解决：

①原设计未设坡底排水沟、坡顶截水沟，要及时采取措施增设坡底排水沟和坡顶截水沟，加设排、截水沟时要注意与周边环境的协调性，确保长期发挥排水功能。

②对泄水孔设置不合理或排水不畅的高切坡，要采取补设泄水孔、疏通排水不畅的泄

水孔等措施，完善坡体排水系统。

③要注意市政排水系统与高切坡排水系统的协调性，防止市政排水流入或渗透进高切坡坡体内。

3）对于高切坡坐落在滑坡体上，而滑坡尚未治理的，各责任单位要积极主动地与国土部门进行衔接沟通，配合相关部门对滑坡体的治理工作。纳入应急项目的滑坡，已经在进行治理，未纳入应急项目的，要求及时进行治理。滑坡治理过程中，要对高切坡进行检查，发现问题及时解决。目前未治理滑坡体，要杜绝在滑坡体前缘开挖搞建设，在滑坡体上建设时，一定要有充分的地质论证依据及相应的防治措施。

4）结合目前正在准备实施的三峡库区高切坡监测预警系统建设，对于基本安全、局部不安全及不安全高切坡均应纳入高切坡监测预警系统中，同时应与地质灾害监测预警系统有效结合，为高切坡的安全运行提供技术支撑。对于涉水高切坡，在2009年水库蓄水至175m后，还应继续进行专业监测，确保高切坡的安全运行。

5）本次评估仅针对高切坡及其周边建筑的现状而进行的，由于地质问题的隐蔽性、工程建设诱发灾害的潜伏性及高切坡变形的渐变性，高切坡性状在运行维护中也可能发生改变，因此，对于后期工程建设应注意：

①严格审批建设用地，原则上不在坡脚开挖搞建设，若需开挖，必须进行地质灾害危险性评估，对已治理的高切坡要有切实可行的保护措施；坡脚建筑与高切坡及其防护体系应保证一定距离，防止开挖坡脚影响边坡稳定性。坡顶建筑与高切坡及其防护体系应根据建筑的基础形式确定安全距离，防止对坡顶超载考虑不足而影响支挡体系安全性，并且要特别注意不得使建筑物与高切坡存在刚性连接。

②应考虑新建（构）筑物基础和施工过程中引起地下水位变化对高切坡造成的危害；

③必须先治环境后搞建设，建筑垃圾、工程废渣要合理处置，避免产生新的不稳定体。

6）进一步落实完善高切坡维护管理责任制度，每个高切坡的日常维护管理均要有明确的责任单位和责任人，做到上下齐抓共管，落到实处。

7）加强公众防灾、减灾知识的宣传和培训，通过对广大干部群众以多层次多方位的教育，提高库区各级政府和人民对高切坡可能发生灾害防治的认识，增强全民防灾减灾意识和自救互救能力，自觉加强对高切坡监测设施的保护与维护。

8）由于高切坡的运行受多种因素的影响，在运行维护期间可能会出现新的变形，当高切坡出现险情，在预警的同时，应采取迅速有效的措施减缓高切坡防护工程体的破坏过程，如做好临时排水、封面处理、前缘压脚、后缘减载，支护结构临时加固等措施。

9）对于三期未治理高切坡，一定要坚持工程建设基本程序，先勘察、后设计、再施工，确保高切坡防护工程治理效果，为库区社会政治稳定和人民安居乐业创造良好的环境。

4 边坡工程质量检验与安全性鉴定

4.1 边坡工程检验及验收

边坡工程的检验和验收应满足如下要求：

(1) 边坡支护结构的原材料质量检验应包括下列内容：

1) 材料出厂合格证检查；

2) 材料现场抽检；

3) 锚杆浆体和混凝土的配合比试验，强度等级检验。

(2) 锚杆的质量验收应按《建筑边坡工程技术规范》（GB 50330—2002）附录C的规定执行。软土层锚杆质量验收应按现行有关标准执行。

(3) 灌注桩可采用低应变动测法或其他有效方法检验。

(4) 钢筋位置、间距、数量和保护层厚度可采用钢筋探测仪复检，当对钢筋规格有怀疑时可直接凿开检查。

(5) 喷射混凝土护壁厚度和强度的检验应符合下列要求：

1) 面板护壁厚度检测可用凿孔法或钻孔法，孔数量为每 $100m^2$ 抽检一组。芯样直径为 100mm 时，每组不应少于 3 个点；芯样直径为 50mm 时，每组不应少于 6 个点；

2) 厚度平均值应大于设计厚度，最小值应不小于设计厚度的 90%；

3) 直径 100mm 的芯样经加工后，其抗压强度试验值可用作混凝土强度等级评定；直径为 50mm 时，芯样经加工后，其抗压强度试验结果的统计值，可供混凝土强度等级评定参考。

(6) 边坡工程质量检测报告应包括下列内容：

1) 检测点的分布图；

2) 检测方法与仪器设备型号；

3) 检测资料整理和分析；

4) 检测结论。

(7) 边坡工程验收应取得下列资料：

1) 施工记录和竣工图；

2) 边坡工程与周围建（构）筑物位置关系图；

3) 原材料出厂合格证，场地材料复检报告或委托试验报告；

4) 混凝土强度试验报告、砂浆试块抗压强度等级试验报告；

5) 锚杆抗拔试验报告；

6) 边坡和周围建（构）筑物监测报告；

7) 设计变更通知、重大问题处理文件和技术洽商记录。

4.2 边坡工程质量检测与鉴定常用设备

根据边坡工程检验和验收的要求，在边坡工程实体检验和验收中，经常使用的检测设备如下。

(1) 检测尺（卡）

目的（或作用）：检测支护结构（或边坡）几何尺寸或裂缝宽度。

设备：钢卷尺、钢直尺、皮尺、裂缝卡、裂缝塞尺、裂缝宽度检测仪等。如用钢卷尺测量混凝土构件的截面尺寸、钢筋间距，用裂缝卡检测混凝土细小裂缝宽度。

(2) 钻孔机具

目的（或作用）：检测支护结构（或边坡）几何尺寸、支护结构施工质量或材料样本。

设备：机械式钻孔机、取芯机等。如用地质钻沿混凝土桩全长钻取芯样检测抗滑桩桩身混凝土施工质量（是否存在断桩、混凝土离析、孔洞等质量缺陷）；用取芯机钻取重力式挡土墙的芯样检测支护结构的截面尺寸，截取的芯样用于检测支护结构材料的强度等级等。

(3) 材料强度检测仪

目的（或作用）：检测支护结构材料的强度。

设备：砂浆回弹仪、混凝土回弹仪、万能实验机等。如用混凝土回弹仪检测混凝土抗压强度，用万能实验机检测石材、钢材、混凝土的强度，用拔出仪检测混凝土强度等。

(4) 钢筋位置探测仪

目的（或作用）：检测支护结构的配筋情况。

设备：钢筋位置探测仪、地质雷达等。如用钢筋位置探测仪检测混凝土支护结构的配筋数量、钢筋间距等，部分设备可检测混凝土保护层厚度等；使用地质雷达同样可以完成上述任务。

(5) 超声波检测仪

目的（或作用）：检测支护结构内部缺陷、裂缝深度、混凝土强度等。

设备：超声波检测仪、地质雷达等。如用混凝土超声波检测仪检测抗滑桩混凝土施工质量、检测混凝土支护构件的裂缝深度等。

(6) 高程、坡度、变形（边坡）测量

目的（或作用）：检测边坡、支护结构高程、坡度、走向和变形等。

设备：全站仪、水准仪、钢直尺、吊线锤等。如用全站仪测量边坡高度、坡度、走向和长度；用全站仪测量边坡变形，用水准仪测量边坡沉降等；用钢筋应力计测量锚杆应力状态，用钢直尺、吊线锤测量重力式挡土墙墙面坡度等。

(7) 荷载、变形（支护结构）测量设备

目的（或作用）：检测支护锚杆的抗拔承载力、支护结构的变形等。

设备：双向千斤顶、百分表、千分表、电子式位移计、应变（力）计等。如使用双向千斤顶、百分表检测锚杆的抗拔承载力，使用应变（力）计、千分表检测、检验支护结构变形或应力等。

4.3 边坡工程常规检测

4.3.1 【实例4-1】 某工程锚杆抗拔力检测

受××建筑工程公司委托，××检验测试中心对××区 $A7$、$A8$ 危改工程挡墙锚杆抗拔力进行检测。有关技术人员于2002年6月29日、7月10日、9月17日到现场对该挡墙锚杆抗拔力进行了检测，现提出检测报告如下。

(1) 工程概况

××区 $A7$、$A8$ 危改工程由××设计院重庆分院设计，××建筑工程公司施工。锚杆抗拔力检测的数量及部位由监理单位确定，规格及数量为：1Φ25，3根；2Φ25，6根；3Φ25，6根。锚杆抗拔检验荷载按设计图纸的要求，即1Φ25检验荷载为120.0kN，2Φ25检验荷载为240.0kN，3Φ25检验荷载为360.0kN。

(2) 检测目的

检验锚杆抗拔力是否满足抗拔力检验值。

(3) 检测主要依据

1) 技术合同书；

2) "××区 $A7$、$A8$ 危改工程挡墙锚杆"设计图纸；

3) 《建筑边坡支护技术规范》（DB 50/5018—2001）。

(4) 检测情况

试验荷载值分级，前三级荷载按检验荷载的20%施加，以后按10%检验荷载加载，达到检验荷载后观测10min，然后卸荷到检验荷载的10%，并测出钢筋变形。

根据合同要求，2002年6月9日、7月11日锚杆抗拔共检测了15根，其中Ⓔ～Ⓐ/⑧-5号锚杆在荷载达到检验荷载的70%时，变形超过4mm且继续发展，荷载无法加至检验荷载，所以按《建筑边坡支护技术规范》（DB 50/5018—2001）的规定，该根锚杆抗拔力不满足抗拔力检验值。其余14根锚杆在检测中没有发现异常情况，抗拔检测数据见图4-1所示。

因Ⓔ～Ⓐ/⑧-5号锚杆抗拔力不满足设计要求，2002年8月6日××建筑工程公司根据××设计院重庆分院的意见，在该锚杆一侧增设一根规格相同的锚杆，编号为Ⓔ～Ⓐ/⑧-5′号。2002年9月17日检测人员到现场对新增锚杆进行了抗拔力检测，在检测中没有发现异常情况，抗拔检测数据见图4-1所示。

(5) 试验结果

1) 从锚杆的荷载—位移曲线分析：第一次、第二次检测的 CS-3-12 号等14根锚杆在加载过程中位移无突变现象，荷载曲线接近一条直线，说明在加载过程中，锚杆总位移在弹性变形范围以内；荷载加至试验最大值后变形稳定，卸载后锚杆残余位移小于2mm。故根据《建筑边坡支护技术规范》（DB 50/5018—2001）规定，14根锚杆抗拔力满足抗拔力检验值。

2) Ⓔ～Ⓐ/⑧－5号锚杆抗拔力不满足抗拔力检验值，在该位置附近新增的Ⓔ～Ⓐ/⑧－5′号锚杆抗拔力满足抗拔力检验值。

4.3.2 边坡工程地基承载力检测

边坡工程地基承载力检测属常规检测，检测方法一般采用现场载荷试验，具体试验要

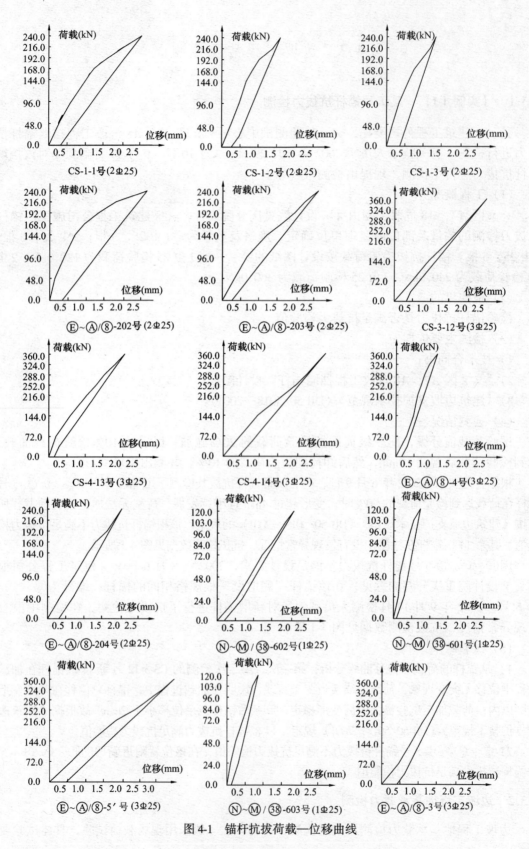

图 4-1 锚杆抗拔荷载—位移曲线

点见《建筑地基基础设计规范》(GB 50007—2002)中的附录 C、附录 H 及附录 N。在检测中应当注意的问题是：承压板面积不应小于 $0.25m^2$，特别是对填土地基承压板面积不应小于 $0.5m^2$；试验的条件控制，应按试验方法要求严格控制边界条件、加载恒载时间及沉降变形的稳定性。对填土边坡应特别注意对填土质量的控制，应进行压实系数的检测。由于这类检测文献较多，故本书不再举具体实例。

4.3.3 边坡工程岩石、土工及原材料检测

边坡工程岩石、土工试验为基本试验项目，岩石试验可按《建筑地基基础设计规范》(GB 50007—2002)中的附录 J 执行，土工试验可按相应的技术标准或文献资料[31]执行，常见的试验有含水率试验、密度试验、相对密度试验、界限含水率试验、击实试验、固结试验、三轴压缩试验、直接剪切试验等。原材料检测包含的检测项目很多，凡涉及到某项具体边坡工程的材料均应进行相应项目的检测，常见的检测项目有钢材力学性能检测、钢材焊接性能检测、砂浆强度检测、混凝土强度检测、预应力锚索检测等等，由于上述检测在其他类型的土木工程建设中也经常遇到，故本书不再举具体实例。

4.3.4 【实例 4-2】 格构锚杆挡墙工程鉴定

(1) 工程概况

1998 年××集团拟在××中学旁修建××住宅楼，在修建该住宅楼时其环境工程为××住宅切坡工程。切坡设计单位为××开发公司设计室，设计采用锚杆挡墙支护结构，施工单位为××集团。施工中发现切坡体上的建筑物地面出现地裂缝，且引起局部墙体开裂，切坡岩体侧面出现滑移裂缝，随后××集团委托××研究院提出切坡加固方案，1998 年 5 月××研究院提出了加固方案。1999 年 7 月××街道办事处委托××地质工程勘察院实施××住宅切坡加固工程的施工，施工单位完成了部分项目的施工工作。由于各种原因，加固施工部分未进行竣工验收。2003 年 4 月××单位委托××检测中心对××工程挡土墙安全性进行鉴定。

(2) 检测结果

根据委托，有关技术人员于 2003 年 1 月至 6 月多次对委托内容进行了检测，现将检测情况汇总如下。

1) 外观检测

××工程挡土墙实际上分为三段，其中Ⅰ~Ⅱ段、Ⅱ~Ⅲ段属原××集团建房范围、Ⅲ~Ⅳ段属××中学范围，××工程挡土墙分段及与周边建筑物的关系见图 4-2 所示。Ⅲ~Ⅳ段挡土墙的安全性××中学已进行了安全性鉴定，此次检测不再做说明。

××工程挡土墙外观情况见图 4-3~图 4-5 所示。在Ⅲ~Ⅳ段挡土墙上有一斜裂缝，斜裂缝情

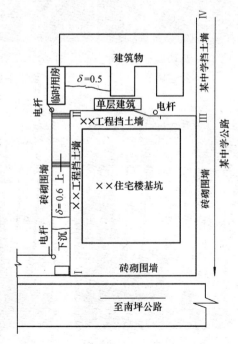

图 4-2 ××边坡工程平面示意图

况如图 4-6、图 4-7 所示，裂缝宽度 8mm，从 1998 年起对裂缝变化情况用粘贴玻璃片的方法进行观测，Ⅱ~Ⅲ段挡土墙加固后，裂缝宽度无显著变化。

图 4-3 高切坡右侧面情景

图 4-4 高切坡正面情景

图 4-5 高切坡左侧面情景

图 4-6 高切坡右侧墙面裂缝宽度

图 4-7 高切坡右侧墙面裂缝

图 4-8 高切坡 Ⅰ~Ⅱ段墙面情况

图 4-9 高切坡正立面俯视图

图 4-10 高切坡支护肋板情况

图 4-11 高切坡坡顶情况

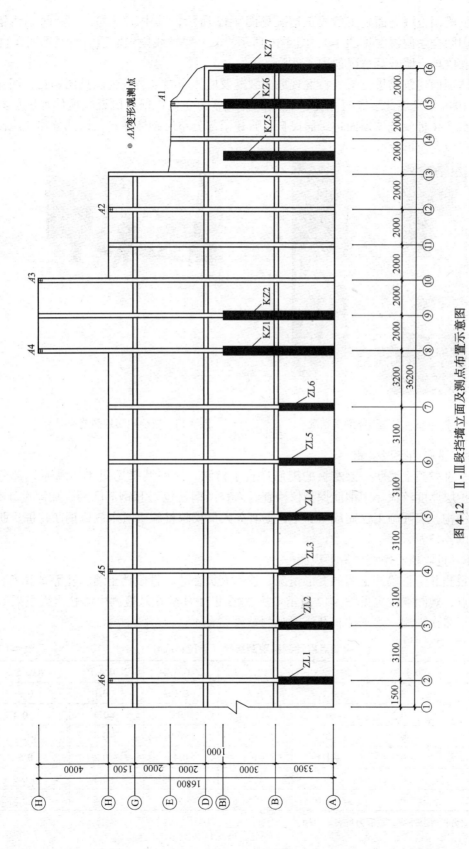

图 4-12 Ⅱ-Ⅲ段挡墙立面及测点布置示意图

Ⅱ~Ⅲ段挡土墙立面施工后竣工情况见图4-12所示,其中①~⑧、⑤~⑯轴线锚杆挡墙及加固肋全景俯视图见图4-9、图4-10所示,⑪~⑫轴线段挡墙顶面情况见图4-11所示。Ⅰ~Ⅱ段挡土墙外观情况如图4-8所示。

对坡体顶面建筑物进行检查,发现地面裂缝及墙体裂缝(裂缝情况见图4-13、图4-14所示)与1998年发现此裂缝时相比,裂缝没有明显的变化,据居民反映坡体加固后裂缝未发展。在Ⅱ~Ⅲ段坡体顶面边缘居民自行修建了部分单层砌体建筑,该部分建筑原设计中未考虑建设,应拆除。

图4-13 房屋墙体裂缝情况

图4-14 坡顶地面地裂缝情况

2) Ⅱ~Ⅲ段挡土墙检测

对Ⅱ~Ⅲ段挡土墙肋、梁及板的配筋进行了检测,检测结果见图4-15所示,部分板的钢筋保护层厚度较大,用钢筋探测仪检查,未查到钢筋位置和钢筋间距。加固设计有7个桩、肋结构,实际施工仅完成了5个,据有关人员反映桩施工时未放置钢筋,桩、肋结构情况如图4-17所示。

3) Ⅱ~Ⅲ段挡土墙坡顶变形观测

为了观测Ⅱ~Ⅲ段挡土墙的变形情况,技术人员在Ⅱ~Ⅲ段挡土墙肋柱上布置了6个变形观测点,观测点位置见图4-12所示。从2003年1月至6月检测中心技术人员对6个测点进行了多次观测,水平位移及沉降观测结果见表4-1、表4-2所示。

观测点累计侧移观测结果(单位:mm) 表4-1

测点	2003.1.14	2003.2.10	2003.2.22	2003.3.24	2003.4.15	2003.5.5
A1	0	0.9	0.7	0.1	-0.1	0.8
A2	0	-0.5	0	-0.3	+0.6	-0.4
A3	0	-0.4	-0.6	-0.9	-0.4	0.1
A4	0	-1.1	-0.1	0.4	-0.2	0.5
A5	0	-1.1	0.2	-0.4	-0.4	-0.9
A6	0	-0.6	0.5	-1.1	-0.6	-0.5

注:数值为正表示外倾,数值为负表示内倾。

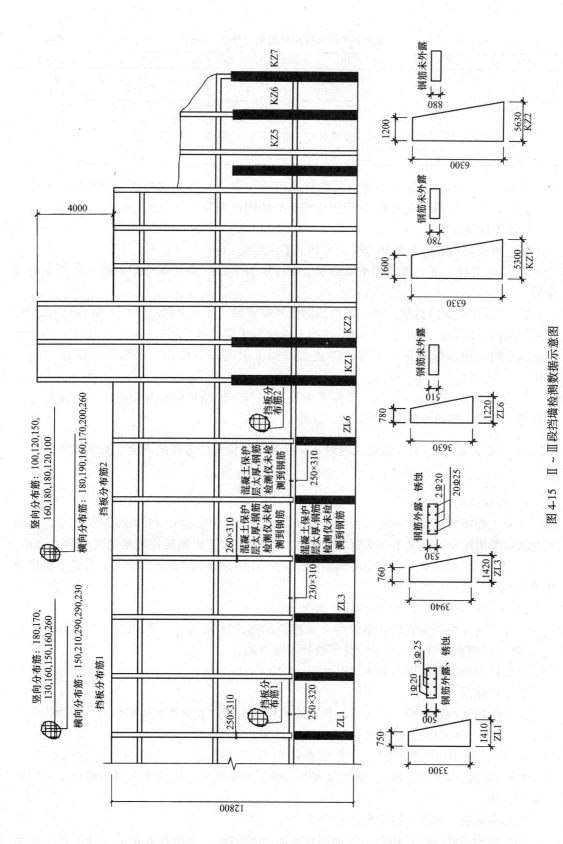

图 4-15 Ⅱ~Ⅲ段挡墙检测数据示意图

观测点累计沉降观测结果（单位：mm） 表 4-2

测 点	2003.1.14	2003.2.10	2003.2.22	2003.3.24	2003.4.15	2003.5.5
A1	0	0.4	−0.4	0.2	−0.2	0
A2	0	0.4	−0.2	0.2	0	0.2
A3	0	0.4	0	0.2	0.2	0.2
A4	0	−0.2	0.2	0	0.4	−0.2
A5	0	0.2	0	0.4	0	−0.2
A6	0	0.2	0.2	0	0.2	0.4

从表 4-1、表 4-2 可见：各测点的侧移及沉降均很小，且个别测点变形反号（温度作用、测量误差、仪器误差所致），说明切坡支护结构在观测期间测点基本无变形。

(3) 鉴定结论

通过对委托内容的检测和分析，有如下鉴定结论：

1) Ⅰ~Ⅱ段、Ⅱ~Ⅲ段挡土墙的安全性评定为 B_u 级，在正常维护和使用条件下是安全的。

2) 对坡顶建筑应拆除；挡土墙局部钢筋外露锈蚀，Ⅰ~Ⅱ段底部挡土墙部分未处理，Ⅲ~Ⅳ段挡土墙裂缝未封闭，应对上述挡土墙缺陷采取处理措施；并应进一步做好挡土墙顶面截水沟、地面排水沟等工作，防止水对挡土墙的不利作用，严禁挡土墙顶面超载使用。

3) 若需继续建设××工程，则应考虑建筑物与支护结构的相互影响，且应完成Ⅱ~Ⅲ段挡土墙剩下的两个挡土墙肋的施工工作。

4.3.5 【实例 4-3】 ××边坡工程对××县老干部集资住宅楼的安全性影响鉴定

(1) 工程概况

1) 基本情况

××工程指挥部在对××县百货公司旧城改造工程中修建××广场商场挡土墙，期间其边坡顶部侧面××县老干部集资住宅楼住户反映边坡工程影响住宅楼的安全性，为此，××工程指挥部委托××检测中心对修建××广场商场挡土墙是否影响××县老干部集资住宅楼的安全性进行鉴定。

2) ××广场商场挡土墙结构设计情况

××广场商场挡土墙设计单位为××建筑勘察设计院（施工图出图时间：2005 年 12 月），施工图审查单位为××县设计审查技术服务站。

由设计图设计说明可知如下情况：

①工程概况

××广场商城工程位于××县，其边坡工程由南侧边坡和西侧边坡构成。南侧边坡长约 129.5m，挡墙底标高 228.05~232.80m，挡墙顶标高 229.10~246.10m，坡高 1.05~13.3m，现状角 80°，向北临空；西侧挡墙底标高 232.80m，挡墙顶标高为 235.20~243.90m，坡高 2.40~11.10m，现状角 80°~85°，向东临空。边坡北东侧为拟建××广场商场综合楼。

②地形地貌、地质构造、地层岩性等

场区属构造剥蚀浅丘地貌，场地旧建筑基本拆除完，南西高北东低，场地整平标高

231.50~233.50m，整平场地后，形成南侧和西侧边坡。

场地位于石油沟背斜南西翼，地层倾向228°，倾角40°左右，呈单斜状产出，无断层，构造裂隙不发育。

露头处测得一组裂隙，产状100°∠72°，张开宽1~2mm，裂面平直，张开~闭合，无充填，结构面结合一般，间距2~3m；延伸2m左右，岩体结构为巨厚层状，地质构造简单，岩体较完整。

场地覆盖土层为人工杂填土（Q_4^{ml}）、粉质粘土（Q_4^{el+dl}）及卵石土（Q_4^{al}），下伏基岩为侏罗系中统沙溪庙组（J_2s）泥岩、砂岩。

场地无断层、滑坡、危岩等不良地质作用，场地与岩质场地基稳定。场地为基岩，边坡覆盖层厚度0.1~3.0m不等，岩石大部为泥岩，砂岩分布少，为泥岩中夹层，属Ⅱ类场地，按《建筑抗震设计规范》（GB 50011—2001）××县抗震设防烈度为6度，设计基本地震加速度值为0.05g，设计地震分组为第一组，特征周期值为0.35s，为建筑抗震的一般地段。

③计算参数

泥岩重度：25.4kN/m³（经验值）

泥岩岩体破裂角 = 58°

泥岩结构面抗剪强度标准值：$\varphi = 12°$（经验值），$c = 0.07$MPa

基底摩擦系数：泥岩取0.4，粉质黏土取0.3（经验估计，勘察未提供）。

M30砂浆的锚固泥岩体粘结强度特征值 $q_e = 300$kPa，最终由试验确定。

粉质黏土承载力特征值 $f_a = 250$kPa（勘察未提供，现场经验估计）

泥岩承载力特征值 $f_a = 3.7$MPa×0.3 = 1.11MPa = 1100kPa，中风化泥岩天然抗压强度标准值5.7MPa。墙后填土等效内摩擦角取30°，重度取19kN/m³。

④设计概况

根据开挖切坡现场及工程要求，挡墙设计采用重力式挡土墙和锚杆挡墙，挡墙位置见平面图。

（A）重力式挡土墙

（a）墙地基为泥岩、粉质黏土。

（b）条石强度≥MU30，外照面料石强度≥MU40，砌筑水泥砂浆M7.5。

（c）墙基底在自然地面下，并低于排水沟底400mm及以下，嵌入中、微风化泥岩（或局部粉黏土持力层）300mm深。

（d）基底开挖至持力层时，即用C20混凝土封闭100mm厚。

（e）从墙外地表300mm起设30mm宽泄水孔，竖向与横向间距2000~3000mm设置。挡墙孔后设大于φ500碎石堆囊。

（f）挡墙变形缝宽20~30mm，间距10~15m。

（g）挡墙后回填土：回填必须分层夯实，砌筑与墙背回填要交叉进行。

（B）锚杆挡墙

锚杆均采用3Φ22和1Φ25作为锚筋，锚杆倾角15°，最小锚固深度为4000mm，钻孔采用φ110，内灌M30的水泥砂浆，锚肋采用350mm×450mm、间距3300mm的钢筋混凝土梁，锚杆竖向间距2500~4000mm。在锚肋上部设置400mm×450mm的钢筋混凝土冠梁加强锚杆挡墙整体稳定性。面板采用200mm厚的钢筋混凝土，钢筋双层布置。3Φ22锚杆的轴向拉力设计值 N_g = 221kN，1Φ25 锚杆的轴向拉力设计值 N_g = 95kN，混凝土强度等级均为 C25。锚肋嵌入排水沟沟底面泥岩深度≥500mm，面板嵌入坡脚排水沟沟底面泥岩深度≥200mm。

锚杆挡墙基槽开挖至持力层深度时，即用 C20 混凝土封闭 100mm 厚。

挡墙排水系统由挡墙内侧 TS-ϕ100 弹塑性排水管道及顶部、底部排水条石边沟组成。挡墙内侧面板后布置 TS-ϕ100@4000mm 引至底面排水边沟，挡墙顶部及底部各设置内空 250mm×200mm～350mm 排水边沟一个，挡墙每 15m 设置变形缝一条。缝内用浸沥青木条填实。

(2) 检测方法及设备

检测方法为：现场踏勘、调查及抽样检查边坡断面尺寸、查阅和分析技术资料；检测设备：钢卷尺、钢直尺，照相机。

(3) 检测结果

1) 资料查阅

委托方提供了三份资料：①工程地质勘察报告，××勘察院重庆分院（2005 年 3 月）；②××广场商场挡土墙施工设计图，××勘察设计院（2005 年 11 月）；③××县老干部集资住宅楼设计文件，××建筑勘察设计院（1998 年 9 月）。

根据工程地质勘察报告在××广场商场挡土墙施工设计图设计说明中反映了地质勘察有关参数，详见××广场商场挡土墙结构设计情况；但应指出的是：工程地质勘察报告未针对边坡工程进行详勘，且对南侧边坡设计未做完整评价。

根据××县老干部集资住宅楼设计文件知：××县老干部集资住宅楼采用条形基础，住宅楼底部有一人防洞，基础采用地梁跨越人防洞；住宅楼整体 9 层，局部 11 层，混合结构房屋；墙体：标高 3.9m 以下为 C20 混凝土剪力墙，二、三层为 MU25 页岩砖、M7.5 混合砂浆砌筑，四层为 MU15 页岩砖、M7.5 混合砂浆砌筑，五～八层及女儿墙、梯间塔楼用 MU10 页岩砖、M5 混合砂浆砌筑，九、十层为 MU10 页岩砖、M2.5 混合砂浆砌筑。

2) 边坡外观检查

有关技术人员于 2005 年 12 月 31 日到现场进行了检查，边坡外观、岩土地质、锚杆施工情况见图 4-16～图 4-21 所示，通过目测和观察未发现边坡有异常现象。

图 4-16 建筑物与边坡的位置关系

图 4-17 边坡 1 号截面情况

图 4-18 边坡 2 号截面情况

图 4-19 边坡 3 号截面情况

图 4-20 南侧边坡施工情况

图 4-21 西侧边坡岩芯情况

3）边坡与建筑物位置关系及边坡断面抽检

根据现场边坡挡墙情况，实测了 3 个部位的挡墙与××县老干部集资住宅楼的位置关系，检测数据见图 4-22 所示。从图 4-22 可见，与××县老干部集资住宅楼有关的边坡为南侧边坡，同时关系最为紧密的边坡为 CDE 段边坡，工程技术人员在 CDE 段测量了 3 个断面的边坡与建筑物的关系（图 4-22、图 4-16～图 4-20）及边坡剖面图见图 4-23、图 4-24、图 4-25。

（4）××县老干部集资住宅楼安全性分析

××广场商城边坡工程由南侧边坡和西侧边坡构成。南侧边坡长约 129.5m，挡墙底标高 228.05～232.80m，挡墙顶标高 229.10～246.10m，坡高 1.05～13.3m，向北临空；西侧挡墙底标高 232.80m，挡墙顶标高为 235.20～243.90m，坡高 2.40～11.10m，向东临空。从挡土墙与县老干部集资住宅楼位置关系（图 4-22）可判断：西侧边坡向东临空，西侧边坡对××县老干部集资住宅楼的安全性不会产生影响；南侧边坡 ABC 段与××县老干部集资住宅楼距离较远，也不会对住宅楼的安全产生影响；而 CDE 段边坡与××县老干部集资住宅楼相临，若边坡处理不当，则可能将影响住宅楼的安全性。

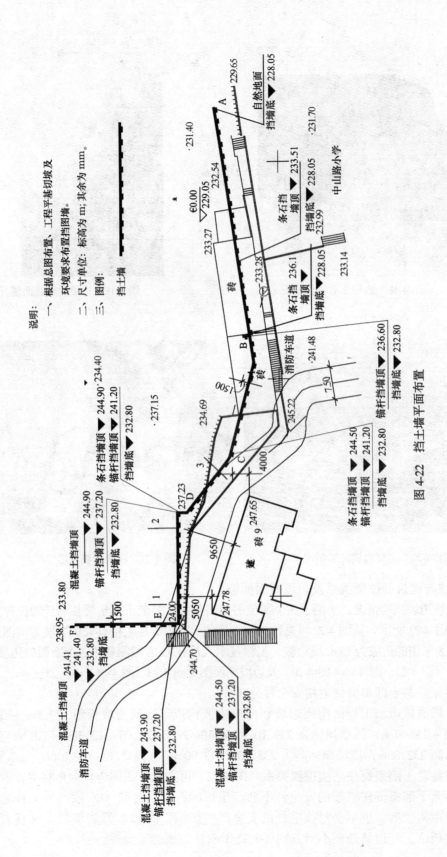

图 4-22 挡土墙平面布置

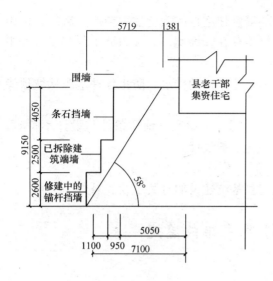

图 4-23 边坡剖面图 1

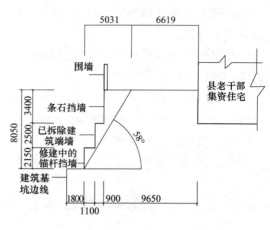

图 4-24 边坡剖面图 2

现场实测了边坡 CDE 三个断面的截面高度及边坡与住宅楼的位置关系（图 4-23、图 4-24、图 4-25），其中断面 1 边坡高度为 9150mm，断面 2 边坡高度为 8050mm，断面 3 边坡高度为 7080mm；相对而言断面 1 边坡临空高度最大，建筑物基础距边坡最近，即断面 1 为最危险截面。现场踏勘表明：未见条石挡墙、已拆建筑物端墙出现异常情况，锚杆挡墙正在修建中（图 4-20），也未发现异常现象；观察南侧边坡岩体走向和倾向，南侧边坡为逆向边坡，南侧边坡自身稳定性好，岩体边坡由岩体破裂角控制，破裂角为 58°，岩体破裂面与××县老干部集资住宅楼的关系见图 4-23、图 4-24、图 4-25，住宅楼基础位于边坡破裂面以外，

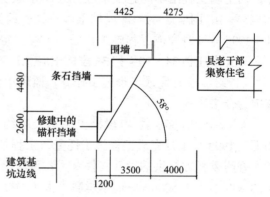

图 4-25 边坡剖面图

即一般情况下南侧边坡不会影响住宅楼的安全性；边坡支护结构的设计与施工符合国家的相关程序，在正常设计、施工的条件下，南侧边坡对××县老干部集资住宅楼的安全性不会产生影响。

（5）鉴定结论及建议

1）鉴定结论

通过对××边坡工程与××县老干部集资住宅楼位置关系的现场踏勘及资料分析，有如下鉴定结论：在正常设计、施工的条件下，××边坡工程对××县老干部集资住宅楼的安全性不会产生影响。在修建××边坡工程中应加强观测，特别注意边坡、建筑物的异常变形，严密监测××县老干部集资住宅楼前人行道是否有开裂现象，发现异常情况应及时向有关部门汇报。

2）建议

尽管理论上说××边坡工程对××县老干部集资住宅楼的安全性不会产生影响，但由于××边坡工程正在修建中，许多不确定因素仍然存在，因此，××边坡工程修建过程中应注意以下问题：

①在修建边坡的过程中，应注意排水，特别注意坡顶的排水，防止各种水源从坡顶渗入岩体，破坏岩体的稳定性。

②××边坡工程施工中应采用动态法施工，发现施工参数与地质条件与设计不符时，应及时通知设计单位，以便调整设计参数，完善施工图设计。

③建议增加挡土墙的排水设施。

④应正确处理建筑物基坑与边坡的关系，完善基坑建设的有关手续。

4.4 边坡工程安全隐患事故鉴定

4.4.1 【实例4-4】 某挡土墙安全性鉴定

（1）工程概况

××山庄挡32~挡40段挡土墙工程由××房地产开发有限公司兴建，××设计院设计，挡土墙工程由不同施工单位分段、分时逐步完成。

××山庄挡32~挡34段挡土墙总长度约为39m，××建筑公司三分公司于1994年12月~1995年4月完成工程施工任务，工程核定为合格工程。

××山庄挡34+30~挡36段挡土墙总长度约为114m，由××建筑工程公司于1997年8月~1998年2月完成工程施工任务，监理单位为××工程监理公司进行工程监理，工程核定为合格工程。

××山庄挡36~挡40段挡土墙总长度约为102m，××建筑公司三分公司于1994年10月~1995年1月完成工程施工任务，工程核定为合格工程。

查阅委托方提供的设计文件获悉：该段挡土墙采用衡重式挡墙；挡墙基础嵌入中风化层的深度不小于500mm，地基承载力大于800kPa；挡墙一般由下部排水孔排出，汇入挡墙下部排水沟；挡墙墙背回填土应分层夯实，挡墙设计截面尺寸详见原设计结施17/20，挡墙的具体位置见××二期工程总平面图或××山庄户外环境总平面图更改图。

（2）检测结果

1）外观检测

用目测法对所有挡土墙外观进行观测，观测结果见表4-3。

挡土墙外观观测结果表　　　　　表4-3

挡土墙编号	墙面裂缝情况	墙面外鼓情况	墙前地面隆起情况	墙顶地面裂缝、下沉情况	墙面渗水情况
挡32~挡33段	未见裂缝	未见墙面明显外鼓	未见地面隆起	未见裂缝、下沉	墙面未见渗水
挡33~挡34段	未见裂缝	墙面明显外鼓	未见地面隆起	未见裂缝、下沉	局部墙面渗水
挡34~挡35段	未见裂缝	墙面明显外鼓	未见地面隆起	未见裂缝、下沉	局部墙面渗水
挡35~挡36段	未见裂缝	未见外鼓	未见地面隆起	未见裂缝、下沉	局部墙面渗水

续表

挡土墙编号	墙面裂缝情况	墙面外鼓情况	墙前地面隆起情况	墙顶地面裂缝、下沉情况	墙面渗水情况
挡36~挡38段	未见裂缝	未见外鼓	未见地面隆起	未见裂缝、下沉	局部墙面渗水
挡38~挡40段	未见裂缝	未见外鼓	未见地面隆起	未见裂缝、下沉	局部墙面渗水

注：挡墙墙面局部渗水情况见图4-25。

2004年5月18日检查挡32~挡35段挡墙墙顶情况见图4-27所示。

图4-26 挡32~挡34段挡墙墙面局部渗水情况　　图4-27 挡32~挡35段挡墙墙顶情况

2) 挡墙几何尺寸及变形检测

用卷尺、钻孔测量和吊线锤分别检测挡土墙的长度、高度、墙基厚度和墙面外倾情况，部分检测数据见图4-28~图4-30。从检测数据来看：挡32~挡35段挡墙墙面外倾严重，其中挡32~挡34段挡墙以墙面整体外倾为主，墙顶外倾量在76~180mm之间，挡墙外倾最大值发生在挡33变形缝位置，挡墙顶面最大外倾值为180mm；挡34~挡35段挡墙以墙面整体外倾为主外，墙顶外倾量在24~100mm之间，局部位置墙面有外鼓现象，墙面外鼓量发生在挡34+10~挡34+30的C-C截面处，外鼓最大值为61mm，具体情况见图4-29~图4-30所示；其他段挡墙也存在外倾现象，但外倾量值较小。

3) 墙背构造层检测及地基情况

在挡墙墙背顶面开挖了五个探坑检测挡墙墙背的填土、滤水层及挡墙截面尺寸情况，典型探坑情况见图4-31。

挡土墙墙背后设置了滤水层，不同位置滤水层设置情况不完全相同，其中探坑1、2为碎石滤水层，碎石层厚度约70mm左右，未见片石层；探坑3~5为片石滤水层，片石层厚度约250mm左右，未见碎石滤水层；从顶墙面标高起算1500mm以下挡墙滤水层有被泥浆阻塞现象。应该指出的是：挡墙滤水层做法与竣工图不符。

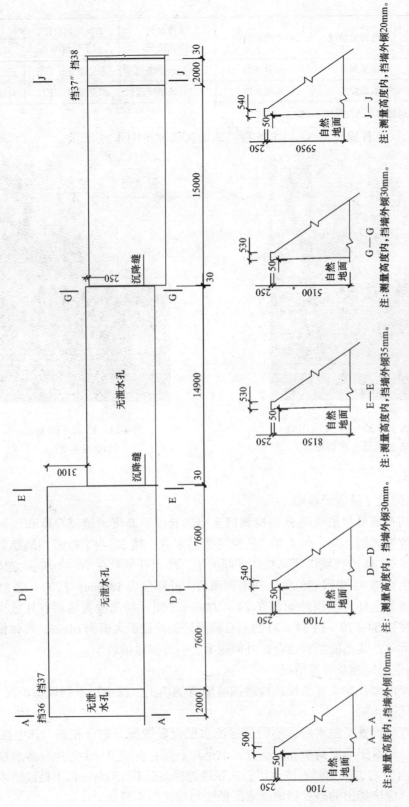

图 4-28 条石挡墙挡 36～挡 38 段立面展开图

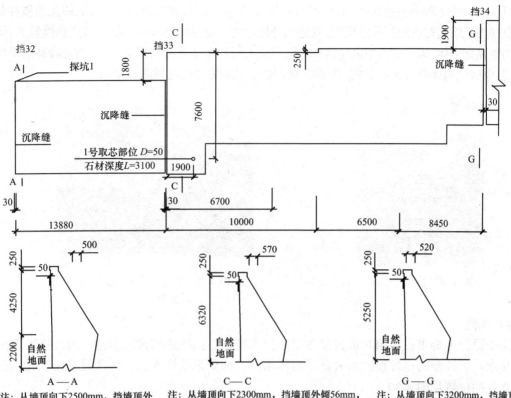

图 4-29　条石挡墙挡 32～挡 34 段立面展开图

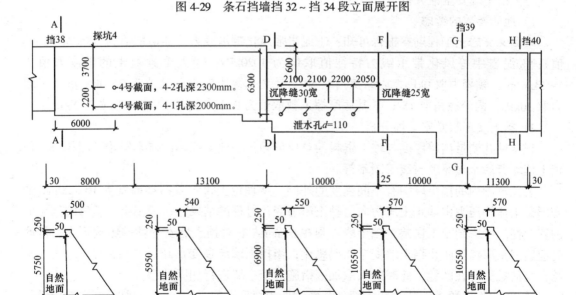

图 4-30　条石挡墙挡 38～挡 40 段立面展开图

从××岩土工程勘察报告查知:与挡32~挡34相关的钻孔为ZK40~ZK52,从钻孔地质柱状图可获知挡土墙墙背后地层分层情况,其地质分层分为三层:第一层是素填土,填土深度较大;第二层为强风化岩体;第三层为中风化岩体。结合竣工资料和地质勘察报告分析:挡土墙基底是坐落在强、中风化岩体交接面层上的,其中挡38段挡墙基底岩体情况见图4-32所示。

图4-31 探坑2情况

图4-32 挡36~挡38段挡墙地基情况

4) 其他

由于设计上要求在挡墙背面设滤水层、排水盲沟、挡墙底部设排水沟,因此挡墙墙面未设排水孔,检测时也发现挡墙底部设有排水沟,挡墙未设排水孔,局部设有排水孔,设有排水孔的位置见图4-30。

钻孔时取出条石,在试验室将条石截成直径50mm、长度100mm的试样进行条石抗压强度检测,试验数据见"岩石抗压强度试验报告"(略)。

(3) 挡土墙安全性分析

1) 地质参数的考虑

查阅××岩土工程勘察报告可知:①泥岩强风化带承载力特征值取值为300kPa(经验值);②泥岩中等风化带承载力特征值取值为1020kPa;③人工素填土的重度取值为19.5kN/m³,黏聚力取0kPa,内摩擦角取30°;④粉质黏土的重度取值为20.0kN/m³,黏聚力取30kPa,内摩擦角取15°;⑤基底摩擦系数取值为0.4,地面人群荷载取3.5kN/m²。

2) 挡土墙现状及安全性分析

根据钻孔测量挡墙厚度与竣工资料的对比可知:挡墙实际厚度基本与竣工图相符。但挡土墙墙背滤水层厚度与竣工图不符。

委托范围内的挡土墙均有不同程度的外倾,从理论上讲:条石挡墙发生10~20mm的变形是土体侧压力由静止土压力向主动土压力变化过程的结果,一般不会严重影响挡土墙的安全性。考虑到施工误差,挡土墙外倾在50mm左右对挡土墙安全性的影响不大,但此时应适当采取措施防止挡土墙安全状况恶化;当挡土墙墙顶变形超过50mm时,表明挡土墙自身的抗力存在问题,此时应采取加固措施对挡土墙进行加固处理。

挡32~挡35段条石挡土墙大部分截面的外倾变形已超过50mm,故此段挡土墙应进行加固处理。挡墙变形是长期变形积累的结果,其原因是挡墙排水、截水措施不完全满足设计要求的结果,加之外界环境和挡墙上部施工造成滤水层阻塞,进一步加剧了挡墙变形。

同理,挡36~挡40段挡土墙存在不同程度的变形,一般变形量级在50mm以内,但考虑到挡土墙滤水层施工时就不完全满足设计要求，加之外界环境和挡墙上部施工造成滤水层阻塞，长期使用而不采取处理措施，将会导致挡墙变形加大，最终危及挡墙的安全性，因此对此部分挡墙应采取适当的处理措施。

《建筑地基基础设计规范》（GB 50007—2002）第 6.6.3 条、第 6.6.4 条指出当土坡高度超过 8m 时土压力增大系数宜取为 1.2，重力式挡墙适用于高度小于 6m 的边坡。

考虑到滤水层厚度不足，加之滤水层被阻塞，挡墙安全性计算应适当考虑静水压力作用，根据《挡土墙》（J 008-1~3）[原 95SJ 0089（一）、00SJ 008（二）、（三）] 经对比分析，挡墙安全性在有静水压力作用下不能满足安全性要求，故此应对所有挡土墙采取排水、截水处理措施。

(4) 鉴定结论

1) 挡 32～挡 35 存在严重的安全隐患，应立即采取加固处理措施。
2) 其他段挡土墙应采取处理措施。
3) 挡墙加固、处理完成后，在今后的使用中严禁挡土墙顶面超载使用。

(5) 建议

1) 建议请有资质的设计单位对挡 32～挡 35 段挡墙采取加固处理措施，对高度超过 8m 的挡墙应进行长期变形观测。
2) 建议对其他段高度超过 8m 的挡墙顶面进行封闭处理，并在挡墙顶面做好截水沟，同时有序排放截水。
3) 建议在今后使用过程中应对挡墙进行正常维修和检查，若发现异常情况应立即向有关部门汇报。

4.4.2 【实例 4-5】 锚钉喷射混凝土挡墙安全性鉴定

(1) 概述

××边坡治理工程业主为××有限责任公司，私人设计，边坡治理工程由××建司施工完成。由于边坡设计、施工不符合国家有关规定，故××有限责任公司委托××检测中心对××边坡治理工程进行安全性鉴定。

(2) 检测结果

根据××边坡治理工程变形缝设置的实际情况，将边坡工程分为 15 段，××边坡治理工程已完成部分全景见图 4-33、图 4-34 所示，下面将主要的检测情况汇总如下。

图 4-33　××边坡治理工程全景 1　　　　图 4-34　××边坡治理工程全景 2

1）边坡位置关系

委托方提供了某边坡治理工程的地形示意图（略）。

2）外观检测

用目测法对各段边坡外观进行了观测，部分观测结果见表4-4。

边坡工程外观观测结果表　　　　　　　　　　　　　　　　表4-4

边坡编号	边坡裂缝情况	边坡外鼓情况	边坡前地面隆起情况	边坡前地面裂缝、下沉情况	边坡表面渗水情况
1段 (0~15.7m)	未见裂缝	边坡面随地形局部外鼓	未见地面隆起	未见裂缝、下沉	表面未见渗水
2段 (15.7~30.6m)	未见裂缝	边坡面随地形局部外鼓	未见地面隆起	未见裂缝、下沉	局部表面渗水
3段 (30.6~46.5m)	未见裂缝	边坡面随地形局部外鼓	未见地面隆起	未见裂缝、下沉	局部表面渗水
4段 (46.5~61.5m)	未见裂缝	边坡面随地形局部外鼓	未见地面隆起	未见裂缝、下沉	局部表面渗水
5段 (61.5~76.3m)	未见裂缝	边坡面随地形局部外鼓	未见地面隆起	未见裂缝、下沉	局部墙面渗水
6段 (76.3~93.1m)	未见裂缝	边坡面随地形局部外鼓	未见地面隆起	未见裂缝、下沉	局部墙面渗水
7段 (93.1~107.3m)	未见裂缝	边坡面随地形局部外鼓	未见地面隆起	未见裂缝、下沉	局部墙面渗水

3）切坡支护情况检测

用卷尺、钻孔测量和吊线锤等工具分别检测切坡各段的长度、总高度、混凝土厚度和切坡倾角等参数，部分检测结果见表4-5所示。

切坡支护结构检测结果表　　　　　　　　　　　　　　　　表4-5

边坡编号	板面厚度 （mm）	边坡放坡坡度 （°）	钢筋间距 （mm）	边坡平均高度 （m）	边坡基础、构造情况
1段 (0~15.7m)	—	71，62	180，170，250，150/220，260，280，220	15.7	风化泥岩，坡底未设排水沟
2段 (15.7~30.6m)	120，80，110	74，70	185，300，340，280/290，260，260，240	14.9	风化泥岩，坡底未设排水沟
3段 (30.6~46.5m)	95，110，110	75，72	330，310，300，190/240，280，290，300	15.9	风化泥岩，坡底未设排水沟
4段 (46.5~61.5m)	100，100，90	76，73	230，250，210，250/210，330，350，360	15.0	风化泥岩，坡底未设排水沟
5段 (61.5~76.3m)	80，100，90	68，73	220，210，240，230/190，210，310，350	14.8	风化泥岩，坡底未设排水沟
6段 (76.3~93.1m)	130，120，104	65，75	270，250，270，280/240，250，190，210	16.8	风化泥岩，坡底未设排水沟
7段 (93.1~107.3m)	120，100，105	74，73	280，200，200，240/250，220，220，260	14.2	风化泥岩，坡底未设排水沟

续表

边坡编号	板面厚度（mm）	边坡放坡坡度（°）	钢筋间距（mm）	边坡平均高度（m）	边坡基础、构造情况
8段 （124.4～107.3m）	110，140，140	78，77	250，250，230，210/230，240，220，240	17.1	风化泥岩，坡底未设排水沟
9段 （124.4～138.4m）	95，105，90	75，72	225，220，250，280/270，205，270，250	14.0	风化泥岩，坡底未设排水沟

注：1. 钢筋间距一栏，/前为竖向间距，/后为水平间距；2. 边坡坡度为两个检测点的测量值，由于地形变化，各段实际坡度有所差异；3. 边坡高度为该段较高点的实测值；4. 板面厚度测量值为边坡下部测点的测量值。

对表4-5中喷射混凝土板厚度的测量值（49个点）进行计算可知：喷射混凝土厚度平均值为99.3mm，方差为：20.107。钢筋网间距设计要求为：300mm×300mm，从检测结果判断：钢筋网间距满足设计要求。

4）混凝土强度检测情况

为了核实喷射混凝土抗压强度，用取芯机在护坡体上不同部位钻取了3组混凝土芯样，由于混凝土厚度不足100mm，故钻取的混凝土芯样直径为70mm。混凝土芯样在试验室加工成标准试样进行抗压强度试验，部分试验结果见表4-6。

取芯法检测混凝土抗压强度试验报告表　　　　表4-6

构件名称	部位	设计强度	芯样编号	高度（mm）	直径（mm）	极限荷载（kN）	抗压强度（MPa）	强度代表值（MPa）	备注
混凝土面板	13段	C20	1	70	70	100	26.0	30.1	
			2	70	70	116	30.0		
			3	70	70	132	34.3		
混凝土面板	6段	C20	1	70	69	136.5	36.5	36.3	
			2	70	69	145	38.8		
			3	70	69	126	33.7		
混凝土面板	7段	C20	1	70	69	57	15.2	21.6	1号芯样不密实
			2	72	69	88	23.9		
			3	72	69	71.5	19.4		
混凝土面板	8段	C20	1	70	69	90.5	24.2	23.6	
			2	72	69	87	23.3		
			3	72	69	87	23.3		

从表4-6试验数据可知：喷射混凝土强度等级满足C20要求，但各段混凝土强度差别较大。

5）其他

① 设计要求泄水孔布置为"间距3000mm×5000mm深100mm交错布设（上疏下密）"，

图4-35 ××边坡治理工程排水沟情况

检测结果表明：泄水孔水平间距基本满足设计要求。

② 检测时，坡底排水沟还未修建；坡顶排水沟情况如图4-35所示。

③ 由于锚钉已被喷射混凝土覆盖，故检测锚钉施工情况非常困难，查阅竣工资料，竣工资料未完全反映施工情况，说明竣工资料不完善。

④ 坡顶未设防护栏杆。

⑤ 在边坡坡顶不同位置存在高压线电杆，如图4-36所示，电杆拉索锚固在坡顶上或土体中，其中个别拉索的锚固土体周边出现裂缝如图4-37所示，应引起注意。

图4-36 ××边坡高压电杆情况

图4-37 ××边坡高压电杆拉索情况

（3）安全性分析

1）工程地质情况分析

查阅"××边坡岩土工程勘察报告"可获得如下主要信息：①该边坡安全等级为二级，边坡岩体类型为Ⅲ类；②该边坡岩体等效内摩擦角55°小于岩石破裂角59°27′，该边坡处于欠稳定状态；③边坡最大高度18m，建议采用分阶放坡处理边坡，每阶8~10m，平台宽度宜大于2.5m，放阶坡率允许值建议：中等风化岩层：1:0.65（57°），强风化岩层：1:0.75（53°）；④建议边坡治理后，对边坡进行变形监测，同时建议监测期限大于3年；⑤泥岩岩土与锚固体粘结强度特征值取180kPa，粉质砂岩岩土与锚固体粘结强度特征值取250kPa，其锚固深度宜大于岩石破裂角。

2）护坡安全性分析

经检测：护坡混凝土强度满足设计要求，配筋满足设计要求，边坡实际坡度在57°~78°之间，且未放阶，故边坡坡角大于岩体等效内摩擦角55°，宜对边坡采取支护结构进行处理，因此边坡安全性不满足有关国家规范的要求，应采取一定的处理措施。

(4) 鉴定结论

该边坡放阶及放坡坡度不能完全满足设计要求，应采取适当的处理措施（加固方法见第5章）。

4.4.3 【实例 4-6】 某格构式挡土墙事故鉴定

(1) 工程概况

某单位兴建办公楼，办公楼所处标高与公路标高约有14m高差，同时由于城市建设的需要，需在办公楼旁修建附属挡土墙工程。据施工方介绍，该工程于1996年10月份开工，并于1997年7月份完工，完工后在回填土施工中发现挡土墙发生明显变形，结构构件出现裂缝，对此挡土墙施工单位录制了部分录相，在此后又进行了部分回填土施工。经初步测量发现，挡土墙最大外移500mm左右，挡土墙整体外移明显，结构构件多处出现裂缝。由于挡土墙所处位置地质勘察资料不完整，建设方又委托××勘察研究院对挡土墙和办公楼进行了详勘。为了查清事故原因，同时，为加固方案提供科学依据，对该事故进行了调查和鉴定。

(2) 事故现场检测情况

1) 挡土墙变形及部分结构构件尺寸检测

目前已完工的挡土墙工程为L形。挡土墙东西方向长度约为80m，且东西方向挡土墙采用格构式挡土墙，其平面结构设计示意见图4-38。ⓒ轴线挡土墙变形明显，轴线①与轴

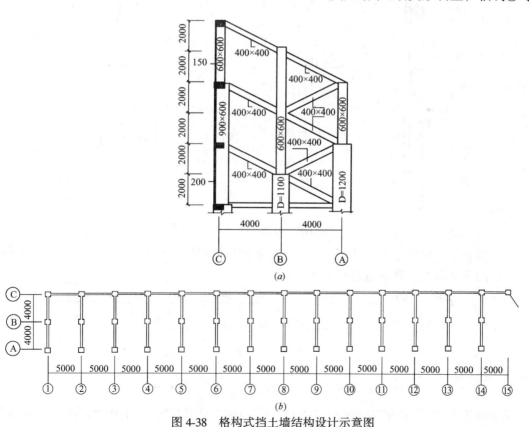

图 4-38 格构式挡土墙结构设计示意图
(a) 格构式挡土墙剖面示意图；(b) 东西方向挡土墙结构平面示意图

线④之间的结构变形和外移很小，在ⓒ轴线沿轴线④与轴线⑮之间进行了各轴线间的外移测量，Ⓑ轴线沿轴线⑤与轴线⑬之间进行了各轴线间的相对外移测量，其各轴线相对外移测量结果见图4-39。通过测量发现最大外移发生在⑩轴线处，ⓒ轴柱外移700mm，Ⓑ轴柱外移450mm，其次，外移变形较大的发生在⑪轴处。另又对部分ⓒ轴线柱板面垂直方向进行了水平变位测量，其测量数据见图4-40。

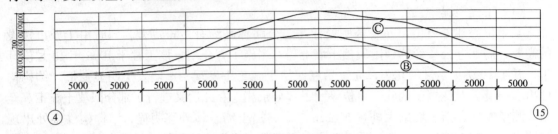

图4-39 东西方向挡土墙结构外移测量结果

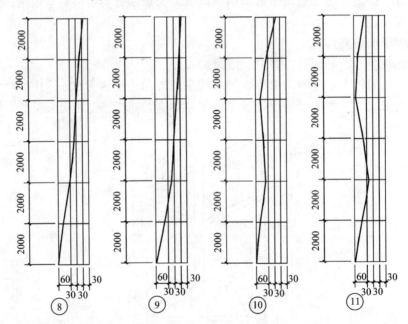

图4-40 挡墙面沿垂直方向的水平变形图

为了检查变形后的结构尺寸情况，又对能够测量的ⓒ轴线和Ⓑ轴线沿④轴线到⑮轴线进行了柱间尺寸测量，其测量数据见图4-41。

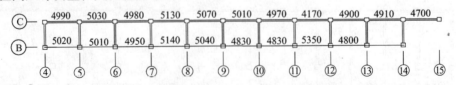

图4-41 变形后ⓒ、Ⓑ轴沿④至⑮轴方向柱间尺寸

从Ⓐ轴各柱向ⓒ轴各柱方向看去，①轴~⑭轴各轴线柱均不在同一直线上，且发现各拉杆中心线也不在柱的轴线上，于是对各拉杆的施工安装尺寸情况进行了抽检，其中对⑧和⑪轴

200

的拉杆抽检情况见图 4-42；同时对挡土墙三道纵梁尺寸进行了测量，上、中和下梁的尺寸测量结果分别是（宽×高，mm）：400×300、535×340 和 610×490；下部板厚度 200mm，上部板厚度 150mm。

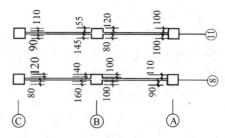

图 4-42 ⑧、⑪轴拉杆安装尺寸测量结果

从⑤轴线到⑭轴线各上、中、下拉杆出现了不同程度的受拉破坏现象，同时部分Ⓑ轴线柱也受到了严重的损伤。对变形较大的⑧轴、⑨轴、⑩轴和⑪轴的拉杆、柱的裂缝开展情况进行了测量和描绘，同时对开裂较重的构件进行了照相，其实测部分结果见图 4-43；由此发现⑩轴Ⓑ轴、Ⓒ轴之间的上拉杆在与Ⓒ轴线柱连接处的裂缝宽度最大为 9mm，⑩轴/Ⓑ轴上柱裂缝宽度为 1mm，在⑨轴/Ⓑ轴～Ⓒ轴下拉杆与Ⓒ轴柱连接处发现混凝土有被压碎的现象。在挡土墙临空面，混凝土挡板在下部⑨轴至⑬轴之间出现了大量的竖向裂缝。

2）混凝土质量检测

为了检查混凝土施工后的强度与质量，进行了部分梁、柱板和桩的混凝土强度的回弹试验及钻芯试验，检测结果是柱、拉杆混凝土强度未达到设计强度。混凝土在柱和各拉杆之间的连接情况较差。在进行桩基混凝土钻芯取样时，挖开⑭轴/Ⓒ轴柱，发现在距顶 300mm 处有一道斜裂缝，裂缝最大宽度 6mm，裂缝相对位移 4mm，斜裂缝贯穿全桩，裂缝情况见图 4-44；为此又挖开⑪轴/Ⓒ轴桩，发现在距桩顶 1.6m 处混凝土被压碎，混凝土存在空洞、疏松现象，且钢筋弯曲 30°。

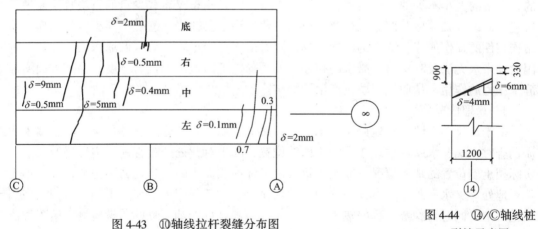

图 4-43 ⑩轴线拉杆裂缝分布图

图 4-44 ⑭/Ⓒ轴线桩裂缝示意图

3）回填土情况检测

检测时，回填土施工已停工多时，故难以对回填土施工现场施工情况做出说明；为此只能根据对当时回填土施工情况的录相带了解回填土施工情况，从录相带上看由于回填土时大石块对Ⓐ轴各柱的撞击，致使多处Ⓐ轴线柱在不同位置受到损伤，大量石块用翻斗车由远到近向挡土墙背面回填。回填到目前检测时的状况来看仅可见⑧轴/Ⓐ轴柱撞击破损情况。挡土墙背面未做滤水层。由于大挡土墙背面未做滤水层，大量泄水孔被土块填实，挡土墙背面各种来水无法顺利排出。

(3) 工程事故原因分析

业主提供了如下主要资料：××地质工程勘察院二分院进行的××挡土墙工程地质剖面图两张；挡土墙工程桩基施工给验记录；××挡土墙工程结构施工图；××勘察研究院对挡土墙工程地质详勘资料一册及回填施工录相带两盘。

1) 结构设计情况分析

从××挡土墙工程结构施工图可知：该工程采用框架结构，Ⓐ、Ⓑ轴桩和柱之间无纵向连接，结构的整体空间刚度不足，且该种挡土墙结构式在挡土墙工程中较少使用，结构选型欠妥；对于××挡土墙工程回填土的方式和要求未做详细说明，同时对挡土墙墙背后的滤水层的施工也未做交代，且挡土墙排水孔的数量明显不足；同时排水不畅，增加了附加静水压力作用，也对挡土墙产生了不利的影响。

2) 结构施工情况分析

通过对挡土墙主体结构混凝土强度的回弹试验及钻芯试验，混凝土综合评定为：板、柱、拉杆和桩均为C20。格构式挡土墙结构中所用钢筋混凝土拉杆施工多数存在一定的轴线偏差（图4-42）。使钢筋混凝土拉杆增加了附加弯矩，对钢筋混凝土拉杆的破坏并产生了不利的影响；其柱、梁节点连接处混凝土施工质量不好；从⑪轴/Ⓒ轴桩混凝土被压碎情况来判断，部分桩基桩头部分存在混凝土施工质量问题；此外构件尺寸除挡土墙第二道肋梁尺寸不足（测量尺寸为：535mm×340mm，设计尺寸为：550mm×400mm）外，其他构件尺寸基本符合要求。综合上述情况分析，主体结构施工质量不好，对挡土墙破坏产生了不利的影响。

3) 回填土施工情况分析

通过对委托方提供的录相资料观看，从中可以了解到：回填土施工是使用翻斗车进行的，大量的大小不等的石块被用于回填，有时一次翻斗车仅运载少量的石块直接回填，石块直接冲击Ⓐ轴线柱及部分拉杆和挡土墙，致使许多Ⓐ轴线柱遭受不同程度的损伤；由于结构构件的损伤加速了结构构件的破坏；同时由于在挡土墙背后未做滤水层，致使各种原因的外来水无法及时排出，滞水的存在一方面降低了回填土的抗剪强度，另一方面增加了静水压力的作用，从而使回填土产生了滑移。

4) 管理情况分析

由于××挡土墙工程地处××水库，××地质勘察院二分院在进行××挡土墙工程地质勘查时，××水库水位线在现挡土墙的位置，故未对此处的工程地质情况进行勘察，对实际挡土墙位置的地质情况不完全了解，给设计单位提供的勘察资料不完整；××挡土墙工程地处××水库，该地存在一定深度的塘泥，这对工程产生了较为不利的影响。在挡土墙施工中，同时对隐蔽工程的竣工验收不充分，未进行桩基工程的质量检测，给工程留下了隐患，对工程事故负有一定的间接责任。

(4) 经验教训

尽管挡土墙是环境工程，但其安全性直接关系到主体工程的安全，挡土墙的重要性不应有所降低。工程设计一定要有较为准确的地质勘察资料，不能任意凭经验代替地质勘察；同时应严格按工程建设程序办事；加强设计、施工质量管理和监督；对违章施工应坚决制止。

4.4.4 【实例4-7】 边坡施工对相临建筑物的安全性影响鉴定

(1) 鉴定主要依据

1)《岩土工程勘察规范》(GB 50021—2001);
2)《建筑边坡工程技术规范》(GB 50330—2002);
3)《建筑地基基础设计规范》(GB 50007—2002);
4)《民用建筑可靠性鉴定标准》(GB 50292—1999);
5)《建筑抗震设计规范》(GB 50011—2001);
6)《砌体结构设计规范》(GB 50003—2001);
7)《砌体工程施工质量验收规范》(GB 50203—2002);
8)《混凝土结构设计规范》(GB 50010—2002);
9)《混凝土结构工程施工质量验收规范》(GB 50204—2002);
10)××还建住宅楼施工图设计阶段岩土工程勘察报告(××建筑设计研究院,2003年1月23日);
11)××还建住宅楼竣工资料、住宅楼沉降监测成果等;
12)××还建房房屋安全咨询鉴定报告(一)、(二)、(三)(××咨询部2005年11月6日至17日)。

(2) 工程概况

××还建住宅楼工程为七层点式砌体结构,一梯四户,建筑面积约3605m²,室外地坪绝对标高为1165.70m(±0.00为1166.00m),基础采用条形基础。该住宅楼建于2003年,至今已正常使用超过两年时间,适宜用国标《民用建筑可靠性鉴定标准》(GB 50292—1999)对其进行结构安全性评估。该工程建设手续齐全,具有正规设计图纸(××设计研究院)、竣工资料(××建筑工程公司),质量监督监理程序完备。

2005年8月,因新建工程需要,在该住宅楼南部修建××小区。根据小区建筑总布置图,该小区共有12栋建筑物,其中与××住宅楼南侧邻近23.1m的3、4号楼为9层、10层及11层,西侧邻近19.4m的5号楼为6.5层,东侧邻近18.0m的6号楼为12层,框架结构或砖混结构,独立基础或条形基础,该小区2005年9月底开始动工修建,同时在西、南和东侧形成不同高度的人工切坡。10月底,在东、南两侧人工切坡支护施工过程中,××住宅楼住户反映,边坡施工引起房屋产生裂缝等不良反应,要求停工并采取相应安全措施。

为此,××单位受××建设工程质量安全监督站的委托,于2005年11月23日至24日指派专业技术人员,就高边坡削坡施工对××还建住宅楼安全性影响问题,进行了现场检查,向该楼住户及有关人员了解情况,调查并分析了工程档案资料,对主体结构裂缝及周边地坪裂缝进行了必要的检测,经综合分析,现根据《××省建设工程质量事故鉴定暂行规定》及国家有关技术标准,提出鉴定报告。

(3) ××住宅楼上部主体结构评价

1) 基本评价

该工程承重墙体为240mm厚烧结普通砖墙,现浇钢筋混凝土楼板和屋盖,层层设置圈梁,房屋四角、内外墙交接处等部位设置构造柱,按7度抗震设防进行结构设计,房屋的静力承载力、抗震承载力、抗震构造措施均满足国标《砌体结构设计规范》(GB 50003—2001)、《砌体结构设计规范》(GBJ 3—88)和《建筑抗震设计规范》(GB 50011—2001)的规定。该工程设计时,执行原国标《砌体结构设计规范》(GBJ 3—88)和《建筑抗震设计规范》(GBJ 11—89),建设时新标准《建筑抗震设计规范》(GB 50003—2001)和

《建筑抗震设计规范》（GB 50011—2001）已颁布实施，按新标准复核，已满足要求。

2）住宅楼裂缝概况及原因分析

根据现场调查、检查和观察，对××住宅楼墙体、钢筋混凝土构件及附近地坪裂缝的基本情况及裂缝产生原因综述如下。

①Ⓔ轴~Ⓖ轴区间的阳台栏板墙为后砌120mm厚砖墙，与Ⓕ轴240mm厚砖墙端部的钢筋混凝土构造柱之间施工现成竖向通缝，因外表面抹灰层形成看似整体墙面。目前，在此竖向通缝部位，抹灰面层自一层至七层普遍开裂。底层Ⓚ轴外的阳台栏板墙与主体结构Ⓚ轴外墙之间，出现上宽下窄的变形缝，也是由于阳台栏板墙后砌，形成两者之间竖向通缝。因阳台栏板墙不是主体结构构件，故这类抹灰竖向裂缝对房屋安全性无不良影响。

②底层⑪轴~⑭轴/Ⓓ轴墙的门洞侧边，有一高度约0.5m的钢筋混凝土圈梁带过梁，出现混凝土收缩裂缝，并拉断其下的一皮砖，最大裂缝宽度约0.1~0.15mm，长度约0.6m，该条裂缝特征为中部较宽，上、下两端较窄。

③部分底层窗角，出现斜裂缝，最大裂缝宽度约0.1mm，属于一般常见的墙体变形裂缝。

④底层楼梯间部位的⑦轴墙，有一条竖向裂缝，经剔除抹灰检查，该部位暗埋有电线管，故此条裂缝为电线管处的抹灰裂缝。

⑤二层⑦轴~⑨轴/Ⓡ轴的仅承受自重、无其他外加荷载钢筋混凝土连系梁，跨中两侧面出现收缩裂缝，最大裂缝宽度约0.15mm，上、下两侧较窄，中部较宽。该梁四面暴露于大气之中，受温度变化影响较大，故出现收缩裂缝属正常现象。

⑥部分厨房、餐厅现浇板出现通长收缩裂缝，裂缝已贯穿板厚，板面积水很容易渗入板中和渗漏至板下。该裂缝已影响正常使用，应采取封闭处理措施。

⑦顶层墙体和出屋面楼梯间墙体，出现少量温度应力裂缝，属常见的变形裂缝。

⑧墙体内外抹灰层，出现一些收缩裂缝，属常见的砂浆龟裂。

根据国标《民用建筑可靠性鉴定标准》（GB 50292—1999）第5.4.3条规定，上述墙体非受力裂缝均小于b_s级最大裂缝宽度1.5mm，对结构安全无影响。国标《砌体工程施工质量验收规范》（GB 50203—2002）第11.0.4条"对不影响结构安全性的砌体裂缝，应予以验收，对明显影响使用功能和观感质量的裂缝，应进行处理"的规定，该工程的墙体裂缝可不进行处理，或仅可进行表面封闭处理。

根据国标《民用建筑可靠性鉴定标准》（GB 50292—1999）第5.4条规定，该工程钢筋混凝土连系梁和现浇钢筋混凝土板的裂缝宽度尚在正常使用性鉴定等级a_s级范围内，可不采取结构加固措施。

(4) ××住宅楼地基基础评价

1）住宅楼场地工程地质条件

原始地形地貌为北高，东西南低的山顶斜坡，东南侧为坡度约25°缓斜坡坡地，场地西侧为一自然形成的35m高、坡度近40°斜坡，拟建场地标高在1165.30~1156.50m之间。

根据勘察报告，在场地出露的岩土层为：杂填土（Q^{ml}）、辉长岩（V）。其岩性特征描述分别为：(1) 杂填土（Q^{ml}）：浅黄、灰黄等色，由粉质黏土、风化残积砂夹红砖、建筑垃圾、杂草等组成，松散，稍湿。该层场地内均有分布，厚0.20~0.90m。(2) 辉长岩（V）：为晋宁期岩浆岩，呈浅黄、黄绿、灰绿、深灰等色，主要矿物成分为辉石、长石等，辉长结构，块状构造，岩体风化强烈，岩石破碎，呈砂砾、粗砂碎块状，为该场地基岩，在场地局部已出露地表，是良好地基持力层。

水文地质条件建设场地位于山包顶，经人工削平后形成平坦地形，有利地表水的疏排，在场地内亦未发现地下水，该建筑场地为干燥场地。

场地北侧为××大学住宅，东南侧为坡度约25°缓斜坡坡地，西侧为一人工形成的35m高、坡度近40°斜坡，该斜坡为基岩，但是风化较深，节理裂隙较发育，局部呈全风化状，用手搓呈细砂状，因此拟建物西南角基础将位于该斜坡上，在场地内未发现断裂、滑坡等不良地质作用，整个场地处于稳定状态。

2）地基基础评价

由于场地内地层结构单一，未发现地下水，场地稳定，勘察报告建议住宅楼基础均放置在强风化辉长岩上，基础形式采用条基，临边坡侧基础应适当加深，场地内供设计使用的强风化辉长岩的物理力学指标为：天然重度 $\gamma = 21\text{kN/m}^3$，承载力标准值 $f_k = 400\text{kPa}$，黏聚力 $c = 35\text{kPa}$，内摩擦角 $\varphi = 35°$，压缩模量 $E_s = 20\text{MPa}$，基底摩擦系数为0.45，桩极限端阻力标准值 $q_{pk} = 4000\text{kPa}$，桩极限侧阻力标准值：$q_{sk} = 70\text{kPa}$。

该住宅工程的条形刚性基础直接设置于花岗岩岩石地基之上，基底持力层承载力标准值采用450kPa。根据××建筑工程公司的基础隐蔽图（2003年2月14日），住宅楼采用M7.5水泥砂浆砌MU30毛石基础，外围基础3/5埋深为1400mm，约2/5基础埋深超过4000mm（采用C15毛石混凝土换填），基础最大埋深8670mm，基础宽度1200mm，详见图4-45（住宅楼外墙基础展开图）。设计采用的地基承载力虽高出勘察报告建议的地基承载力12.5%和基础标高不同时台阶高宽比超出地基应力扩散角，但按国标《建筑地基基础设计规范》（GB 50007—2002）的相关规定复核，基础埋深、基础宽度及地基承载力仍满足要求。

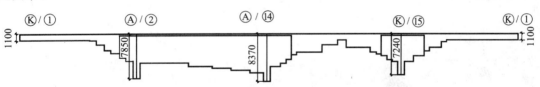

图4-45 住宅楼外墙基础展开图

据现场调查和检测，该工程主体结构的梁、板、柱等主要承重构件未发现因地基不均匀沉降引起的裂缝或损伤，工程整体观感质量正常，表明原住宅楼包括基础在内的结构整体性较好，符合国标《建筑地基基础设计规范》（GB 50007—2002）的相关要求。

（5）高边坡对住宅楼不良作用与分析

1）边坡场地工程地质条件

建筑场地内地层岩性较简单，自上而下由①素填土（Q_4^{ml}）、②辉长岩（V）和③花岗岩（r）所组成。

①素填土（Q_4^{ml}）：系人类堆填而形成，灰黄至灰色，主要由黏土、砂粒、碎石等组成，岩性松散。此层厚度一般在1m左右，在此层的底部一般有200mm至300mm厚的坡残积土，由于厚度较薄，未单独分层，而将其归于素填土之中。

②辉长岩（V）：为海西期岩浆活动而形成，灰至深灰色，主要矿物成份为辉石及斜长石，中粒辉长结构，岩性较破碎、接近地表处的辉长岩都呈强风化状态，岩性较松散，

给水钻进岩心都为砂粒、碎块状。往深部，岩性逐渐变硬，给水钻进岩心呈砂粒，碎块及短柱块。在辉长岩中发育4组节理。1组节理：倾向205°，倾角48°，节理面平直、发育，每米5条。2组节理：倾向290°，倾角78°，节理面平直，面上有泥质薄膜，每米8条。3组节理：倾向70°，倾角15°，节理面平直，延伸不长，每米5条。4组节理：走向南北，倾角直立，节理面上有薄膜、擦痕，每米4条。强风化辉长岩按坚硬程度等级为软岩，其完整程度为破碎，岩体结构类型划分为碎裂状结构。中风化辉长岩按坚硬程度等级为较软岩，其完整程度为较破碎，岩体的结构类型为碎裂状结构。

③花岗岩（r）：为加里东期岩浆活动而形成，灰黄至灰白色，主要矿物成份为石英及长石，含少量角闪石及黑云母，中粒花岗变晶结构，似片麻状构造。岩性较破碎。接近地表处的花岗岩都呈强风化状态。岩性较松散，给水钻进岩心都为砂粒，碎块状。往深部，岩性也逐渐变硬，给水钻进岩心呈砂粒，碎块及短柱状。在花岗岩中也发育有4组节理。1组节理：倾向175°，倾角55°，节理面粗糙，每米4条。2组节理：倾向300°，倾角78°，节理面平直，极发育，每米10条。3组节理：倾向300°，倾角30°，面平直，延伸短，每米4条。4组节理：倾向60°，倾角20°，面平直，每米4条。强风化花岗岩按坚硬程度等级为软岩，其完整程度为破碎，岩体结构类型划分为碎裂状结构。中风化花岗岩按坚硬程度等级为较软岩，其完整程度为较破碎，岩体结构类型划分为碎裂状结构。

建筑场地中，仅在少量填土深厚的钻孔中有少量的上层滞水，为填土层中的孔隙水，受大气降雨及坡上的生活用水补给，水量较小，对基础混凝土也无侵蚀性。

2）边坡与住宅楼的相互关系

根据××小区总平面图和××测绘队变形观测资料，××住宅楼与边坡支护结构的相互关系见图4-46。

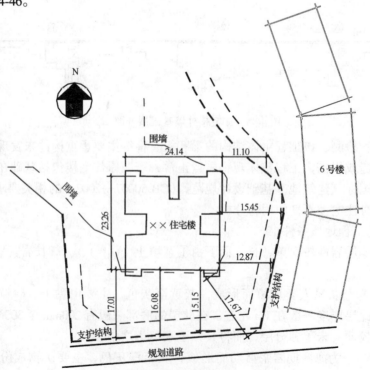

图4-46 ××住宅楼与边坡支护结构的相互关系

3）边坡开挖及施工引起××住宅楼场地及建筑物整体变形情况

①场地地面裂缝

从地面变形（图4-47）可见，由于边坡开挖施工，使住宅楼明显呈向东北方向缓慢运动（水平位移和沉降），表现出边坡两面临空的作用效果。场地移动在住宅楼中的上部结构产生的影响仅表现在有一条贯通裂缝（拉裂缝），并延伸至一层墙体，但裂缝宽度0.1mm，并不影响住宅楼的正常使用。

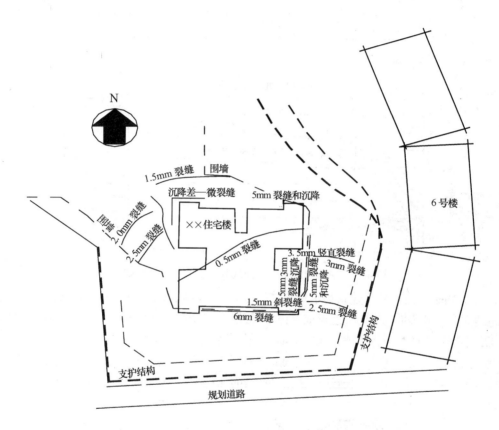

图4-47 ××住宅楼场地地面裂缝

住宅楼室外的裂缝和沉降差虽然较大，但均为室外地坪与建筑物基础降的差异变形，并不影响建筑物基础的沉降和倾斜，故不会对住宅楼产生不良作用。

②建筑物沉降

沉降观测仅有西南角和南侧和西侧中点的资料（图4-48），虽各点近期沉降均趋于稳定，但足以说明住宅楼在边坡开挖和支护结构施工过程中产生了一定量的不均匀沉降，但此沉降量和沉降差并未超过国标《建筑地基基础设计规范》（GB 50007—2002）的规定，因此并不影响住宅楼的正常使用和安全性。

③建筑物位移及支护结构沉降

图4-49中上部分为建筑物水平位移，下部分为支护结构沉降。图4-49表明，住宅楼在边坡开挖和支护结构施工过程中有明显的水平位移，支护结构由于坡体变形出现沉降，开始变形较快（11月10日至11月14日），之后位移虽仍有增加，但在目前阶段基本趋于稳定性增加，

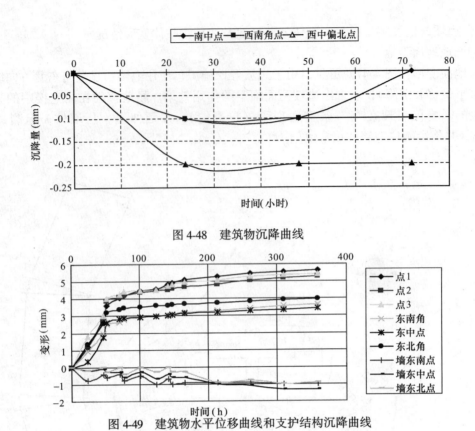

图 4-48 建筑物沉降曲线

图 4-49 建筑物水平位移曲线和支护结构沉降曲线

平均每天 0.36mm。图 4-50 为建筑物水平位移的方向。平均倾角基本在 133°~145°之间，与住宅楼场地地面变形和边坡两方向临空形成楔体滑动及坡体节理倾角比较吻合。如果边坡继续开挖和施工，根据现有资料分析预测，住宅楼的水平位移将超过 10mm。

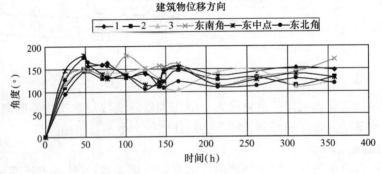

图 4-50 建筑物水平位移角度
（南方向为起点，顺时针旋转角度）

住宅楼最大水平位移量目前为 3.92mm，建筑物高度为 22.4m，整体倾斜为 0.000175，目前未超过《建筑地基基础设计规范》（GB 50007—2002）的规定。

④地基基础稳定性分析

选用××小区地勘报告提供的岩土工程参数，根据××小区带有地形的总平面图，以及边坡与住宅楼的相互关系，按国标《建筑边坡技术规程》（GB 50330—2002）提供的平面滑动法和圆弧滑动法，选择住宅楼南侧一个典型剖面和东侧一个典型剖面，进行住宅楼在边坡开挖和施工相成的人工切坡的基础稳定性分析，基础的稳定性系数均小于0.9，不能满足《建筑边坡技术规程》(GB 50330—2002)第5.3.1规定的二级边坡稳定安全系数大于1.25的标准，表明住宅楼在其南侧和东侧出现29.68m和19.46m的人工边坡后，边坡和住宅楼基础均处于不稳定状态。

利用勘察报告提供的岩土工程参数及结合工程经验选用计算使用参数，用有限元数值方法计算边坡变形，住宅楼西南角将向东南方向水平位移约46mm，沉降约66mm，此时，如果住宅楼各部位变形不同步时，住宅楼将无法满足《建筑地基基础设计规范》(GB 50007—2002)规定的相关要求。

根据稳定性分析和变形分析，使住宅楼产生新的附加沉降和水平位移的主要原因是由于其东侧和南侧边坡开挖和支护结构支护范围不够以及支护结构施工不及时造成坡体楔形蠕变滑移所致。

(6) 鉴定结论

1) 经现场检查和对设计图纸、地勘报告、竣工验收资料的综合分析，××住宅楼主体结构的安全性和抗震性能满足国标《民用建筑可靠性鉴定标准》(GB 50292—1999)和《建筑地基基础设计规范》(GB 50007—2002)、《混凝土结构设计规范》(GB 50010—2002)、《建筑抗震设计规范》(GB 50011—2001)的规定，墙体裂缝和混凝土构件裂缝对主体结构安全性无不良影响，但厨房、餐厅现浇板裂缝对正常使用性有不良影响，应采取封闭处理措施。

2) 在××住宅楼未采取有效防范措施前，××小区切削建筑边坡，切坡未按设计修正坡面、支护结构施工不及时和未按边坡设计图纸进行施工（无放阶、配筋数量不够和单层钢筋网等）等施工方法不当。根据××勘察设计研究院的"××小区岩土工程勘察报告"和房屋裂缝特征以及××测绘队11月10日至11月20日的住宅楼变形资料分析，××小区工程邻近建筑边坡开挖和施工降低了坡上××住宅楼的基础稳定性，目前基础稳定性安全系数不满足国标《建筑地基基础设计规范》(GB 50007—2002)和《建筑边坡工程技术规范》(GB 50330—2002)的规定。

3) 鉴于目前住宅楼仍处于蠕变变形阶段，建议对××住宅楼采取有效的治理措施，以免影响今后住宅楼的安全和正常使用。

鉴定日期：2005年11月23日~28日

4.5 边坡工程垮塌事故鉴定

4.5.1 工程勘察失误产生的边坡垮塌事故

4.5.1.1 【实例4-8】 某边坡治理工程垮塌原因鉴定

(1) 项目来源

××房地产开发有限公司在××区进行旧城改造拆迁安置小区A_1、A_4栋建设。平场时在电塔周围形成环形边坡，边坡为坡高16~19m的岩质边坡，边坡周长约80m。坡顶为高压铁塔，坡脚规划建筑为场内道路和场内绿化区域。

边坡工程位于重庆市某区,工程由××设计研究院设计,××勘察设计院勘察、施工,监理单位为××监理公司。边坡开工时间为2006年1月2日,2006年2月9日召开基本试验达不到设计值专题会,2006年2月9日会议记要明确砂岩部分暂停施工,2006年3月设计重新更改,但对已实施的第一阶锚杆未做调整。2006年4月8日11点30分左右,铁塔边坡工程发生局部垮塌。为查明边坡垮塌原因,××房地产开发有限公司委托××检测单位对边坡垮塌原因进行鉴定。

(2)鉴定主要依据

1)鉴定委托书、合同书;

2)××片区旧城改造拆迁安置小区A1、A4栋岩土工程地质勘察报告(详细勘察阶段,××勘察设计院,2005年11月22日);

3)××小区一期环电塔边坡治理工程施工设计图,××设计研究院(2005年12月,变更2006年3月);

4)××小区一期环电塔边坡治理工程锚杆抗拔试验报告,(××检测单位,2006年1~3月);

5)《建筑地基基础设计规范》(GB 50007—2002);

6)《混凝土结构设计规范》(GB 50010—2002);

7)《建筑边坡工程技术规范》(GB 50330—2002);

8)《建筑边坡支护技术规范》(DB 50/5018—2001)。

(3)检测结果

1)资料及相关情况调查

①地质工程勘察资料

建设方委托××勘察设计院进行了××区旧城改造拆迁安置小区A1、A4栋岩土工程地质勘察(2005年11月);由工程地质勘察报告可知与边坡支护结构垮塌有关的岩土信息如下。

场地地形总体上呈中部铁塔一带高,四周相对较低。最高点位于中部丘陵顶部铁塔一带,标高:291.52m,最低点位于西侧一带,标高:272.21m,地形标高介于272.21~291.52m,高差约19.31m。

拟建场地地质构造位于南温泉背斜的北西翼,呈单斜岩层产出,岩层产状为:倾向291°,倾角48°。

场地内绝大部分地段被第四系人工填土覆盖,仅零星有基岩出露,根据地表地质调查及钻探揭示,场地基岩为泥岩与砂岩互层组成。基岩内发育两组构造裂隙,其特征如下:

$LX1$ 裂隙:产状:倾向60°,倾角50°,裂面较平直,张开宽度3~8mm,泥质充填,结合差,裂隙间距:1.00~2.00m,贯通性较差,延伸长度约2.0~4.0m。

$LX2$ 裂隙:产状:倾向145°,倾角25°,裂面弯曲,多呈闭合状,局部微张,1~3mm,铁锰质充填,局部少量泥质充填,结合程度一般,裂隙间距:2.5~3.5m,贯通性较差,延伸长度约1.5~3.0m。

拟建场地裂隙发育程度属不发育,地质构造较简单。

铁塔埋深嵌岩0.50m,荷载10000kN/柱。按铁塔四周环境地坪标高开挖后,将在铁塔四周形成高约12~18m边坡。边坡岩性为人工填土及基岩强中等风化层,其中上部土层厚度约0.40~1.90m,中部为基岩强风化带,厚度约1.00~3.60m,下部为基岩中等风化带,厚度约 11.84~15.76m。直立削坡后，土层及基岩强风化层自稳能力差；基岩中等风化层岩体稳定性根据边坡坡向与主要结构面倾向作赤平极射投影如图 4-51 所示。

根据赤平投影图分析可知：（A）环境边坡坡向为北西西向段，易产生沿层面结构面的滑动；（B）环境边坡坡向为北东东向段，易产生沿 $LX1$ 裂隙结构面的滑动；（C）环境边坡坡向为东南南向段，易产生沿 $LX2$ 裂隙结构面的滑动；（D）环境边坡坡向为南东向段，易产生沿 $LX1$ 与 $LX2$ 裂隙组合交线的滑动；（E）环境边坡坡向为北向段，易产生沿 $LX1$ 裂隙与岩层层面组合交线的滑动；（F）环境边坡坡向为西南南向段，易产生沿 $LX2$ 裂隙与岩层层面组合交线的滑动。

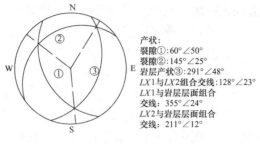

图 4-51 主要结构面赤平极射投影图

环境边坡坡向北西西向段：易产生沿层面结构面的滑动，现以 15-15′剖面稳定性验算示意图（图 4-52）对坡向为北西西向段的边坡沿岩层层面结构面平面滑动进行稳定性验算如下：

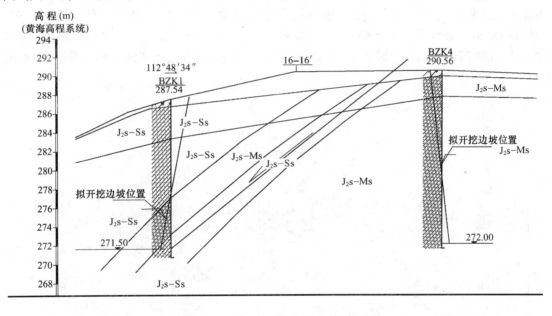

图 4-52 15-15′剖面稳定性验算示意图

稳定系数按下式计算：

$$K_s = (\gamma V\cos\theta\tan\varphi + Ac)/\gamma V\sin\theta$$

式中 γ——岩土体的重度（kN/m³），取 24.5 kN/m³；
φ——结构面的内摩擦角（°），取 19°；
c——结构面的黏聚力（kPa），取 60kPa；
A——结构面的面积（m²），取 24.69m²；
V——岩体的体积（m³），取 131.37m³；
θ——结构面的倾角（°），取 48°。

稳定性验算结果为：$K_s = 0.85$。直立切坡后，该段边坡不稳定。由于边坡高度较大，场地内存在一定的放坡空间,建议先作一定率放坡,削方减载后,再采用边坡锚固或采用锚索抗滑桩两方案比较。锚杆锚固破裂角取岩层层面结构面的倾角,约48°左右,锚杆应锚入剪切破裂面以下中等风化基岩体内一定深度,具体由设计方确定。锚杆挡土墙基础应置于基岩中等风化层之上。

根据地表地质调查及钻孔岩芯观察,均未发现滑坡、崩塌、断层、地下洞室和软弱夹层等不良地质现象,场地整体稳定。

边坡垮塌后,2006年4月18日,××勘察设计院又提出了环铁塔高切坡岩土参数补充修改说明:勘察期间,根据地表出露基岩露头进行地质调查并提出相应的岩土设计参数,其中岩层层面内摩擦角 φ 为19°,黏聚力 c 为0.06MPa。在施工期,对开挖出来的基岩进行地质调查研究,所提出的岩土设计参数基本符合实际情况,只是在开挖出来的砂岩岩层层面与泥岩岩层层面交界处,存在厚度约3～5mm的泥化夹层,影响边坡的稳定性,经调查研究,建议砂岩岩层层面与泥岩岩层层面交界处内摩擦角 φ 取8°,黏聚力 c 取0.02MPa。

②设计资料

建设方委托××设计研究院进行边坡设计,2005年12月6日设计方案进行了专家评审,专家评审结果略;施工图审查由××建筑设计研究院于2006年1月8日完成,审查建议边坡安全性定为一级,设计单位回复为按"专家意见边坡安全性定为二级";但专家评审结果中并未论述边坡的安全性等级;边坡部分施工设计图见施工示意图4-53、图4-54所示、部分设计更改

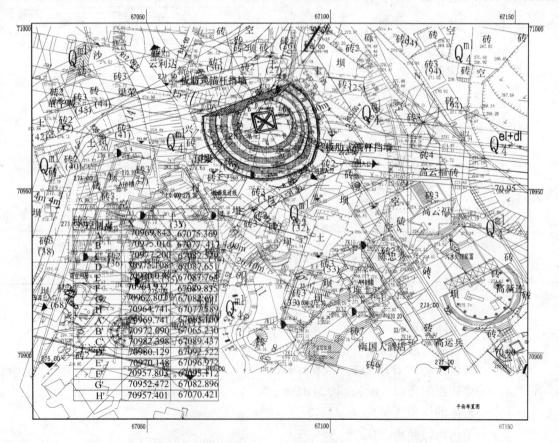

图4-53 某小区边坡设计平面布置图

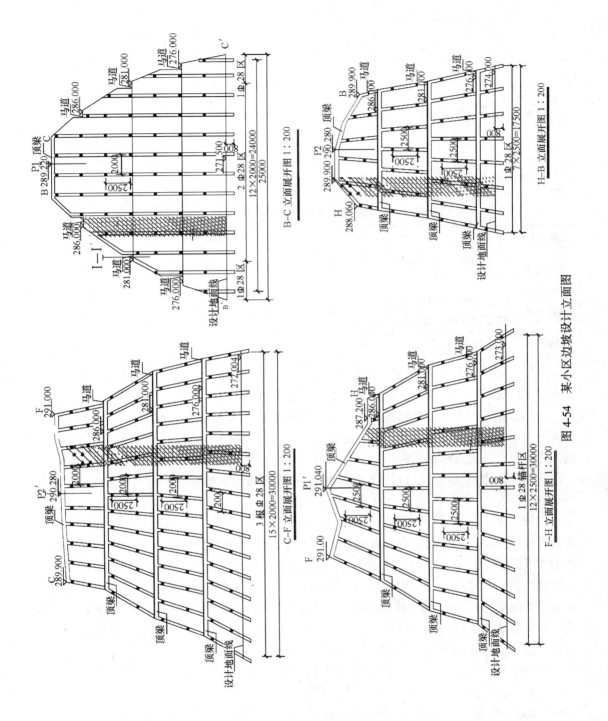

图 4-54 某小区边坡设计立面图

图见变 2（略），更改时间 2006 年 3 月 3 日。由设计图可知：设计参数选用见表 4-7 和表 4-8。

岩土边坡设计参数表 表 4-7

岩土名称	重度（kN/m³）	抗剪强度	
		c（MPa）	φ（°）
人工填土	19.50	0	30
粉质黏土	20.00	0.05	15
强风化泥岩	24.50	0.20	21
强风化砂岩	24.50	0.22	22
中风化泥岩	25.00	0.38	33
中风化砂岩	25.00	0.40	35

边坡结构面抗剪强度指标标准值 表 4-8

结构面	结构面的结合程度	内摩擦角 φ（°）	黏聚力 c（MPa）
LX1 裂隙	裂隙面较平直，张开宽度：3~8mm，泥质充填，结合程度差，为硬性结构面。	18	0.05
LX2 裂隙	裂面较平直，张开宽度约 1~3mm，少量泥质充填，结合程度较差，为硬性结构面。	20	0.07
岩层层面	基岩呈厚层状产出，层面结构面明显。	19	0.06

其他：Ⓐ该段岩质边坡类别为Ⅲ类，等效内摩擦角取 56°；Ⓑ铁塔竖向均布荷载取 60kPa；Ⓒ岩层与砂浆（M30）的粘结强度特征值取 135kPa。

支挡方案设计为：边坡开挖前，先对电塔基础进行加固处理。加固方法为：共设置 6 根连梁，沿基础四周布置 4 根，四个基础对角线二根，将原有电塔基础压于连梁下。在外围四个角点处各设置 9 束锚索，锚索自由端长 18m，锚固段长 7m，锚索型号 7ϕ^s15.2，自由段无粘结锚索，抗拉强度设计值 1260MPa。预应力锚索承载力设计值大于 800 kN，锁定荷载 50kN。

边坡采用分阶放坡板肋式锚杆挡墙支护措施，在 B~C~C'~B' 段受场地条件限制，放坡条件不充分，岩土侧压力较大，竖肋间距为 2m，锚杆竖向间距为 2.5m，由Ⅰ-Ⅰ和 P1 计算剖面控制；C~D~E~F 段采用分阶放坡+板肋式锚杆挡墙，竖肋间距为 2.0m，锚杆竖向间距为 2.5m，由 P2' 计算剖面控制；F~G~H 段采用分阶放坡+板肋式锚杆挡墙，竖肋间距为 2.5m，锚杆竖向间距为 2.5m，由 P1' 计算剖面控制；H~A~B 段采用分阶放坡+板肋式锚杆挡墙，竖肋间距为 2.5m，锚杆竖向间距为 2.5m，由 P2 计算剖面控制；竖肋截面尺寸为 300mm×400mm，面板厚度 200mm。

检测要求为：本工程的所有锚杆施工完并达到设计强度后，应随机抽检做锚杆验收试验，以检验施工质量是否达到设计要求。其试验要求及步骤按《建筑边坡工程技术规范》（GB 50330—2002）附录 C3 要求进行，验收试验锚杆的数量取锚杆总数的 3%，且不得少于 5 根。

部分其他要求为：Ⓐ施工中出现与设计不符的情况时，应及时通知设计人员，并会同有关单位协商解决。Ⓑ施工期间及竣工后 2 年内，甲方应委托有资质的专业测量单位，对挡墙进行长期位移及变形观测。

③施工情况调查

施工单位对边坡垮塌事件的报告及施工过程报告引用如下：

××区环铁塔边坡治理工程为高难度、高风险的抢险工程。在承接本施工工程后，全院上下高度重视，并根据现场实际情况，编制了施工方案及应急预案，施工方案及应急预案均通过监理、业主审定。在施工时，一直按照审定后的施工方案进行施工。特别是针对土石方开挖工作，更是严格按设计及相关规范要求施工。

我院于 2005 年 12 月 28 日进场。根据业主工期要求，春节前完成预应力锚索及第一阶上部高约 2.5m 段挡墙施工。在施工过程中，发现该场地岩体破碎，担心锚杆抗拔力达不到设计要求，遂要求业主进行锚杆基本实验，具体确定锚杆的极限抗拔力。试验结果未能达到设计要求。2006 年 2 月 7 日，业主邀请设计及其他相关单位对试验情况进行分析，并对粉砂岩部分后续锚孔孔径及锚筋做出设计变更。锚孔孔径由原来 $\phi 90$ 变为 $\phi 110$，$\phi 110$ 变为 $\phi 130$，$\phi 150$ 变为 $\phi 170$，锚筋 HB 段的锚筋 $1\phi 28$ 变为 $1\phi 20$。2006 年 1 月 2 日开始施工 2006 年 3 月 24 日施工完毕基础梁及预应力锚索和第一阶挡墙。第一阶挡墙施工完毕后，挡墙未出现变形现象。

2006 年 4 月 6 日开始施工第二阶 HB 段土石方，施工时采用机械开挖，人工修坡。边坡开挖过程中，专职安全员时刻观察边坡的情况。4 月 8 日 11 点 28 分，当开挖第二阶坡高约 3m 时，砂岩部分及上部已施工好的挡墙全部滑落。我院遂紧急电告相关各部门进行抢险处理。

根据事件发生的前后经过，我院进行了认真的分析和总结。边坡出现滑塌原因可能在如下两个方面：该段砂岩部分强度极低，岩体特征低；第二阶正在开挖土石方时，场地附近正在进行施工放炮，对边坡岩体振动较大。

根据业主要求，春节前完成基础梁及预应力锚索和第一阶一部分挡墙工作。按照施工设计图要求，2006 年 1 月 2 日我院开始实施预应力锚索、基础梁加固工作。2006 年 1 月 10 日施工完毕 MS-H，MS-D，MS-C，MS-F 预应力锚索。2006 年 1 月 12 日施工完毕第一阶第一部分 CF 段挡墙。2006 年 1 月 19 日施工完毕第一阶第一部分其余段挡墙。2006 年 1 月 20 日做预应力锚索的张拉试验及锚杆基本试验 1 根（$1\Phi 28$ 实验，锚固段长 3m）。至此，在 1 月 21 日全部完成基础梁加固及预应力锚索锁定和第一阶第一部混凝土挡墙工作，并于 1 月 24 日开始放春节假。

春节后，2 月 6 日开始上班，根据春节相关部署，进行下部工作准备。2006 年 2 月 7 日请业主邀请设计及相关单位到施工现场，针对试验锚杆的过程、结果进行全过程的监督并对下一步的工作提出建议。相关单位提出坡顶与基础梁相接带外观形象较差，要求作处理。2006 年 2 月 9 日，我院接相关单位的通知，要求升高挡墙，挡墙的高度与坡顶大致一致，并对其他试验锚杆作法及要求作进一步的明确。根据 2006 年 2 月 9 日会议精神，开始 CF 段第一阶第二部分挡墙施工。2006 年 2 月 14 日，××公司高层领导视察工地情况，并要求整改混凝土外观形象。2006 年 2 月 17 日，质检站到工地视察情况，要求对边坡岩体强度的情况做出定量结论，以便实施单位有数据进行操作，同时对下一步工作做出部署，并提出了 5 点具体要求。根据 2006 年 2 月 17 日会议精神，2 月 21 日，再次邀请 5 家相关单位到现场对岩体情况进行确认。2 月 28 日完成第一阶第二部分 CF 段挡墙工作。3 月 1 日，我院再次邀请 6 家相关单位到现场对 2 月 9 日试验锚杆情况作详细了解，并在会议上分析试验结果。3月3日接到设计院电子文档变更图纸。3月6日接到设计院正式施工设计变更图。此后按照设计院变更图纸内容进行施工。2006年3月6日开始实施第一阶第二部分砂岩BC段土石方开挖工作3月24日完成第一阶第二部分挡墙工作。4月4日完成第二阶CH段挡墙工作。2006年4月6日开始施工第二阶HB段土石方,施工时采用机械开挖,人工修坡。边坡开挖过程中,专职安全员时刻观察边坡的情况。4月8日11点28分,当开挖第二阶坡高约3m时,砂岩部分及上部已施工好的挡墙全部滑落。

  根据施工单位提供的部分竣工资料可知:边坡工程开工时间为2006年1月2日;边坡施工材料(水泥、钢材、砂浆、混凝土)满足设计要求;与滑塌边坡有关的锚杆竣工情况见表4-9。从施工方提供的竣工资料判断,除第一阶边坡高度不满足设计要求外,暂未发现其他问题。

HB段锚杆挡墙竣工情况表   表4-9

孔编号	孔径(mm)	锚杆设计长度(m)	锚杆实际长度(m)	岩石类别
HB8-1	90	7.2	7.72	粉砂岩
HB8-2	90	7.2	7.75	粉砂岩
HB8-3	90	7.2	7.65	粉砂岩
HB8-4	90	7.2	7.73	粉砂岩
HB7-1	110	5.8	6.3	泥岩
HB7-2	110	5.8	6.3	粉砂岩
HB7-3	110	5.8	6.3	粉砂岩
HB7-4	110	5.8	6.3	粉砂岩

  ④检测情况调查

  受××勘察设计院的委托,××检测中心先后三次进行了××小区一期环电塔边坡治理工程锚杆抗拔试验。三次锚杆抗拔试验数据见表4-10所示。

锚杆抗拔试验数据表   表4-10

锚杆号	锚杆直径(mm)	锚孔直径(mm)	锚孔深度(m)	围岩类别	锚杆极限承载力(kN)	岩石与锚固体粘结强度极限值(kPa)	检测日期
锚杆1	1Φ28	90	3.0	粉砂岩	125	~(147.4)	2006.1.20
锚杆1	1Φ28	110	2.6	泥灰色页岩	100	111.0 (111.3)	2006.2.26
锚杆2	1Φ28	110	2.6	黄色粉砂岩	100	111.0 (111.3)	2006.2.26
锚杆5	2Φ28	150	2.9	泥灰色页岩	150	124.0 (109.8)	2006.2.26
锚杆9	3Φ28	170	2.0	页岩	240	225.0 (224.8)	2006.2.26
试验3	1Φ28	110	2.6	—	120	134.0 (133.6)	2006.3.12~13

续表

锚杆号	锚杆直径（mm）	锚孔直径（mm）	锚孔深度（m）	围岩类别	锚杆极限承载力（kN）	岩石与锚固体粘结强度极限值（kPa）	检测日期
试验4	1Φ28	110	2.60	—	100	111.0（111.3）	2006.3.12~13
试验6	2Φ28	150	2.90	—	160	117.0（117.1）	2006.3.12~13
试验7	2Φ28	150	2.90	—	160	117.0（117.1）	2006.3.12~13
试验8	3Φ28	150	2.90	—	150	110.0（109.8）	2006.3.12~13
试验10	3Φ28	170	2.0	—	240	225.0（224.8）	2006.3.12~13
试验11	3Φ28	170	2.0	—	250	234.0（234.1）	2006.3.12~13
试验12	3Φ28	170	2.0	—	240	225.0（224.8）	2006.3.12~13

注：1. 表示试验报告中未给出相应参数。试验锚杆具体位置试验报告未给出；2. 括号内数据为按数据处理原则给出的计算结果；3. 锚杆5原报告给出的岩石与锚固体粘结强度极限值有误。

2）边坡垮塌后检测

①边坡外观情况调查

有关技术人员于2006年4月8~10日到现场进行了检查，边坡垮塌情况见图片4-55~图4-58所示。

图4-55 边坡工程垮塌后全景

②边坡垮塌情况测量和检查

使用全站仪测量了边坡支护结构垮塌前、后墙体顶面边线的位置，测量结果见图4-59所示。现场测量垮塌边坡支护结构的倾向在291°~305°之间；第一阶边坡支护结构实际测量高度为5.7m，坡顶两层抹面砂浆之间的高度在0.8~1.0m之间，第一阶边坡高度比设

图 4-56 锚杆破坏情况

图 4-57 垮塌边坡部分岩土体情况

图 4-58 铁塔基础预应力锚索情况

计要求增高了 1.42m，其他参数参见图 4-59；边坡支护结构滑动线测量结果见图 4-60 所示，实际情景见图 4-55 所示；现场查看滑动面，岩层间夹泥（粉土）厚度不等，含水膨胀后夹泥厚度在 3~10mm 之间，同时可见岩面上的滑移擦痕。

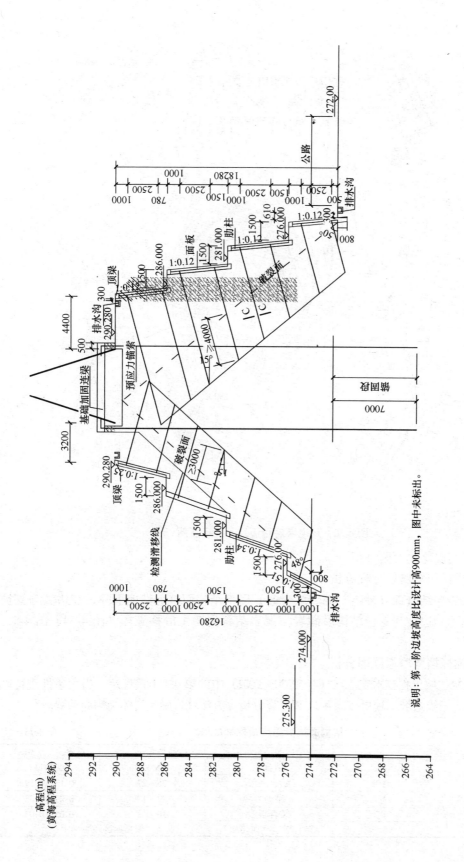

图 4-59 边坡滑移面检测数据

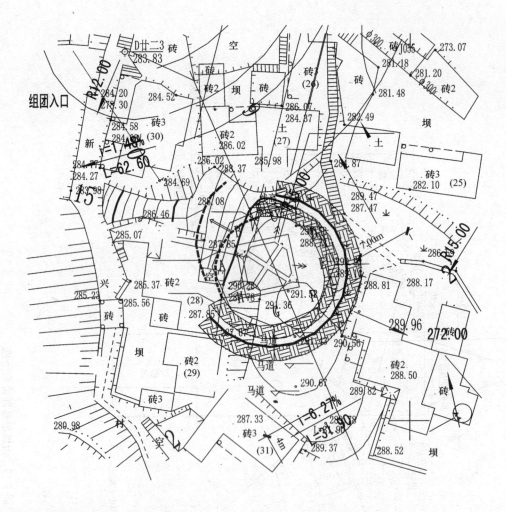

图 4-60 环电塔垮塌边坡平面示意图

(4) 锚杆挡墙垮塌原因分析

1) 边坡锚杆挡墙垮塌过程分析

雨水浸入岩层结合面（砂岩与泥岩结合面）后，结构面抗剪性能下降，在边坡与支护结构自重作用下，边坡与支护结构沿砂岩与泥岩结合面产生滑移破坏（图 4-54、图 4-55、图 4-57）。

2) 边坡锚杆挡墙垮塌原因分析

① 按《建筑边坡工程技术规范》(GB 50330—2002) 中的第 4.5.1 条规定：当无条件进行试验时，对于二、三级边坡工程可按表 4-11 和反算分析等方法综合确定岩体结构面参数。

结构面抗剪强度指标标准值 表 4-11

结构面类型		结构面结合程度	内摩擦角 φ (°)	黏聚力 c (MPa)
硬性结构面	1	结合好	>35	>0.13
	2	结合一般	35~27	0.13~0.19
	3	结合差	27~18	0.09~0.05
软弱结构面	4	结合很差	18~12	0.05~0.02
	5	结合极差（泥化层）	根据地区经验确定	

按边坡与支护结构垮塌后检测情况分析 HB 段一阶边坡的稳定性，分析方法采用《建筑边坡工程技术规范》(GB 50330—2002) 中的第 5.2.4 条规定。

取单位宽度（1m），验算（已考虑了第一阶边坡超高后产生的荷载效应）放坡后（两阶）边坡的稳定性，分析推算结果见表 4-12（计算时暂不考虑锚杆作用）。

边坡稳定系数计算表   表 4-12

K_s	γ (kN/m³)	φ (°)	c (kPa)	A (m²)	V (m³)	θ (°)
1.08	25	0	60	8	24	48
0.90	25	0	50	8	24	48
0.72	25	0	40	8	24	48
0.54	25	0	30	8	24	48
0.36	25	0	20	8	24	48
1.38	25	19	60	8	24	48
1.21	25	19	50	8	24	48
1.02	25	19	40	8	24	48
0.85	25	19	30	8	24	48
0.67	25	19	20	8	24	48
1.23	25	12	60	8	24	48
1.09	25	12	50	8	24	48
0.91	25	12	40	8	24	48
0.73	25	12	30	8	24	48
0.55	25	12	20	8	24	48
1.20	25	8	60	8	24	48
1.02	25	8	50	8	24	48
0.84	25	8	40	8	24	48
0.66	25	8	30	8	24	48
0.48	25	8	20	8	24	48
1.14	25	4	60	8	24	48
0.96	25	4	50	8	24	48
0.78	25	4	40	8	24	48
0.60	25	4	30	8	24	48
0.42	25	4	20	8	24	48

注：1. 考虑工程实际情况，第一阶边坡高度大于设计要求高度，V 的计算考虑了上述因素影响；2. 从图片 1、2 可见岩体滑移状态，A 的计算考虑了上述因素，按不利条件计算。

从表 4-12 计算结果可知：当 c 值为 60kPa 时，不论 φ 值为多少，边坡稳定系数均大于 1，说明雨水作用后结构面黏聚力小于 60kPa；当 c 值为 50kPa 时，内摩擦角 φ 值大于 8°时，边坡稳定系数均大于 1；说明雨水作用后结构面黏聚力应小于 50kPa，内摩擦角 φ

值应小于 8°；当黏聚力小于 50kPa，内摩擦角 φ 值小于 8°时，边坡稳定系数小于 1。

②根据××地质矿产检测中心先后三次对××小区一期环电塔边坡治理工程锚杆抗拔试验报告可知（表 4-11）：锚杆破坏主要为锚固体拔出破坏，岩石与锚固体粘结强度极限值在 110～234kPa 之间，不满足设计要求（岩层与砂浆（M30）的粘结强度特征值为135kPa）。按《建筑边坡工程技术规范》（GB 50330—2002）附录 C 要求，若将 13 根锚杆试验获得的岩石与锚固体粘结强度极限值进行大统计，岩石与锚固体粘结强度标准值为64.7kPa，其特征值为 24kPa；若单独考虑 1 根Φ28 锚杆试验结果，则岩石与锚固体粘结强度标准值为 111.3kPa，其特征值为 41.2kPa，若锚固长度为 3m，锚孔直径为 110mm，则锚固体抗拔承载力设计值仅为 42.7kN（设计要求为 141kN）。

综合上述两条原因可知：边坡实际情况与设计条件严重不符，实际结构不能抵抗边坡下滑力，最终导致边坡沿结构层面滑移破坏。

(5) 鉴定结论

通过对××小区一期环电塔边坡治理工程 CABH 段一阶垮塌边坡的调查、检测和综合分析，有如下鉴定结论：

1) 环电塔边坡治理工程北西西向段（CABH）段一阶锚杆挡墙边坡破坏形式为沿岩层层面的滑动破坏。

2) 经反分析计算，最初提供的岩层层面内摩擦角（19°）、黏聚力（60kPa）取值与工程实际情况不符，地质勘察报告未反映岩层层面存在软弱夹层问题，边坡实际情况与设计条件严重不符，实际支护结构不能抵抗边坡下滑力，是导致边坡沿岩层层面滑移破坏的根本原因。

3) 一阶边坡实际高度超过设计要求，增加了边坡外加荷载；设计参数与实际情况不符，处理措施不到位对边坡垮塌产生了不利影响。

4.5.1.2 【实例 4-9】 ××高切坡工程垮塌事故

2004 年 4 月，××二期工程岩质边坡，高度为 20～30m，其坡顶厂房地面出现地裂缝，地裂缝最大宽度为 20mm，经重庆市专家认证："认为设计合理、地质勘察基本正确、不会发生边坡垮塌现象"。三天后，坡顶建筑物地面裂缝开展迅速，最大地裂缝发展到 50mm，厂房随时可能垮塌，当天晚 11 点左右，边坡整体垮塌，半边厂房随即垮塌。原因是多层结构面局部勘察不充分，支护结构不到位所致。边坡及边坡垮塌情况见图 4-61～图 4-68 所示。

边坡垮塌前后，某检测中心给业主出具了"紧急通告"，通告内容如下：某检验测试中心于 2004 年 3 月 17 日下午 15 时已发出××开关厂剪板车间出现重大险情的通告，并同时做出了边坡即将垮塌的预警。2003 年 3 月 17 日晚 23：30 分××开关厂剪板车间、相邻建筑出现了局部垮塌现象，环境边坡局部范围出现了整体塌陷现象，房屋、边坡破坏后的现场情况如图 4-65～图 4-68 所示。房屋塌陷后出现的地裂缝宽度约 800mm 左右，从现场图片判断，由于边坡塌陷造成的牵引作用，其相邻边坡可能会出现其他诱发灾害，为此有如下建议：①组织相关专家对边坡局部塌陷的原因做进一步分析，以便确定发生地质灾害的可能性；②地质勘察单位及设计单位应根据灾害现状，立即提出排危、整治方案；③加强邻近边坡变形的监测，排查其他安全隐患，并做好排危安全预案；④加强边坡周边环境的排水、截水措施，防止雨水浸入垮塌体引起更大范围内的边坡破坏。

图 4-61　2004 年 3 月 14 日
边坡加固情况

图 4-62　2004 年 3 月 14 日厂房地面裂缝情况

图 4-63　2004 年 3 月 17 日
边坡全景

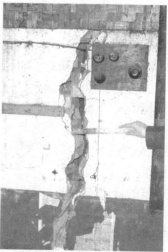

图 4-64　2004 年 3 月 17 日
厂房山墙裂缝变化情况

图 4-65　2004 年 3 月 18 日
边坡垮塌全景

图 4-66　2004 年 3 月 18 日
边坡垮塌详情

图 4-67　2004 年 3 月 18 日
侧看边坡垮塌详情　　　　　　　图 4-68　2004 年 3 月 18 日
厂房垮塌详情

(1) ××高切坡工程垮塌后垮塌地段的地质勘察情况

1) 工程概况

××小区西南侧边坡长约 175m，高约 20～24m，该边坡为岩质边坡，采用锚杆挡墙支护。××小区岩土工程详细勘察工作由××勘察实业总公司于 2002 年 12 月～2003 年 2 月完成，该工程由××设计研究院设计，××建筑工程公司承建。该工程计划开工日期 2003 年 9 月 29 日，根据设计图及施工方案，该工程采用锚杆挡墙支护，锚固的破裂面 47°，锚杆进入破裂面稳定岩层 3.5m，边坡高度 20～24m，安全等级为一级；岩土工程勘察等级为甲级。

结合边坡的形态和特点在坡肩取 A、B、C、D、E、F 6 点将边坡分成 5 段（图 4-69）。在边坡施工及支护过程中，于 2004 年 3 月 15 日发现坡体有变形、开裂现象，开发商委托××研究院进行边坡变形监测，2004 年 3 月 18 日 CD 段产生滑坡，CD 段长约 47m，前后缘宽约 37m，高约 20～24m。滑坡形成后，××房地产开发有限公司邀请××单位立即派专业技术人员进入现场了解情况，参与抢险工作。该单位于 2004 年 3 月 19 日派专业技术人员进入现场了解情况；2004 年 4 月 12 日，××房地产开发有限公司委托该单位对××小区滑坡综合整治工程进行勘察工作。

2) 地质环境条件

场属丘陵地貌，地面高程 237.04～260.59m，最大高差约 24m，由于人工边坡已形成，坡上、坡下较平缓，人工边坡的坡角约 70°～80°。

场地主要岩土层有第四系人工素填土（Q_4^{ml}）、残、坡积（Q_4^{el+dl}）粉质黏土，侏罗系中统沙溪庙组（J_2s）砂岩、泥岩。分述如下：

全新统 Q_4：

①人工素填土（Q_4^{ml}）：由砂土、黏性土、砂、泥岩块（碎）石及少量建筑垃圾组成，块（碎）石粒径 20～200mm，约占总质量的 20～30%，中密，稍湿，主要分布于坡顶红旗开关厂一带，堆填年限大于 5 年，堆填方式为抛填。

②粉质黏土（Q_4^{el+dl}）：黄褐色，可塑～硬塑状态，残坡积成因，无摇振反应，稍有

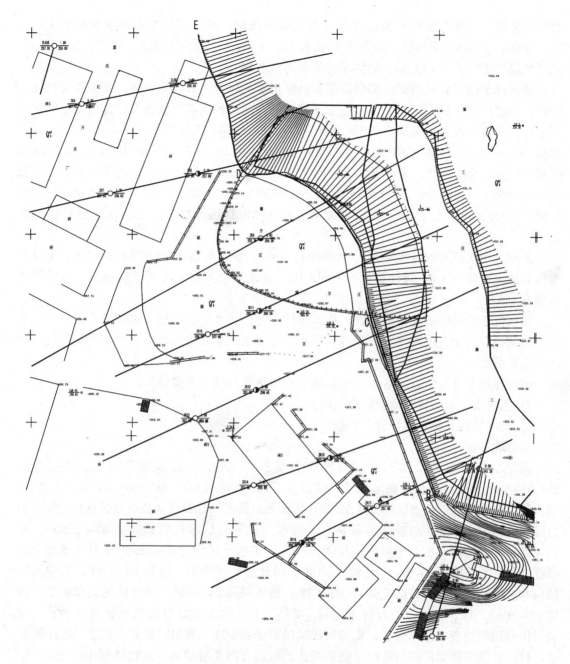

图 4-69 地质勘察平面示意图

光泽，干强度中等，韧性中等。钻孔揭示厚度 0～3.00m。覆于人工填土之下，主要分布于坡顶××开关厂一带。

～～～～～～～～～～不整合～～～～～～～～～～

中侏罗统沙溪庙组（J_2s）：

③砂岩（Ss）：灰色、灰白色。矿物成分以石英、长石为主，并含少量云母。中细粒结构，钙质胶结，巨厚层状构造。强风化层厚约 0.6～3.50m，强风化层岩芯破碎，呈碎块状，岩质软，中等风化岩体多呈短～中长柱状，岩芯较完整，岩质较硬，构造裂隙不发

育~较发育，岩体厚度大于5m，基岩侵蚀面坡度角0°~10°，岩体基本质量等级Ⅲ级。

④泥岩（J_2s）：紫红色，以黏土矿物为主，泥质结构，层状构造，局部含粉砂质重。强风化层厚度0.50~12.00m，岩体基本质量等级Ⅳ级。

场区位于南泉背斜西翼，勘察范围岩层倾角变化较大，岩体完整性、裂隙发育程度不一致，岩层产状变化大，与局部构造变形较强烈有关。根据现场调查及钻探结果，场区的岩层产状及裂隙发育情况如下：ABCD段岩层产状：倾向275°~295°，倾角45°~53°，局部倾角60°~70°，主要裂隙3组：①237°∠56°，裂面平直，延伸长3~5m，间距0.50~1.00m，呈闭合状，无充填；②走向210°，垂直裂隙，裂面平直，呈闭合状，延伸长3~5m，间距0.5~1.00m，无充填；③70°~90°∠18°~20°，裂面平直，呈闭合状，延伸长3.00~5.00m，间距大于3m，裂面无充填。场地ABCD段裂隙较发育，DEF段裂隙不发育。

根据《建筑抗震设计规范》（GB 50011—2001）场区为地震设防烈度6度区，设计基本地震加速度值0.05g。场地属抗震不利地段，场地类别为Ⅱ~Ⅲ类建筑场地，设计特征周期0.45s。

场区位于丘陵斜坡地带的顶部，排水条件较好，无大量富集地下水的地质条件，地下水为松散土层中的上层滞水及少量基岩隙水。地下水主要受降雨和生活废水补给，勘察期间未见地下水。

据对环境条件分析，场区地表水及地下水对钢筋混凝土无腐蚀性。

3）室内岩土试验资料分析整理（略）

4）滑坡特征及稳定性评价

①滑坡特征

该滑坡平面形态呈围椅形。滑坡前后缘长约37m，前缘横宽约47m，后缘标高257.63~260.59m，地形南西高北东低，前沿人工岩质边坡坡角约70°~80°，主滑方向北60°东，前缘剪出口接近已形成的人工岩质边坡底部，剪出口标高238.00~239.00m，滑坡前后缘高差约20~22m；滑坡边界较清楚，后缘呈弧形，后缘拉裂缝宽1.00~2.50m，深10~13m，裂缝被碎石土及少量建筑垃圾充填；距滑坡体后缘约2~8m的地面及残墙上见裂缝2条，裂缝宽度2~3cm，延伸5~10m；滑坡后壁呈弧形，倾角85°~90°，后壁局部倾向与岩层倾向一致（岩层反倾），倾角75°；滑床倾角18°~22°；滑坡体见裂缝数条，宽度20~30cm，深30~50cm，延伸3~5m，坡体上有一水泥电线杆被折断，向滑动方向倾斜，根据现场调查，滑体形状，钻探所揭示的滑动面深度，剪出口位置、高度，后缘滑坡壁产状，外倾结构面的倾角等综合确定滑体的滑动方向及滑动面；滑坡体厚10~15m，平均厚12m，面积约1160m²，体积约1.4万m³。

滑坡体主要由中侏罗统沙溪庙组的长石石英砂岩、泥岩组成，坡体顶部有厚约1.00m的人工填土，钻探及调查表明，滑坡体被拉裂或挤压破碎严重，呈碎块状，风化较强烈。

②滑坡的形成

经对现场工程地质测绘成果、钻探资料、测试资料、监测工作（经多方交涉，建设方未能让监测单位提供至目前为止的监测成果）进行综合分析，本次滑坡的形成有内在因素，也有外在因素，具体分析如下：

（A）施工因素：由于施工开挖形成人工岩质边坡，改变了边坡的外形，形成了临空面，边坡的应力状态发生改变，为使人工边坡达到新的平衡，边坡的应力状态将不断发生变化，直到破坏达到新的平衡为止；施工爆破也是形成滑坡的重要因素，据调查，施工单位在开挖过程中采取了爆破施工，尽管上部锚杆已形成，但未开挖到设计标高，仍在进行爆破，施工爆破使岩体强度降低，结构面松动，抗剪强度降低，并在斜坡体上形成卸荷裂隙，因此，施工开挖、爆破是滑坡形成的重要因素之一。

（B）岩体强度：钻探揭示，组成滑坡体的岩体（特别是滑坡体后缘）以紫红色泥岩为主，岩体较破碎，岩质软，强度低，滑坡前缘为长石石英砂岩，厚约5m，而邻近的DEF段泥岩的砂质含量较高，呈紫灰色，岩体较完整，岩质相对较硬，强度较高。滑坡段岩体较破碎、强度低是滑坡体形成的内在因素之一。

（C）构造因素：滑坡范围的岩层倾角较陡，倾角一般45°～53°，局部可达60°～70°，岩层倾向坡内，为反向坡。滑坡范围岩体裂隙较发育，主要有3组裂隙见前述；据极射赤平投图分析（图4-70），裂隙3的倾向与边坡坡向一致，为外倾不利结构面，该面为软弱结构面，倾角不大，一般情况下沿该面发生破坏的可能性较小，但在其他内、外因素共同作用下，本次滑坡就是沿该面产生的滑坡；外倾软弱结构面对本次滑坡的形成起了重要作用。

（D）构造应力：滑坡段岩层倾角较陡（45°～53°，局部60°～70°），且变化较大，岩体较破碎，裂隙较发育，而邻近的DEF段岩层产状较缓（25°～34°），岩体较完整，在相距不远地段的岩层产状及裂隙发育程度相差之大，表明滑坡段为构造变形较强烈地段，构造应力较集中，在人工边坡形成过程中短时间内应力突然释放，是形成本次滑坡的重要因素之一，因为滑坡范围的构造裂隙1倾向坡内，裂隙2为垂直裂隙，与边坡斜交，裂隙3为外倾硬性结构面，倾角不大，延伸不远，若不是因为构造应力集中释放，在边坡支护结构已部分完成的情况下，该边坡产生破坏的可能也较小。所以构造应力较集中释放，是形成本次滑坡的重要因素之一。

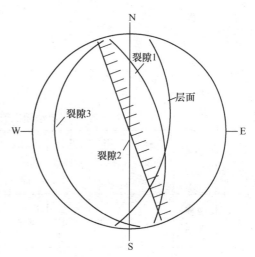

图4-70 滑坡段极射赤平投影图

综上所述，本次滑坡的产生有人为因素，也有自然因素。人为因素包括施工开挖、施工爆破等因素，自然因素包括岩体强度较低，岩体裂隙发育程度，构造应力集中、释放等因素。据调查，滑坡前无地下水及地表水作用，勘察期间也未发现地下水。

据现场调查，滑坡后缘仍有拉裂缝2条，长度5～8m，宽度2～3cm，深度20～30cm，所以滑坡向后缘发展的可能性较大。根据对已滑动的坡体进行的监测，滑坡体处于暂时稳定状态。

③滑坡计算

（A）按反算法计算 为了使计算结果尽可能与实际情况吻合，根据场地已有的试验成果，取黏聚力$c = 13$kPa，反算滑动面的内摩擦角φ，此处采用平面滑动法进行计算，计算公式根据《建筑边坡工程技术规范》GB 50330—2002 式（5.2.4）求得 $\tan\varphi$；现状处于活跃阶段的滑坡稳定系数 F_s 取 0.98，选择主滑断面（剖面6）为计算断面（图 4-71），经反算，滑动面的内摩擦角 φ 为 17°16′，反算的计算表见滑动面抗剪强度参数反算表。

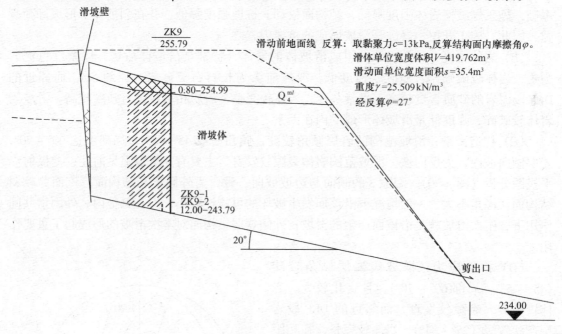

图 4-71 滑坡计算简图

滑动面抗剪强度参数反算表　　　　　　　　　　　　　表 4-13

计算剖面编号	计算模式	土体重度 kN/m³	土体体积 m³	滑动面倾角 (°)	滑动面面积 S m²	黏聚力 c (kPa)	c_s	$\cos\theta$	$\sin\theta$	安全系数 F_s	$\tan\theta$	φ
6—6′	平面滑动	25.2	419.76	20	35.4	13	460.2	0.940	0.342	1.00	0.31	17°37′

（B）推力计算　由于反算是把滑坡体视为一个大型的剪切试验模型，反算所得的指标综合反映了各项因素共同作用的结果，因而较能反映客观实际。然后将反算指标代入剖面，计算出剩余下滑力（推力），见滑坡计算简图的实线部分，根据《建筑边坡工程技术规范》（GB 50330—2002）第 13.1.12 条的规定，对工程滑坡取安全系数 F_{st} 取 1.25，推力计算数据详见滑坡推力计算表。

滑坡推力计算表　　　　　　　　　　　　　表 4-14

计算剖面编号	计算模式	土体重度 (kN/m³)	土体体积 (m³)	φ	$\tan\theta$	滑动面倾角 (°)	滑动面面积 S (m²)	黏聚力 c (kPa)	c_s	$\cos\theta$	$\sin\theta$	安全系数 F_s	剩余下滑力 p (kN/m)
6—6′	平面滑动	25.2	384.72	17.62	0.318	20	35.91	13	466.83	0.940	0.342	1.25	784.56

④滑坡治理措施的选择

滑坡的治理措施有减载（清除）、支挡、排水等，本工程地下水不发育，主要应采取措施使地表水不流入滑坡体。就选择减载（清除）和支挡两种措施治理本次滑坡，还得从滑坡的规模、产生原因、现状稳定性、环境条件、土地利用等方面综合分析，慎重选择。

本工程若采用支挡措施，可以减少土石方挖方量及土石方的外运量，由于滑坡体裂缝较多，呈块状，可能进一步风化呈土状，支挡难度较大，且在滑坡体前沿进行支挡结构的施工开挖时，可能破坏滑坡体的现有平衡状态，对施工安全是一个严重考验，增大滑坡的治理难度及效果；就土地利用而言，滑坡进行支挡后，滑坡及相邻范围不宜作为建筑场地。

本工程若采用减载（清除）措施治理，因滑坡体范围不大，土方量也不大，即使清除全部不稳定的岩土体也是可行的。但此方案挖方量较大，土方外运量也较大，但可根治滑坡不留后患，结合滑坡体后方××开关厂大片土地的开发利用，对环境边坡进行分阶、放坡、支挡后，该处可作为建筑工程用地，可以有效利用土地，带来较好的经济效益和社会效益。

建议采用减载措施治理滑坡。

5）结论及建议

①结论

现场调查及勘察成果表明，滑坡现状处于暂时稳定状态，但在施工开挖、爆破，地表水浸入坡体等条件下可能继续滑动，由于滑坡体后缘存在拉裂缝，滑坡体还可能向后缘发展。邻近的AB、BC段现状稳定，但不宜继续开挖，若开挖时应先按设计进行支护，且不宜爆破施工。邻近的DE、EF段已采用锚杆支护，现状稳定，经锚杆支护的边坡稳定，无安全隐患。

②建议（略）

4.5.2 设计失误产生的边坡垮塌事故

4.5.2.1 【实例4-10】 ××加筋土挡墙事故鉴定

（1）挡土墙事故现场检测结果

1）工程概况

所述挡土墙工程为××安居工程的环境工程中的道路挡墙，修建于1997年下半年。该挡土墙采用了一种新型挡土墙，其下部采用锚杆挡墙，上部采用加筋土挡墙，其中加筋土挡墙最大高度为13.2m，锚杆挡墙高度在8m至12m之间。这里将此种挡土墙简称为组合挡墙，该组合挡墙总长度90m，组合挡墙最大高度约25m。

2）道路挡墙垮塌的宏观现象

组合挡墙整体垮塌的情况见图4-72～图4-74。上部加筋土挡墙作为一整体滑落在组合挡墙悬空面外岩土上，经测量加筋土挡墙滑落体尺寸为：沿壁长为37m，截面形状为梯形，上部宽8m，下部宽3m，高12m。

从外观上看滑面较为平整，滑面上无拉筋带的残留体；顶部少量拉筋带残留体为上部非滑体一侧拉筋墙残留物，其滑移面倾角约为60°左右。在下滑与未下滑的组合挡墙连接处可见，该处挡墙后土体滑落面为一螺旋的锥形面。锚杆挡墙中上部锚杆从混凝土板中被拉脱，锚杆挡墙中上部挡墙被破坏，且破坏体被土覆盖。

图 4-72 组合挡墙整体垮塌情景

图 4-73 加筋体挡墙整体垮塌坠落后情景

图 4-74 加筋体挡墙坠落后坡面情况

为了较为准确地把握滑移面的整体外貌情况,对滑移面的 8 个横截面进行了测量。根据测量数据对滑移面各断面的倾角进行了计算。通过 8 个断面的计算可知:坡面倾角在 52.7°到 58.25°之间,其平均值为 55.5°。破坏后组合挡墙下断口长度为 47.41m,上断口长度为 51m,上部滑体截面宽度为:9.1m 到 13m 之间。

3)滑坡面地质与水文情况

根据组合挡墙的设计图纸、锚杆挡墙的竣工资料、加筋挡墙施工单位提供的加筋土挡墙施工前锚杆挡墙上部处理情况的照片及对滑坡体表面的观察可知:岩体基本稳定,岩体抗压强度在 4.7~13MPa 之间,岩体本身具有一定程度的风化。由于在岩体放坡时曾经进行过爆破,爆破未完全按施工要求进行,对组合挡墙岩体周边的风化岩体有一定程度的影响,具体表现在锚杆施工中具有较多的洼腔。由图 4-75~图 4-77 可知:在进行加筋土挡墙施工时,加筋土挡墙底面做了放阶处理,放阶宽度各截面有所不同,其后有部分老土和旧建筑老地基且未做任何处理;另从滑移面上可见,在滑移面上部原组合挡墙垮塌部分中左上中部存在较多旧房基础的条石,还有建筑物预制空心板。原有条石、预制板均有拆断、剪切破坏现象。综上可知:滑移面上的岩土为强风化岩体表面及旧建筑物基础、老土(图 4-74)。

在滑移面上可以较为清楚地看到有几处散水点,其中三处在旧建筑基础条石下(该处为整体垮塌组合挡墙的中部,且该处加筋土挡墙的高度最大),由于水的作用,有部分土体从散水处向下流动,形成了一堆

图 4-75 加筋土挡墙放阶情况

淤泥；另一处流水处是从上面公路面来的各种水源顺坡下流在锚杆挡板⑤轴线右侧汇集成较大的水流从上而下流到组合挡墙底部，从上面情况可见滑移面上是有水力作用的。

4) 锚杆挡墙破坏情况

由于上部加筋土挡墙的整体下滑，下部锚杆挡墙遭到不同程度的破坏。通过对⑤轴线右侧锚杆挡墙破坏后情况观察可知：锚杆挡墙一部分被破坏，且混凝土挡墙破坏体被埋入土层中。上部锚杆挡墙中大部分锚杆从钢筋混凝土挡墙中拉脱，而锚杆依然保留在岩体中，同时仅有两根锚杆被拉、剪破坏。锚杆破坏情况如图4-78、图4-79所示。在滑移面外貌测量完成后，对原有滑移体残留物进行了处理，用挖土机挖开锚杆挡墙下部后，对锚杆挡墙进行了测量和照相（图4-80、图4-81）。通过对锚杆挡墙破坏后残余锚杆挡墙的测量可知，锚杆挡墙破坏处为上、下两排锚杆挡墙施工接缝处，挡墙破坏高度为3.3m，所有锚杆均为从钢筋混凝土挡墙中被拉脱而破坏。

图4-76 组合挡墙中锚杆挡墙施工情况

图4-77 建设中的组合挡墙情况

图4-78 锚杆破坏情况1

图4-79 锚杆破坏情况2

5) 加筋土挡墙整体滑移情况

加筋土挡墙破坏情况已做了说明，此处不再重复。

(2) 组合挡墙垮塌事故的细部调查

业主提供了以下资料：该工程地质报告、锚杆挡墙竣工资料、结构施工图、更改通知单及已开事故调查会议记录。检测单位分别向该工程的设计单位、锚杆挡墙的施工单位和加筋土挡墙施工单位进行了单独座谈，调查施工、设计等各细节问题，同时也进行了部分材料强度的力学性能试验。现将调查情况汇总如下。

1) 结构设计情况

据设计单位反映：在现组合挡墙位置外侧并无地质勘察资料，根据该住宅小区内的地质勘察资料，判断岩体基本完整，泥岩单轴抗压强度在4.7~12.9MPa之间，岩体整体基本稳定。由于加筋土挡墙在住宅环境工程的应用实例并不多见，对此类工程设计者缺乏相关的设计经验，根据"加筋土挡墙设计规程"考虑加筋土挡墙底部宽应为6m，由此在加筋土挡墙底部产生的最大竖向土压力为582.12kPa，远小于泥岩抗压强度，同时验算了加筋土挡墙后部土体的稳定性能符合设计稳定性要求。下部锚杆挡墙设计按构造要求实施。

图 4-80 组合挡墙破坏体开挖情况 1

图 4-81 组合挡墙破坏体开挖情况 2

在锚杆挡墙施工过程中，进行了技术交底，同时在施工过程中，施工方提出了部分图纸更改意见，通过施工方、设计方、投资方的联系会议，通过和发送了设计图纸更改设计通知。

从最后施工情况可见，原设想的加筋土挡墙底部宽6m的设计思想并未实现。

2) 锚杆挡板施工及检测情况

锚杆挡墙施工完成后，对此项工程进行了竣工验收，锚杆挡墙验收合格。该挡墙共有388根锚杆，锚杆为2Φ22和2Φ25两种，锚杆网格尺寸为2.5m×2.5m，除顶层锚杆长度为9m外，其他各层锚杆长度为5m。锚杆施工完毕后，由某单位对3组锚杆进行了抗拔试验，锚杆编号分别为：247、268和335，锚杆试验结果均满足设计抗拔承载力要求（235kN），其他材料基本满足设计要求。

图 4-82 干砌片石情况

从现场抽取了三块素混凝土，并取两组芯样进行了混凝土抗压性能试验，试验结果符合设计要求。在加筋土挡墙垮塌与未垮塌连接处，检测单位认真地检查了锚杆挡墙的施工情况，确有干砌片石现象，未完全满足设计要求。干砌片石分两层；并对干砌片石情况进行了量测，锚杆挡墙顶部素混凝土封面厚300mm，第一层干砌片石高度为2500mm，顶部长度为1800mm，第二层混凝土封面厚350mm，第二层干砌片石高度为1600mm，长度为1100mm。干砌片石情况如图4-82所示。

3) 加筋土挡墙各细节情况

加筋土挡墙施工前与锚杆挡墙的连接情况为在加筋土

挡墙底部浇注了 450mm 到 500mm 厚的素混凝土面层，从锚杆挡墙面向里进深长度为 2000mm。在组合挡墙垮塌部分中部加筋土挡墙底部浇注了 1500mm 厚的素混凝土面层，从锚杆挡板面向里进深长度为 2000mm 左右，此情况可从组合挡墙垮塌后落下的素混凝土块的照片中可得以证实。从照片中可见，素混凝土块中存在部分条石。加筋土挡墙背面，即滑移面的排水处理是在顶部修建了一个集中排水井，在滑移面上有明水的部位做了 300mm 厚的排水滤水层（碎石层）。在加筋带方面将原混凝土板的 4 根加筋带改为 6 根加筋带，以便加强加筋土挡墙的稳定性。在加筋土集料方面，部分集料尺寸超过设计要求，其颗粒尺寸为：300mm×300mm×150mm。检测单位在破坏的组合挡墙上做了加筋土挡墙的密实度试验，并取了加筋带做力学性能试验，结果是回填土压实度试验符合设计要求。

（3）组合挡墙整体垮塌原因分析

通过对上述各种情况的分析和认证（图 4-83）可知：组合挡墙垮塌的性质是整体滑移。其理由如下：组合挡墙是修建在风化岩体和部份老土的基础之上，旧有岩土层为原居民生活用水散水坡面，时间较久，岩土刚度比加筋土刚度大，故此原有岩土和加筋土界面为一硬软结合结构面，加筋土挡墙本身就有沿此结构面进行整体滑动的可能；道路挡墙垮塌后，其滑坡面的倾角为：55.5°，由

图 4-83　专家组分析、论证组合挡墙垮塌原因

此推算加筋土挡墙单位宽度（1m）上的下滑力为 758.3kN（不考虑粘结力），组合挡墙整体抗滑稳定系数为 0.264；已垮塌的加筋土挡墙中部，其底部宽 2000mm，顶部宽 12000mm，高 13m，由此计算加筋土背部倾角为 52.43°，这与滑坡角相一致；同时旧有岩土层为自然散水坡面，历史较久，各种水源均会降低岩土的抗滑力（在道路挡墙垮塌前一两天有阵雨作用），综上所述，道路挡墙在原有情况下的整体垮塌将是必然的。

分析产生上述组合挡墙垮塌的原因是结构设计时未能考虑岩土结构面问题，对道路挡墙整体垮塌的可能性未做整体稳定性验算，于是对上部加筋土挡墙产生的下滑力无可以与之相平衡的结构作用；同时对加筋挡墙底部的宽度未坚持原设计的 6m 宽度，签发了结构更改通知单，故此造成道路挡墙整体垮塌。由于锚杆挡墙背后干砌片石的存在，对于组合挡墙的整体稳定性有一定的不利影响。

（4）主要的经验教训

尽管该组合挡墙产生了整体滑移破坏，但它却留给了我们许多宝贵的经验，其主要的经验教训是：①对于新的挡土墙结构在住宅与办公楼建筑中的应用应采取慎重态度，特别是设计者缺乏该方面知识时，更是如此；②挡土墙设计时不仅应进行局部稳定性验算，特别应注意整体稳定性的验算；③挡土墙设计应全面了解地质情况，根据不同的地质条件和施工特点，验算不同情况下挡土墙的整体稳定性；④挡土墙的施工质量和施工方法，应引起各方的高度重视。

4.5.2.2　【实例 4-11】　某重力式挡墙垮塌事故鉴定

（1）工程概况

××活动中心位于××山生态园旁。活动中心修建训练场时人工爆破平基形成高

8~13m、长约115m、坡度约90°的边坡。该边坡支护设计单位为××勘察设计院，施工单位为××勘察设计院，业主单位为××区人民武装部。边坡支护形式为浆砌石挡墙，挡墙于2003年6月1日开工，同年8月15日完工，墙背块料回填工作于2003年9月~10月上旬完成。2005年3月30日下午14:40分左右，挡墙中部段发生垮塌，垮塌长度约为26m。为此，××单位委托××检测单位对挡墙垮塌原因进行鉴定。

委托方提供的资料共五份，资料名称如下：①××训练场浆砌石挡墙施工图；②××活动中心训练场北边坡重力式浆砌石挡墙施工技术说明无签字和盖章；③《工程施工协议书》，签订日期2003年5月28日，双方均签章。④××挡土墙工程竣工图，××勘察设计院（2003年8月），有签字，未盖章。⑤质量保证资料。

(2) 鉴定依据

1) 委托书，合同书；
2) 《建筑边坡工程技术规范》（GB 50330—2002）；
3) 《建筑地基基础设计规范》（GB 50007—2002）；
4) 《砌体工程现场检测技术标准》（GB/T 50315—2000）；
5) 《砌体工程施工质量验收规范》（GB 50203—2002）。

(3) 事故调查

1) 现场调查、检测

①垮塌现场情况

挡墙垮塌部位为挡墙的中间靠左侧，现场实录见图4-84~图4-87。

图4-84 挡墙垮塌后正立面

图4-85 垮塌挡墙左侧面情况

图4-86 垮塌挡墙背面岩体情况

图4-87 挡墙砌筑情况

②现场检测

根据现场检测数据,绘制了挡墙的实测图(图4-88)。实测垮塌部位的长度26.7m;垮塌部分挡墙右侧的高度9.7m,左侧高度10.2m,墙顶面宽度为800mm,距墙顶面下4400mm处墙宽1000mm。挡墙背后回填物顶面距挡墙顶面的高差为1150mm,回填物顶面宽度抽测3处分别为1100mm、2100mm、2500mm。

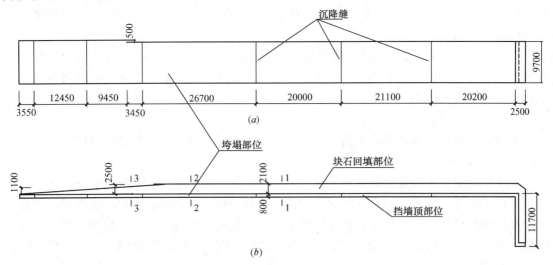

图4-88 挡墙实测平、立面示意
(a)挡墙立面图;(b)挡墙平面图

挡墙垮塌物分布:垮塌物长18.2m;垮塌物在挡墙位置处的剩余高度3639mm(图4-89),在该处垮塌物主要成分是黏土和部分块石;在远离挡墙位置处的地面分布排列较整齐、表面光滑块石,块石上很少见到砌筑浆体。

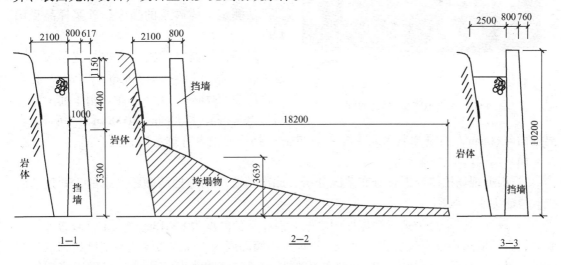

图4-89 挡墙实测剖面图

挡墙用块石和砌筑浆体砌筑而成,垮塌部位断面挡墙砌筑浆体不饱满,存在大量的空隙,挡墙背后用大块石填筑,靠近边坡处可见部分黏土,见图4-85所示。

垮塌部位边坡岩面较垂直，岩石节理发育，岩面较新鲜，可见局部岩石随挡墙垮塌后落下形成的痕迹，岩面上黏土覆盖层厚度约2m。

③其他情况

向委托方了解获知：该工程无质检部门和监理单位介入。

向挡墙施工方了解获知：挡墙于2003年6月1日开工，同年8月15日完工，墙背填料回填于2003年9月~10月上旬完成。挡墙底宽1500mm，挡墙顶宽800mm，挡墙埋置深度500mm（嵌入岩石中）。

向现土建（房屋）施工方了解获知：2005年3月30日下午14:40分左右，挡墙中部左侧发生垮塌，垮塌长度约为26m，正在修建的房屋被压垮、覆盖，部分机具被掩埋，一名施工人员脚部被砸伤。

2）挡墙设计情况

××勘察设计院提供了浆砌石挡墙施工图，施工图本身存在一定缺陷（略）。

3）施工调查

施工单位提供了质量保证资料和竣工图。竣工图有签字未盖章；质量保证资料中有以下内容：①水泥：只有厂家出具的水泥检验合格报告单，无现场抽检单；②钢材：只有厂家出具的钢材检验合格报告单，无现场抽检单；③基础垫层混凝土抗压检验报告，混凝土抗压强度代表值分别为23.6MPa和22.3MPa；④挡墙砂浆抗压强度检测报告，砂浆抗压强度代表值为10.7MPa。

图4-90 砌筑浆体切片后的情况

现场从挡墙石块的材质、颜色、敲击的声音等综合分析挡墙石材的抗压强度满足设计要求MU30；从现场抽取砌筑砂浆样品，经切片后发现砂浆样品中含有较多小石子。因此，不宜采用测定砌筑砂浆强度的点荷载法、贯入法测定砌体砂浆的强度。砂浆样品见图4-90。

现场检查挡墙设置有4排梅花形布置的泄水孔，泄水孔断面为50mm×250mm，孔水平距离为5500mm，上下间距（由下而上）分别为1250mm、1750mm、1000mm、750mm，在离地面4000mm左右量测泄水孔深度为1125mm。挡墙前设置有排水沟。

(4) 挡墙垮塌原因分析

1）根据现场挡墙垮塌物分布情况分析，此次挡墙垮塌是挡墙倾覆产生的，即挡墙的抗倾覆能力小于倾覆力。

2）设计考虑不足是挡墙垮塌原因之一。挡墙支护高度为8~13m的人工爆破边坡采用浆砌块石挡墙结构方案欠妥。原因是：①设计挡墙高度为10m，其设计高度已达到《建筑边坡工程技术规范》(GB 50330—2002)中的重力式挡墙最大高度限值；②采用浆砌块石挡墙方案，工程施工难度较大，挡墙墙身整体性、稳定性难以保证。③浆砌块石挡墙截面尺寸过小。由于挡墙背反滤水层厚度与填料厚度之和最大值为2500mm，且边坡爆破切坡后松散岩石形成了岩土侧压力，按《建筑边坡工程技术规范》(GB 50330—2002)规范中有限填土（稳定岩面）复核浆砌块石挡墙截面尺寸不能满足挡墙抗倾覆能力的要求。

3) 施工质量不满足有关规范要求是挡墙垮塌原因之一。浆砌块石挡墙有大量空洞，空洞部位无砌筑砂浆。从挡墙垮塌石块看，石块表面光滑无砌筑砂浆，砂浆与石块无粘结力，即挡墙砌筑时，石块未能充分湿润，不满足《建筑边坡工程技术规范》（GB 50330—2002）规范中第10.4条要求。

挡墙背回填物为大块的较松散石块，未能满足《砌体工程施工质量验收规范》（GB 50203—2002）第7.1.10条要求。

4) 建设程序不规范是挡墙垮塌原因之一。该工程无质检部门和无监理单位介入，设计施工图未送审，建筑工程设计和施工质量无法得到保证。

(5) 鉴定结论

1) ××边坡重力式浆砌石挡墙垮塌为倾覆垮塌。

2) 垮塌原因是：①设计施工图欠妥；②挡墙施工质量不满足有关规范的要求；③建设程序不规范。

4.5.3 施工失误产生的边坡垮塌事故

4.5.3.1 【实例4-12】 人工边坡引起的桩基事故鉴定

(1) 工程概况

某居民联建综合楼，由××建筑设计事务所设计，××安装工程公司施工。该房屋共8层，砖混结构，总长度为74.34m，总宽度为9.84m，总高度为26.4m，总建筑面积为5884.16m^2。该房屋设计图纸和竣工资料显示：工程基础采用人工挖孔桩，嵌入中风化页岩不小于2倍桩径，地基承载力不小于1200kPa，桩混凝土强度等级为C20，地基梁混凝土强度等级为C25；一、二层采用MU20砖、M7.5混合砂浆砌筑，其余各层采用MU10砖、M5混合砂浆砌筑；三、五、七、八层沿墙体满设圈梁各一道，圈梁截面尺寸为240mm×240mm，二、四层在两个外纵墙设置圈梁，圈梁截面尺寸为240mm×180mm，不设圈梁的楼层设置钢筋砖带；工程按6度抗震设防，结构安全性等级为二级。工程于2000年4月8日开工，2001年10月30日竣工，竣工后陆续投入使用至今。

根据居民联建综合楼环境挡土墙的设计图纸，挡土墙基底置于天然页岩上或老黏土上，地基承载力设计值不小于250kPa，且基底嵌入持力层（原设计图纸为基岩）内深度在任何情况下均不得小于600mm；环境挡土墙采用条石砌筑，条石强度等级为MU30，水泥砂浆强度等级为M5或M7.5（挡土墙高度小于7m时为M5，大于或等于7m时为M7.5）。根据隐蔽资料，环境挡土墙基础置于强风化页岩层上，部分为老黏土层，整个挡土墙高度为6.0m。相关资料表明，环境挡土墙未置于中风化页岩层上。

某建材公司场地平整工程与该居民联建综合楼毗邻，一期工程由××建筑工程公司承建，二期工程由云阳县××建筑工程公司承建，三期工程施工单位不详；平整场地与建筑物的位置关系如图4-94所示。2000年10月，某建材公司进行一期场地平整施工，开挖土方量达7000多方；2002年1月，某建材公司进行二期场地平整施工；2002年5月，某建材公司进行三期场地平整施工，包括场地内挡土墙工程。

在进行二期场地平整施工过程中，该居民联建综合楼工程环境挡墙出现滑塌迹象，起始时间在2002年1月23日，主管部门于2002年上半年进行了第一次现场处理，要求某建材公司停止场地平整施工，尽快治理，且做好排水等工作，该建材公司未采取有效的治理措施；而后主管部门先后4次召开有关协调督促会，直至2002年6月下旬某建材公司才进入处理阶段，但此时该居民联建综合楼工程的桩基础已严重暴露在外，高位桩已经形成，当时已出现了险情。根据某建材公司提供的相关资料：2002年9月8日晚上12点，发现居民联建房五单元处的水管断裂并漏水，至第二日早上6点；2002年9月9日上午10时下大雨，直至2002年9月10早上停止，降雨近20个小时；2002年9月10日晚上，发现居民联建综合楼工程的五单元楼梯间位置附近的桩基础和地基梁开裂，情况进一步恶化，险情突现，险情具体情况见图4-91所示，桩基损伤见图4-92所示。

（2）工程检测及排危

1）工程环境

居民联建综合楼工程和某建材公司场地平整工程相连，该公司场地平整施工后，沿居民联建综合楼工程Ⓐ轴线形成高土质边坡（图4-94），长度约60m。其中，坡脚到居民联建综合楼工程Ⓐ轴线的距离约19m，坡脚到居民联建综合楼工程Ⓐ轴线底层地坪面的高差为12.2~15.7m，其中，五单元位置的高差为15.7m。挡土墙滑塌后土质边坡的情况见图4-91所示。

图4-91 桩基外露情况

图4-92 桩开裂情况　　　　　　　　图4-93 桩帽开裂情况

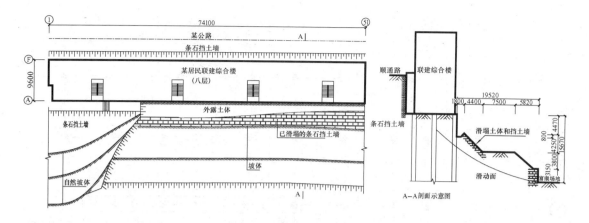

图 4-94 某住宅楼与某建材有限公司平场工地关系平面示意图

居民联建综合楼工程环境挡墙采用条石砌筑，滑塌高度约为 5.5m，滑塌后墙脚与墙顶水平距离 3~4m，整个挡土墙墙背倾斜，墙体破裂；测量滑塌挡墙的高度，约 4m，挡墙滑塌后现场情景见图 4-91。

挡墙滑塌后，房屋形成高位桩，悬空最高高度约 5.5m，Ⓐ轴线的桩和Ⓐ轴线附近的地基梁裸露。挡墙滑塌后房屋基础形成高位桩情景见图 4-91。

房屋地基土为松散杂填土，土质情况较差，滑塌挡墙背后有积水痕迹。

现场检查发现，土坡坡脚有积水；土坡为松散回填土，以湿润黏土为主，土质较差，土坡表面有干缩裂缝。

土坡坡脚位置页岩露头，某建材公司在坡脚局部范围修建了挡土墙，墙宽约 3m，墙高 3~4m，墙长约 15m，嵌入岩石。

2) 桩和地基梁裂缝

①桩裂缝

建筑物局部桩基础平面布置图如图 4-95 所示，现场检查房屋外露的Ⓐ轴线桩，发现㊷、㊹、㊻/Ⓐ轴线桩竖向开裂，裂缝沿桩两侧贯穿，上大下小，各桩的最大裂缝宽度依次约为 10mm、18mm、20mm，长度约 1.6m，地基梁位于裂缝的内侧，且桩裂缝和地基梁裂缝相连，其中，㊻/Ⓐ轴线桩中部向外倾斜约 250mm。房屋桩体开裂情景见图 4-92。

现场检查房屋外露的Ⓐ轴线桩帽，发现㊹、㊻/Ⓐ轴线桩帽竖向开裂，裂缝下大上小，钢筋外露，桩帽开裂情景见图片 4-93 所示。

②地基梁裂缝

现场检查房屋外露的Ⓐ轴线地基梁，共发现 6 根梁有裂缝，其中，㊷~㊹、㊹~㊻、㊻~㊽/Ⓐ轴线梁开裂较严重，裂缝沿梁两侧贯穿，下大上小，最大裂缝宽度约 10mm，裂缝两边有错动，最大错位宽度约 20mm。据房屋现场监理人员介绍，在桩开裂前，㉞~㊱/Ⓐ、㊱~㊴/Ⓐ轴线梁裂缝就已经存在了，属旧裂缝。

③桩和地基梁裂缝观测

2002 年 9 月 14 日，在桩和地基梁裂缝位置粘贴玻璃片，以观测裂缝随时间变化情况，作为抢险的辅助措施。根据某单位变形监测结果，截止 2002 年 10 月 21 日，未发现玻璃片断裂。

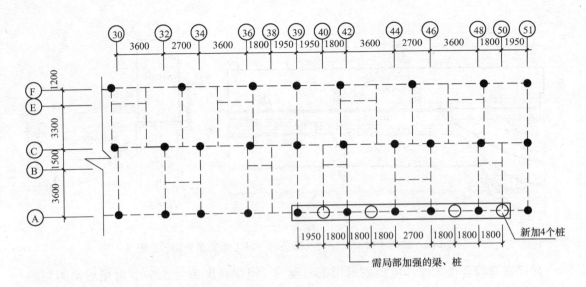

图 4-95 建筑物局部桩基础平面布置图

3）桩和地基梁的混凝土强度检测

①桩的混凝土强度检测

采用钻芯法对三根开裂的桩混凝土强度进行了检测。在钻取混凝土芯样的过程中，由于桩中的竖向钢筋间距较小，因此，芯样的钻取难度相当大，在㊷/Ⓐ轴线桩中仅钻取了1个芯样。检测结果：㊷、㊹、㊻/Ⓐ轴线桩的混凝土换算强度代表值依次为 22.0MPa、30.5MPa、23.4MPa，满足竣工图纸 C20 的混凝土强度等级要求。

②地基梁的混凝土强度检测

采用回弹法对地基梁的混凝土强度进行检测，共检测了 3 根开裂地基梁的混凝土强度。检测结果为：地基梁的混凝土强度推定值分别为 20.1MPa、32.8MPa、37.4MPa，其中，㊻~㊽/Ⓐ轴线地基梁混凝土强度不满足竣工资料 C25 混凝土强度等级要求。

4）房屋垂直度检测

在某建材公司场平场地内，采用日本株式会社托普康生产的电子全站仪抽测房屋垂直度，检测结果表明房屋倾斜量满足规范要求。

5）其他

检查居民联建综合楼工程上部结构，未发现裂缝或其他异常情况。

检查发现居民联建综合楼工程外露地基梁中部分构件露筋，局部钢筋锈蚀。

6）工程排危

根据现场实际情况，作者提出了立即采取排危处理措施，其主要步骤如下：

①房屋四、五单元的住户从房屋中撤离，以配合排危抢险工作。

②立即实施反压土体的排危处理方案，2002 年 9 月 15 日，土体反压结束。土坡反压过程情景见图 4-72 所示。

③从险情发生开始，请有资质的单位对建筑物变形进行长期观测，直至全部加固工程完工。

④对桩和地基梁裂缝进行灌浆处理。

⑤在边坡稳定后，进行桩加强和补桩施工。

通过以上措施的有效实施,确保了居民联建综合楼工程的安全。桩基加固后,目前综合楼已安全使用。

(3) 桩基事故原因分析

1) 客观原因

①土体滑移原因

某建材公司场平施工时,距离房屋较近,大面积开挖基坑,且未采取必要的支护结构,形成了人工土质高边坡,在开挖基坑的过程中,切除了坡脚,破坏了土坡的稳定性,使坡体产生了潜在滑移面。

整个土坡内土质松软,且建筑物内桩基间土质为新近人工填土,大雨作用及排水管破裂使地表水富积,且直接渗漏,破坏了土体的原始结构、降低了土体的抗滑能力,土体滑移进一步加剧。

综上所述,土体滑移是由于某建材公司场平施工时,临近房屋大面积开挖基坑,切除了坡脚,破坏了土坡的稳定性,且未根据土质情况采取有效支护措施造成的。

②环境挡墙破坏原因

居民联建综合楼工程环境挡墙滑塌是由于场地平整产生的人工边坡诱发土坡滑移引起的。环境挡墙基础埋置深度较浅,位于滑动土体范围内,当土坡滑移时,环境挡墙随之滑塌。

③桩基破坏原因

土坡滑移、环境挡墙滑塌,在房屋Ⓐ轴线桩外边土体内形成了软弱结构面,因此,房屋Ⓐ轴线桩的单面实际临空高度比设计悬空高度大得多。在房屋地基土的侧向土压力作用下,原本只承受竖向荷载的桩转变成了抗滑桩,而房屋设计时并不需要考虑桩的抗滑作用,竖向作用和水平推力共同作用致使桩产生了劈裂,地基梁随着扭裂。桩体裂缝和地基梁裂缝危及房屋安全,应及时采取措施。

2002年9月13日前,土坡滑移、环境挡墙在逐步滑塌过程中长时间未得到有效的治理,在外界环境作用下,随时间推移桩基破坏情况不断恶化。

2) 主观原因

某建材公司从事工程建设活动,未按建设程序和国家相关规范进行,出现事故征兆后又不采取有效的工程措施是工程事故扩大的主观原因。

设计人员对场地平整后形成的人工边坡认识不足,设计时未有效的考虑支护结构和对临近建筑物的影响是发生事故的潜在原因。

出现事故征兆后行政主管部门尽管采取了监督措施,但监管措施的具体实施不到位,客观上使工程事故的扩大不可避免。

(4) 几点体会

通过对居民联建综合楼桩基工程破坏过程的分析,有如下经验教训:

1) 新建工程必须按国家有关规范要求进行,确保已有工程的安全性,特别是在山区新建工程新成人工高边坡时,更应注意人工边坡的安全性,严禁野蛮施工。

2) 在发现事故迹象时,有关各方应采取有效措施防止事态的进一步发展,特别是有关行政主管部门应加大监管力度,确保人民生命财产不受损失。本事故中建设方未积极采取工程补救措施造成了更大的工程损失,教训是惨痛的。

3) 工程建设活动应严格按国家有关法律、法规进行，严禁违法进行工程建设。

4.5.3.2 【实例 4-13】 某高切坡工程垮塌事故鉴定

(1) 工程概况

××公共卫生中心大楼工程场地位于××花园北侧约 100m 的丘坡上，占地面积约 3600m²，该项工程为一栋单体建筑，主楼 10~11 层，裙房 1~3 层，地下室 2 层，为地下车库，设计地坪标高 ±0.00 = 217.70m，地下室标高为 -8.70 = 209.00m，拟采用桩基础和独立柱基础，采用框架剪力墙结构。本项工程重要性等级为二级，场地等级为二级，地基等级为三级，岩土工程勘察等级为甲级。

由于某公共卫生中心大楼建设用地问题（征地范围问题），将在某公共卫生中心大楼背面形成高度约为 30m 左右的直立高边坡工程（图 4-96），高边坡工程由重庆某单位设计，××建设有限公司施工，监理单位为重庆某监理公司。边坡开工时间为 2005 年 7 月，由于各种原因，施工期间间隙停工，2005 年 12 月底高边坡工程削坡工作基本完成，支护结构未完成；2006 年 1 月 18 日西侧高边坡发生局部垮塌，1 月 19 日早 5 时左右西侧边坡发生大面积垮塌。为查明边坡垮塌原因，三家业主联合委托某单位对边坡垮塌原因进行鉴定。

(2) 检测结果

图 4-96 挡墙平面布置示意图

1) 资料及相关情况调查

①地质工程勘察资料

由工程地质勘察资料可知以下信息：

拟建场地在地质构造上位于南温泉背斜的西翼，岩层呈单斜陡倾角产出，无断层通过，构造条件简单。岩层产状为：倾向292°，倾角60°。根据钻探揭露，场地泥质岩层层间裂隙较发育，钻孔岩芯易沿层面裂开。通过地面测绘发现砂岩层中主要发育两组构造裂隙：$J1$：倾向83°，倾角60°，裂面平直，无充填物。裂隙间距2.0m左右，延伸短。$J2$：倾向165°，倾角70°，裂隙面平直，裂缝微张，有黏性土呈薄膜状充填。裂隙间距2.00~3.00m，延伸2~3m。

通过探槽揭示，仅在2号探槽中发现了一组裂隙，裂隙倾向87°，倾角65°，延伸1.0m左右，面呈黑色，无充填，本组裂隙与裂隙$J1$基本一致。综上所述，场区节理裂隙不发育。

场地地形南西高，北东低，地面坡度较大，地表水向北东场外排泄条件良好，大气降水及地表水沿斜坡沟系排走，且场地表层大部分为弱透水性的厚层状砂质泥岩覆盖，场区节理裂隙不发育，未及时排走的地表水不易沿砂质泥岩下渗形成地下水，勘察中在勘察深度内未见地下水存在，场地水文地质条件简单。根据本次勘察，场区及周边未发现崩塌、滑坡、泥石流、断层等不良地质现象。

西侧边坡：从剖面1—1′、2—2′、3—3′、4—4′、5—5′上看，边坡走向30°，倾向120°，边坡岩性主要为泥质岩，局部夹有砂岩，上部土层0.30~1.00m，边坡高度8.60~25.70m。根据赤平投影分析：边坡倾向与层面反向，与裂隙$J1$倾向呈37°顺向斜交，与裂隙$J2$倾向呈45°顺向斜交。裂隙$J1$、$J2$的组合交线AO倾向与边坡倾向同向，属外倾不利组合，边坡的稳定性主要受裂隙$J1$、$J2$组合交线AO控制，直立切坡，边坡易沿裂隙$J1$、$J2$组合交线AO（潜在滑动面）产生滑塌。本段边坡选取工程地质剖面图4-4′的西侧边坡（图4-96）按平面滑动法采用《建筑边坡工程技术规范》（GB 50330—2002）的式（5.2.4）进行稳定性计算，计算结果表明：受外倾结构面控制的西侧边坡的岩体稳定性系数0.89小于二级边坡稳定安全系数1.30，边坡易沿裂隙$J1$、$J2$组合交线AO产生滑动，导致边坡失稳。

根据《建筑边坡工程技术规范》（GB 50330—2002）相关条款，边坡类型为Ⅲ类，由于场地西侧的规划道路边线距离用地边线约3.0m，且场地西侧的用地规划未定，因此不具有放坡条件，设计拟在规划道路边线处设置挡墙是可行的，建议设置锚杆挡墙进行处理，岩体破裂角可按57.4°考虑，锚入潜在破裂面以后2~3m。边坡岩体的等效内摩擦角50°。

根据设计地坪标高开挖后，将在场地的南侧、西侧、北侧出现高度为2.30~25.70m的环境边坡以及地下室的四周将出现高度为8.70m的基坑边坡，有放坡条件的边坡可进行放坡处理，临时边坡的容许坡率有外倾结构面时需按结构面控制，否则应严格按逆作法施工，自上而下分阶切挖分阶锚固，分阶高度按3.0m左右考虑，锚杆深度应锚入潜在滑动面以后2~3m，同时坡面作防风化处理。边坡岩体的等效内摩擦角取50°。边坡治理应先行，同时做好边坡施工时以及边坡治理后的位移监测。施工期间加强验槽工作。

②设计资料

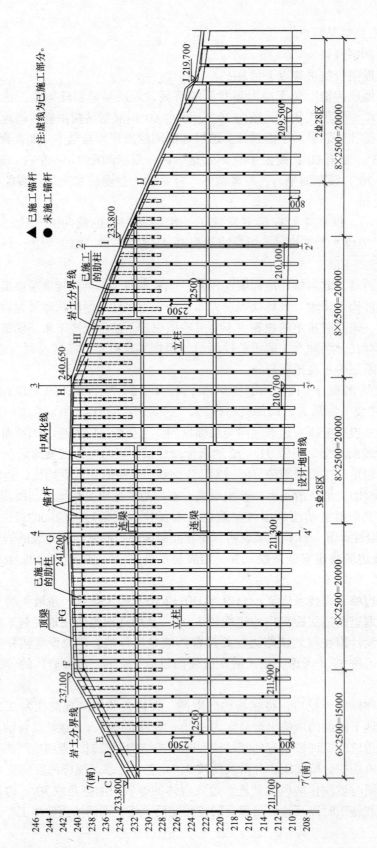

图 4.97 挡墙部分立面展开示意图

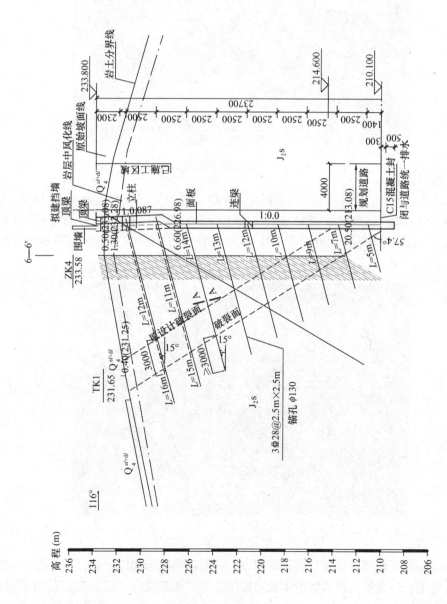

图 4.98 2-2'(西)剖面图

建设方委托某单位进行边坡设计，施工图审查由某建筑设计研究院完成。边坡设计施工图先后设计了两套图纸，2005年6月为第一次设计图，2005年12月底进行了第二次设计，原因是建筑物标高降低了4.5m，挡墙高度增加了4.5m左右。第一次设计时边坡安全等级为二级，第二次设计时边坡安全等级为一级。第二次设计施工图详情见某公共卫生中心环境边坡治理补充施工设计图，其中部分施工设计示意图见图4-97～图4-98所示。

图4-99 FG段锚杆挡墙施工情况

③施工情况调查

完成第二次设计施工图时已施工完成的锚杆挡墙情况见图4-97（虚线部分）所示，已修锚杆挡墙部分共有115锚杆，已完成的锚杆挡墙分为四段；2005年11月3日FG段锚杆挡墙施工情况见图4-99所示，2006年1月12日IJ段锚杆挡墙施工情况见图4-100所示。

图4-100 IJ段锚杆挡墙施工情况

施工单位编制了边坡治理工程施工组织方案，监理单位未提出异议，同意施工单位按施工组织方案施工；但施工组织方案中未表述如何实现"动态设计、信息法施工"的原则。

关于爆破土石方施工问题施工组织方案中提出了土石方爆破施工控制措施，设计要求："土石方平场应控制用药量，在距边坡开挖线2m范围内采用人工开挖"。从施工资料中未找到爆破土石方施工记录。向施工单位、监理单位了解爆破土石方施工情况时，据有关单位介绍：爆破土石方施工未做记录，爆破土石方施工为浅层松动爆破，爆破施工基本满足设计要求，局部位置未满足在距边坡开挖线2m范围内采用人工开挖的要求。

"在设计的锚杆位置处做基本试验，以确定锚固体与岩土层间的粘结强度特征值、锚杆设计参数和施工工艺及锚杆的极限抗拉承载力；所有锚杆施工完并达到设计强度后，应随机抽检做锚杆验收试验，以检验施工质量是否达到设计要求"。施工单位未提供相关锚杆试验资料。向施工单位、监理单位及委托方了解锚杆施工检验情况时，据有关单位介绍：设计单位要求的相关检测项目目前均未进行，检测项目由建设方委托有资质的单位进行，由于各种原因，至今仍未与检测单位签订检测合同。

"本工程遵循'动态设计、信息法施工'原则，施工过程中应做好边坡的变形监测，避免工程事故发生；施工结束后，委托有资质的单位对边坡进行长期监测，监测时间不少于3年"。边坡变形监测由施工单位自行监测，施工单位给出了挡墙顶（西侧边坡）沉降监测记录，但未标明具体位置，也无其他点及其他项目的监测数据，从所给数据可知：挡墙顶部基本无沉降。向施工单位、监理单位及委托方了解边坡施工监测情况时，据有关单位介绍：最初请了三家有资质的单位协商边坡监测问题，各家均表示施工期间他们不进行边坡变形监测，边坡竣工后再进行边坡监测。经有关单位协商后确定对边坡施工过程中的变形监测由施工单位进行。

"本工程施工组织编制应严格按逆作法进行"。在2005年7月20日对某公共卫生中心环境边坡治理工程进行了技术交底（会议纪要），设计单位介绍了注意事项：①离边坡2m内不能放炮，必须人工开挖。②每2.5m高为一个施工台阶，土石方开挖后作锚杆施工，最大不能超过3m。③第一排锚杆的倾角为20°，与其他不一样。④4—4断面在立面图上最上面三根锚杆取消。⑤H点靠右侧边坡开挖后，根据地质情况再做设计图。从图4-99可见：2005年11月3日FG段边坡已基本全部开挖形成了直立未完全支护的高边坡；HJ段边坡基本满足放阶、逆作法要求，还未完全形成直立的高边坡，2006年1月12日基本形成直立的高边坡。查阅有关施工记录，未找到高边坡一切到底的有关文字记录；向施工单位、监理单位及委托方调查边坡施工一切到底的情况时，据有关单位介绍：根据有关会议纪要和有关领导要求，施工单位在某些部门和单位默许的情况下，进行了高边坡一切到底的施工，但确实无一家单位明确签字认可高边坡可一切到底的施工。

据施工单位介绍：2006年1月18日已施工完成的西侧边坡工程最右侧约20m锚杆挡墙首先发生垮塌，垮塌前最右侧锚杆挡墙下有1~2m左右高的岩体先出现破坏（图4-100）挤出现象，但其他部位无此现象，可惜的是2006年1月18日边坡局部垮塌未见图片资料；2006年1月19日西侧边坡锚杆挡墙出现大面积垮塌现象，形成图4-101所示的险情。

2) 边坡垮塌后检测

①边坡垮塌外观调查

有关技术人员于2006年1月20~24日到现场进行了检查，边坡破坏情况见图4-101~图4-103所示。

②边坡垮塌边线测量

图 4-101　西侧边坡大面积垮塌后在 FG 段挡墙险情情况

图 4-102　边坡垮塌后岩体破碎及坡顶开裂情况

使用全站仪测量了边坡垮塌边线及垮塌岩土体的坡度,同时用钢卷尺测量了地裂缝宽度,地裂缝最大宽度约为 1200mm(图 4-102)。有关检测数据见图 4-104 所示;其中 1-1、2-2 剖面表达了垮塌岩体堆积物形成的坡体在不同位置的坡度。由于垮塌岩体下半部分被掩埋，找到边坡滑移岩体边线存在一定困难，经估算垮塌岩体滑移面坡度（假设为平面滑移）在40°~58°之间。

图 4-103　边坡垮塌后原锚杆散落情况

（3）锚杆挡墙垮塌原因分析

1）西侧边坡锚杆挡墙垮塌过程分析

根据有关单位介绍经综合分析，某公共卫生中心环境边坡治理工程西侧边坡垮塌过程示意图如图4-105所示，边坡垮塌历经了3个过程：过程1西侧边坡形成直立高边坡，边坡在雨水、锚杆钻孔水作用下，破碎岩体抗剪强度降低，已建锚杆挡墙下部局部破碎岩体向外脱落（图4-100）；过程2西侧直立高边坡未在新标高基础上施工后加锚杆，局部破碎岩体向外脱落后在锚杆挡墙下部形成空腔，在重力荷载作用下形成倾覆力矩和下滑力，锚杆挡墙形成向下座及后倾趋势；过程3西侧直立高边坡滑移后倾破坏（图4-103）。2006年1月18日首先垮塌的部分是HI~IJ段西侧边坡（图4-105）；已外露的破碎岩体在雨水作用下，岩体抗剪强度进一步降低，致使FG~HI段锚杆挡墙整体滑移后倾破坏。

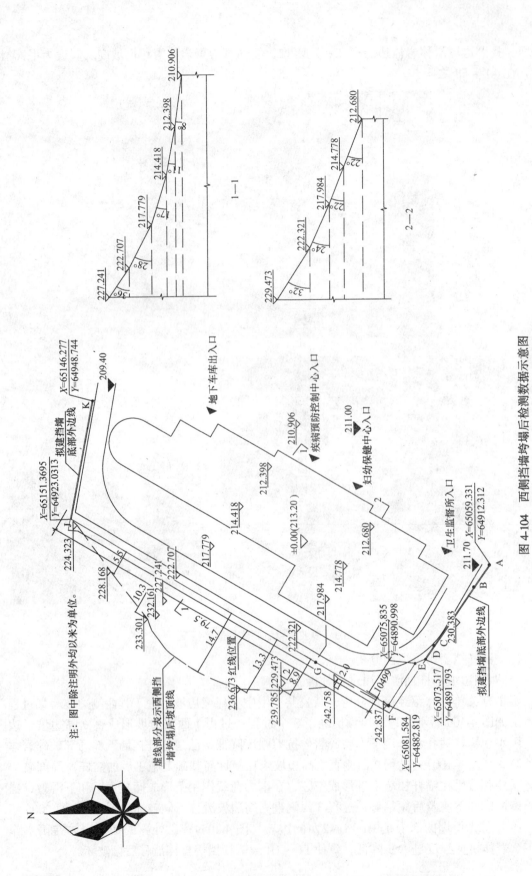

图 4-104 西侧挡墙垮塌后检测数据示意图

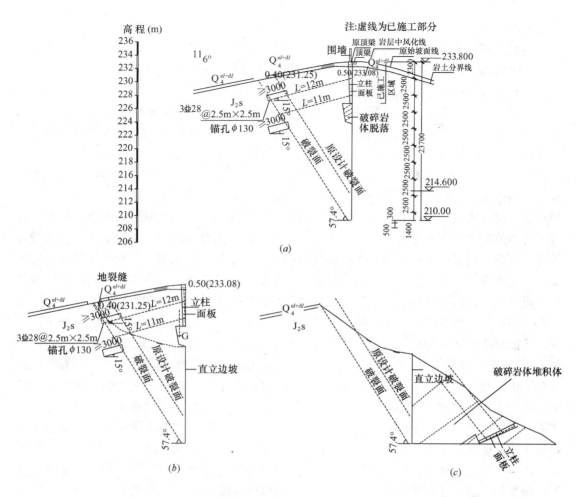

图 4-105 西侧边坡垮塌过程示意图
(a) 过程 1；(b) 过程 2；(c) 过程 3

2）西侧边坡锚杆挡墙垮塌原因分析

西侧边坡锚杆挡墙垮塌原因是多因素作用的结果，分析其建设过程，综合判定西侧边坡锚杆挡墙垮塌与下列原因有关：

①西侧边坡上部岩体破碎程度较大，场地泥质岩层层间裂隙较发育，在雨水作用下岩体抗剪强度降低；地质勘察报告未区分不同区域岩体个性差异，统一将岩体类别定位为三类，岩体破裂角按 57.4°考虑，实测估算岩体破裂角在 40°～58°之间，因此，边坡设计岩土参数取值偏高，致使锚杆锚固设计长度偏短，岩体破裂面角度偏大。

②在发现边坡实际标高与设计标高差别较大时，未及时停工，为抢工期，在业主、设计、监理等单位的默许下，未采取有效的边坡支护措施，继续切坡形成直立高切坡，失去了边坡排险补救机会。

③边坡施工组织方案未完全遵循"动态设计、信息法施工"原则，实际施工也未按此原则执行，致使岩土参数变化信息无法及时有效地反馈给设计单位进行设计调整，给工程安全留下了隐患。

④边坡施工期间，边坡变形监测不到位，监测内容、信息反馈不全面准确，监测失去

了应有的作用。

⑤有关锚杆施工质量检测未进行。

⑥爆破施工缺实际记录，局部爆破不满足设计要求，对岩体的破碎程度有一定影响。

(4) 经验教训

通过对某公共卫生中心环境边坡治理工程西侧锚杆挡墙垮塌过程的分析，对相关资料、垮塌边坡的调查和检测，经认真分析有如下经验教训：①边坡治理工程的地质勘察工作宜细化，对不同部位（一个方向）、高度的岩体性能宜区别对待，对不同岩性的岩体其岩性参数指标不同，不宜统一定性、统一确定破裂角，地质勘察数据的准确性对边坡的安全性影响极大；②高边坡工程按逆做法施工是必须严格执行的施工要求，无论是业主、行政长官、设计人员或是监理均应按建设程序办事，施工单位不应以默许代替建设程序，未经设计单位签字盖章同意的施工方法坚决不执行，设计人员现场的口头同意不能代替建设程序。否则，造成的工程损失、人员损失只能由施工单位自己承担。③某些工程建设过程要求，既是虚的也是实的，如"动态设计、信息法施工"原则，在许多工程实践中也许就是"虚"的，即使不这样做也不会发生工程事故，但它也是实的，在本边坡工程中未按此原则办事，工程事故就出现了。防范于未然，才是对自己、对社会、对人民负责的工作态度，才能真正创建可持续发展的自然环境。④受市场经济的影响，一心追求低价格，为单位"谋利益"，到头来可能将给单位造成更大的损失，按设计要求进行的锚杆有关项目的检测、边坡变形监测不认真执行，边坡垮塌事故的发生，最终产生了更大的经济损失，造成了不良的社会影响，印证了俗语："一分钱一分货"。⑤就经济损失和工程事故而言，业主处理边坡事故引起的工程停工，长达2个月；检测、鉴定费用及未垮塌锚杆挡墙的排危指导工作，业主就花费了几万人民币，排危工程的工程费用还未计算，可见业主在经济上不得不付出巨大的经济代价；此外，除施工单位承担一定的经济损失外，其他单位很难追究经济责任，业主非常无奈！⑥实际上，西侧用地本身就被某开发商购买，拟进行房地产开发；西侧坡地本身就需要平整场地，正在建设的高切坡支护结构工程随着西侧用地的开发，也将被后来的开发者拆除，因此，西侧边坡工程因所谓用地问题，不得不建设后再拆除，使国有资源白白被浪费，故城市建设的统一规划、开发，用地的合理调整是有关政府职能部门必须考虑的问题，国有大量资源浪费现象，应该被制止。

4.6 边坡工程司法鉴定案例

4.6.1 【实例4-14】 ××住宅工程质量及受临近建筑边坡开挖影响问题鉴定

××人民法院于2005年8月15日委托××司法鉴定所对××住宅工程质量及受临近建筑边坡开挖影响问题进行技术鉴定。××司法鉴定所于2005年11月15~16日指派专业技术人员对××住宅工程质量及受临近××大厦工程建筑边坡开挖影响问题进行了现场调查，向有关人员了解情况，查阅了××人民法院提供的有关资料。经综合分析，现根据《××省司法鉴定管理条例》、《××省建设工程质量事故鉴定暂行规定》及国家有关技术标准，提出鉴定报告。

(1) 鉴定依据

1)《民用建筑可靠性鉴定标准》(GB 50292—1999);
2)《危险房屋鉴定标准》(JGJ 125—99);
3)《建筑地基基础设计规范》(GB 50007—2002);
4)《建筑地基基础工程施工质量验收规范》(GB 50202—2002);
5)《砌体结构设计规范》(GB 50003—2001);
6)《砌体工程施工质量验收规范》(GB 50203—2001);
7)《建筑抗震设计规范》(GB 50011—2001);
8)委托单位提供的有关资料。

(2) 工程概况

××住宅工程位于××县诺江镇南寺沟(照片略),为2层(局部3层)砌体结构工程,利用山坡地形建造,底层纵深4.8m左右,南侧设挡土墙、2、3层纵深9.2m左右,在挡土墙部位设一道内纵墙,该墙后部为单层和2层,横墙承重,基础为条形基础(毛石砌筑),××轴以北基础持力层为粉质黏土,××轴以南基础持力层为泥质粉砂岩。据现场调查,紧邻××住宅东侧的排洪沟从东向西再折转北横穿××住宅地基。

该住宅建于1989年,后加建局部3层,未进行勘察,无设计图纸,无施工验收资料。

(3) ××住宅工程质量及受临近建筑边坡开挖影响评估

1) 地基与基础

①××住宅工程面朝公路,背靠山体,背部地基为基岩,前部地基为粉质黏土。××住宅工程修建时未采取有效措施预防地基不均匀沉降,不满足国标《建筑地基基础设计规范》(GBJ 7—89)第6.1.1条:"山区(包括丘陵地区)地基的设计,应考虑下列因素:……三、建筑地基的不均匀性;…六、地面水、地下水对建筑地基和建设场区的影响"及国标《建筑抗震设计规范》(GB 50011—2001)第3.3.4条:"同一结构单元的基础不宜设置在性质截然不同的地基上"的有关规定。

在上部结构荷载作用下,岩石地基与黏土地基的沉降存在较大差异,导致原本存在较大质量缺陷的上部结构工程出现裂缝。

②公路与房屋间的排水沟已被堵塞,另外,房屋地下有排洪沟通过,室外地坪又未施工混凝土散水,致使山坡和路面雨水及生活用水聚集并长期渗入地下。据开挖检查表明,经水长期浸泡,部分基础持力层粉质黏土已呈软塑状,严重降低了地基承载能力,加大了岩石地基和黏土地基的承载力差异,导致建筑物不均匀沉降。

③条石基础施工质量较差。国标《砌体结构设计规范》(GBJ 3—88)第5.2.2条规定,对于很潮湿的地基土,砌筑砂浆应采用水泥砂浆,最低强度等级为M5。据抽样判断,该工程条石基础的砌筑砂浆强度等级远低于M5。国标《砌体工程施工质量验收规范》(GBJ 203—83)第5.3.1条规定:"毛料石叠砌面和接砌面的表面凹入深度不大于25mm";第5.3.2条规定:"毛料石加工的允许偏差,宽度、厚度分别为10mm,长度为15mm。"该工程所用料石不符合上述规定。第5.3.6条规定:"料石砌体应上下错缝搭砌",开挖检查表明该工程的料石错缝搭砌质量不符合规范要求。

地基基础的上述质量问题,导致上部结构的墙体出现主要因地基严重不均匀沉降引起的斜裂缝和水平裂缝。

2) 砌体结构及构件

①国标《砌体结构设计规范》(GBJ 3—88)和《建筑地基基础设计规范》(GBJ 7—89)均规定,当地基承载力不均匀或为软弱地基时,应设地圈梁和楼层圈梁,以增强房屋整体性,抵抗地基不均匀沉降。该工程未设地圈梁和楼层圈梁,不满足国家标准要求。

②国标《砌体工程施工质量验收规范》(GB 50203—2002)(GBJ 203—83)规定,砖砌体的转角处和交接处应同时砌筑,严禁无可靠措施的内外墙分砌施工;砖砌体组砌方法应正确,上、下错缝,内外搭砌。该工程多处纵横墙相交处,砖块未相互搭砌,形成竖向通缝,违背了最基本的砌砖工程施工工艺,严重降低了房屋的整体性。

③墙体砌筑砂浆强度很低,用手可捏成粉状。据户主向本所鉴定人员介绍,砌筑砂浆未掺用水泥,仅掺用石灰。现场抽样检查,砌筑砂浆呈土色,未见石灰痕迹。

④××轴横墙:靠近公路一端,1、2层墙体各出现两条较大斜裂缝,基本贯穿层高,最大裂缝宽度大于5mm;靠近山体(ⓒ轴)一端,出现一条较大斜裂缝,最大裂缝宽度大于4mm。××轴2层墙体两端的斜裂缝,呈倒八字形,表明房屋并非整体向公路一侧倾斜,而是地基不均匀沉降和施工质量很差所致。

⑤××轴横墙:在靠近与ⓒ轴相交处,出现一条略倾斜的竖向裂缝,裂缝宽度大于10mm,产生裂缝的原因同上。

⑥其他墙体,也出现一些地基不均匀沉降裂缝或构造措施不当引起的裂缝。

根据国标《民用建筑可靠性鉴定标准》(GB 50292—1999)、《危险房屋及鉴定标准》(JGJ 125—99)判定,该工程已属危房,应采取安全防范措施,避免因房屋局部倒塌而造成人身伤害的安全事故。

3) 钢筋混凝土构件

①2层顶部的钢筋混凝土现浇板,无钢筋配筋、混凝土强度等级及板厚等资料,建设者未进行结构安全性计算。

②钢筋混凝土挑梁、无配筋、混凝土强度等级等资料,建设未进行结构安全性计算。现场检查时,发现有的挑梁埋入墙体部分,与其下的墙体之间,出现水平裂缝,说明其抗倾覆安全性不满足国标《砌体结构设计规范》(GB 50003—2002)(GBJ 3—88)的规定。

4) ××房屋工程质量与其连建房的关系

据现场调查,××住宅与××住宅系同一基础形式的连建建筑工程,均存在地基基础不均匀沉降引起上部主体结构严重裂缝问题,均存在施工质量严重违背国家施工质量验收规范问题,均存在构造措施不当、未进行结构计算等设计问题。该工程的设计与施工,均存在较严重缺陷。

××住宅及其××住宅连建房,即整栋建筑工程属于D级危房,应采取妥善处置措施。

5) 临近的××大厦工程建筑边坡开挖对××住宅的影响

据我所2004年9月10日对××住宅的现场调查并结合此次调查××大厦工程在未采取有效防范措施前,切削建筑边坡坡角,施工方法不当。但根据××市水利电力勘察设计院2005年7月提出的岩土工程勘察报告和××房屋裂缝特征分析,该场地及房屋未发现向山下滑移的迹象,并未对坡上××住宅工程造成损伤。

(4) 鉴定结论

1) ××住宅工程墙体严重裂缝,承重结构承载力已不能满足安全性和正常使用性要求，属 D 级危房，应采取安全防范措施，避免因房屋局部倒塌而造成人身伤害的安全事故。

2）××住宅工程的设计及施工质量存在较严重缺陷，建筑物整体性较差，房屋地基严重不均匀沉降，是造成墙体严重开裂，成为 D 级危房的重要原因。

3）××住宅和××住宅系同一基础形式的连建建筑工程，两者存在问题的严重程度及其原因基本相同。

4）相邻××大厦工程在未采取有效防范措施前，切削建筑边坡坡角，施工方法不当。根据××市水利电力勘察设计院的"岩土工程勘察报告"和房屋裂缝特征分析，××大厦工程建筑边坡开挖未对坡上××住宅和××住宅工程造成损伤。

注：签字人员略；报告日期：2005 年 11 月 21 日

4.6.2 【实例 4-15】 ××厂遭受洪灾后鉴定报告调查分析

（1）工程概况

××厂建设在山坡上，被海弹公路一分为二，下厂区距长江较近，其排水由在厂外的主排水沟排入长江。上厂区外围墙外为一岩质陡坡，陡坡上修建渝黔高速公路，1998 年 6 月 18 日暴雨后，暴雨将堆积在陡坡上的修建渝黔高速公路的弃土冲走，雨水夹杂弃土形成泥石流冲毁围墙和部分厂房（下厂区），并使下厂区厂房堆积大量淤泥，此次事故致使××厂遭受重大损失。该厂在××保险公司重庆分公司进行了财产保险。为恢复生产，厂方要求××保险公司重庆分公司按保险合同支付恢复生产所需费用，××保险公司重庆分公司当即支付 30 万元支持厂方恢复生产。

（2）司法鉴定概况

为查清事故原因，渝黔高速公路××施工单位和××厂于 1998 年 8 月联合委托××检测单位进行事故原因鉴定（当时重庆市还未制定司法鉴定有关法律、法规），××检测单位出具了鉴定报告。

鉴定认为此次事故的直接原因是××施工单位在陡坡上未采取有效防护措施就将施工弃土堆积在陡坡上是产生洪灾的直接原因，事后××保险公司重庆分公司将××施工单位告上××区人民法院，××区人民法院根据××检测单位出具的鉴定报告判××保险公司重庆分公司胜诉。

××施工单位不服××区人民法院判决，又以某单位盖有××灾害研究会印章的××调查报告为依据，上诉重庆市高级人民法院，为此××保险公司重庆分公司请求作者对"××厂遭受洪灾成因分析调查报告"存在的问题进行分析，以便在××高级人民法院庭审时进行法庭辩论，为此对"××厂遭受洪灾成因分析调查报告"进行了分析。

（3）答辩函

以××保险公司重庆分公司律师的名义编写了"对××灾害研究会《××厂遭受洪灾成因分析调查报告》的若干质疑"函件，函件如下（下述略有修改）：

××高级人民法院：

鉴于本案二审过程中，对方提出一份由其单方委托做出的《××厂遭受洪灾成因分析调查报告》，署名为××灾害研究会，对此单方委托报告，我方认为，本来就不应作为证据来采信，但为慎重起见，我方仍提出若干质疑如下：

1）由于国家对有关工程检测鉴定问题有严格的管理规定，只有取得 CMA 计量认证资质的检验测试单位才有检测鉴定的权力，而于 1999 年 7 月 8 日出具这一"调查报告"的单位，根本不具备有关的检测资质，却使用了大量只有他们自己才知道从何而来的检测数据，并据以得出结论，这当然是不科学的，也不具有法律效力，简言之，主体资格本身就不恰当，因此，这个"调查报告"也只能是一个一般意义上的调查报告，当然不具有严格意义上的法律效力了。

2）该报告开篇就指出其分析是"严格遵循 6.18 灾害现状"进行的。试问，时隔一年多后，原始现场早已遭到多次破坏，何来"现状"？因而该报告所指"现状"也只能是被诸多人为和自然原因改变后的现场，不足以为据了。

3）该报告中使用的地形图的依据未知，且两端高差是如何得知的？

4）该报告提及××厂北厂区（即下厂区）所谓"水毁洞"的成因，以证明"此洞属于流水毁坏无疑"。文中称："围墙水毁洞中，绿草生机昂然，枯枝轮廓清晰，藤枝表面洁净，墙体砂浆缝轮廓明晰，此洞显然无泥沙冲越，不具有泥石流动路径的迹象"。这一提法未遵重客观事实，有误导作用。

事实上，照片所示状况非灾害当时状况，因为泥土在灾后就从街道旁及时清走，当时就拉走了好几车，这是不争的事实，而且在拍照时，洞口周围的壁上仍有区别于围墙本色的泥土痕迹。至于夏天草长得很快，是一种自然现象，这根本不能说明没有泥土冲过洞口。下厂区被上面冲下的泥土堵塞了下水道，以致受淹，说明弃土是致损的主要原因。该报告连这一明显的事实都要歪曲，根本谈不上科学性。

5）该报告称"公路水槽"高度 0.25m，这一提法极不科学，更谈不上准确。事实上，该公路上的路沿高度为 0.18～0.20m 的高度。何况公路中间高，两边低。根本谈不上"公路水槽的高度达 0.25m"。其虚报的水份之大，可见一斑。

该报告认为"水"主要来源于××公路主要是基于这样一个观点，即公路形成了"公路水槽"；但是一条倾斜的公路上怎么可能如江河一般地汇水呢？更何况，该公路中间高、两边低，整条公路在中间转了一个大弧度的弯；同时，该公路两侧尚有多处出口，可以向两侧排水，并且两侧的下水道也有多处尚未堵塞，均可排走大量的雨水，而该报告对上述各处要点均未提及。

6）"水毁洞"力学机理分析是不合适的。文中称："假定在水毁洞所在地的海弹公路槽集水，水面高程即为路沿石高程，则从路沿石顶部溢流出的水体进入路基与围墙之间的狭窄空间，空间集水而成一个高度为 2.11m 的细小水池，其所产生的静水压力为 110kN，在洞底墙底部将产生 –1000kPa 的拉应力（墙体的抗拉强度小于 40kPa），使墙底处于明显的拉应力状态之中"，这是不正确的。

上述这一段假设和推算，都是建立在简单地假定为清水的基础上，以 $R×H$ 的公式来计算压力的。他们没有想到，含有泥土的水，其密度加大，压力也明显加大，其计算公式远非如此简单；更何况，该围墙使用寿命刚刚过半，而文中却称其为"古老墙体"，这种提法很不严肃。而其所称"砂浆体 50～80kPa 的抗剪强度"也没有试验依据，仅是一个非常粗略的估算。更何况，如第 3 条所述，所谓"公路槽"的假定本身就不符合事实。实际上，该报告的所谓"水毁洞"力学分析都是建立在粗略估计和非常不全面的考虑基础上的，而这样一种态度本身就不够科学，其结论的可信度可想而知。

7）该报告称："上厂区汇水面积为 0.12hm^2"，导致了上厂区两处大缺口，而"下厂区汇水面积为 1.69hm^2"，所致仅为一小缺口，其可比性如何解释？

8）该报告中还附有重庆市气象台的"气象资料"，以说明"××区尚未单独设气象机构"，进而说明他们以 6 月 18 日全市的日平均降雨量 116mm 作为依据是正确的，因而间接否定××区这一局部地区当天降雨量为 75.5mm 这一局部具体数据的事实。

实际上，这两个数据并不矛盾，"东边日出西边雨"，全市各地区降雨有区别是很正常的。当区域性气象资料确实存在时，为什么一定要用全市的平均数据呢？而南岸区尚未设气象台和分局这一情况并不代表南岸区没有气象资料，气象局虽无南岸分台，但布了观测点且一直有局部具体数据是不争的事实。

9）该文的主要观点是去年雨水是唯一的致损原因，但今年和往年的雨水也都很大，其中不乏大暴雨，而××厂的南北厂区都均未出现险情。很明显，上厂区围墙外坡体上的弃土是致损主要原因。

10）该文的整个行文过程中多处出错，随意用校对章更改，并且使用的计量单位符号有误，其科学态度极不严谨，调查报告的可信性值得深思。

通过对该"调查报告"的全文分析可知：①该报告无视弃土这一客观事实不知用意何在？②全文分析多处出现不科学的判断；③依据该"调查报告"，××厂每年必然会发生灾害，而事实并非如此。纵观全文，该文多处歪曲客观事实，分析论据缺乏科学性，故该"调查报告"是不科学的，也是不可取用的。

此致

××保险公司重庆分公司
1999 年 10 月 10 日

（4）结语

××保险公司重庆分公司律师告之作者，××高级人民法院根据双方律师辩论结果，最终采信××检测单位鉴定报告，判××保险公司重庆分公司胜诉。据言：标的为 100 多万人民币。

4.6.3 【实例4-16】 ××公司排水沟挡土墙工程司法鉴定

（1）序 言

1）委托鉴定人：××中级人民法院

2）工程名称：××公司排水沟挡土墙工程

3）案情摘要：本场地边坡支护设计单位为××管理委员会；挡墙施工单位为王××等；挡墙建设单位为××管理委员会。该挡墙于 1999 年 11 月完工并交付给××家具有限责任公司使用；曾于 1999 年 6 月对该挡墙的部分地段（长约 30m）进行过抢修，于 2000 年 7 月对该挡墙的部分地段（长约 40m）进行过垮塌加固处理；该挡墙在使用中存在加高回填等情况；本场地边坡工程的建设单位、使用单位对挡墙是否安全存在争议；由此而发生纠纷。

4）鉴定要求

①鉴定范围：××公司排水沟挡土墙工程（长约 170m，高约 4m，不含长约 70m 的抢修、加固地段）。

②鉴定内容：原有挡墙是否安全？增高后的挡墙是否安全？如果该挡墙不安全，则对其原因进行分析，并明确各相关单位有无责任及责任大小的定性划分。

③鉴定概况：××检测中心受××中级人民法院的委托，对××公司排水沟挡土墙工程进行鉴定。2002年10月21日，××检测中心组成了由一名教授、一名高级工程师、一名讲师及两名助理工程师参加的项目组。为了保证工程检测的公证性、科学性、正确性，项目组技术人员仔细阅读了××中级人民法院提供的有关资料，于2002年10月形成该挡墙的鉴定方案，并将该鉴定方案向有关单位作了报告；于2002年10月21、11月19日和11月28到现场进行踏勘和检测，形成该挡墙的司法鉴定报告。

(2) 鉴定依据

挡墙鉴定的依据主要有：

1) 相关的设计与施工资料：《板桥排洪沟施工设计图》（××管理委员会，1998年7月）。

2) 相关的规范、规程主要有：

①《岩土工程勘察规范》（GB 50021—94）；

②《建筑地基基础设计规范》（GBJ 7—89）；

③《重庆市建筑地基基础设计规范》（DB 50/5001—1997）；

④《一般重力式挡土墙图集》（川91G 602）；

⑤《砌体结构设计规范》（GB 50003—2001）。

(3) 鉴定内容

1) 设计（××管理委员会）质量评定

①场地工程地质概况

(A) 场地属红色构造剥蚀丘陵地貌的斜坡地形。边坡所处场地地形较缓，相对高差约4m。

(B) 场地区内无滑坡、断层、溶洞等不良工程地质现象。

(C) 边坡上部为厚约1.0~2.0m的土层，边坡下部为侏罗系中统沙溪庙镇组砂质泥岩和砂岩。

砂质泥岩为紫红色，粉砂泥质结构，厚层状构造。

砂岩为紫灰色~灰色，细粒结构，中厚层状构造。

(D) 场地斜坡地带存在少量地下水，地下水对混凝土无腐蚀性。

(E) 场区地震基本烈度为6度。

②边坡支护结构形式评定

根据场地边坡的工程地质特征，结合场地边坡的平面布置要求以及边坡高度，本填方边坡工程采用重力式挡墙支护是合理的、可行的。

③重力式挡墙支护结构评定

(A) 重力式挡墙的断面：基本满足《一般重力式挡土墙图集》（川91G 602）（第52页）的要求。

(B) 重力式挡墙的材料：水泥砂浆的强度等级要求（M5）满足《一般重力式挡土墙图集》（川91G 602）的要求；条石的强度等级要求（MU20）满足《一般重力式挡土墙图集》（川91G 602）的要求。

(C) 基础持力层（强风化岩层或老土层）选择合理、可行。

(D) 要求的地基承载力值合理、有据，符合规范要求。

(E) 明确控制填土的施工速度要求是合理的（"挡土墙填背土边砌边填"）。

(F) 不足之处：未明确重力式挡墙基底的摩擦系数等参数；回填土未明确分层厚度（压实后不超过200mm）的要求；未明确分层填土的质量检测要求（每层每100m²不少于2个检测点）；未明确泄水孔、反滤层及黏土隔水层的施工质量要求。

2) 施工质量（王××等）评定

①重力式挡墙的断面：在墙顶紧靠墙外边缘，沿挡墙纵向分别布设5个探坑，其位置为：1号探坑K0+20，2号探坑K0+98，3号探坑K0+128，4号探坑K0+141.3和5号探坑K0+221.8。根据探坑的检测数据（图略），该重力式挡墙的断面情况如下：

(A) 1号探坑：墙顶的宽度 $b=0.45m$，$b_0=0.45m$（b 为现有重力式挡墙墙顶的宽度，b_0 竣工时重力式挡墙墙顶的宽度，下同）。墙底的宽度 $B=1.95m$。

(B) 2号探坑：墙顶的宽度 $b=0.55m$，$b_0=1.00m$；墙底的宽度 $B=1.60m$。

(C) 3号探坑：墙顶的宽度 $b=0.60m$，$b_0=0.90m$；墙底的宽度 $B=1.75m$。

(D) 4号探坑：墙顶的宽度 $b=0.25m$，$b_0=0.87m$；墙底的宽度 $B=1.77m$。

(E) 5号探坑：墙顶的宽度 $b=0.30m$，$b_0=0.98m$；墙底的宽度 $B=1.58m$。

现有重力式挡墙墙顶的宽度代表值为：(0.45m+0.55m+0.60m+0.25m+0.30m)/5=0.43m

竣工时重力式挡墙墙顶的宽度代表值为：(0.45m+1.00m+0.90m+0.87m+0.98m)/5=0.84m

重力式挡墙墙底的宽度代表值为：(1.95m+1.60m+1.75m+1.77m+1.58m)/5=1.73m

②重力式挡墙的基础持力层：

根据探坑的结果（1号探坑、2号探坑、3号探坑、4号探坑和5号探坑），该重力式挡墙的基础持力层情况如下：

(A) 1号探坑：基础持力层为老黏土层。

(B) 2号探坑：基础持力层为老黏土层。

(C) 3号探坑：基础持力层为老黏土层。

(D) 4号探坑：基础持力层为强风化岩石（灰白色、灰色粉砂岩）。

(E) 5号探坑：基础持力层为强风化岩石（灰白色、灰色粉砂岩）。

根据重庆地区经验，结合××研究院对老黏土层的土工检测报告，老黏土层的地基承载力基本值为248.3kPa，其地基承载力设计值为270kPa，满足挡墙地基荷载设计值的要求。

③重力式挡墙墙面的高宽比约为：$H/B=4:1.73=1:0.43$。

④重力式挡墙条石的抗压强度：从3个探坑（1号、3号、5号）中采取条石石样9件，进行抗压强度试验，其抗压强度值为33.4MPa、33.1MPa、34.2MPa、36.7MPa、38.5MPa、36.5MPa、32.7MPa、32.9MPa和34.0MPa，其代表值为37.8MPa，满足MU30的要求。

⑤重力式挡墙砂浆的强度：采用回弹法对重力式挡墙的砂浆强度进行了试验，共抽检

砂浆7处，布设测区70个，测点700个，采用回弹仪按照《砌体工程现场检测技术标准》（GB/T 50315—2000）测试，其砂浆强度推定值分别为2.8MPa、1.7MPa、2.1MPa、1.6MPa、1.8MPa、1.8MPa和2.0MPa。试验结果表明，该重力式挡墙的砂浆强度推定值为1.6MPa，砂浆强度满足M1等级的要求，比一般重力式挡土墙图集 川91G 602 的规定低。

⑥重力式挡墙泄水孔的做法：泄水孔的个数偏少，不满足设计和规范要求。从5个探坑的地下水情况可知，场地的地下水埋置深度约4m。

3）使用情况（××有限责任公司）评定

①重力式挡墙的增高高度：从2号、3号、4号、5号探坑及其附近的位置量测重力式挡墙的增高高度分别为：1.30m、1.20m、1.30m、1.20m、1.30m、1.20m、1.30m、1.30m、1.30m、1.20m、1.20m、1.20m，其代表值为1.25m。

②重力式挡墙的墙后填土增加高度：从2号、3号、4号、5号探坑及其附近的位置量测重力式挡墙的增高高度分别为：1.05m、1.10m、1.00m、1.00m、1.10m、1.20m、1.15m、1.00m、1.10m、0.80m、0.80m、1.10m，其代表值为1.01m。

③其他：重力式挡墙的墙顶增设钢筋混凝土圈梁；重力式挡墙的墙后增设钢筋混凝土地梁。

(4) 鉴定结果

1）设计

①采用重力式挡墙支护是合理的、可行的。

②未明确重力式挡墙基底的摩擦系数等参数、回填土分层厚度的要求、分层填土的质量检测要求等是欠妥的。

2）施工

①重力式挡墙的断面、基础持力层、条石的抗压强度等级、砂浆的强度等级基本满足安全要求。

②竣工资料仅有重力式挡墙的断面而无原材料的检验、试件检测等资料是不妥的。

③施工队无相应的施工资质是不妥的。

3）使用情况（××有限责任公司）

使用时，重力式挡墙的高度增高、墙后填土增加高度等改变使用功能的做法是不妥的。

(5) 安全性评定及不安全原因分析

1）安全性评定

①现有重力式挡墙：根据5个探坑的检测情况，现有重力式挡墙的高度为（4.65m + 5.50m + 5.60m + 5.50m + 5.80m）/4 = 5.41m，填土的高度约为5.20m，现有重力式挡墙墙顶的宽度代表值为0.43m，墙底的宽度代表值为1.73m；目前未见挡墙外鼓、变形；但挡墙的高度增加约1.25m，墙后填土增加高度约1.0m，即挡土墙的计算高度由4.5m增加至5.5m。根据库仑理论，挡土墙的主动土压力与挡土墙的计算高度的平方成正比，即从挡墙的高度方面考虑，挡墙的安全储备降低约67%（$4.5^2/5.5^2 = 67\%$），因此，现有重力式挡墙的安全储备偏低。

②竣工时的重力式挡墙：根据5个探坑的检测情况，竣工时重力式挡墙的高度约为4.5m，墙顶的宽度代表值为0.84m，墙底的宽度代表值为1.73m，并且挡墙的基础持力层

承载力、条石的抗压强度等级满足《一般重力式挡土墙图集》(川91G 602)的要求,砂浆的强度等级比《一般重力式挡土墙图集》(川91G 602)的要求低,但挡墙的断面比《一般重力式挡土墙图集》(川91G 602)的要求高,因此,竣工时的重力式挡墙是安全的。

2) 不安全原因分析

现有重力式挡墙的安全储备偏低,不满足《一般重力式挡土墙图集》(川91G 602)的要求,其原因是:重力式挡墙的高度增高、墙后填土增加高度等改变使用功能的不合理使用。

(6) 鉴定结论

在前述鉴定依据、鉴定内容、鉴定结果、安全性评定及不安全原因分析的基础上,作出如下鉴定结论。

1) 竣工时重力式挡墙满足安全性要求。

2) 现有重力式挡墙不满足《一般重力式挡土墙图集》(川91G 602)的要求,挡墙的安全储备偏低。

3) 现有重力式挡墙安全储备偏低的原因是不合理使用。

4) 造成重力式挡墙安全储备偏低的事件中,使用单位负有全责。

注:①本司法鉴定书主要提及与工程质量事故直接相关的问题。②重力式挡墙的墙顶应设置护栏,其高度不小于1200mm。③现有挡墙应进行处理后方可投入使用。处理建议:撤除加高部分挡墙,在墙高2倍范围卸土减载至竣工时的挡墙高度;或者,增加挡墙的宽度。

××检测单位
2002 年 12 月 2 日

4.6.4 【实例 4-17】 ××厂综合楼挡墙工程司法鉴定

(1) 序言

1) 委托鉴定人:××中级人民法院

2) 工程名称:××厂综合楼工程室外挡墙

3) 案情摘要:本场地工程地质勘察单位为××建筑勘察设计院;场地边坡支护设计单位为××设计研究院;挡墙施工单位为××建筑安装公司;挡墙建设单位为××厂。该挡墙于 1999 年 6 月开工,1999 年 12 月完工;本场地边坡工程的建设单位、施工单位对挡墙施工质量是否满足设计要求、挡墙是否安全存在争议;由此而发生纠纷。

4) 鉴定要求

①鉴定范围:××厂综合楼工程室外挡墙的正面地段(长约 22m,高约 14m)挡墙。

②鉴定内容:挡墙施工质量是否满足设计要求?挡墙是否安全?如果该挡墙不安全,则对其原因进行分析,并明确各相关单位有无责任及责任大小的定性划分。

③鉴定概况:××检测中心受××中级人民法院的委托,对××厂综合楼工程室外挡墙进行鉴定。2002 年 10 月 23 日,××检测中心组成了由一名教授、一名高级工程师、一名讲师及两名助理工程师参加的项目组。为了保证工程检测的公证性、科学性、正确性,技术人员仔细阅读了××中级人民法院提供的有关资料,于 2002 年 10 月形成该挡墙的鉴定方案,并将该鉴定方案向有关单位作了报告;检测人员于 2002 年 10 月 20 日、11 月 8 日、9 日、10 日、15 日和 11 月 18 日到现场进行踏勘和检测,形成该挡墙的司法鉴定报

告。

(2) 鉴定依据

挡墙鉴定的依据主要有：

1) 相关的勘察、设计与施工资料：

①××厂综合楼工程地质勘察报告（××建筑勘察设计院，1999年7月）；

②××厂综合楼挡墙施工设计图（××设计研究院，1999年8月）。

2) 相关的规范、规程主要有：

①《岩土工程勘察规范》(GB 50021—94)；

②《建筑地基基础设计规范》(GBJ 7—89)；

③《重庆市建筑地基基础设计规范》(DB 50/5001—1997)；

④《一般重力式挡土墙图集》(川 91G 602)；

⑤《混凝土结构设计规范》(GBJ 10—89)；

⑥《钢筋混凝土工程施工及验收规范》(GB 50204—92)；

⑦《建筑边坡支护技术规范》(DB 50/5018—2001)。

(3) 鉴定内容

1) 勘察质量（××建筑勘察设计院）评定

①勘察成果

(A) 勘察依据及成果资料齐全。

(B) 勘察方法、勘探手段及工作量布置基本合理。

(C) 测试项目及数据量和测试成果统计方法基本符合规范要求。

(D) 报告正确反映场地工程地质条件，但平面图未标出拟建挡墙的位置、无坐标数据，未见剖面图、柱状图等资料。

②勘察结论

(A) "该场地无不良地质现象，适宜建筑"的结论正确。

(B) 边坡处理建议"上部土层及强风化岩石采用重力式挡墙支护，挡墙基础置于中风化岩石；下部采用锚杆挡墙支护，锚杆锚入稳定岩石内3~5m，稳定岩石以坡脚为起点按破裂角70°（水平夹角）计算"合理。

(C) 基础持力层选择合理、可行。

(D) 提供的地基承载力值合理、有据，符合规范要求。

(E) 不足之处：未提供重力式挡墙基底的摩擦系数等参数。

2) 设计（××设计研究院）质量评定

①场地工程地质概况

(A) 场地属红色构造剥蚀丘陵地貌的斜坡地形。边坡所处场地地形较陡，相对高差约15m。

(B) 场地位于龙王洞背斜倾没端西翼，岩层倾向为255°，倾角8°。边坡为上部为1.0~2.0m的土层，边坡为下部为侏罗系中统沙溪庙镇组砂质泥岩和砂岩。

砂质泥岩为紫红色，粉砂泥质结构，厚层状构造。

砂岩为紫灰色~灰色，细粒结构，中厚层状构造。

泥岩为褐红色、褐色，泥质结构，厚层状构造。

场地基岩主要发育一组裂隙：倾向 90°~100°，倾角为 70°~80°，裂隙间距一般大于 1.5m，局部 0.5m，延伸性较好，岩体完整。

（C）强风化层厚：1.0~2.0m。

（D）场地斜坡地带存在少量地下水，地下水对混凝土无腐蚀性。

（E）场区地震基本烈度为 6 度，无不良地质现象。

②边坡支护结构形式评定

根据场地边坡的工程地质特征，结合场地边坡的平面布置要求以及边坡高度，本边坡工程的上部土层及强风化岩石采用重力式挡墙支护是合理的、可行的，下部采用锚钉墙支护的支护形式，是不合理的。

③重力式挡墙支护结构评定

（A）重力式挡墙的断面：满足《一般重力式挡土墙图集》（川 91G 602）（第 52 页）的要求。

（B）重力式挡墙的材料：水泥砂浆的强度等级要求（M5）满足《一般重力式挡土墙图集》（川 91G 602）的要求；条石的强度等级等级要求（MU40）比《一般重力式挡土墙图集》（川 91G 602）[总说明中第六条第（一）款，最低强度等级不小于 MU20]明显偏高，比重庆地区设计经验值（MU30）偏高。

④锚杆挡墙支护结构评定

（A）面板采用 200mm 厚的钢筋混凝土满足《建筑边坡支护技术规范》（DB 50/5018—2001）的要求。

（B）1:0.20 放坡后，按 3000mm×3000mm 设置长 600mm 锚钉（主筋Ф14），不能满足锚杆锚入稳定岩石内 3~5m（稳定岩石以坡脚为起点按破裂角 70°，水平夹角）的要求，不满足《建筑边坡支护技术规范》（DB 50/5018—2001）的要求。

3）施工质量（××建筑安装公司）评定

①重力式挡墙

（A）重力式挡墙的断面：在墙顶距墙外边缘 0.95m、1.00m 和 0.80m，沿挡墙纵向分别布设 3 个钻孔 ZK1、ZK2 和 ZK3（ZK1 孔距本场地的西南建筑山墙以外约 1.0m 处，ZK2 孔距 ZK1 第一孔约 10m，ZK3 孔距 ZK2 约 10m）。根据钻探的结果，结合××检验测试中心的鉴定报告，该重力式挡墙的断面情况如下：墙顶的宽度 $b=0.80$mm；墙底的宽度 $B=(2.20m+2.05m+2.15m)/3=2.13m$

（B）重力式挡墙墙面的高宽比：$H:B=7.6:2.13=1:0.28$。

（C）重力式挡墙条石的抗压强度：从 3 个钻孔 ZK1、ZK2 和 ZK3 中采取条石石样 6 件，进行抗压强度试验，其抗压强度值为 37.4MPa、32.4MPa、35.7MPa、31.1MPa、30.4MPa 和 33.9MPa，其代表值为 30.4MPa，满足 MU30 的要求。

（D）重力式挡墙砂浆的强度：采用回弹法对重力式挡墙的砂浆强度进行了试验，共抽检砂浆 8 处，布设测区 80 个，测点 800 个，采用回弹仪，按照《砌体工程现场检测技术标准》（GB/T 50315—2000）测试，其砂浆强度推定值分别为 4.6MPa、5.2MPa、4.9MPa、4.7MPa、4.5MPa 和 3.8MPa。试验结果表明，该重力式挡墙的砂浆强度推定值为 2.2MPa，不满足挡墙安全性要求。

（E）重力式挡墙泄水孔的做法：泄水孔的个数偏少，不满足设计要求；但从钻孔过程中循环水的渗出情况，可知泄水孔能够满足排水的目的。

②锚杆挡墙

（A）挡墙的厚度：以距墙底约1m，距墙正面左侧约1m处为基点，按水平方向5m、竖向方向2.1m和2.4m的网格布点，共15个点，其厚度分别为200mm、210mm、210mm、210mm、210 mm、210mm、200mm、200mm、220mm、210mm、270mm 、180mm、180mm、180mm和190mm，其代表值为205mm，满足设计要求。

（B）挡墙墙体的配筋：以距墙底约1m，距墙正面左侧约1m处为基点，按水平方向5m、竖向方向2.4m的网格布点，共5个点，剥开混凝土表面，检查墙体钢筋，其情况如下：7号点：水平筋$\phi 6@300$、竖向筋$\phi 6@300$；9号点：水平筋$\phi 6@350$、竖向筋$\phi 6@310$；11号点：水平筋$\phi 6@300$、竖向筋$\phi 6@300$（该点以下220mm处见1Φ18和1Φ20钢筋）；13号点：水平筋$\phi 6@300$、竖向筋$\phi 8@300$；15号点：水平筋$\phi 8@450$、竖向筋$\phi 6@300$。以上检测结果表明，挡墙墙体的配筋满足设计要求。

（C）挡墙墙体的混凝土强度：采用钻芯法在挡墙墙体上取芯进行抗压强度试验，其抗压强度值为22.0MPa、21.5MPa、24.6MPa、22.9MPa和25.7MPa，其代表值为21.5MPa，满足设计（C20）要求。

4）业主（××厂）工作情况评定

①监理单位

挡墙工程的建设过程中，有建设方代表而未见监理单位人员对工程质量进行监督、管理。因此，可以认为建设单位（××厂）在本工程的建设过程中行使了监理的权利。

②主要存在的问题

（A）未将设计图纸报请重庆市九龙坡区建委组织有关单位进行审查，对把好设计质量关缺少一个重要的环节。

（B）对工程施工过程中的质量控制缺少专业人员的监督、管理。

(4) 鉴定结果

1）勘察（××建筑勘察设计院）

①"该场地无不良地质现象，适宜建筑"的结论正确。

②边坡处理建议"上部土层及强风化岩石采用重力式挡墙支护，挡墙基础置于中风化岩石；下部采用锚杆挡墙支护，锚杆锚入稳定岩石内3～5m，稳定岩石以坡脚为起点按破裂角70°（水平夹角）计算"合理。基础持力层选择合理、可行。提供的地基承载力值合理、有据，符合规范要求。

③未提供重力式挡墙基底的摩擦系数等参数是欠妥的。

2）设计（××设计研究院）

①本边坡工程的上部土层及强风化岩石采用重力式挡墙支护合理的、可行的，下部采用锚钉墙支护的支护形式，是不合理的。

②重力式挡墙的断面、水泥砂浆的强度等级要求（M5）等满足《一般重力式挡土墙图集》（川91G 602）（第52页）的要求；重力式挡墙条石的强度等级要求（MU40）不合适。

③锚钉墙的厚度满足《建筑边坡支护技术规范》（DB 50/5018—2001）的要求；长600mm锚钉（主筋Φ14），不能满足锚杆锚入稳定岩石内3～5m（稳定岩石以坡脚为起点按破裂角70°，水平夹角）的要求，不满足《建筑边坡支护技术规范》（DB 50/5018—

2001）的要求。

3）施工质量（××建筑安装公司）

①重力式挡墙

（A）重力式挡墙的断面：墙顶的宽度 $b = 0.80$ mm 满足设计要求。墙底的宽度 $B = 2.13$ m 不满足设计要求，比设计要求（2.40m）低 11.3%〔（2.40 - 2.13）/2.40 = 11.3%〕。

（B）重力式挡墙墙面的高宽比：$H:B = 7.6:2.13 = 1:0.28$。

（C）重力式挡墙条石的抗压强度：重力式挡墙条石的抗压强度达 MU30，满足川 91G 602 的要求，即满足合理设计的要求。

（D）重力式挡墙砂浆的强度：重力式挡墙砂浆的强度不满足设计要求。

（E）重力式挡墙泄水孔的做法：泄水孔的个数不满足设计要求；但泄水孔能够满足排水的目的。

②锚杆挡墙：

（A）挡墙的厚度：挡墙的厚度满足设计要求。

（B）挡墙墙体的配筋：挡墙墙体的配筋满足设计要求。

（C）挡墙墙体的混凝土强度：挡墙墙体的混凝土强度满足设计（C20）的要求。

4）业主（××厂）工作情况评定

（A）建设单位在本工程的建设过程中行使了监理的权利，不符合建筑法规的要求。

（B）建设单位未将设计图纸报请有关单位审查，对把好设计质量关缺少一个重要的环节。

（C）对工程施工过程中的质量控制缺少专业人员的监督、管理。

（5）安全性评定及不安全原因分析

1）安全性评定

①重力式挡墙：不满足《一般重力式挡土墙图集》（川 91G 602）的要求，挡墙的安全储备偏低。

②锚杆挡墙：不满足《建筑边坡支护技术规范》（DB 50/5018—2001）的要求，存在潜在滑塌的可能。

③挡墙整体稳定性：虽然整个挡墙目前未发现裂缝、变形等异常情况，但锚杆挡墙的锚杆长度（600mm）不能满足锚杆锚入稳定岩石内 3～5m（稳定岩石以坡脚为起点按破裂角70°，水平夹角）的要求，存在沿破裂角70°潜在滑塌的可能，因此，该挡墙工程不能满足《建筑边坡支护技术规范》（DB 50/5018—2001）设计 50 年的正常使用要求。

2）不安全原因分析

①重力式挡墙

（A）勘察资料未提供重力式挡墙基底的摩擦系数等参数，使设计依据不够充分。

（B）施工中，挡墙的断面尺寸不足、水泥砂浆的强度等级偏低，必然导致挡墙的安全储备偏低。

（C）施工中没有监理单位和质量监督单位，致使施工中存在的质量问题未被及时查出和进行整改，会导致挡墙的安全储备偏低。

②锚杆挡墙

(A) 设计单位不按照勘察资料的合理建议进行设计,导致挡墙的不安全。

(B) 建设单位未将设计图纸送审,致使设计资料中存在不安全的问题未被查出和进行修改,会导致挡墙的不安全。

(6) 鉴定结论

在前述鉴定依据、鉴定内容、鉴定结果、安全性评定及不安全原因分析的基础上,做出如下鉴定结论。

1) 重力式挡墙的施工不满足设计要求;锚杆挡墙的施工满足设计要求。

2) 重力式挡墙安全储备偏低;锚杆挡墙存在潜在滑塌的可能;整个挡墙不能满足《建筑边坡支护技术规范》(DB 50/5018—2001)设计50年的正常使用要求。

3) 重力式挡墙安全储备偏低的主要原因是施工质量,次要原因是施工中没有监理单位和质量监督单位,致使施工中存在的质量问题未被及时查出和进行整改。

锚杆挡墙不安全的主要原因是设计质量,次要原因是建设单位未将设计图纸送审,致使设计资料中存在不安全的问题未被查出和进行修改。

4) 造成重力式挡墙安全储备偏低的事件中,施工单位负有主要责任,建设单位负有一定的责任。造成锚杆挡墙不安全的事件中,设计单位负有主要责任,建设单位负有一定的责任。

注:①本司法鉴定书主要提及与工程质量事故直接相关的问题。②重力式挡墙的墙顶明显可见水泥砂浆的痕迹。③该挡墙应进行加固后方可投入使用。加固建议:重力式挡墙地段,可于距墙底1.5m处设置一排锚杆+连梁的支护方案;锚杆挡墙地段,可采用格架式锚杆的支护方案(锚杆间距可按3.0m网格布置);墙顶应设置护栏,其高度不小于1200mm。

××检测单位,2002年11月28日

附函

××中级人民法院:

关于贵院2002年12月25日鉴定委托书的说明:

1) ××厂综合楼工程室外挡墙的正立面已进行鉴定(详××检测单位,建筑工程司法鉴定书(2002)司鉴字第70004号)。

2) ××厂综合楼工程室外挡墙的左面,由于竣工后部分拆除,目前的高度约为4.2m,锚钉墙能满足安全的要求,不构成对场地建筑物的安全影响,因此,本检测单位认为对该段挡墙鉴定的意义不大,故不进行该段挡墙的鉴定。

3) ××厂综合楼工程室外挡墙的右面,由于挡墙竣工后,挡墙与主体结构连在一起(原挡墙大部分地段已回填),即房屋的山墙兼作挡墙,因此,对该段挡墙鉴定的难度相当大,不宜进行鉴定。

4.7 边坡工程鉴定中的问题

随着我国经济建设的迅速发展和人民生活水平的不断提高,在中国已经进行了大规模的基本建设,已建造了大量的民用、工业建筑和建筑边坡工程。由于已建建筑物、构筑物建造年代、使用年限、遭受不同自然灾害等因素的影响,许多建(构)筑物的安全性有待评定;特别是一些已完工或正在建设中的建(构)筑物由于各种程序问题、质量问题、结构性能等问题的影响，建（构）筑物已产生了不同程度的损伤，为此必须进行建（构）筑物安全性鉴定。由于建筑产品的商品化、市场化，建（构）筑物鉴定工作、鉴定结论将直接与有关单位、责任人存在经济利益关系，从而也导致了相关的法律问题，做为建（构）筑物安全性鉴定单位及鉴定人在鉴定工作中存在的各种技术和非技术问题值得探讨与研究。在建（构）筑物安全性鉴定工作中存在各种各样的问题有待解决，有些纯为科学技术问题，有些则与科学技术水平无关。在建（构）筑物安全性鉴定工作中可能会遇到许多问题，为此就下面问题谈几点看法。

（1）检测、鉴定工作的资质问题

表面上看资质不是问题，其实不然。任何建（构）筑物安全性鉴定工作的开展均依赖于检测数据，若检测数据全面、详细和准确，其鉴定工作的科学性也越强，然而什么样的检测数据才具有法律效力呢？根据"中华人民共和国计量法"的规定："为社会提供公证数据的产品检验机构，必须经省级以上人民政府计量行政部门对其鉴定、测试能力和可靠性考核合格"，也就是经计量认证，取得检测资质、具有 CMA 章的单位，用经计量认证的检测仪器经持证上岗的技术人员检测的试验数据，在其出具的检测数据报告上盖有 CMA 章的检测数据方具有法律效力，其他单位或个人提供的数据不具有法律效力。上述说明只表达了检测资质问题，而未说明鉴定资质问题，此外"中华人民共和国建设部令"第 141 号《建设工程质量检测管理办法》已于 2005 年 8 月 23 日经第 71 次常务会议讨论通过，现予发布，自 2005 年 11 月 1 日施行。该令首次明确了"检测机构是具有独立法人资格的中介机构。检测机构从事本办法附件一规定的质量检测业务，应当依据本办法取得相应的资质证书。检测机构资质按照其承担的检测业务内容分为专项检测机构资质和见证取样检测机构资质。检测机构资质标准由附件二规定。检测机构未取得相应的资质证书，不得承担本办法规定的质量检测业务"。尽管"建设工程质量检测管理办法"不同单位和个人提出了大量的意见，但在程序上它解决了"检测机构资质"问题。

在实际工作中对建（构）筑物安全性鉴定的资质问题似乎不完全明确。在"建筑法"中，有一条规定：经有关行政主管部门组织的专家组进行的鉴定工作和鉴定报告具有法律效力；而工程实践中，我国许多省、市建设行政主管部门并未发放某些"检测机构"具有鉴定资质，如重庆市 2006 年前重庆市建设委员会未给任何一家检测机构专门发放"建（构）筑物鉴定资质证书"，而一般认为某些具有检测资质的单位提供的鉴定报告也具有法律效力，但问题是盖有研究机构、相关学术团体印章的鉴定报告是否具有法律效力，则不完全清楚。在 2001 年前重庆市有些地方的人民法院承认其鉴定报告具有法律效力，有些地方的人民法院则不承认其鉴定报告具有法律效力；由此而引发了一些社会问题，该问题应引起有关主管部门的高度重视。

（2）鉴定工作中的法律问题

随着市场经济的发展，建（构）筑物安全性鉴定或建（构）筑物损伤程度的鉴定工作存在许多法律问题有待解决或有待科技人员去学习。由于历史的原因，不同的部门均可进行建筑物安全性鉴定工作，人民法院需对检测、鉴定人的资格问题进行审查，如前所述检测资质的审定应该问题不大，但鉴定人的资质又该如何认定呢？是否具有检测资质的人就有鉴定资质呢？或具有同专业的和工程师职称以上的科技人员就有鉴定资质呢？所有这些问题似乎并没有一个明确的答案。其次是鉴定单位对所提供的鉴定结论承担多少法律责任呢？一般建筑物的鉴定工作均会产生相应的民事责任，主要是相应的经济利益问题。对于正确的鉴定结论当然勿需多言，但对于不完全妥当的鉴定结论，由此又产生了相应的经济利益问题时，其经济责任该如何认定，赔偿比例又该如何确定？这仅是问题的一个方面，另一方面由于委托方采用不正当手段，而误导了鉴定结论，由此而产生的一些法律问题，又该如何解决呢？由于科学技术水平的限制，国家规范中有些条文的规定可能本身就不科学，或者有些专家的个人观点通过国家规范的形式而强制执行，由此产生的经济损失又由谁来承担呢？对于民事纠纷中关于建（构）筑物的鉴定工作通常会由人民法院的法官来指定鉴定单位或鉴定人，而对其他有资质的鉴定单位或鉴定人的鉴定报告采取否认的态度，这本身即不科学又不合法，这其中也涉及到一些法律问题。建（构）筑物的鉴定工作中存在许多法律问题，以上所述仅是其中的一部分，2000年后部分省、市通过立法方式解决了部分上述问题。

随着人民群众自我保护意识的提高，我国相关法律、法规的完善，在民事司法活动中，司法鉴定工作逐步法制化，不少"检测机构"同时办理了相关司法鉴定资质，但司法鉴定资质与"建（构）筑物鉴定资质"并不完全相同，这之间仍存在许多法律问题，为此在这里不再做过多讨论。

（3）检测、鉴定项目的科学性问题

建（构）筑物安全性鉴定工作是一项复杂的、科技含量较高的工作。由于建（构）筑物建设工作涉及到方方面面的问题很多，涉及到的部门不少，如建设场地的地质勘察、建筑物的规划审批、设计、施工、监理及建筑管理等方面的工作，但作者这里主要探讨建（构）筑物结构安全性鉴定工作中的有关技术问题。

首先应考虑的问题是检测、鉴定技术标准问题。关于建（构）筑物的鉴定标准还很不完善，建（构）筑物鉴定标准主要有两个：一是民用建筑可靠性鉴定标准；二是工业建筑可靠性鉴定标准；而对构筑物（如建筑边坡工程）还没有专门的鉴定技术标准，目前只能依靠设计规范和工程经验进行建筑边坡工程安全性的鉴定和评估，这给岩土工程师们提出了新的问题和课题。对检测标准而言，设计规范有国家和地方的规范，也有不同行业的规范，根据不同的规范要求，对同样的问题具有不同的抽样标准和评定标准，有时其检测数据的评定结果差异很大，问题是最终以那一本规范作为评定依据呢？目前不同的学者对其看法并不一致，设计单位、检测单位均希望有一个明确的说法。

其次是材料强度检测问题。由于科学技术水平和检测技术和设备等方面的原因，检测工作中对所检测对象的检验数据的准确性问题本身可能就存在问题。如在砌体结构建筑中砂浆强度等级的准确评定是较为困难的一项工作，其影响抽检数据的不确定因素较多（抽检部位、灰缝厚度、已使用的时间等），检测数据的科学性和合理性是值得考虑的问题；如重力式条石挡土墙的抗剪强度如何检测？又如混凝土标准抗压强度的现场检测问题，不同的检测方法其检测结果经常存在不一致的问题；检测数量、检测部位的不同，同样也会影响检测数据准确性和有效性。

再次，目前我国不同技术规范之间存在不协调问题。相关数据处理的可操作性不易把握，尽管规范采用了数理统计理论，但由于问题性质的不同，其统计处理的方法有待进一步研究，如建筑地基基础设计规范对岩体抗压强度检测样本数量的要求，国家标准与地方标准就不同，相同地点的不同检测单位对同一工程可能会采用不同的检测方法，同时按不同标准统计出的设计强度也不同，特别是样本变异性较大时更是如此。总之，这类问题很多这里就不再一一例出，但应该指出的是检测部门提供的检测数据应该是科学的、公正的，每一个技术人员所提供的数据理应承担相应的法律责任。

在已建建（构）筑物受到损伤后，需对建设工程的许多环节进行检测、校核，其中包括对原设计文件的校核。在对设计文件进行校核时总会遇到一个问题，用什么计算手段对原设计计算内容进行校核呢？有些科技人员用 PKPM 程序中的 PK 程序（1998 年以前）、有的用 TAT 程序，有的用手算，随着不同检测部门的不同科技人员其校核结果均可能出现一定的差异，最后在对设计文件是否正确进行判断时是比较困难的，特别是在复核结果同原设计文件相接近，而工程又有一定问题时，其判断更为困难（已排除了其他因素的影响）。目前有些部门使用不同岩土工程计算软件包作为计算判断依据，而问题是用国内商业软件进行设计结果校核是否具有法律效力呢？

对检测项目和检测范围通常是由委托方指定的。实际上由于某一具体的工程项目包含许多相关子项目的检测，如对某一具体构件的有关项目的评定并不能最终保证构件（或结构）的安全性，委托方对检测项目和检测范围的指定常带有人为因素的影响。由于检测工作本身也是市场经济，检测费用是和检测项目相关的，检测项目越多，相应的费用也越高，为此甲方在委托任务时，一般是进行少数项目的检测，而被委托方也只能根据委托内容展开工作，从而可能会导致两种情况出现：①检测内容无法完全解决甲方所需解决的问题，从而导致事故的原因不在检测范围内，或者检测项目不全，检测范围不能涵盖导致问题的所有原因；②检测范围内的有关检测项目可满足设计和国家有关规范的要求，而检测范围以外的相关检测项目不满足设计和国家有关规范的要求，从而造成委托方对检测单位的误导作用。当出现上述两种情况后，检测鉴定单位和鉴定人均会承担一定的风险。

（4）几点启示

通过对以上问题的思考及对过去工程实践经验的反思，有以下几点经验值得注意：

1）科技工作者应加强有关建筑法规的学习和研究，深刻理解建筑法规的具体内涵和外延，依法进行建（构）筑物的鉴定活动。

2）检测、鉴定人员必须明确职责、依法办事，尊重客观事实，尊重科学，加强对国家有关技术规范、规程的学习，防止违规操作，减少人为失误。

3）增强科技人员的自我保护能力。随着建筑行业的市场化，建筑行业的经济活动也纳入了法制化轨道，依法办事、提高自身素质是增强科技人员自我保护能力的最有效措施。

4）增强科技人员的风险意识。在建（构）筑物鉴定工作中存在许多风险，如建筑物检测过程中的意外伤害、鉴定结论的风险性等等，不加强风险意识的教育，就是对自己、单位和社会的不负责任，最后会搬起石头砸自己的脚。

5）检测、鉴定工作一定要客观、公正。由于建筑活动的市场化、法制化，有意歪曲客观事实，为某一方谋利益的鉴定报告（或调查报告），最终是站不住脚的。科学和事实是真实的客观存在，是不以人的意志为转移的。

6）有关建设行政主管部门应加强对建筑物检测鉴定单位、人员的管理及与外部单位的协调工作，避免由于建（构）筑物鉴定工作的市场化而引起的不正当竞争行为，从而导致检测鉴定工作的不公正或违法行为，努力创造良好的社会环境和法律环境。

第三篇　边坡工程排危及加固实例

5 边坡工程排危及加固实例

边坡工程加固技术包含两个内容：边坡工程排危和边坡工程加固。

5.1 边坡工程事故排危工作的组织

随着三峡工程进一步开展及山区建设工程的发展，在工程建设过程中出现了大量的人工边坡，同时也诱发了许多滑坡和边坡工程事故，为此中国政府、重庆市政府、湖北省政府和工程建设单位投入了大量的人力、物力进行滑坡、人工边坡的治理。尽管社会各方都投入了精力进行工程治理，但由于受工程建设的复杂性、自然条件的变化、科学技术水平及人为错误等因素的影响，边坡工程事故不断，工程事故本身给国家和社会带来了巨大的经济损失，在工程事故发生后，如何减小经济和人民生命财产的损失是整个社会关注的问题。在《建筑边坡工程技术规范》（GB 50330—2002）第 15 章边坡工程施工中第 5 节给出了三条施工险情应急措施，但所述内容均为原则性条款，缺乏定量控制指标及险情处理组织等细节内容。当工程事故发生后，如何有效的组织排危工作是值得探讨的问题，一些单位在险情发生后，主要处于经济责任的考虑，排危工作出现相互推托的情况时有发生，进而使工程建设产生了更大的损失，加之我国相应法律制度不健全，使后续的司法和索赔工作旷日持久，给国家和人民带来了更大的损失。为此，研究险情和事故发生后，如何有效地组织排危工作，减少事故的经济和人员的直接损失更具有现实意义，作者根据近年来对边坡工程事故的处理经验，探讨了边坡工程排危工作组织方法供有关部门和工程技术人员参考，并在实际边坡工程实践中不断完善和总结经验，为减少和排除地质灾害积累工程经验。

在人工边坡工程建设中，当出现险情或已发生工程事故时，如何有效地开展排危抢险工作是许多建设单位、施工单位和设计单位关心的问题。由于我国工程建设单位的组成复杂、施工单位的构成混杂、设计单位素质差异过大，许多工程参建人员缺乏排危的基本经验，当险情出现预兆后，仍满不在乎；当工程条件复杂时，即使规范参编人员组成的专家组签字表态不会发生工程事故后，边坡工程仍然垮塌，这一方面说明工程地质条件的复杂性具有不可预见性，另一方面说明工程事故的发生是不以人的意志为转移的。

根据《中华人民共和国建筑法》和《中华人民共和国安全生产法》的有关规定，探讨边坡排危工作的组织具有特殊的意义。根据已往的工程经验，在符合我国相关法律规定的前提下，宜按图 5-1 所示的排危抢险工作组织框图组织排险工作。

当边坡工程事故发生后，建设单位应立即通知相关工程建设管理部门，工程建设管理部门随即监督工程建设单位组织有关单位组织切实可行的排危抢险工作。首先建设单位委托有资质的单位提出边坡排危抢险方案，当时间条件不允许时，可临时聘请有关专家提出临时排危抢险措施，随后再委托有资质的单位提出边坡排危抢险方案；施工单位根据排危方案要求进行排危施工组织设计，准备相应机械设备和材料；相关单位认证排危施工组织

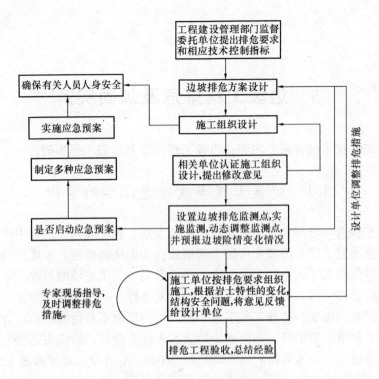

图 5-1 边坡排危工作程序图

设计，并提出相应的修改意见；设置边坡排危工程监测点，组织有资质的监测单位进行边坡变形监测，按边坡排危设计要求及时预报边坡排危监测结果和预报是否启动安全应急预案，随着排危工作的开展，动态调整边坡变形监测点，及时、准确、有效地预报边坡变形情况；施工单位根据排危施工组织设计和排危方案要求组织排危工程的施工，同时根据岩土工程地质条件、环境的变化、支护结构的状态、边坡变形监测结果及时调整施工，并将有关情况和建议反馈给边坡排危设计单位，对于比较复杂和特殊的工程还应由工程建设管理部门组织有关专家进行现场排危指导，对出现的新问题、新情况及时提出调整意见，由排危设计单位提出最终排危调整措施意见，并由施工单位组织相应的施工；由于边坡工程可能涉及许多特殊问题，如边坡上有建筑物或其他重要设施（如高压输电铁塔、电视发射天线、重要的气管、水管等），在排危工作过程中，应制定多套应急预案，并确定应急预案启动的条件，当相关信息表明，边坡将发生重大灾害时，应立即启动相应应急预案，确保人民生活和生命财产不受到重大损失；不论是排危施工还是实施应急预案均应特别注意，确保有关人员的生命安全；完成上述工作后，应对排危工程施工进行验收，并认真总结经验教训，报有关部门备案。

边坡排危工程具有一定的风险性和不可预知性，其原因在于边坡排危工作受自然环境和地质条件的影响极大，如天降暴雨或大雨是不以人的意志为转移的，工程事故出现本身说明：在对边坡工程的认识和处理措施上有人为错误或人们未认知的原因；事故发生后，事故原因在未完全确知的条件下进行排危工作，其风险性和不确定性是显而易见的。因此，边坡排危工作不是任何一个普通工程技术人员或高级工程师就可从事的工作，排危工作本身需要特殊的知识、特殊的技能和特殊的经验，但特殊的经验并非总是成功的。因此应特别关注险情发生的特定条件,精心组织和设计排危方案,且应动态调整排危方案,才能确保排危工作的顺利进行。

排危工程失败的事例也时有发生,尽管所知人数不多,特别是滑坡工程,治理就滑,滑了再治理,治理了再滑,造成了国家财产的巨大损失,社会和自然资源的无谓浪费;因此,认真总结经验教训,尽快制定边坡排危工作的相关规范、规程,完善边坡排危工作的有关规定,减少国家和人民生命财产和物质财产的损失,更具有现实意义。

5.2 边坡工程事故排危实例

5.2.1 【实例5-1】 某高切坡边坡工程事故排危实例

(1) 工程概况

由于某公共卫生中心大楼建设用地问题,将在某公共卫生中心大楼背面形成高度约为30m左右的直立高边坡工程,边坡开工时间为2005年7月,由于各种原因,施工期间间隙停工;2005年12月底高边坡工程削坡工作基本完成,支护结构未完成;2006年1月18日西侧高边坡发生局部垮塌,1月19日早5时左右西侧边坡发生大面积垮塌;但在西侧的FG段锚杆挡墙未完全垮塌,参见图2,未完全垮塌的锚杆挡墙尺寸为:宽18m,高14m左右,其悬挂在坡顶高度30m的半空中,存在严重安全隐患(边坡垮塌原因鉴定见实例4-11);为此,业主要求采取合理措施进行排危抢险。根据工程实际情况,编著者先后两次确定了边坡排危方案,并现场指导排危工程,圆满完成了对西侧FG段锚杆挡墙未完全垮塌部分的排危抢险工作。

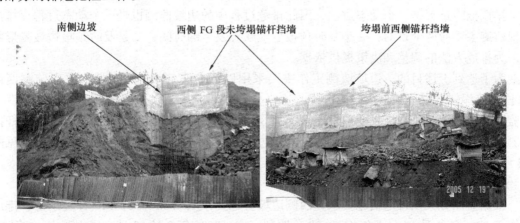

图5-2 西测边坡垮塌前、FG段未垮塌锚杆挡墙情况

(2) 排危方法及排危基本过程

由于边坡垮塌后时间已临近春节,为此根据工程实际条件,排危抢险工作分两个阶段进行:第一阶段要求春节期间,西侧FG段锚杆挡墙未完全垮塌部分若发生垮塌不能产生人员和财产损失;第二阶段完全排除西侧FG段锚杆挡墙未完全垮塌部分,给下一步边坡治理创造条件。

第一阶段排危要点是:①建立严密的监测措施,建设方派专人监测边坡继续垮塌的可能性及范围；划定危险区，并采取措施防止无关人员进入危险区，发现险情及时向有关部门和人员汇报。②在距公路10m左右（建设场地内）沿FH边坡方向用条石临时砌筑（砂浆强度等级不小于M5）宽600mm、高度不小于1100mm的条石墙，防止边坡垮塌岩石滚落到公路上伤人或车辆。③在采取适当的安全措施条件下，由人工清除危岩上已松动的岩土体，清除的岩土自然落在边坡下方，形成边坡反压土体。④局部削坡减载。首先消除边坡坡顶，地面裂缝前的岩土体，岩土体削坡高度暂控制在2m左右；削坡时应进行适当放坡，放坡坡度控制在1:0.8以内，但不得形成直立坡；放坡距离不足时，可在地裂缝后面继续削坡，削坡放土时应注意安全。⑤削坡后采用彩条布遮盖防止雨水沿滑裂面渗入岩土体。⑥采取上述措施后，根据边坡实际情况再采取其他措施。

2006年2月6日，开始制定第二阶段排危。在第一阶段基础上增加的排危抢险工作要点是：①聘请有爆破资质的单位，在确保爆破人员安全的前提下，将已断裂悬空的锚杆挡墙采用爆破方法将悬空部分锚杆挡墙拆除。②在放炮施工过程中应采取有效的安全措施，防止爆破物伤及人身安全及产生各类其他损失。③爆破施工及有关操作必须满足国家有关标准、规范的要求。④爆破摧毁的锚杆挡墙以未垮塌岩体边线为准。⑤爆破施工应进行工程监理。⑥爆破施工前后应对未垮塌的西侧边坡进行变形监测。

根据两次排危工作要求，施工单位编制了相应的施工组织设计和爆破施工方案；在第二阶段排危工作中，经过削坡减载和爆破施工，共耗时5天，圆满完成了排危抢险工作。

(3) 边坡监测及爆破排危情况

由于本次排危抢险工作的特殊性，排危工作具有两个明显的特点：一是排危过程中边坡的变形监测；二是爆破施工过程的控制及风险性。下面分述如下。

1) 边坡变形监测

排危抢险过程是一个动态过程，因此排危过程中的边坡监测也是一个动态过程。排危过程监测主要有两个目的：一是及时预报危险状态发生的时间；二是及时预报边坡变形状态，为排危方法的调整和决策提供依据。

为了达到上述目的，边坡监测工作主要采用以下方法：①使用全站仪重点监测西侧FG段未垮塌锚杆挡墙顶部冠梁的沉降与水平变形；②在未消除西侧坡顶荷载前使用百分表监测坡体裂缝变化情况及变形发展情况；③用照相机及时记录西侧FG段未垮塌锚杆挡墙侧面岩体裂缝变化情况；④用钢卷尺测量边坡有关几何尺寸。仪器、仪表布置情况见图5-3所示。

(A) 地裂缝监测情况

根据监测方案及排危措施要求，西侧边坡排危工作从2006年2月10日起进行，排危工作于2006年2月14日下午16时30分顺利完成。2006年2月10日设置观测点，2月11日挖机进场削坡，挖机工作进度较快，地裂缝变形监测点未来得及进行监测，挖机已将表层土及强风化岩体消除，地裂缝变形监测未获得有效数据，测点设置及削坡情况如图5-4、图5-5所示。

(B) 锚杆挡墙顶部变形监测

在西侧未垮塌锚杆挡墙顶部设置了4个测点，在南侧边坡锚杆挡墙顶部设置了1个观测点监测排危过程中锚杆挡墙的变形情况，根据锚杆挡墙变形状况指导排危工作，同时预报险情，锚杆挡墙顶部变形主要监测数据见表5-1所示。

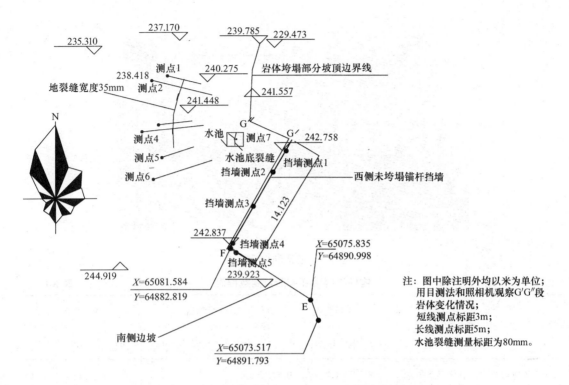

图 5-3 西侧边坡排危测点布置示意图

图 5-4 西侧边坡坡顶地裂缝及坡顶水池地裂缝变形测点设置情况

图 5-5 坡顶削坡情况

锚杆挡墙顶部变形监测数据表   表 5-1

监测时间	1号测点			2号测点			3号测点		
	dx	dy	dz	dx	dy	dz	dx	dy	dz
第一次爆破后（2月13日下午）	0.8	1.2	-0.6	0.4	1	-0.4	0.4	0.6	0.4
第二次爆破后（2月13日下午）	14.8	53.4	-10.6	10.0	28.2	-5.0	8.4	18.8	0.4
第三次爆破后（2月13日下午）	3.2	14.8	-9.6	10.6	25.0	-5.0	—	—	—
第四次爆破后（2月14日上午）	120.0	785.0	-66.2	111.8	641.9	-39.2	—	—	—
第五次爆破后（2月15日下午）	—	—	—	—	—	—	—	—	—

监测时间	4号测点			5号测点		
	dx	dy	dz	dx	dy	dz
第一次爆破后（2月13日下午）	0.4	0.4	1.6	—	—	—
第二次爆破后（2月13日下午）	4.6	0.6	14.6	0.2	-0.2	-0.2
第三次爆破后（2月13日下午）	—	—	—	0.2	0.2	-0.6
第四次爆破后（2月14日上午）	—	—	—	0.4	0.4	-0.2
第五次爆破后（2月15日下午）	—	—	—	0.4	0.2	0.2

注：dx 为沿挡土墙方向的位移向右为正，dy 为垂直挡土墙方向的位移向外为正，dz 为挡土墙沉降位移向上为正，所有的单位均为 mm。表中"—"为测点在爆破后测点被破坏。锚杆挡墙在未受爆破振动时变形基本稳定。

2）坡顶削坡及爆破施工情况

根据排危抢险工作进程的发展，通过目测、照片和录像的方式监测边坡岩体裂缝的变化、削坡减载及爆破施工进展情况，图 5-6 ~ 图 5-8 展示了排危抢险过程及第 5 次爆破排危历程。

图 5-6　排危施工及边坡变化情况

图 5-7 前三次爆破排危情况
（a）第 1 次爆破；（b）第 2 次爆破；（c）第 3 次爆破

关于爆破施工的组织存在一些技术和程序问题。最初按构筑物的拆除爆破施工，其审批手续极为复杂和漫长，相关费用也很高，且操作人员存在安全问题，爆破施工存在很大风险，不宜直接按构筑物拆除爆破施工的有关程序办理；为此，有关单位提出采取松动爆破和坡顶削坡减载相结合方法综合排危，编著者同意了此方案，现场指挥排危，并承担相应的技术责任。通过爆破、减载及坡顶的变形监测，完成了排危抢险工作，为今后的边坡再治理创造了条件。美中不足的是在爆破施工钻孔中，一名爆破钻孔工人不听指挥，未戴安全帽，一块 20~30mm 大的石子滚落下来，砸中该工人头部，致使工人头部缝了 7 针，产生了施工人员意外伤害。

（4）体会

尽管《建筑边坡工程技术规范》（GB 50330—2002）给出了排危工作的基本措施，但工程实际情况远比"规范"所述情况复杂，如该工程直接在坡底反压堆载就无法实现，因

图 5-8　第 5 次爆破西侧未垮塌锚杆挡墙排危抢险最后过程及结果

为反压施工可能产生重大人员伤亡，因此因地制宜地解决工程实际问题是工程师创造性的工作，其中部分工作具有很大的风险性。客观地讲本工程爆破施工在程序上具有违规性，在爆破施工上具有经验性和风险性，其工作风险是显而易见的，尽管最终有效地控制了边坡排危施工过程，圆满完成了排危抢险施工，但经验教训值得有关工程技术人员借鉴。

5.2.2 【实例 5-2】 重庆市某高边坡变形原因分析及应急抢险措施

(1) 工程概况

某清洁能源有限公司拟在龙凤桥修建的 CNG 加气站工程由六个单体建（构）筑物组成。这六个建（构）筑物分别为站房、压缩机房、气棚、充气棚、工艺装置区和冷却水池，均为 1~2 层砖混结构或钢筋混凝土结构。这些建筑物设计荷载虽不大，但对场地和环境条件要求较高。原始地形为斜坡地带，为满足生产工艺要求，整平场地后，其南面将地形为 12.5~19.5m 的高切坡挡墙与另外两单位相邻（图 5-9）。

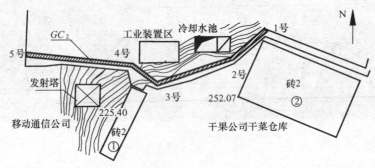

图 5-9 挡墙平面布置图

(2) 工程地质条件

设计阶段的地质勘察查明：拟建场地位于山麓斜山坡剥蚀地带，斜坡坡度约 27°，南高北低，场地内高差最大达 24.7m，在场地与南侧两家单位之间原已建有高 3~6m 的重力式挡土墙，墙基置于强风化至中风化泥岩层上。本工程场地平基后将沿该重力式挡墙附近，在本建筑红线一侧形成长约 72m、高约 20~23m 的高切坡。

场地地处北碚向斜东翼近轴部，岩层呈单斜构造。产状为 310°∠81°，区内有两组构造裂隙：J_1 裂隙：295°∠13°，J_2 裂隙：21°∠33°，两组裂隙面均较平直、闭合，间距约 2.7~3.2m。场地附近无滑、断层等不良地质现象，地质构造简单。场地泄水条件较好，钻孔内未发现地下水。

施工阶段的地质勘察补充查明的地质条件如下：

1) 岩层中的两组构造裂隙倾角变化较大，即 J_1 裂隙：倾向 290°~300°，倾角 30°~80°；J_2 裂隙：倾向 20°~30°，倾角 10°~70°。

2) 泥岩中浅部深约 5m 范围内风化裂隙较发育，5m 以下基本不发育。

3) 边坡开挖后坡体卸荷回弹，在临坡 5~10m 范围内产生卸荷裂隙，倾角 50°~80°，其性质为张拉裂隙，缝宽 5~20mm 不等，这些张拉裂隙在探井 TJ_1 处反映最为明显，缝延深 3.2m，产状 358°∠80°，裂缝上宽下窄，在井深 5.20m 处尖灭。

4) 坡形变形历史：据调查访问，该边坡在上世纪九十年代初，曾因西侧移动通信机房修建时导致边坡局部滑塌失稳，其后修建挡墙支护才使边坡趋于稳定。在图 5-9 中发射塔及其附近砖 2 房墙上还可见本次边坡开挖前产生的若干裂缝。

此外，在本次边坡变形出现险情后，据调查，在图 5-9 中所示砖 2①屋面储水池及电信部门的养鱼池两处有水渗漏，使岩层中裂隙水量增大，平均每天要 8h 用潜水泵抽取。

(3) 边坡变形应急抢险措施

龙凤桥加气站边坡治理工程于 2002 年 8 月 7 日开挖土石方，8 月 15 日开始施工锚杆挡墙，至 9 月 24 日形成开挖高度 5～15m，开挖长度约 90m 的竖直边坡，其实在边坡东、西两侧上部施工完肋柱和混凝土挡板及 1～2 排锚杆，但挡墙切坡东西两侧下部及挡墙中部的岩体仍处于未封闭的暴露状况之下，随后即开始放国庆长假，施工单位接到有关方面通知，全部在建项目在国庆期间必须停止施工，使原本受到周边关系制约、工程进度已经滞后的情况又有所加剧，在坡面未封闭、坡顶又在建筑红线之外，其上的封闭层也一直未能施工的情况下工程全面停工。监理单位也反映，在 10 月 7 日以前也一直未发现边坡上有裂缝。至 10 月 8 日上午，施工和监理方才接到移动通信方通报，其通信基地内发现裂缝。

裂缝发生后，施工方立即和××区质检站负责同志一道至移动通信基地进行了考察并向上级主管部门作了情况汇报。

上级主管部门闻讯后非常重视，在市有关部门的领导下，当即于 10 月 8 日上午 11 点 50 分至 17 点 15 分召开了现场工程会议，会上各方达成了初步共识，决定进一步对变形进行监测，根据安全性鉴定结果再确定处理方法。在 10 月 10 日召开的应急抢险会议上，确定了减载反压措施，决定当场存封有关设计、施工、监理资料，并要求 24h 连续进行抢险施工，要求在三天内取得初步抢险效果，由有关方面共同组成抢险施工指挥部，保证施工的及时、顺利进行。在以后几天内进行的抢险会议上，都对变形监测数据进行了分析，检查了已经抢险施工的效果。在 10 月 12 日的会议上决定请建设方委托单位作施工勘察，以便为下一步的永久性加固设计提供相关设计参数，在 10 月 14 日的会议上提出对已开挖地段的边坡要及时封闭坡面，对已形成的上部挡墙不能让其悬空，要尽快用肋柱或钻孔灌注桩往下施工至边坡底部标高以下 800mm 的中等风化岩层。

在边坡挡墙顶部共设置了七个变形监测点，由两个单位分别进行监测（监测数据基本一致，以北碚区勘测院用光电仪定位测量的数据为准）。GC_2 监测点向开挖面方向位移最大，最大值为 56mm，GC_2 观测点的位移历时曲线见图 5-10，从图 5-10 可知，在图 5-9 中砖 2①房于 10 月 12 日上午拆除（减载）后墙体水平位移向坡内回弹 3～6mm，但以后沉降还有发展，自 10 月 16 日坡脚反压完成并开始对中段墙面用肋柱和混凝土板封闭后至 10 月 20 日后位移时间曲线各点才明显变缓，至 10 月 26 日以后各点位移趋向稳定，抢险工程取得阶段性的重要成果。

(4) 边坡变形原因分析

该边坡的变形原因根据两次地质勘察资料、现场调查和变形监测数据可以初步归纳如下。

1) 施工前，周边环境调查不充分

该边坡处于三个不同系统的单位之间，有些地质资料或基建情况在边坡未变形前不可能充分交流，如该边坡在 20 世纪 90 年代初即曾出现过局部滑塌失稳现象，在设计阶段的

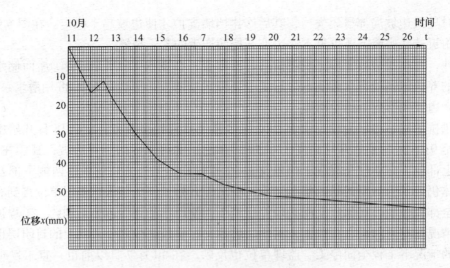

图 5-10 GC_2 观测点位移历时曲线图

地质勘察报告中没有反映。据 10 月 8 日的会议纪要反映，在边坡未变形前施工单位和建设单位都想对坡顶西侧基地内地质进行调查，但未获得场地所在单位的同意。这也是很正常的，因这家单位的机房有一定的机密性，除非你单位确实需要又办理了相关手续才行，好在变形发生后，各家有了共同利害关系，又有上级部门和地方政府协调，所以能共同携手解决问题。

2）平行于边坡方向的裂缝未查明

该边坡地处向斜轴部附近，岩层的倾角较陡（81°），坡顶浅层（5m）裂缝发育，岩体较破碎，临坡面（5~10m）岩体卸荷张裂隙较发育。该裂隙产状 358°∠80°正好与坡面平行，所以是产生图 5-3 所示 GC_2 观测点水平位移的主要原因。

3）垂直于边坡方向的裂缝未查清

除上条所述卸荷裂隙外，J_2 裂隙（倾向 15°~30°、倾角 32°~72°）也是控制本次边坡变形的重要结构面，结构面的抗剪切强度远低于岩体本身的抗剪强度，所以容易被剪坏。从水平位移达 56mm，已超过锚杆钢材的弹性变形，说明已被锚杆联结为整体的部分沿下部还未施工锚杆的 J_2 结构面有剪切变形的情况发生。当挡墙中段表面采用肋柱及混凝土板封闭时，且下部已打锚杆孔插入锚杆并灌浆后，10 月 26 日以后向边坡临空面的水平位移就趋于稳定了。

4）未按逆作法的施工要求而进行大开挖

该边坡坡面长度达 90m，坡高 5~15m，暴露的时间从 9 月 24 日至 10 月 7 日长达 13 天也是这次边坡变形的重要原因之一。从文献[22]可知，本处边坡岩体属 IIIC 类，而这类边坡当坡高 8m 时稳定，当坡高 15m 时欠稳定。而本处边坡为 12.5~19.5m，按文件[21]规定，应属于高切坡范畴，所以建设中应认真对待。国庆放长假是应该的，是国家对群众的关怀，问题是建设时应作好组织计划，根据边坡岩体情况，适当减少未封闭或无支护的自稳时间。位移最大的 GC_2 点正是坡脚下部未封闭，只上部打了 1~2 排锚杆和施工了一根水平连梁的地段。

5）爆破引起地表水渗漏

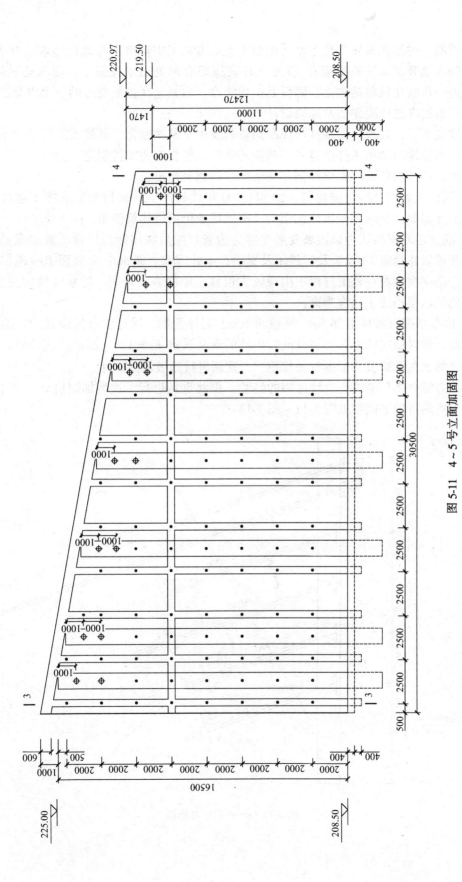

图 5-11　4~5 号立面加固图

地质勘测时钻孔未发现地下水，但由于土石方施工中爆破引起地面储水池开裂和砖①屋面储水池开裂，进而出现在10月7日坡顶即有两处储水池漏水，渗入边坡岩体中；特别是进一步软化软弱结构面，降低其抗剪强度，也是这次边坡变形的一个重要因素。

(5) 边坡应急抢险评估及加固设计

边坡变形后，发现地质条件与原勘察资料发生了某些变化；从施工阶段地质勘察的资料看，对该场地的地质条件也有了一些新的认识；根据有关文件规定，边坡变形属于一种地质灾害，应对其危险性做出评估，评估的主要意见指出：

1) 区内无断层及构造破碎带，20世纪90年代初产生的坡顶变形属施工造成的局部表层岩土体滑塌，对深部岩土体无影响，本处场地仍可供建筑使用。

2) 同意地勘资料认为该边坡变形主要为边坡开挖后坡体卸荷回弹所致的意见，并指出边坡开挖岩体暴露13天未及时封闭及支护；本处边坡上部5m，临坡面10m范围内裂隙较发育，是本次边坡在施工过程中出现较大位移，地面表土开裂，导致险情的主要原因，好在应急处治得当终于化险为夷。

3) 因是浅层（坡体上部5m，临坡面10m）岩体变形，通过应急抢险处治，边坡停止变形，处于暂时稳定状态，可假设此时边坡的安全系数 $F_S = 1.0$。据此反演计算，按重要性为一级的永久性边坡，根据有关规范[22,3]重新进行边坡加固设计。

设计方结合多年来进行边坡加固的经验，据此重新进行了边坡加固设计。其中，GC_2 位移最大点附近的加固图见图5-11～图5-13。

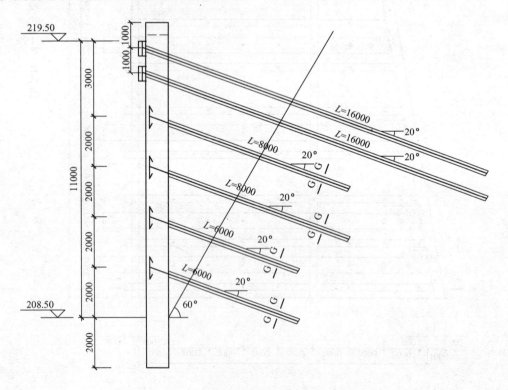

图5-12 4—4剖面加固图

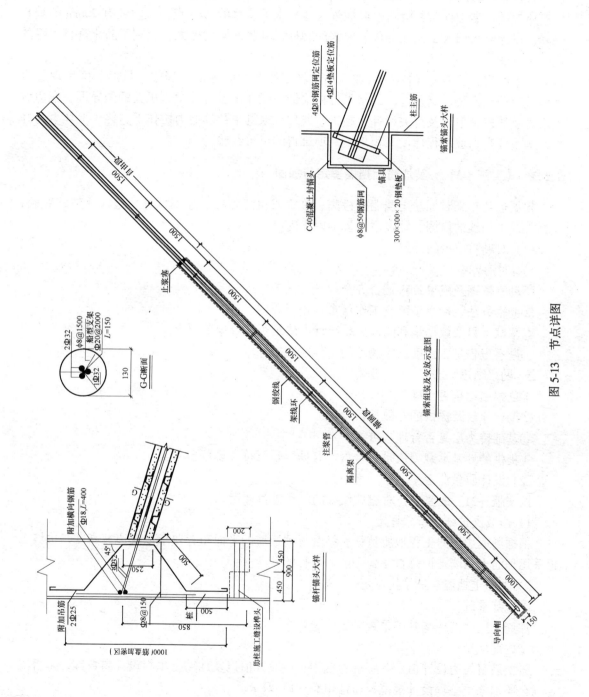

图 5-13 节点详图

设计中考虑到上部变形岩体已有张拉卸荷裂隙，因此在上部增加了两排 $5 \times 7\phi^s$ 的预应力锚索（每根锚索的轴向拉力设计值为 1100kN）。

设计图中对加固挡墙下部采用人工挖孔桩+锚杆+钢筋混凝土挡板的支护方案比原设计有所加强。据位移监测资料，向坡外有最大水平位移的 GC_2 点，同时还有 20mm 的垂直沉降，设计上采用人工挖孔桩代替原来的肋柱，其竖向刚度增大，有利于防止垂直沉降的进一步发展。

综上所述，鲁能龙凤桥CNG加气站边坡工程在加固施设过程中，虽然一度出现了意外的坡顶表土开裂、墙顶过大的水平位移险情，但在市区有关主管机关的领导下，在边坡地点涉及的三个单位及有关设计、施工、监理、地勘单位的通力协作下，终于变坏事为好事，为山区高切坡工程建设又积累了一项难得的可贵经验。

5.2.3 【实例5-3】 某加筋土挡墙鉴定与加固

根据近几年来对加筋土挡墙的检测、鉴定或司法鉴定、加固设计、边坡评估的经验，认为加筋土挡墙的检测、鉴定主要包括以下内容。

(1) 对勘察质量的评定

1) 勘察成果

①勘察依据及成果资料是否齐全。

②勘察方法、勘察手段及工作量布置是否合理。

③测试项目及数据量和测试成果统计方法是否符合规范要求。

④勘察报告是否正确反应场地的工程地质条件。

2) 勘察结论

①勘察结论是否正确。

②勘察建议及提供的参数是否合理。

③基础持力层是否合理、可行。

④提供的地基承载力值是否合理、有据，是否符合规范要求。

(2) 设计质量评定

按文献 [21] 的要求，对边坡设计的质量进行评定。

1) 边坡支护结构形式评定

根据场地边坡的工程地质特征，结合场地边坡的平面布置要求以及边坡高度，边坡工程采用加筋土挡墙支护是否是合理的、可行的。

2) 加筋土挡墙支护结构评定

①地基基础

加筋土挡墙的地基基础是否满足安全要求。

②内部稳定

各层筋材拉力设计值、各层筋材锚固长度设计值以及加筋土填料设计参数等，是否满足《公路加筋土工程设计规范》(JTJ 015—91) 要求。

③外部稳定

筋材—填料体基底抗滑稳定系数是否满足《公路加筋土工程设计规范》(JTJ 015—91) 要求。

筋材—填料体抗倾覆稳定系数是否满足要求。

筋材—填料体总体平衡稳定系数是否满足《公路加筋土工程设计规范》(JTJ 015—91)要求。

(3) 施工质量评定

按文献[19]要求，对加筋土挡墙施工的质量进行评定。

1) 施工资料反映的施工质量

①资料的完备性

工程原材料的出厂合格证，材料进场抽检、复检资料，配比试验资料，混凝土试件、砂浆试件等资料是否齐备。

本工程的基槽验收资料和基础验收资料是否齐备，混凝土面板的预制及安装、填料的选用及压实、筋带的施工等竣工资料是否齐备。

工程竣工资料是否存在以下不足：是否具备防老化聚丙烯土工加筋带的出厂合格证；筋带抽检、复检数量是否满足设计和规范要求。

②回填土的质量

按规范要求，每层每 50m 延长不少于 3 点计算，每层（厚 250mm）填土不少于 12 个点的密实度检测，回填土质量检测—土密实度试验的点数是否满足规范要求。

回填土质量检测—土密实度试验数据表明，压实系数是否满足设计要求的压实系数及现行设计规范《公路加筋土工程施工技术规范》(JTJ 035—91) 要求的合格率。

③混凝土的质量

混凝土抗压强度试验报告表明，混凝土抗压强度是否达到设计和规范的要求。

2) 检测结果反映的施工质量

①面板的质量

(A) 经采用钢筋探测仪检测，面板钢筋间距、钢筋数量和钢筋直径是否满足设计要求。

(B) 混凝土面板的表面是否平整密实，轮廓是否清晰，线条是否顺直，企口是否规则整齐，是否无破损和露筋，是否满足《公路加筋土工程施工技术规范》(JTJ 035—91) 第 5.2.3 条第二款的要求。

(C) 混凝土面板的几何尺寸检测　经对混凝土面板的几何尺寸检测，其结果表明，面板的几何尺寸是否满足《公路加筋土工程施工技术规范》(JTJ 035—91) 表 5.2.3 的要求。

(D) 混凝土面板的安装　经对混凝土面板的安装进行检测，其结果表明，面板的安装是否符合《公路加筋土工程施工技术规范》(JTJ 035—91) 第 5.2.4 条的要求。

②回填土质量

由于考虑到开挖探坑可能对挡墙安全造成影响，因此，可在挡墙外边线距面板一定水平距离的位置布置探坑（探坑的间距 20~25m），对回填土质量——土的压实系数进行检测，压实系数是否满足设计和《公路加筋土工程施工技术规范》(JTJ 035—91) 要求。

从回填土质量检测探坑可见，回填土颗粒的直径是否大于规范和设计要求的直径，特别是中等风化的砂岩块石是否对筋带有损伤的可能。

③筋带施工质量

(A) 筋带数量　经垮塌暴露的节点处及开挖探坑揭露检查，顶部两层筋带数量，及其他层筋带数量是否符合设计要求。

（B）筋带长度　经探坑揭露，探坑中顶层筋带长度实地量测，其筋带长度是否满足设计要求。

（C）筋带宽度、厚度　实测筋带宽度、筋带厚度，是否满足设计和《公路加筋土工程设计规范》（JTJ 015—91）要求。

（D）筋带铺设　筋带铺设是否成扇形辐射状展开，筋带铺设是否平直、是否无扭转，相邻结点尾部筋带布置界限是否不明显，是否满足《公路加筋土工程施工技术规范》（JTJ 035—91）的要求。

（E）筋带质量　经垮塌节点处及开挖探坑检查，筋带外观质量是否存在腐蚀老化现象。从本节给出的实例，现场共发现白色和灰色两种不同颜色的筋带，其中白色筋带的质量优于灰色。不同探坑中揭露的筋带其腐蚀老化程度也存在差异。现场共采取筋带14件（其中，完好无损伤的筋带9件，局部损伤的筋带3件，有多处损伤及腐蚀的筋带2件）进行筋带质量检测。其试验结果：满足单根破断拉力不小于9000N的为5件，不满足的为9件，单根破断拉力最大值为11000N，最低为0；根据极限拉力时的最大延伸率按线性规律推算，其设计拉力时的延伸率小于3%，满足设计要求。试验结果表明，筋带腐蚀老化情况分布极不均匀，不宜给出统计值，筋带的强度损失也是十分明显和严重的。

④拉环防锈和隔离

在垮塌地段，经对紧靠面板滤水层和塌落面板检查，拉环的防锈与隔离是否与设计要求基本一致，是否无不良锈蚀现象。

⑤泄水孔、滤水层的施工质量

泄水孔及滤水层的施工是否基本满足《公路加筋土工程施工技术规范》（JTJ 035—91）要求。

(4) 某加筋土挡墙事故鉴定与排危加固

1) 工程概况

某加筋土挡墙工程的勘察单位为某勘察研究院，勘察报告时间为1991年2月；设计单位为某设计研究院，设计施工图的出图时间为1991年10月；施工单位为某建筑工程公司，该挡墙于1992年5月1日开工，于1993年12月26日竣工。在正常使用近11年后，于2003年9月26日在挡墙南侧距转折点约5m处出现垮塌（垮塌长度约10m，高度约12m），破坏症状为加筋土挡墙面板沿节点处局部区段出现整体滑塌，如图5-14所示。

2) 工程地质条件

①该工程位于××区道角。场地属红色构造剥蚀丘陵地貌的斜坡地形，场地东部平缓地带为长江二级侵蚀基座阶地，西部斜坡地段为二级阶地前缘阶坡及一级阶地后缘。该场地大部地段为水田、菜地。场地东部较为平缓，地面坡度一般为2%～5%；西部地面坡度一般为10%～18%。

场地呈现北东高南西低的变化趋势，地面标高为202～217m，相对高差约15m。

②场地位于南温泉背斜西翼，岩层倾向280°～290°，倾角3°～6°。场地边坡上部为厚约0.5～3.1m的黏土层、粉质黏土层，边坡下部为侏罗系中统沙溪庙组紫红色泥岩、泥质粉砂岩。

泥岩为紫红色，以黏土矿物为主，泥质结构，厚层状构造。强风化岩质极软，呈土

图 5-14 某加筋土挡墙滑塌情况

状、碎块状。

③强风化层厚：0.50~1.5m。

④场地斜坡地带存在部分地下水（主要为上层滞水），地下水对混凝土无侵蚀性。

⑤场区地震基本烈度为 6 度，未见地下洞室、滑坡等不良地质现象。

⑥场地边坡类型为：土质边坡。

⑦边坡的工程安全等级为二级，边坡重要性系数为 1.00。

3）挡墙垮塌的原因浅析

该挡墙的垮塌原因根据现场调查、检测和分析可以归纳如下：

①筋带腐蚀老化，特别是面板与滤水层之间的筋带严重腐蚀、老化（用手可轻易折断）造成面板拉环节点失效，面板失去有效侧向约束，已成为机构体系，在自重作用和局部侧向压力作用下失去平衡而出现垮塌。因此，筋带腐蚀老化、丧失强度是导致挡墙垮塌的主要原因。

②目前（即挡墙竣工后近 11 年）墙后回填土压实系数基本达到原设计要求，主要是由于回填土长期固结作用的结果；竣工时回填土的压实系数低于设计最低要求（0.95），造成土压力和筋带应力增大，对挡墙的垮塌是不利因素。

另外，造成筋带腐蚀老化、丧失强度的可能原因有：

(A) 出厂时防腐蚀老化指标不合格。

(B) 筋带存放不合理，造成日照等紫外线较长时间的照射。

(C) 在面板滤水层位置的筋带长期与空气和地下水接触。

4）挡墙加固设计

①加固方案

根据场地边坡的工程地质特征，结合场地既有挡墙的平面布置要求和场地既有挡墙的目前现状，对各段边坡分别采取如下支护结构进行永久性加固支护。

垮塌地段：采用土层锚杆喷射混凝土进行加固支护。

未垮塌地段：采用格构土层锚杆加固进行支护（肋柱基础采用原 C15 毛石混凝土基础，断面不足时采用植筋 + 钢筋混凝土梁）。

本工程加固设计采用动态设计方法，还应根据挡墙施工反馈的信息进行修改和完善。

② 设计参数

填土：$\gamma = 20\text{kN/m}^3$，综合内摩擦角 $\varphi_D = 40°$。

强风化岩石：$\gamma = 23\text{kN/m}^3$，$c = 20.0\text{kPa}$，内摩擦角 $\varphi = 35°$。

坡顶附加荷载：汽 – 10（黏性土，7.50kN/m^2）。

中风化岩石天然抗压强度标准值：5.0MPa。

M30 水泥砂浆与土层之间的粘结强度：120kPa［现在回填土（墙后填料为泥岩屑和黏土、黏土砂等，泥岩屑粒径不大于 150mm 且 150mm 的最大含量小于 15%）的压实系数基本达 0.95］。

计算高度：$H = 14.0\text{m}$。

③ 抢险措施

采用型钢进行临时支撑，其措施如图 5-15 所示。

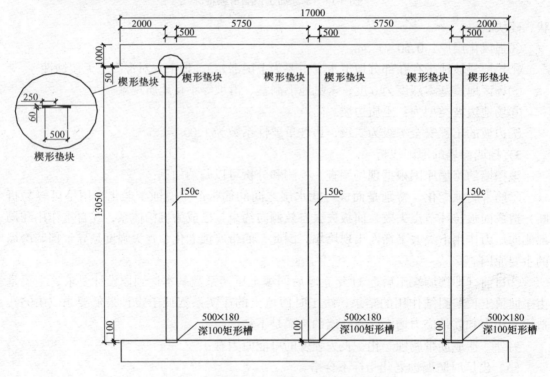

图 5-15 型钢临时支撑图

5.3 边坡工程加固方法探讨

我国山区、丘岭占地面积大，特别是重庆市地处山区，地质环境及地形变化情况复杂，根据实际地形变化情况修建建筑物是既经济又有效的建设之路。由于地质环境及地形变化情况的复杂性，建筑物的环境工程——建筑边坡工程则成为实际建设工程中的重要组成部分,其建筑边坡支护结构的安全性直接关系到建筑物的安全,因此边坡支护结构的设计、施工及管理等方面均应严格把好质量关。

尽管土压力的设计理论研究已有上百年的历史,但由于岩土工程特性的复杂性,不论在理论上,还是在工程实践上完全解决所有工程实际问题是不现实的,因此某些边坡工程出现工程事故是可以理解的,也是正常的;然而由于人为原因造成边坡工程事故的发生却是令人痛惜的。迄今为止,针对已有边坡工程进行加固的相应规范还未编制,已有边坡支护结构加固的完整理论和技术还未建立;对已有边坡、支护结构的加固主要还是依赖《建筑地基基础设计规范》(GB 50007—2002)和《建筑边坡工程技术规范》(GB 50330—2002),即加固设计仍依赖于新建边坡支护结构的设计规范,其主要差别是已建边坡工程事故的出现揭示了某些未知的边坡工程安全性控制因素,而边坡工程事故发生前边坡支护问题未得到充分的暴露和认识;因此,正确认识特定条件下控制边坡工程安全性的因素是边坡加固设计的首要问题。

5.3.1 建筑边坡事故主要原因分析

根据建筑边坡工程事故鉴定的工作经验,造成边坡工程事故的主要原因归纳如下:
1) 工程地质勘察失误。工程地质勘察失误主要表现为:
①提供虚假的工程地质勘察报告;
②工程地质勘察工作深度不足;
③岩土参数取值错误;
④未正确判断岩体结构面的位置、设计控制参数等;
⑤水文地质勘察不充分。
2) 设计失误。设计失误主要表现为:
①岩土工程参数未按地质勘察报告提供的设计参数取值或缺乏试验数据,仅凭个人经验设计;
②外部荷载作用计算错误,如坡顶活荷载漏算;
③支护结构设计错误;
④支护结构选型错误;
⑤边坡局部或整体稳定性漏算等。
3) 施工错误。施工错误主要表现为:
①违规放炮施工,破坏了岩体的完整性和稳定性;
②未严格按逆做法施工,大开挖,形成高大直立未支护边坡或大开挖引起岩体沿结构软弱面滑移;
③支护结构施工质量未满足设计要求;
④施工程序违规,如在上一道工序(或工程)未验收合格时,已进行下一道工序的施工;
⑤发现工程事故先兆,隐瞒不报等。
4) 管理、监督不力。管理、监督不力主要表现为:
①对施工组织设计方案的认证走过场,明显不合理的施工方法不纠正;
②违规施工不制止;

③领导意志代替科学管理，按领导要求违规施工；

④发现严重施工质量问题或安全隐患时，不及时停工，在未采取补救措施或补救措施不到位，继续施工；

⑤不按设计要求，请有资质的监测单位进行施工期间边坡变形监测等；

⑥为节约建设费用，对设计、规范要求的必检工程项目，不检测或检测数量不满足国家有关标准、规范、规程的要求。

5.3.2 建筑边坡加固的主要原则

根据建筑边坡工程事故的特点，因地制宜地选择合理的边坡工程加固技术，合理地选择加固结构形式，才能使国家、人民财产损失降到最小。

1）查清建筑边坡的现状，确定合理的待加固建筑边坡的安全程度。众多的工程实践经验表明，边坡的加固效果，除了与其所采用的方法有关外，还与该边坡的现状有着密切的关系。一般而言，建筑边坡经局部加固后，虽然能提高建筑边坡的安全性，但这并不意味着建筑边坡的整体承载一定是安全的。因为就整个建筑边坡而言，其安全性还取决于原支护结构方案及其布置是否合理，构件之间的连接是否可靠，其原有的构造措施是否得当与有效等等；而这些就是建筑边坡结构整体性或整体牢固性的内涵；其所起到的综合作用就是使建筑边坡具有足够的安全性。因此，要求专业技术人员在承担边坡加固设计时，应对该建筑边坡整体稳定性进行评估，以确定是否需作其他加强措施。

2）根据业主的使用要求和建筑边坡自身的特点，确定建筑边坡合理的安全等级。被加固的建筑边坡，其加固前的服役时间各不相同，其加固后的使用要求可能有所改变，因此不能直接沿用其新建时的安全等级作为加固后的安全等级，而应根据业主对该建筑边坡下一目标使用期的要求，以及建筑边坡加固后的用途、环境变更和重要性重新进行定位，故有必要由业主与设计单位共同商定建筑边坡合理的安全等级。

3）增加建筑边坡的安全储备时，加固设计不应损伤原有支护结构的支护能力。建筑边坡加固应避免对未加固部分以及相关的支护结构、构件和地基基础造成不利的影响。因为在当前的建筑边坡加固设计领域中，经验不足的设计人员占较大比重，致使加固工程出现"顾此失彼"的失误案例时有发生，故有必要加以提示。

4）由其他原因引起的建筑边坡事故，应在消除其诱因后，再对建筑边坡采取相应的处理措施。由高温、高湿、冻融、腐蚀、放炮振动、超载等原因造成的建筑边坡损坏，在加固时，应采取有效的治理对策，从源头上消除或限制其有害的作用。与此同时，尚应正确把握处理的时机，使之不致对加固后的建筑边坡重新造成损坏。就一般概念而言，通常应先治理后加固，但也有一些防治措施可能需在加固后采取。因此，在加固设计时，应合理地安排好治理与加固的工作顺序，以使这些有害因素不至于复萌。这样才能保证加固后建筑边坡的安全和正常使用。

5）建筑边坡加固设计宜采用动态设计法，且应采用信息施工法。

6）加固后的建筑边坡在使用过程应进行必要的监测和检查，且应进行正常的维修和维护。

7）改变建筑边坡外部使用条件和环境，应进行相应的技术鉴定或设计许可。建筑边坡的加固设计，系以委托方提供的建筑边坡用途、使用条件和使用环境为依据进行的。倘若加固后任意改变其用途、使用条件或使用环境,将显著影响建筑边坡的安全性及耐久性。因此,改变前必须经技术鉴定或设计许可,否则后果的严重性将很难预料。

5.3.3 建筑边坡常用加固方法

建筑边坡的支护结构类型较多,在不同的条件下建筑边坡的加固方法不尽相同,下面以几种常用的建筑边坡支护结构为例说明边坡加固的常用方法;这些方法根据具体条件的不同,正确选择合理的加固方式,将取得良好的经济和社会效益。

(1) 重力式挡墙的加固

重力式挡土墙是经常采用的一种边坡支护结构形式,由于其取材方便、工程造价相对较低,在山区建筑边坡高度不大时(一般高度 $H<8m$)经常被采用。重力式挡土墙常见事故形式为:①整体滑动破坏;②挡墙变形过大,如鼓肚、墙体开裂、墙顶侧移过大等;③局部垮塌;④整体垮塌等。

不同类别和性质的重力式挡土墙事故原因不同,其加固方法也不相同。常用的方法如下:

1) 新增抗滑桩 新增抗滑桩在多数情况下,均可使用;但随地质条件、外部环境的不同,其加固费用差别很大。在下述条件下可选择新增抗滑桩加固方法:

①重力式挡土墙墙身安全,抗滑稳定系数不足,岩质地基,在墙后新增抗滑桩。

②重力式挡土墙墙身中、下部安全储备不足,抗滑稳定系数和抗倾覆安全性不足,岩质地基,在墙后新增抗滑桩,桩顶位于墙高下部 $1/2\sim1/3$ 处。

③重力式挡土墙或衡重式挡土墙整体变形较大,岩质地基,受地形限制,可在墙前新增抗滑桩。

④重力式挡土墙墙身安全,抗滑稳定系数和抗倾覆安全性均满足要求,岩质地基;但坡顶新增使用荷载较大,可根据场地实际条件在墙前(或墙后)新增抗滑桩。

⑤原有分阶式重力式挡土墙破坏后(局部或整体破坏),建筑边坡坡高较大可新增抗滑桩。

⑥其他适宜的情况。

2) 因爆破振动或开挖坡脚引起的原有重力式挡土墙局部破坏,可采用新建重力式挡土墙或衡重式挡土墙加固。

3) 重力式挡土墙抗滑稳定系数和抗倾覆安全性储备略微不足,地形条件许可,可采用增加卸荷平台的方法加固。

4) 重力式挡土墙抗滑稳定系数和抗倾覆安全性储备略微不足,可对墙后土体采用灌浆加固。

5) 重力式挡土墙抗滑稳定系数和抗倾覆安全性储备略微不足,可采用局部截面增大法加固重力式挡土墙。

6) 重力式挡土墙抗滑稳定系数和抗倾覆安全性储备略微不足,可采用格构式锚杆进行加固。

7) 重力式挡土墙抗滑稳定系数和抗倾覆安全性储备略微不足,可采用树根桩法加固边坡。

(2) 锚杆(锚索)挡墙的加固

在岩质边坡中由于各种原因,可能导致锚杆挡墙结构安全储备不足、变形过大或支护结构失效，在第 4 章中已给出了几个工程实例。当锚杆挡墙出现上述问题时，可根据实际工程地质情况、边坡支护结构鉴定报告、边坡工程性质及安全等级、业主要求等综合因素选择合适的加固技术措施。

常用的几种加固技术方法如下：
1）增加锚杆数量，适当减小锚杆间距；
2）增设腰梁和预应力锚索；
3）场地条件允许时，适当放坡减小岩土作用；
4）增设抗滑桩。

（3）其他类型支护结构的加固

按照国家或地方建筑边坡的工程经验，当不同类别的岩土体建筑边坡高度超过某一界限时，建筑边坡将成为高边坡，建筑高边坡的失效将带来较为严重的生命财产损失。2001年5月在重庆武隆发生的建筑高边坡失效造成了严重的生命财产损失和恶劣的社会影响，其工程经验教训是极为深刻的。

高边坡加固常采用以下方法：
1）增加锚杆数量，适当减小锚杆间距；
2）增设腰梁和预应力锚索；
3）场地条件允许时，适当放坡减小岩土作用；
4）增设抗滑桩；
5）增设预应力锚索抗滑桩；
6）改变支护结构设计理念等，如第 4 章某铁塔边坡工程垮塌后，新设计将岩土设计问题转化为结构设计问题，利用筒仓理论进行边坡工程加固设计。

5.3.4 建筑边坡加固配套措施

边坡工程的加固是一个系统工程，它需要考虑多种因素的作用，并为人类社会的可持续发展创造良好的岩土工程环境；因此，岩土边坡的加固配套措施是多方面的，它包含了岩土工程本身、结构加固配套技术、水文和气候多个方面等因素，作者认为以下措施可划分在加固配套措施要求中。

1）采用注浆技术改善岩土体特性，提高岩土体自身强度和稳定性；
2）增设防水、排水措施，消除、减少水力作用或减轻水对岩土体的不利作用；
3）坡顶削坡减载（土质边坡特别有效）。

5.4 抗滑桩在边坡支护中的应用实例

5.4.1 【实例 5-4】 某公司综合楼边坡工程加固

（1）工程概况

2001 年 3 月某公司建设办公、住宅综合楼，基坑开挖，形成 22m 分阶高边坡，未及时采取处理措施，在雨水作用下引起边坡垮塌，致使周边建筑物处于危险状态，通过土体回填反压排险后，再采用抗滑桩对边坡进行了加固处理。

(2) 边坡处理方案

在某综合楼项目平场施工时引起土体滑坡，已危及相邻建筑物的安全。为慎重起见，特委托某院提出边坡整治措施，该措施尽可能满足综合楼设计建设的需要。

某单位有关技术人员在某综合楼项目工程场平施工时引起土体滑坡后于2001年4月13~15日和4月24~26日到事故现场进行了现场踏勘和检查，在边坡抢险排危后，经观察位于边坡顶端正面的××银行五层住宅楼基础裂缝仍有变化，说明边坡未完全稳定，需采取进一步的整治处理措施。2001年5月中旬，检查第二次在基础裂缝处粘贴的玻璃片未发现断裂。由某综合楼场地边坡治理工程地质勘察报告知（图5-16）：土体滑坡经采取土体反压等措施后，滑体已基本趋于稳定。2001年5月下旬，有关单位对边坡处理方案进行了讨论，而后提出如下处理方案。

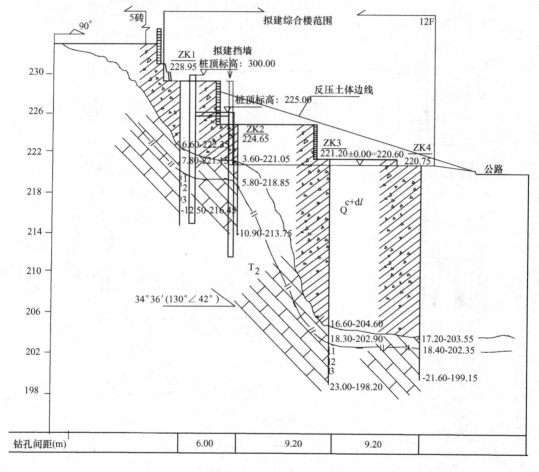

图 5-16 工程地质剖面图

1) 处理方案

场平前由某综合楼工程地质勘察报告知：边坡上有三道重力式条石挡土墙，场地稳定、适宜建筑。平场到某综合楼工程Ⓘ轴线后发生条石挡土墙垮塌、挡土墙及边坡移动的工程事故，边坡土体滑移面（线）已形成，用土体反压抢险后在某综合楼工程Ⓘ轴线开挖人工抗滑桩对边坡稳定性极为不利，而靠近Ⓕ轴线开挖人工挖孔桩对已建××银行五层住宅楼的安全性也不利，为此确定从Ⓔ轴线向Ⓕ轴线方向移动1500mm后确定为第一排人工挖孔灌注桩轴线位置，在完成人工挖孔灌注桩施工后进行第二排人工挖孔灌注桩的施工。人工挖孔灌注桩轴线位置与周边建筑物、构筑物及拟建某综合楼工程的位置关系见图5-17；人工挖孔灌注桩结构布置图如图5-18所示，部分结构设计资料见图5-19所示。

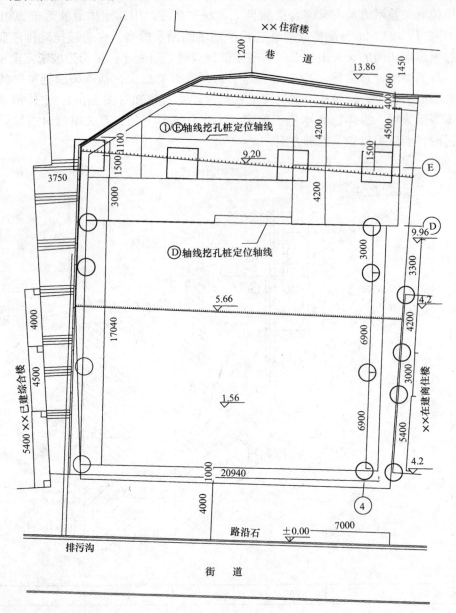

图 5-17　挖孔桩定位轴线与周边建筑物、拟建建筑物关系图

2）施工基本要求

在施工过程中，有如下基本要求：

①人工挖孔桩施工中必须进行工程监理，同时施工期间应对建筑物的安全性及边坡的滑动情况进行监测，并预报其安全性。

②人工挖孔桩施工必须精心组织，并确定有效的安全措施，特别是确定人工挖孔桩施

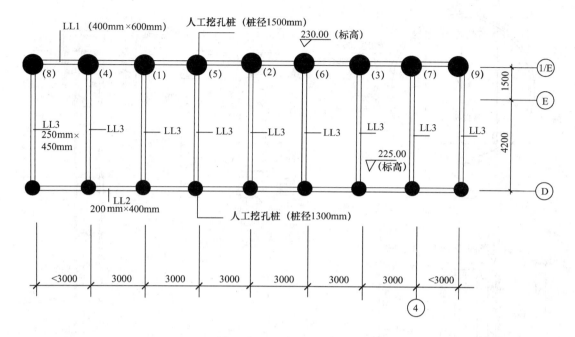

图 5-18 人工挖孔桩布置图

工中的排危和人员安全保证措施，防止意外事故发生。

③做好排水、防水设施，防止雨水浸泡边坡。

④人工挖孔桩放线位置应根据××分公司综合楼基础平面布置图（设计号200033，结施3改）的轴线位置确定。

⑤反压土体未经许可严禁挖除。

⑥人工挖孔桩、桩护壁、梁、挡板的混凝土强度等级为C30。受力主筋为二级钢筋，箍筋、护壁及板的受力钢筋为一级钢筋。桩护壁混凝土保护层厚度为15mm，挡板混凝土保护层厚度为25mm，梁混凝土保护层厚度为30mm。

⑦桩施工完成后应按国家有关规范的要求进行检测。

⑧人工挖孔桩施工除满足上述要求外，应满足现有的国家有关操作规程及施工验收规范的要求。

⑨其他未尽事宜，应会同有关单位协商解决。

3）施工过程要求

① ①/Ⓔ轴线人工挖孔桩施工：

（A）先进行人工挖孔桩施工，挖孔桩施工应跳桩实施，在桩混凝土强度达到设计强度的75%以上后，方可进行下一根桩的开挖。

（B）挖桩过程中若遇到较大块石，不得将块石整体取出，而应将占据桩体位置的块石破碎后取出，尽量减少对土体的扰动。

（C）护壁施工中应将挡板、梁的钢筋预埋在护壁中，钢筋预埋长度和连接长度要求按有关施工规范要求执行。

（D）人工挖孔桩要求嵌入中风化灰岩的深度不小于3000mm，当中风化灰岩的坡度较陡时嵌岩深度按有关要求确定，并应满足基础刚性角的要求。若中风化岩体完整性较差

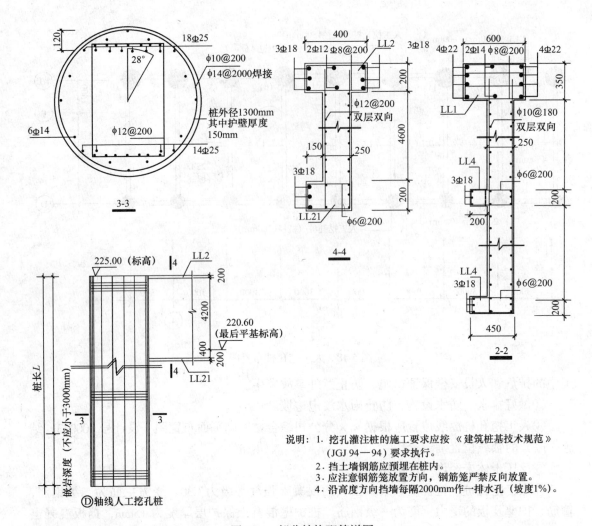

图 5-19 部分结构配筋详图

时，应适当增加人工挖孔桩嵌岩深度。

(E) 人工挖孔桩截面形式为圆形，桩直径为 1500mm，其中桩护壁厚度为 200mm。

(F) 桩孔完成后，经验槽合格后，尽快完成混凝土的灌注施工；基坑严禁长期泡水。

(G) 人工挖孔桩施工完成后，应对其施工质量进行检测。

② Ⓓ轴线人工挖孔桩施工：

(A) 在完成①/Ⓔ轴线人工挖孔桩施工后，挖除人工挖孔桩背后已松动的土体（未松动土体严禁挖除），清除已垮塌的条石挡土墙。土体平整标高为 225.00m，平整位置到Ⓓ轴线为止，Ⓓ轴线后的反压土体严禁清除。

(B) 人工挖孔桩应分段、跳桩开挖，严禁整体开挖。

(C) 按①/Ⓔ轴线人工挖孔桩施工要求进行Ⓓ轴线人工挖孔桩的施工。

(D) 人工挖孔桩截面形式为圆形，桩直径为 1300mm，其中桩护壁厚度为 150mm。

(E) 钻孔桩施工完成后，应对其施工质量进行检测。

③ 梁、挡板的施工：

(A) 按逆作法的要求对梁、挡板进行施工。

(B) 挖除①/⑥轴线上的土体，剥开人工挖孔灌注桩中的预埋钢筋，按《混凝土结构工程施工质量验收规范》（GB 50204—2002）的要求进行钢筋连接和梁、挡板的施工。

(C) 每隔两个桩位（即水平间距6m），沿挡墙高度方向做坡度为1%的挡板排水孔，第一排排水孔在挡板自然地面500mm处，在第一排排水孔上方3000mm处为第二排排水孔，排水孔具体位置和数量略，排水孔后滤水做法按国家有关规范要求进行。

(D) 挖除①轴线后的土体（反压土体），剥开人工挖孔灌注桩中的预埋钢筋，按《混凝土结构工程施工质量验收规范》（GB 50204—2002）的要求进行钢筋连接和梁、挡板的施工。

(E) 每隔两个桩位（水平间距6m），沿挡墙高度方向做坡度为1%的挡板排水孔，第一排排水孔在挡板自然地面500mm处，在第一排排水孔上方3000mm处为第二排排水孔，排水孔后滤水做法按国家有关规范要求进行。

④平整场地及排水沟的施工：

(A) 用素土分层夯实①/⑥轴线人工挖孔桩、墙后的场地（压实系数不小于95%），并做好排水沟（期间可恢复原排水沟），用100mm厚度的C20素混凝土做好封面，其斜坡体封面应布置双层双向 $\phi 4@200$ 的钢筋网片，每隔3m预埋4根$\Phi 12$钢筋（用作施工混凝土柱使用）。

(B) 排水沟排水坡度为1%，并接入市政排水系统。作好钢筋混凝土柱（主筋为4Φ12，箍筋为$\phi 6@200$），在基础上做好钢护栏杆，栏杆高度不应低于1100mm。

(C) 用素土分层夯实①轴线人工挖孔桩、墙后的场地（压实系数不小于95%），并做好排水沟。用100mm厚度的C20素混凝土做好封面。场地排水坡度、排水沟排水坡度为1%，并接入市政排水系统。

(D) 完成①轴线墙体下的排水沟。排水沟排水坡度为1%，并接入市政排水系统。

(E) 在人工挖孔桩、板及平整场地完工后，应在醒目的位置做出标示，严禁在平整好的场地上嬉耍；否则应采取其他措施（如端部砌围墙），防止无关人员进入场地嬉耍，发生意外事故。

(F) ①轴线后场地不应作为建筑用地使用。

(3) 体会

一些旧有的分阶放坡修建的重力式挡土墙工程处于临界稳定状态，边坡总高度使边坡工程形成高切坡工程，新修建筑物工程不注意原有边坡工程的特殊性，开挖坡脚极易产生边坡整体破坏，因此，开挖坡脚前应采取适当的边坡加固措施，应用抗滑桩加固边坡是一种有效的边坡加固技术。

5.4.2 【实例5-5】 实例4-4中的某挡土墙加固工程

(1) 工程概况

××环境挡墙加固治理工程位于××区的山麓斜坡地带；其原始地形为坡度较陡的斜坡，属浅丘剥蚀斜坡地貌。后经人工大量回填，改变了原有地形。其北侧为已建××山庄用地，××二期别墅与××山庄形成两级建筑台地，两台地间已修建了条石挡墙，挡墙高约7~9m，地形南东侧地势较高、北西侧地势较低。

场区地质构造位于重庆向斜的北西翼，为单斜岩层产出，岩层倾角较缓，其产状为：倾向130°，倾角10°。根据场地地勘报告，场区内发育两组构造裂隙，特征如下：

①裂隙 J1：产状：倾向 315°，倾角 73°，裂面较平直，多呈闭合状，无充填物，结合程度一般，裂隙间距 5.8m，贯通性差，延伸长度约 9.0m。

②裂隙 J2：产状：倾向 205°，倾角 82°，裂面成曲面状，裂隙宽度：1~3mm，裂隙面呈锈色，为铁锰质充填，结合程度一般，裂隙间距 3.5m，延伸长度约 7.0m，裂隙较为发育。

场区内无断层通过，无滑坡及地下洞室等不良工程地质现象，地质构造较简单。

目前挡 32~挡 35 段（B27 型~B24 型）原有挡墙（长约 70m，高约 7~9m）墙面外倾严重，部分已经外鼓。挡 32~挡 34 段挡墙以墙面整体外倾为主，墙顶外倾量在 76~180mm 之间，挡墙外倾最大值发生在挡 33 变形缝位置，挡墙顶面最大外倾值为 180mm；挡 34~挡 35 段挡墙以墙面整体外倾为主外，墙顶外倾量在 24~100mm 之间，局部位置墙面有外鼓现象，墙面外鼓量发生在挡 34+10~挡 34+30 的 C-C 截面处，外鼓最大值为 61mm；其他段挡墙也存在外倾现象，但外倾量值较小。

为保证边坡和坡顶、坡脚已建建（构）筑物的安全，应对该场地的边坡进行永久性加固支护。

(2) 设计依据

1) 建设单位提供的场地拟建挡墙平面布置图（1:500）。
2) ××二期别墅岩土工程勘察报告（××勘察研究院重庆分院，2003 年 01 月）。
3) ××山庄挡 32~挡 40 段挡土墙鉴定报告（××检测中心，2004 年 05 月）。
4) 《岩土工程勘察规范》（GB 50021—2001）。
5) 《建筑地基基础设计规范》（GB 50007—2002）。
6) 《建筑地基基础设计规范》（DB 50/5001—2002）。
7) 《建筑桩基技术规范》（JGJ 94—94）。
8) 《混凝土结构设计规范》（GB 50010—2002）。
9) 《建筑边坡工程技术规范》（GB 50330—2002）。
10) 《建筑边坡支护技术规范》（DB 50/5018—2001）。
11) 《地质灾害防治工程设计规范》（DB 50/5029—2004）。
12) 国家建筑标准设计挡土墙（J 008-1~3）等。

(3) 支护方案

根据场地边坡的工程地质特征，结合场地已有挡墙的平面布置要求，对已有挡墙（B27 型~B24 型）采用人工挖孔桩+钢筋混凝土板进行永久性加固支护；对其余地段挡墙本次仅做地表封闭处理（100mm 厚 C15 素混凝土）经两年监测结果再另外做加固方案。

本边坡治理设计采用动态设计方法，还应根据挡墙施工反馈的信息进行修改和完善。

(4) 设计参数

1) 边坡类别：土质边坡。
2) 边坡重要性系数为 1.00（边坡工程安全等级为二级）。
3) 岩土参数：

①填土层：$\gamma = 19.0 \text{kN/m}^3$，综合内摩擦角 $\varphi_D = 35°$。

②粉质黏土层：$\gamma = 20.0 \text{kN/m}^3$，$c = 20 \text{kPa}$，内摩擦角 $\varphi = 30°$。

③坡顶附加荷载：3.5kN/m^2。

④中风化岩石天然抗压强度标准值：4.0MPa。

⑤已有重力式挡墙基底摩擦系数为 0.30。

（5）钢筋混凝土桩、板工程

1）材料

①桩、板混凝土强度等级为C25，桩护壁混凝土强度等级为C20。

②钢筋：Φ-HPB235（Q235），Φ-HRB335（20MnSi）。

2）钢筋混凝土

①混凝土保护层厚度：桩为50mm，梁为35mm，板为25mm。

②钢筋混凝土板内应掺入水泥重量10%的UEA-H膨胀剂。

③钢筋接长：均要求采用电渣压力焊接。当采用搭接焊接时，单面焊搭接长度为$10d$，双面焊为$5d$。焊接后钢筋应位于同一直线上，其接头位置应符合规范要求。

④所有箍筋弯135°，长$10d$。

3）施工要求

①钢筋混凝土框架护壁施工要求：

（A）由于本工程护壁部分在土中，施工中应严格检查护壁不能错位，以保证桩的准确位置。

（B）护壁施工完后，应进行岩样试压，达到设计要求后，并请建设方、监理方、质检站及勘察、设计人员到现场验收合格后才能施工桩。

②桩施工要求

（A）当各桩施工完后即可施工桩顶连梁，在尚须回填2~3m地段（B25型~B24型）施工钢筋混凝土板及板底梁；施工时，应注意梁、板与桩的整体连接。

（B）桩基施工应严格按《建筑桩基技术规范》（JGJ 94—94）执行。

③板施工要求

（A）板竖向每段水平施工缝应严格处理，保证其整体性。

（B）板泄水孔：桩间板应按2.0m×2.0m设ϕ150泄水孔，外倾5%，墙背后500mm厚范围做卵石堆囊。

4）其他

（A）桩顶连梁应沿长度方向每20m设置一道竖向伸缩缝，缝宽30mm，缝中嵌沥青麻筋，嵌入深度100mm。

（B）桩应嵌入中等风化岩石内不少于3.5m。

（C）桩基应进行检测，检测数量为100%。

（D）桩应跳槽施工。

（6）排水系统工程

1）建设单位应及时做好本工程场地及周边环境的整体排水系统工程。

2）结合场地整体排水系统工程，建设单位应设置场地内的地表排水系统。

（7）墙顶土层封闭处理

1）采用厚100mm的C15素混凝土封闭。

2）封闭的宽度现场确定。

（8）其他

1）本工程应进行边坡评估和施工图审查；本工程在施工中和竣工后两年应进行位移和变形观测。

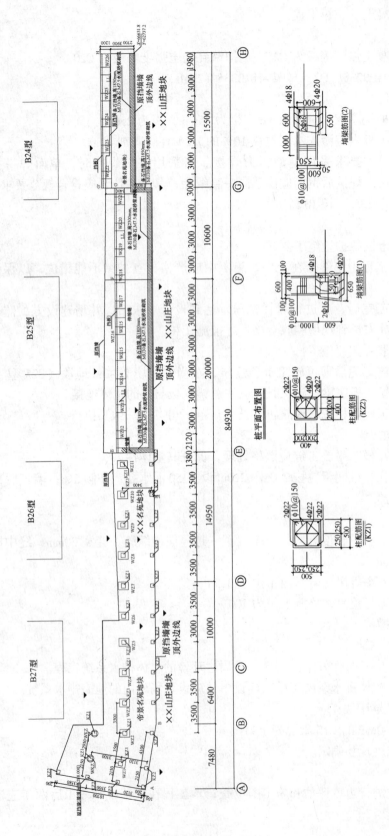

图 5-20 抗滑桩平面布置图

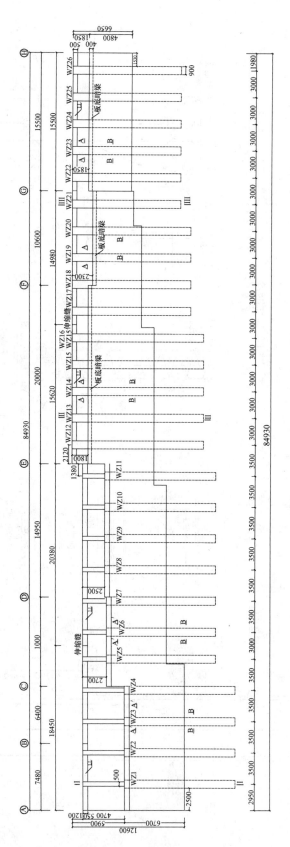

图 5-21 抗滑桩立面布置图

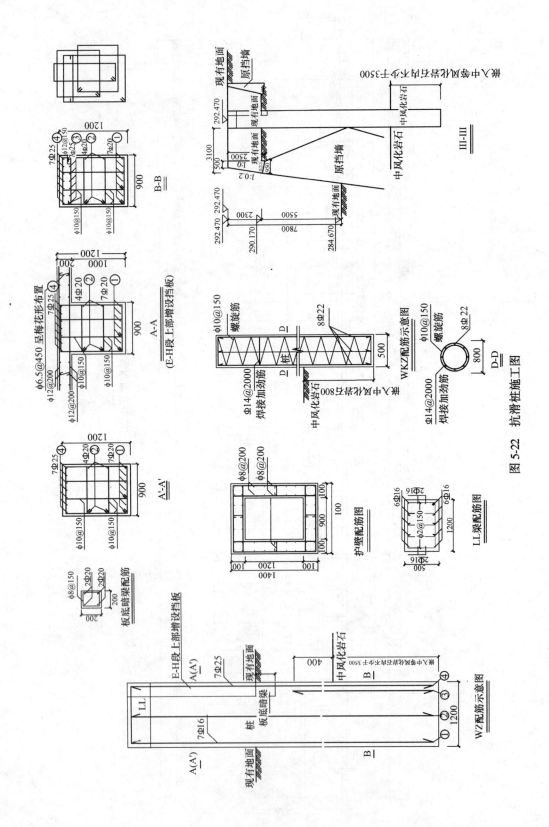

图 5-22 抗滑桩施工图

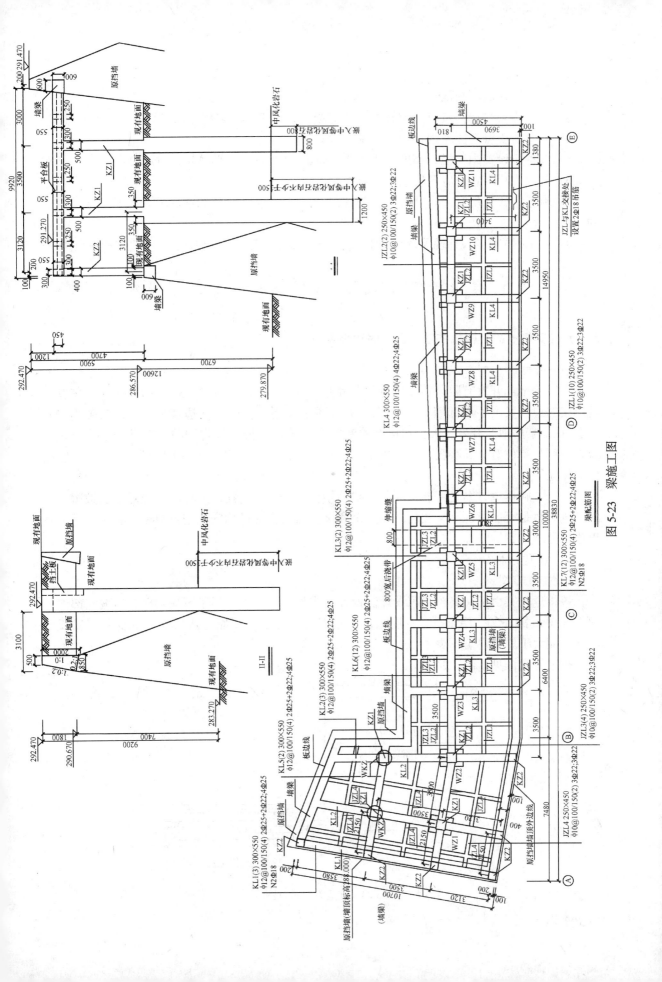

图 5-23 梁施工图

2）本挡墙墙后严禁加载。
3）本工程必须选择具有一定施工资质等级，并从事过挡墙施工的专业队伍进行施工。
4）所有材质符合国家现行规范要求。
5）坡顶应设置围护栏，高度不小于1500mm，其做法按建设方要求执行。
6）其他未尽事宜，应严格按现行有关规范进行。
7）施工中如出现有关问题请及时与建设单位、监理单位及勘察、设计人员联系，共同协商处理。
8）本工程按目前设计现况设计，如今后发生其他工程活动，应保证挡墙的稳定和安全性。

5.5 灌浆法和树根桩法在边坡加固中的应用实例

5.5.1 【实例5-6】 树根桩法加固临时边坡实例

（1）引言

××房地产开发有限公司在进行某工程基坑开挖过程中，于2003年2月22日下午基坑形成的边坡发生了局部垮塌，危及××小区××楼的安全。在边坡垮塌后，2003年2月23日，某房地产开发有限公司按有关专家意见采取了反压坡脚法的方案进行了排危抢险，并请某单位对××小区××楼做了变形观测。进一步处理前，反压坡脚法的排危方案已实施完毕。

为了了解排危方案是否能保证××楼的结构安全，故委托××检测单位对反压坡脚法的排危方案是否能保证××楼的结构安全和××楼自身的结构安全进行检测、鉴定，并提出边坡处理方案。

（2）排危过程简介

1）排危方案

该排危方案由××高校专家设计。设计要求如下：①第一层条石深入现有边坡底部地坪下600mm深；②一层条石、一层土；③施工期间注意监测原有八层建筑的变形；④反压体宽度大于原有建筑不少于2m。

排危方案详见下图5-24所示。

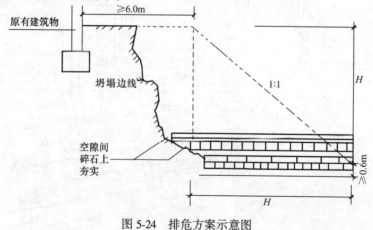

图5-24 排危方案示意图

2）变形观测资料

①在排危处理过程中，某单位对该工程变形作了观测记录，从资料获悉：水平变形观测时间为2003年2月23日15:00至2003年2月25日2:00，共进行了10次观测，观测结果：房屋①轴线局部沉降2mm；垂直变形观测时间为2003年2月23日9:10至2003年2月26日2:20，共进行了12次观测，观测结果：房屋倾斜1mm。

②在排危处理完成后，某单位继续对该工程变形作了观测记录，从资料获悉：水平变形观测时间为2003年2月25日18:00至2003年2月26日9:00，共进行了2次观测，观测结果：房屋①轴线局部沉降1mm；垂直变形观测时间为2003年2月25日18:00至2003年2月26日9:00，共进行了2次观测，观测结果：房屋无倾斜。

3）现场边坡检测情况及结果

建筑物与边坡的位置关系见图5-25所示。

条石反压脚：现场实测条石反压脚由条石与碎石土交替砌筑，抽样检测结果：条石层高300mm、碎石土层厚370mm，条石反压脚总高约12m。具体尺寸详见图5-26。

周边环境观察：(a) ①轴线散水有水平沉降裂缝，现已用水泥砂浆封闭、填实；(b) ⑧轴线外墙与⑧轴线外梯踏步交接处有"齿"形裂缝；(c) ××楼与××楼间屋顶处伸缩缝开裂。

图5-25 ××楼与边坡相关位置关系图

4）房屋安全性分析

①根据竣工验收资料获悉：该工程于2002年2月7日经建设单位、设计单位及质量监督单位共同按验收程序验收，并评定为合格工程；通过对室内梁、板、柱及墙体检测，

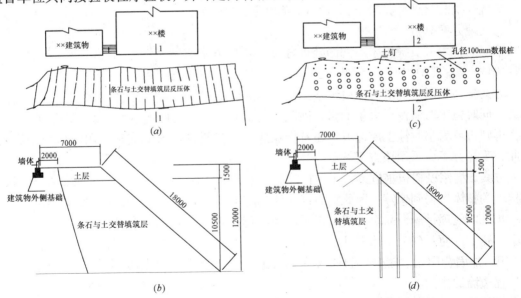

图5-26 边坡反压情况检测数据及边坡加固示意图

(a) 建筑物与边坡的平面位置关系示意图；(b) 1-1剖面；
(c) 边坡加固平面布置示意图；(d) 2-2剖面

没有发现受力裂缝及损伤结构的现象；在正常使用荷载作用下，结构能安全使用。

②根据排危方案、现场检测的数据综合分析得出：某房地产开发有限公司按有关专家意见采取的反压坡脚法方案进行排危抢险目前能保证"××楼"在正常使用荷载下的安全使用。

③房屋周边应采取可靠的防水、排水和截水措施，防止地表水渗入地基，软化地基。

(3) 边坡加固处理方案

1) 基本分析

某院加固设计人员多次到人工边坡现场了解边坡实际排险情况，查阅了有关技术资料，且了解了有关专家意见。随后对边坡处理方案提出了初步意见，并与委托方进行了交流。现将该边坡情况作如下分析。

①地质勘察情况

某广场工程地质勘察报告在第7页的结论及建议中有如下论述：

场地平整后中部邻××街一线将形成 5.80~7.40m 高的人工土质边坡，建议采用条石挡墙支挡，基础置于粉土或填土内，邻××街一线基坑及边坡开挖应跳槽施工，以避免影响康同街的稳定；对于 4.5m 高的基坑土质边坡宜根据场地情况采取临时支护或放坡措施，此外，宜利用建筑物边墙对其作永久性支挡。

岩土工程技术参数取值：

杂填土：天然综合重度：$20kN/m^3$；综合内摩擦角：$30°$；承载力标准值：$100.00kPa$。

粉土：天然重度：$19.50kN/m^3$（标准值）；黏聚力：（标准值）天然 $28.73kPa$；饱和，$18.70kPa$；内摩擦角：（标准值）天然 $15°28'$；饱和，$12°35'$；承载力标准值：$176.50kPa$。

卵石层：地基承载力标准值：$338.0kPa$。

中风化砂岩：饱和抗压强度标准值：$25.92MPa$。

挡墙基底摩擦系数：粉土：0.35，杂填土：0.40。

基坑开挖临时坡率：粉土：1:0.5，杂填土：1:0.75。

②处理方案分析

不同的技术人员提出了不同的处理方案，主要方案有两个：（A）做钻孔灌注抗滑桩进行边坡支护；（B）利用反压条石土体采用灌浆及树根桩支护边坡。

方案1 钻孔灌注抗滑桩：由于钻孔灌注抗滑桩施工需较大的机械设备施工，占用场地较大，同时施工时将使用大量的水，因此该施工方法对边坡稳定不利；其次，施工费用较高，再则边坡为临时性土质边坡，建筑物建成后，建筑物边墙的支护作用难以充分利用，因此，委托方不愿采用该方案。

方案2 灌浆及树根桩方案：由于抢险后条石土体形成了一个临时性重力式条石挡墙，该挡墙的整体未得到保障，因此对后续三江某广场工程的施工将产生负面影响。为此，需进一步采取处理措施，采取灌浆及树根桩法进行条石土体加固，其特点是：（A）施工机械小，施工方便；（B）进水量小，对边坡的稳定性有利；（C）可利用既有反压条石土体的作用，加固费用相对较少；（D）对三江某广场工程后续施工影响较小，且可发挥某广场工程边墙的作用。

经相关人员和委托方多次讨论，在××楼旁边坡现状成立的条件下，确定用灌浆树根桩法加固反压体，并在土体后缘用土钉进行加强。

2) 处理方案

根据上述基本分析，建议采用如图 5-26 所示的加固方案。

①总体要求

工程加固必须进行工程监理，施工期间必须对工程的安全性进行监测，有关加固项目必须进行检测。加固体完成后，三江某广场工程所修边墙等应按设计要求进行建设，严禁取消边墙。

②施工顺序

（A）建立观测系统应能及时预报××小区××楼的安全性。

（B）按图要求进行钻孔灌浆、土钉施工。

③边坡加固要求

采用注浆加固法加固条石土体，灌浆孔平面布置按图施工，注浆加固法按《既有建筑地基基础加固技术规范》（JGJ 123—2000）和《民用建筑修缮工程查勘与设计规程》（JGJ 117—98）要求进行施工，灌浆深度应超过反压条石底面 2m，灌浆孔中应放入 1 根 Φ 18HRB335 级钢筋，钢筋长度同钻孔深度，且灌浆液强度标准值不得低于 20MPa。

灌浆加固采用的灌浆料可选用水泥浆或水泥浆与水玻璃混合液，灌浆前应进行浆液配比试验，并应进行试验性灌浆试验，要求灌浆液能加固相应的土层，加固后土层的地基承载力不小于 250kPa。灌浆要求有一定灌浆经验的施工单位组织实施，灌浆孔数量、间距应根据先期试验、沉降观测结果，再做适当调整。

在灌浆过程中有两个问题需要考虑：（A）当水泥浆用量较大时，在不同地层深度处可改为灌水泥砂浆液，砂的掺量根据实际工程情况确定；（B）灌浆压力的确定，在灌浆时压浆压力的控制对不同的工程及不同的施工单位有所不同，一般情况下灌浆压力控制在 0.3~1.0MPa 之间。

灌浆效果应按《民用建筑修缮工程查勘与设计规程》（JGJ 117—98）要求进行检测。

某广场工程中的桩基工程施工完成前严禁切除反压体前缘。

××小区××楼旁边坡处理工程施工中若有不清楚的问题，应及时和处理方案单位进行联系，严禁擅自更改处理方案；否则，后果自负。

(4) 边坡加固效果

边坡加固后，边坡稳定，××房地产开发有限公司开发的建筑物顺利建成，该方案的实施效果受到了建设方和当地政府的赞扬。

5.5.2 【实例 5-7】 回填土地基边坡加固工程实例

(1) 工程概况

某项目为科技产业园，由××设计研究院设计，由××地质工程勘察院进行地质勘察。科技产业园共有五栋标准厂房，标准厂房采用轻钢结构，层高 9m，跨度 24m，长度 60m，基础为钢筋混凝土条形基础，地基梁截面宽×高为：（1200~1400）mm×600mm，纵向对称配筋为上、下各为 7 根 Φ 12，各厂房间距 12m。场内表层为第四系全新统人工素填土，块石含量高，回填时间约一年，回填厚度为 15.10~28.50m，回填过程中未进行分层碾压夯实，回填完毕后采用一次性强夯。强夯后的人工素填土层经抽检及静载荷试验验证回填土层满足设计对压实填土地基的要求（压实度 85%，地基承载力为 200kPa），基础持力层为该强夯后的人工素填土层；回填后在场地南东侧距拟建厂房水平距离约 3m 处形成了一高3~10m的人工填土边坡，边坡采用约1:1.15的放坡值进行护坡处理，坡长约190m，厂房平面布置示意见图5-27。由于该工程已完工的基础（部分基础尚未加载）出现裂缝，为此建设方要求进行检测、鉴定并提出加固方案。

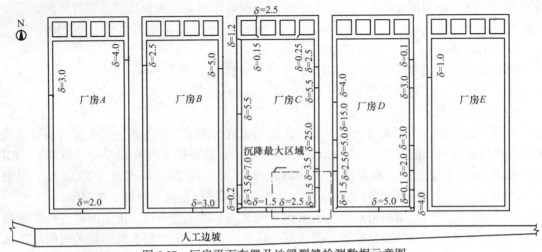

图5-27 厂房平面布置及地梁裂缝检测数据示意图

1) 检测及分析

①地梁混凝土强度分析：查阅该工程混凝土抗压强度试验报告单，钢筋混凝土条形基础混凝土抗压强度设计值为C20，试验检验数量12组，平均值为26.4MPa，满足设计要求。

②地梁裂缝检查：地基梁裂缝检测结果见图5-27，裂缝最大宽度为25.0mm，裂缝为上下贯通的水平裂缝，裂缝形态为上大、下小，节点处为上下贯通的斜向裂缝。

③沉降观测资料分析：每10d进行1次基础沉降观测，从第1~8轮基础沉降观测资料知：厂房北边观测点的最大沉降量为8.4mm，厂房南边观测点的最大沉降量为230.7mm，厂房南边的沉降量远大于北边。从观测资料看：厂房沉降速度没有明显变缓的迹象。

④边坡：边坡采用约1:1.15的放坡值进行了护坡处理，放坡值不满足设计要求的放坡值，边坡护体出现裂缝，边坡变形未稳定。

⑤理论分析：采用弹性地基梁理论对地基梁进行了分析，计算模型为链杆法。运用大型有限元程序SAP91用支座位移模拟地基梁的沉降，根据第7轮观测及平差计算资料分析由沉降在地梁中引起的弯矩相当大，理论计算最大应力处与实际裂缝出现位置基本吻合。

⑥从第1~8轮基础沉降观测资料中可以看出，地基不均匀沉降未见稳定，不进行地基处理短期内地基不均匀沉降难以稳定。

2) 地梁裂缝原因分析

①由于建设方的工期要求，回填材料复杂，场地地层中块石含量较高，未分层夯实，回填土存在架空现象，从而导致地基不均匀沉降；

②设计要求夯实土层厚度为6m，压实度为85%，地基承载力不小于200kPa，尽管抽样检测强夯满足设计要求，但回填土回填时间较短（半年左右），基础周围排水设施尚未完成，基础施工过程中下过几场暴雨，回填土受雨水作用逐步变得更密实，引起场地地基不均匀下沉；

③厂房南侧边坡正在作处理，还未发挥作用，渐变密实的回填土地基向临空面产生侧

压力，引起回填土侧移，从而引起厂房地基不均匀下沉。

（2）地基加固处理

由上述工程可知，对回填土地基及回填土边坡处理不当均会产生工程灾害，为了防止工程的进一步损伤需对回填土地基和边坡进行加固处理。对回填土地基处理的方法有多种，根据经济、简单和有效的原则对该工程采用灌浆法进行地基加固处理，回填土地基加固灌浆孔最后布孔位置见图5-28所示。

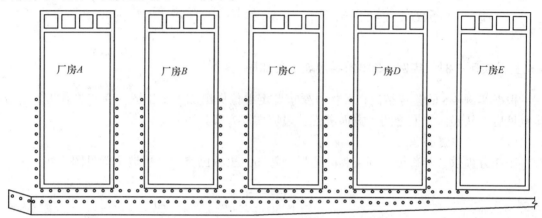

图5-28 灌浆加固回填土地基钻孔位置示意图

注：1.○表示灌浆孔位置；2.灌浆孔不得损伤地基梁；3.灌浆施工应进行工程监理；4.边坡高度小于5m时，不对边坡进行加固；5.边坡灌浆孔间距2.5m；6.厂房地基加固灌浆孔间距3m

由于回填土地基特性复杂，又无可用的计算参数，灌浆加固半径很难确定，加固效果暂无可靠的检验方法，通常是用挖开试验场地用观察法进行判断；在试验性加固中其施工方法不同，耗材和加固效果差别也很大，对本工程而言，灌浆孔在8m以下灌浆时不用任何压力水泥浆下灌量极大，说明回填土地基下部孔隙很大，应停止灌浆。在水泥浆结硬后，再提起灌浆管进行第二次灌浆，根据进浆量的多少确定进一步的施工方法；在灌浆过程中有两个问题需要考虑：①当水泥浆用量较大时，在不同回填土深度处可改为灌水泥砂浆液，砂的掺量根据实际工程情况确定；②灌浆压力的确定，在灌浆时压浆压力的控制对不同的工程及不同的施工单位有所不同，一般情况下灌浆压力控制在0~0.5MPa，有些施工单位最大灌浆压力控制在2.5MPa以内，此时灌浆压力作用会同一般压浆有较大差异，应注意两种压力灌浆加固回填土地基机理上的差异；终止灌浆的条件应有所控制，一种用灌浆压力值进行控制，另一种用灌浆量的大小控制，同时注意地面反浆情况，总之应综合工程各种具体情况决定终止灌浆，避免浪费材料。

通过对上述问题的考虑和验证性试验，采用图5-28的灌浆布孔方式，加固了该回填土地基，在随后的对沉降观测和裂缝变化的观察中，发现地基沉降基本终止，上部结构的裂缝发展已稳定，在对结构损伤进行修补后，该标准厂房已安全使用。

用灌浆法加固回填土地基应采用动态设计法，最初设计为直孔灌浆，在灌浆孔间拟增加石灰桩，根据工程实际情况最后实际施工改为斜孔灌浆；灌浆前应进行试验性灌浆。

（3）体会

当发生回填土地基沉降引起的工程事故后，加固回填土地基、基础的方法有多种，其中灌浆法加固回填土地基是行之有效的方法之一，同时也较为经济，根据山区的特点在采用灌浆加固回填土地基时应注意把握以下几点：①加固设计应采用动态设计法，②必须进行验证性灌浆试验，③应合理控制灌浆压力、施工方法和灌浆量。

最后应指出的是由于山区地质条件变化大，回填土土质成份复杂，加之岩土工程本身的随机性，对用灌浆法加固回填土地基的直接检验仍存在一定的困难，研究山区回填土地基加固效果的直接检测手段是今后需要努力的方向之一。

5.6 锚杆挡墙在边坡加固中的应用实例

5.6.1 【实例 5-8】 实例 4-5 中的某边坡工程加固

根据实例 4-5 的鉴定结论，委托方要求鉴定单位提出加固施工图。在与委托方充分交换意见后，从经济、安全两个方面考虑，边坡加固方案如下。

（1）边坡位置关系

委托方提供了某边坡治理工程的地形示意图，工程已修部分边坡位置见图 5-29。

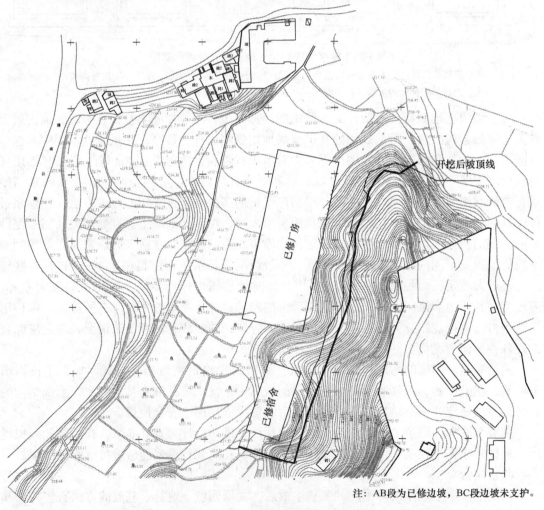

注：AB段为已修边坡，BC段边坡未支护。

图 5-29 ××边坡治理工程位置示意图

(2) 工程地质情况分析

边坡岩土工程勘察情况见【实例 4-5】。

(3) 加固方案

由鉴定结果可知：××边坡治理工程已修部分分为 15 段，每段长度在 15~20m 之间，每段边坡坡高平均值在 14.2~22.7m 之间，边坡坡度在 57°~78°之间，多数边坡坡度在 70°左右。根据上述检测数据及"××生产基地东侧边坡岩土工程勘察报告"提供的岩土参数，加固方案采用锚杆支护法，具体加固方案图见图 5-30、图 5-31 所示。

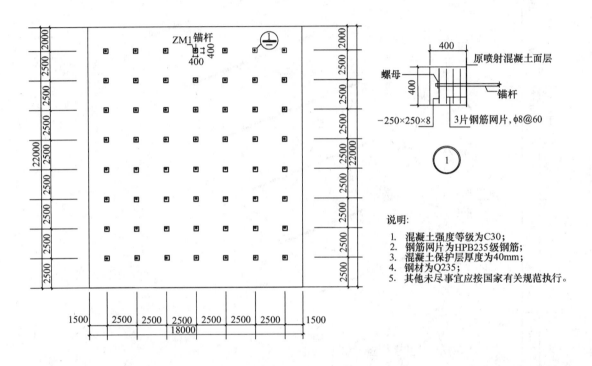

图 5-30 边坡加固立面图

边坡锚杆支护完成后，在坡顶加设安全防护栏杆。

边坡坡顶电杆安全性问题应与电力部门协调，消除电杆的安全隐患。

边坡加固完成后按原设计要求做好坡底排水沟，且进行有组织排水。

按国家有关规范规定，应对高切坡进行长期变形监测，时间不宜少于 3 年。

在今后使用过程中应对边坡防护工程进行正常维修和检查，若发现异常情况应立即向有关部门汇报。

(4) 加固注意事项

1) 边坡加固工程应进行工程监理；

2) 支护锚杆应进行抗拔检验；

3) 未经方案编制单位许可，不得擅自更改加固方案要求，否则后果自负；

4) 加固施工材料必须满足国家有关规范的要求；

5) 未尽事宜按国家相关规范执行。

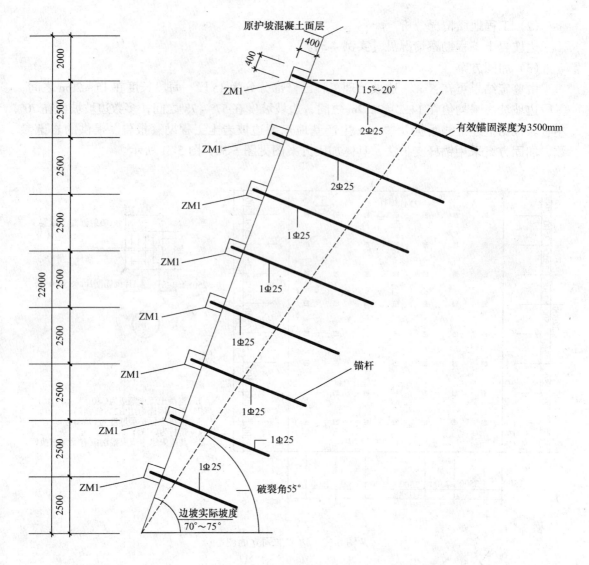

说明:
1. 锚杆孔径为110mm,锚杆有效锚固长度不小于3500mm;
2. 锚杆砂浆强度等级为M30;
3. 锚杆节点详图应按《建筑边坡支护技术规范》(DB 50/5018—2001)中的附录D、F中的有关要求执行;
4. 施工中破损的喷射混凝土面层用100mm厚C30混凝土封闭;
5. 锚杆应进行抗拔试验,每种锚杆检测数量不应少于3根;
6. 1Φ25锚杆检验荷载值为112kN;1Φ32锚杆检验荷载值为183kN;
7. 当边坡高度小于22m时,则取消相应位置处的下一层锚杆,详见图4;
8. 当变形缝间距与图纸不符时,其锚杆布置原则仍应满足图纸要求;
9. 边坡加固施工应进行工程监理;
10. 边坡加固过程中及施工完成后,应按国家有关规范要求进行边坡变形监测,监测时间宜为3年;
11. 其他未尽事宜应按国家有关规范执行。

图 5-31 边坡加固详图

5.6.2 【实例 5-9】 锚杆加固某重力式挡墙实例

(1) 工程概况

根据××勘察设计院 2003 年 5 月 30 日提交的"××私人住宅楼边坡岩土工程勘察报告"，位于××公司住宅楼位置已建北东挡土墙稳定性不满足规范要求。经对挡土墙验算，不仅挡墙的整体稳定性不能满足规范要求，挡墙的墙身强度也不能满足规范要求，存在挡墙整体失稳、垮塌的可能性。

在分析了既有边坡的稳定性后，采用锚杆—格构梁对既有挡墙进行加固。

(2) 设计依据

1) "××私人住宅楼边坡岩土工程勘察报告"及设计合同；
2) 《建筑边坡工程技术规范》(GB 50330—2002)；
3) 《混凝土结构设计规范》(GB 50010—2002)；
4) 《建筑抗震设计规范》(GB 50011—2001)。

(3) 工程地质情况

1) 场地地质基本情况

据勘探揭露，场区岩土由上覆第四系人工填土（Q_4^{ml}）和下伏侏罗系中统沙溪庙组（J_2s）砂质泥岩组成，自上而下为：

①素填土：灰褐色，松散，稍湿，其成分以黏性土为主，含少量强风化岩块。该层场区均有分布，层厚 0.20～1.50m。

②强风化砂质泥岩（J_2s）：紫红色，巨厚层构造，整体结构，其矿物成分为黏土质矿物，风化裂隙发育，岩体破碎，可用手捏碎岩块，遇水易软化，用镐可挖掘，干钻可钻进。该层分布于整个场地，一般见于基岩顶面，层顶标高为 444.90～458.00m，层厚 2.00～3.00m，平均厚度约 2.70m。

③中等风化砂质泥岩：紫红色，其矿物成分为黏土质黏土矿物，层理清晰，风化裂隙发育，巨厚层层状构造，整体结构，泥质胶结，胶结程度中等，锤击易碎，用镐难挖掘，岩芯钻方可钻进。岩石坚硬程度为软岩，岩体完整程度为较完整，岩体基本质量等级为Ⅳ级。该层最大揭露厚度 0.80m。

2) 岩土力学参数取值

根据现场测绘、地质调查、钻探结果、室内试验统计值及工程经验，结合永久边坡的时间效应等因素，提出场区岩土主要物理力学性质指标及承载力特征值如表 5-2 所示。

场区岩土物理力学性质指标建议采用值　　　　　　表 5-2

地层名称	重度 γ (kN/m³)	压缩模量 E_s (MPa)	黏聚力 c (kPa)	内摩擦角 φ (°)	承载力特征值 f_{ak} (kPa)	基底摩擦系数 μ
素填土	19.0	4.5	15	10	80	
强风化泥岩	20.0	7.0	25	15	250	0.40
中等风化泥岩	22.0		50	30	700	0.50

注：边坡岩体等效内摩擦角 φ_e 取 40°。

3) 地质勘察结论

①从区域地质构造来看，该场地属于稳定场地。就北东挡墙坡体而言，在土体浸水饱

和状态下是不稳定的,南西挡墙坡体是稳定的。

②在北东挡土墙墙前回填压脚、增加阻滑力或在墙脚处设置支挡结构,增强挡土墙的抗倾覆及抗滑移能力,支挡结构应进入中等风化岩体一定深度。具体其他建议略。

③拟建建筑物基础可以强风化岩体作为基础持力层。当拟建建筑物与边坡的安全距离不够时,可以通过深埋基础得到适当的调整。

④本报告中论述边坡的稳定性及相应 c、φ 值选取时,是以未来边坡为永久性为出发点的。在进行挡墙治理设计时,应进行有针对性的专门岩土工程设计,所需参数建议按表 5-2 采用。

⑤加强挡墙的变形和岩土体变形的监测工作。

⑥该地区抗震设防烈度为6度,设计基本地震加速度值为 0.05g,设计地震分组为第二组。该场地土类型为中硬场地土,建筑场地类别为Ⅱ类。设计特征周期为 0.40s。

(4) 挡墙加固措施

挡墙高度约 7m,采用锚杆~格构梁体系对挡土墙进行加固,加固后挡墙抗倾覆稳定系数大于 1.6,抗滑移稳定系数大于 1.3。

1) 锚杆长度:上排 8.0m,下排 6.0m,同时满足锚入中等风化岩石深度不小于 4.0m。

2) 锚杆钻孔直径 90mm,钻孔倾角 15°。

3) 锚杆间距:水平方向 3.5m,垂直方向 3.0m。

4) 锚杆为全粘结锚杆,灌注 M25 水泥砂浆。每根锚杆设计锚固力为 120kN。

5) 锚杆设在连梁的交叉位置,连梁为现浇钢筋混凝土梁,宽度 0.3m,高度 0.35m,主筋 8Φ16,箍筋Φ8@250。

6) 连梁为现浇 C25 混凝土。

7) 钢筋保护层厚度:锚杆不小于 25mm,连梁 35mm。

8) 伸缩缝间距:连梁水平方向每隔 20~25m 设置一伸缩缝,伸缩缝沥青麻丝填塞。

9) 排水沟:边坡坡顶及坡角各设置一条排水沟,将边坡后缘地表水集中排至场区排水系统中,避免其对边坡造成不利影响。边坡坡底按场区排水要求设置排水沟。排水沟为

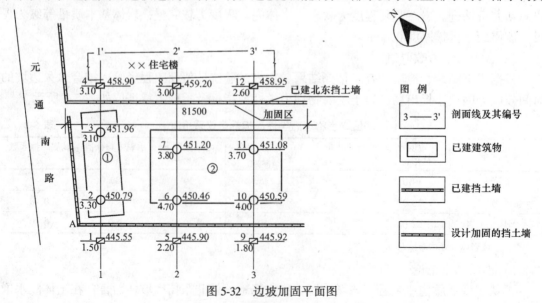

图 5-32 边坡加固平面图

M7.5 水泥砂浆砌 MU30 条石。

(5) 其他说明

1) 图中尺寸除注明的外，标高为 m，其余为 mm。

2) 说明中未尽事宜，必须符合相关规范规程的要求。

(6) 施工图

边坡加固平面图见图 5-32，立面图见图 5-33，部分剖面图见图 5-34，构造等图见图 5-35。

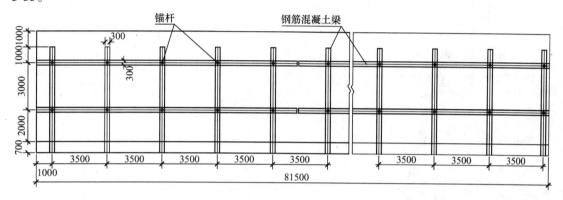

图 5-33　边坡挡墙加固立面图

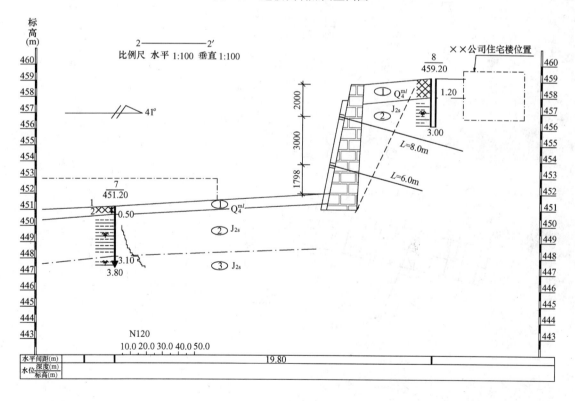

图 5-34　边坡加固剖面图

(7) 加固计算书见附录 C0

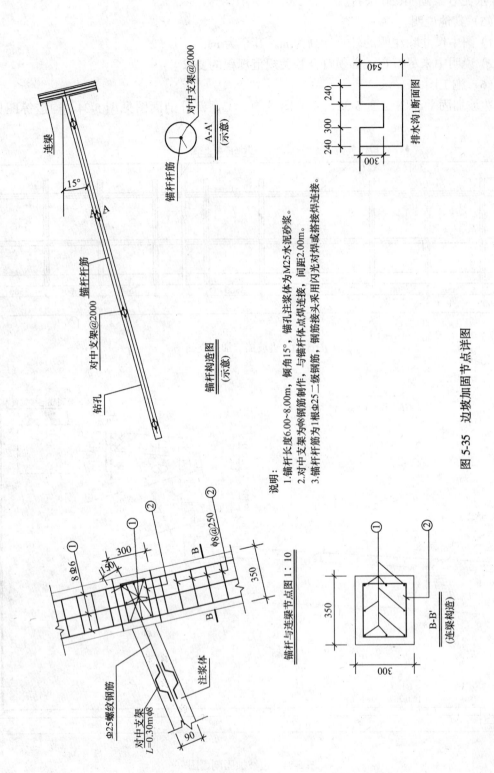

图 5-35 边坡加固节点详图

5.7 抗滑短桩在加固边（滑）坡工程中的应用

5.7.1 【实例5-10】 东林煤矿矸石山防治工程

（1）前言

东林煤矿矸石山防治工程位于胡家沟社的山麓斜坡地带，近来，因当地连续降雨，导致其弃矸场产生泥石流，此次灾害对企业已造成3000多万元的损失，且社会影响较大，目前矸石堆积体较松散，无黏性，且堆积量较大，约40万m^3，一旦失稳，可将直接影响到矸石山下村民及村级公路，耕地和农田约200亩。为保证弃矸场地和坡脚已建建筑物的安全，需对该矸石山进行治理。为此，受业主的委托，由××地质队承担东林煤矿矸石山防治工程的设计。

××地质队于2005年11月27日完成了该工程的初步设计。2005年11月29日由××地质灾害防治工程技术研究中心组织专家在××地质队进行该报告的审查。

专家组审查该工程治理是必要的，同意方案1（削坡+两级支挡+排水+植被，1号挡墙采用抗滑短桩+衡重式挡墙，2号挡墙采用重力式抗滑墙）作为本工程的治理方案。本次施工图设计是以审查通过后的初步设计基础上做出的。

（2）设计依据

1）建设单位提供的场地平面布置图（1∶500）；

2）委托书和签订的设计合同；

3）《岩土工程勘察规范》（GB 50021—2001）；

4）《建筑结构荷载规范》（GB 50009—2001）；

5）《建筑边坡工程技术规范》（GB 50330—2002）；

6）《建筑抗震设计规范》（GB 50011—2001）；

7）《建筑地基基础设计规范》（GB 50007—2002）；

8）《混凝土结构设计规范》（GB 50010—2002）；

9）《建筑桩基技术规范》（JGJ 94—94）；

10）《砌体结构设计规范》（GB 50003—2001）；

11）《铁路路基支挡结构设计规范》（TB 10025—2001～J 127—2001）；

12）《地质灾害防治工程设计规范》（DB 50/5029—2004）；

13）国家建筑标准设计《挡土墙》（J 008—1～3）。

（3）场地工程地质条件

场地位于四川盆地东南缘，行政区划属万东镇新华村所辖，位于××区政府所在地南偏东侧，方位105°，矸石山位于东林煤矿工业广场南侧，与××区城镇中心直距2.0km。

该地段属丘陵地带构造剥蚀浅丘斜坡复合地形地貌，地形总趋势为由西往东逐渐升高，坡角10°～40°，局部可达60°，最高点+516m（东侧三级矸石山平台），最低点+310m（西侧胡家沟），其中二级矸石山形成一平台，高程408.00m左右，高差总体为206m，场地中部均被上部垮塌的煤矸石堆积，且为松散堆积。根据建设单位生产情况，现仅需对

二、三级挡矸墙址进行治理设计，治理方案中最低点与最上级高差83m左右，其水平距离130m左右。

场地内地层结构较复杂，主要由第四系全新统杂填土（Q_4^{ml}）、第四系全新统坡残积黏土（Q_4^{dl+el}）、三叠系下统嘉陵江组四段（T_1j_4）泥质灰岩、三叠系下统嘉陵江组三段（T_1j_3）泥质灰岩夹钙质泥岩组成，根据成因类型、岩性成分等，将场地地层自上而下描述如下。

第四系全新统土层（Q_4）：

1）人工填土层（Q_4^{ml}）：为杂填土：以灰色、灰黑色为主，由石灰岩碎块、黏性土、煤矸石碎块及少量砂组成，石质含量一般80%～90%，局部60%，粒径2.00～8.00cm，个别20.00cm，结构松散，湿，无胶结，易垮孔。钻探揭露厚度为0.80（ZY8）～6.50m（ZY1），广泛分布于勘察区，其中拟设上挡矸部位厚度为3.00～6.50m，下挡矸部位厚度3.00～4.80m。

2）坡残积层（Q_4^{dl+el}）：为黏土：黄色、褐黄色，硬塑～可塑，黏性较好，无摇振反应，干强度中等，韧性中等，刀切面较光滑，稍有光泽。钻探揭露厚度为0.90（ZY2）～2.00m（ZY3），分布于ZY1～ZY4范围。

三叠系下统嘉陵江组（T_1j）：

①三叠系下统嘉陵江组四段（T_1j_4）：泥质灰岩：灰白色，隐晶质结构，中厚层状，夹白云质灰岩，强风化岩体破碎，呈块状，厚度1.10～2.00m；中等风化岩石新鲜，岩芯较完整，呈柱状、长柱状，节长一般10～25cm，最长达40.00cm。岩溶裂隙不发育，仅ZK2在井深11.50m见一组倾角约90°的裂隙，在15.00～16.00m岩芯表面见ϕ2～10mm的溶孔，均无充填。根据试验成果，岩石属硬质岩，岩体基本质量等级Ⅲ级，钻探揭露最大厚度为11.56m。

②三叠系下统嘉陵江组三段（T_1j_3）：泥质灰岩夹钙质泥岩：灰色，暗红色，夹0.30～2.00m薄层钙质泥岩。泥质灰岩呈灰色，隐晶质结构，中厚层状，强风化层岩石较破碎，呈短柱状，厚1.20～2.00m，中等风化岩石新鲜，岩芯完整，岩质较硬，锤击声响，节长10～30cm，最长达1.00m，其中ZY10孔在6.30m～7.20m有一条贯通的溶蚀裂隙，将岩芯一分为二，裂面凹凸不平，无充填；钙质泥岩呈暗红色，主要矿物成分为黏土矿物，含钙质成分较重，泥质结构，钙质胶结，强风化层岩芯破碎，呈块状，厚1.50～2.50m，中等风化岩芯较完整，呈柱状，岩体较完整，裂隙不发育，钙质泥岩属较软岩，岩体基本质量等级为Ⅳ级。

勘察区位于八面山向斜南段仰起端及向斜东翼南段之次级褶曲的甘家坪向斜轴部。甘家坪向斜轴向近于南北向，两翼倾角东陡西缓，东翼倾角19°～46°，西翼倾角18°～20°，为一不对称向斜，轴向东倾，倾角70°～80°，本次野外调查，岩体中主要发育两组裂隙，裂隙产状Ⅰ组：280°∠78°，裂隙面较平直，延伸长度一般大于2m，宽3～6mm，局部黏土充填，间距1.5～4.0m；Ⅱ组裂隙：175°∠85°，裂隙面平直，延伸长度1.5～5.0m，宽2～7mm，间距2～4m，裂隙多呈闭合状。

综上所述：勘察区地质构造较复杂。

（4）设计标准及支护方案

工程安全等级为二级，设计使用年限为50年。按规范要求，荷载组合为：暴雨或长期降雨（雨季）状态弃渣自重。抗滑稳定设计安全系数：$K_s = 1.15$。

本工程设计采用动态设计方法，还应根据挡墙施工反馈的信息进行修改和完善。

支护方案：

1) 对高程在453.00m以上地段边坡：采用削坡减载（削坡后地形的高宽比不陡于1：2.5）。

2) 对1号挡墙采用抗滑短桩+重力式抗滑挡墙；对2号挡墙采用抗滑短桩+重力式抗滑挡墙。

3) 重力式挡墙嵌入强风化岩层不小于0.5m。

4) 在416.00m至高程456.00m之间，坡度按1：2.5，每高8m设计一马道。

5) 矸石渗水的处理，采用集水坑+石灰水。

6) 排水沟长度约为605m，采用0.5（高）m×0.6m（宽）与0.7m（高）×0.75m（宽）的梯形沟，平台截水沟长度约为1456m，采用0.4m（宽）×0.4m（高）的矩形沟与0.6m（宽）×0.5m（高）的梯形，水沟采用M5.0浆砌片石砌筑，厚均为0.2m。排水沟排水纵坡根据地形起伏而定，原则上不得缓于1%，当沟底纵坡大于25%（1：4）时，设置台阶式跌水，其截面尺寸采用0.6m高，0.5m深的梯形沟设计。

7) 防矸石山自燃另行设计。

8) 环境绿化工程：

①各阶梯形放坡地段采用撒草籽进行绿化。

②沿马道平台内侧种树，间距4m。

（5）设计参数

根据地勘报告，岩土体参数如下：

饱和土体重度14.77kN/m³；黏聚力13.5kPa，内摩擦角9°。

中等风化泥岩岩体天然重度26.5kN/m³；黏聚力0.59MPa，内摩擦角33.3°。

中等风化泥岩承载力特征值3.99MPa；基底摩擦系数μ：0.50。

桩嵌固段地基的水平承载力特征值：$f_H = k_H \eta f_{rk} = 0.90 \times 0.40 \times 3.99 = 1.43$（MPa）。

（6）抗滑桩工程

1) 材料

①桩混凝土强度等级为C30。

②钢筋：Φ—HPB235（Q235），Φ—HRB335（20MnSi）。

2) 钢筋混凝土

①混凝土保护层厚度：桩为50mm。

②短桩嵌入岩层4m。

③钢筋接长：均要求采用电渣压力焊接。当采用搭接焊接时，单面焊搭接长度为$10d$，双面焊为$5d$。焊接后钢筋应位于同一直线上，其接头位置应符合规范要求。

④所有箍筋弯135°，长$10d$。

3) 施工要求

①基槽开挖后，应进行岩样试压，达到设计要求后，并请建设方、监理方、质检站及勘察、设计人员到现场验收合格后才能施工桩。

②桩基施工应严格按《建筑桩基技术规范》（JGJ 94—94）执行。

③桩基应进行检测：为了检测桩体施工质量，对工程的6号、8号、10号、12号桩在

桩翼缘内侧对角两端预埋内径为 50mm 的 PVC 检测管，采用声波透射法对桩体完整性进行检测，其余桩按 100% 的比例随机进行桩身无损检测。要求桩身无损检测合格率达到 100%。

④桩应跳槽施工，分段跳槽长度为间隔一桩。

(7) 重力式抗滑墙工程

1) 材料：C20 毛石混凝土，毛石强度等级为 MU30，掺量不超过 25%。

2) 重力式墙嵌入强风化岩层 0.5m。

3) 桩顶设置插筋Φ16@500，呈梅花形布置。伸入长度为 500mm 与 1000mm 间隔布置。

4) 泄水孔：应按 2.0m×2.0m 网格布置，孔径 150mm，外倾 5%，墙背后 500mm 厚范围做卵石堆囊，在卵石堆囊与墙背之间设置土工布，卵石堆囊与填土之间设置 1000mm 厚的手掰块石，块石强度等级不小于 MU30。

5) 填土应分层夯实，在挡墙净距 3m 范围不得采用机械夯实，分层厚度不能超过 300mm，密实度达中密。

6) 挡墙应沿长度方向每 20m 设置一道竖向伸缩缝，缝宽 30~50mm，缝中嵌沥青麻筋，嵌入深度 100mm。

7) 杂填土开挖坡比为 1:1.25，强风化岩石开挖坡比为 1:1；杂填土与强风化岩之间设 1m 宽马道。

(8) 排水工程

平台截水沟采用 0.6m(宽)×0.5m(高) 和 0.4m(宽)×0.4m(高) 的梯形与矩形沟，水沟采用 M5.0 浆砌片石砌筑，厚均为 0.3m。截水沟排水纵坡根据地形起伏而定，原则上不得缓于 1%，当沟底纵坡大于 25%(1:4) 时，设置台阶式跌水，其截面尺寸采用 0.6m 宽，0.5m 深与 0.75m 宽，0.7m 深的梯形沟设计。

(9) 工程监测设计

为监测和掌握目前、施工期及后期运行过程中滑坡稳定的变化趋势、检验治理工程的效果，及时发现异常现象并进行分析处理，确保滑坡体上居民的生命财产安全，均有必要布置适量的监测设施。

变形监测：在滑坡中后部布置 3 个点进行变形监测。

抗滑墙监测：抗滑桩施工完毕后，对每一桩进行动力检测，经过桩身完整性检测合格方可验收。对 1 号挡墙与 2 号挡墙墙顶进行位移观测，采用相对位移观测（群测）和绝对位移相结合的方式进行。

监测点布置见监测平面布置图。

施工阶段，每 24h 监测一次，以后每 3 天监测一次。施工完成后可每月监测一次，暴雨期间加密监测次数。总的监测时间要求从工程治理开始 3 年内对工程持续进行监测。

(10) 施工组织设计

滑坡治理主体施工区域场地平整，能满足施工需要。施工区电网配套，电力较充沛，可保证施工用电。施工用水量较少时，可直接用引水管接自来水管供应，用水量较大时，需建小型蓄水池调节。施工现场管理人员及工人住宿可考虑租用农舍，滑坡前缘地形较平坦，具备搭建临时设施的条件。混凝土可现场搅拌。

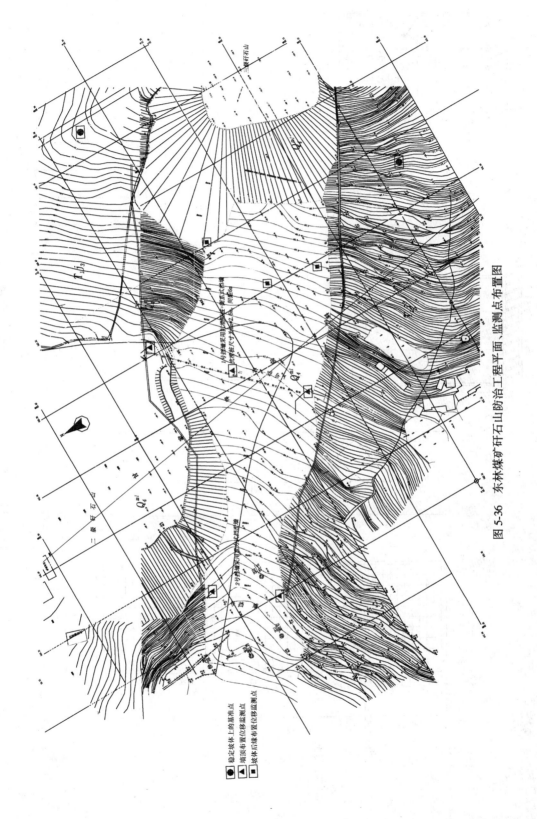

图 5-36 东林煤矿矸石山防治工程平面、监测点布置图

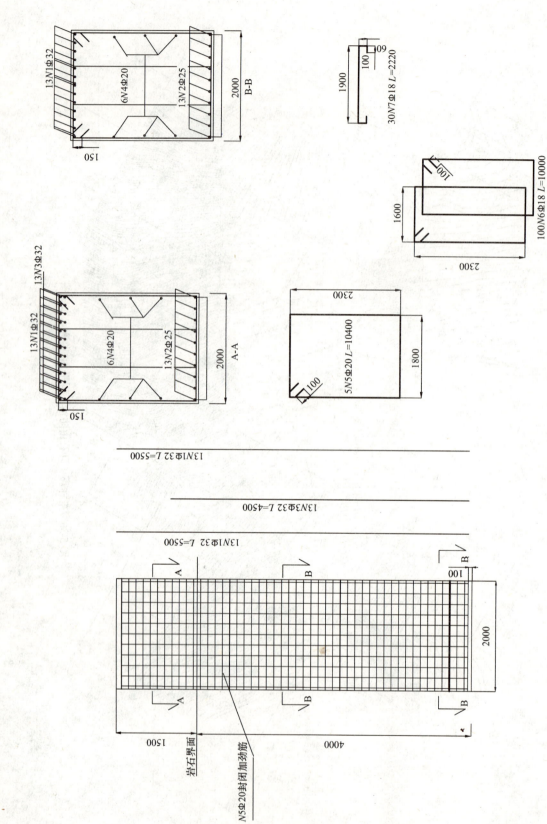

图 5-37 东林煤矿矿石山防治工程 1 号挡墙抗滑短桩详图

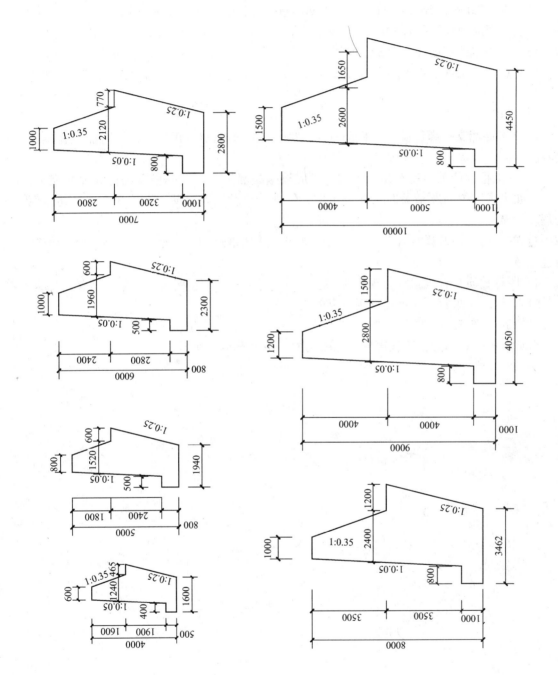

图 5-38 东林煤矿矸石山防治工程 1 号衡重式挡墙详图

总体施工顺序：施工弃矸体外侧的环形截排水沟。施工抗滑桩，然后再施工重力式墙，最后完善施工各分级平台截水沟。

防治工程计划2005年12月初开工，2006年3月下旬完成。总工期为120天。其中，人工挖孔桩共20根，分2～3批施工，工期约90天，排水沟不单独占用工期。

施工期间应加强环境保护。不得随意乱倒生活垃圾、生产弃渣、生活污水、施工污水，应运至指定地点填埋。混凝土搅拌应搭设工棚，防止粉尘四处飞扬。弃土应及时运至指定倾倒点，施工现场不得随意破坏植被，土方开挖后及时施工，避免长期暴露，造成水土流失。

(11) 其他

1) 2号挡墙支护部位没有工程勘察点，施工中应加强地质工作，必要时应进行施工勘察。

2) 本工程设计采用动态设计方法，还应根据挡墙施工反馈的信息进行修改和完善，施工中如出现有关问题请及时与建设单位、监理单位及勘察、设计人员联系，共同协商处理。

3) 本工程必须选择具有一级施工资质等级，并从事过挡墙和地基加固施工的专业队伍进行施工。

4) 所有材质符合国家现行规范要求。

5) 其他未尽事宜，应严格按现行有关规范进行。

(12) 部分施工图

东林煤矿矸石山防治工程部分施工图见图5-36～图5-38所示。

附录 A 支护结构设计计算书

A1 【实例 2-1】 重力式挡土墙验算

(1) 计算项目

重力式挡土墙 $H = 9m$（图 A-1）

(2) 原始条件

1) 墙身尺寸

墙身高：9.0m；墙顶宽：1.0m；面坡倾斜坡度：1:0.25；背坡倾斜坡度：1:0.0；采用 1 个扩展墙址台阶：墙趾台阶 $b1$：0.6m；墙趾台阶 $h1$：1.0m；墙趾台阶与墙面坡坡度相同；墙底倾斜坡率：0.2:1。

2) 物理参数

圬工砌体重度：23.0kN/m³；圬工之间摩擦系数：0.4；地基土摩擦系数：0.8；墙身砌体容许压应力：2100kPa；墙身砌体容许剪应力：110kPa；墙身砌体容许拉应力：150kPa；墙身砌体容许弯曲拉应力：280kPa。

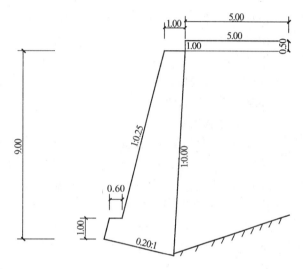

图 A-1 重力式挡土墙

3) 挡土墙类型（一般挡土墙）

墙后填土内摩擦角：30°；墙后填土黏聚力：0kPa；墙后填土重度：19.0kN/m³；墙背与墙后填土摩擦角：17.5°；地基土重度：18.0kN/m³；修正后地基土容许承载力：300kPa；墙底摩擦系数：0.4。

4) 地基土类型（岩石地基）

地基土内摩擦角：30°。

坡面起始距离：0.0m；地面横坡角度：20°；墙顶标高：0.000m。

(3) 第 1 种情况（一般情况）

1) 土压力计算

计算高度为 9.77m 处的库仑主动土压力，按实际墙背计算得到：

第 1 破裂角：31.87°

$E_a = 293.233$kN；$E_x = 279.661$kN；$E_y = 88.177$kN；作用点高度 $Z_y = 3.45$m；墙身截面积 = 21.207m²；重量 = 487.767kN。

2) 滑动稳定性验算

基底摩擦系数 = 0.4
采用倾斜基底增强抗滑动稳定性，计算过程如下：
基底倾斜角度 = 11.31°
W_n = 478.295kN；E_n = 141.311kN；W_t = 95.659kN；E_t = 256.938kN
滑移力 = 161.279kN；抗滑力 = 247.842kN
滑移验算满足：K_c = 1.537 > 1.300
地基土摩擦系数 = 0.8
地基土层水平向：滑移力 = 279.661kN；抗滑力 = 482.099kN
地基土层水平向：滑移验算满足：K_{c2} = 1.724 > 1.300

3）倾覆稳定性验算

相对于墙趾点，墙身重力的力臂 Z_w = 2.616m
相对于墙趾点，E_y 的力臂 Z_x = 3.850m
相对于墙趾点，E_x 的力臂 Z_y = 2.680m
验算挡土墙绕墙趾的倾覆稳定性
倾覆力矩 = 749.585kN·m；抗倾覆力矩 = 1615.336kN·m
倾覆验算满足：K_0 = 2.155 > 1.600

4）地基应力及偏心距验算

基础为天然基础，验算墙底偏心距及压应力
取倾斜基底的倾斜宽度验算地基承载力和偏心距
作用于基础底的总竖向力 = 619.605kN；总弯矩 = 865.751kN·m
基础底面宽度 B = 3.926m；偏心距 e = 0.566m
基础底面合力作用点距离基础趾点的距离 Z_n = 1.397m
基底压应力：趾部 = 294.276kPa；踵部 = 21.346kPa
作用于基底的合力偏心距验算满足：e = 0.566m ≤ 0.250 × 3.926 = 0.982m
地基承载力验算满足：最大压应力 = 294.276kPa ≤ 300kPa

5）基础强度验算

基础为天然基础，不作强度验算

6）墙底截面强度验算

验算截面以上，墙身截面积 = 19.725m²；重量 = 453.675kN
相对于验算截面外边缘，墙身重力的力臂 Z_w = 2.619m
相对于验算截面外边缘，E_y 的力臂 Z_x = 3.850m
相对于验算截面外边缘，E_x 的力臂 Z_y = 2.680m
法向应力验算
作用于验算截面的总竖向力 = 541.852kN；总弯矩 = 778.249kN·m
相对于验算截面外边缘，合力作用力臂 Z_n = 1.436m
截面宽度 B = 3.850m；偏心距 e_1 = 0.489m
截面上偏心距验算满足：e_1 = 0.489m ≤ 0.300 × 3.850 = 1.155m
截面上压应力：面坡 = 247.936kPa；背坡 = 33.546kPa
压应力验算满足：计算值 = 247.936kPa ≤ 2100kPa

切向应力验算

剪应力验算满足：计算值 = 16.343kPa ≤ 110kPa

(4) 台顶截面强度验算

1) 土压力计算

计算高度为 8.0m 处的库仑主动土压力：

按实际墙背计算得到：

第 1 破裂角：32.01°

$E_a = 204.076$kN；$E_x = 194.631$kN；$E_y = 61.367$kN；作用点高度 $Z_y = 2.815$m

2) 强度验算

验算截面以上，墙身截面积 = 16.0m²；重量 = 368.0kN

相对于验算截面外边缘，墙身重力的力臂 $Z_w = 1.917$m

相对于验算截面外边缘，E_y 的力臂 $Z_x = 3.0$m

相对于验算截面外边缘，E_x 的力臂 $Z_y = 2.815$m

3) 法向应力验算

作用于验算截面的总竖向力 = 429.367kN；总弯矩 = 341.579kN·m

相对于验算截面外边缘，合力作用力臂 $Z_n = 0.796$m

截面宽度 $B = 3.0$m；偏心距 $e_1 = 0.704$m

截面上偏心距验算满足：$e_1 = 0.704$m ≤ 0.3 × 3.0 = 0.90m

截面上压应力：面坡 = 344.770kPa；背坡 = −58.525kPa

压应力验算满足：计算值 = 344.770kPa ≤ 2100kPa

拉应力验算满足：计算值 = 58.525kPa ≤ 150kPa

4) 切向应力验算

剪应力验算满足：计算值 = 7.628kPa ≤ 110kPa

A2 【实例 2-1】 扶壁式挡土墙验算

(1) 计算项目

扶壁式挡土墙 $H = 10$m（图 A-2）

(2) 原始条件

1) 墙身尺寸

①墙身总高：10.0m；墙宽：0.50m；墙趾悬挑长 DL：1.60m；墙踵悬挑长 $DL1$：2.80m；底板厚 DH：0.60m；墙趾端部厚 $DH0$：0.40m；扶壁间距：4.0m；扶壁厚：0.5m；扶壁两端墙面板悬挑长度：1.64m。

②设防滑凸榫：防滑凸榫尺寸 $BT1$：1.2m；防滑凸榫尺寸 BT：0.5m；防滑凸榫尺寸 HT：0.4m；钢筋合力点到外皮距离：50mm；墙趾埋深：1.5m。

2) 物理参数

①混凝土墙体重度：24.0kN/m³；混凝土强度等级：C25；纵筋级别：2 级；抗剪腹筋等级：2 级；裂缝计算钢筋直径：20mm。

②挡土墙类型：一般挡土墙，墙后填土内摩擦角：30°；墙后填土黏聚力：0.0kPa；墙后填土重度：19.0kN/m³；墙背与墙后填土摩擦角：17.5°；地基土重度：18.0kN/m³；

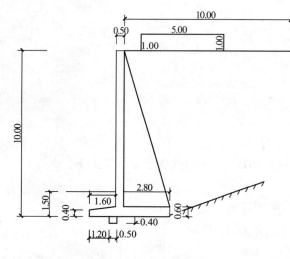

修正后地基土容许承载力：360kPa；墙底摩擦系数：0.4。

3）地基土类型（土质地基）

地基土内摩擦角：30°；地面横坡角度：20°；墙顶标高：0.000m

（3）钢筋混凝土配筋计算依据

《混凝土结构设计规范》（GB 50010—2002）

注意：墙身内力配筋计算时，各种作用力采用的分项（安全）系数为：重力不利时取：1.2；重力有利时取：1.0；主动土压力取：1.2；静水压力取：1.2；地震力取：1.0。

图 A-2 扶壁式挡土墙

(4) 第1种情况（一般情况）

1) 土压力计算

计算高度为 10.0m 处的库仑主动土压力

按假想墙背计算得到：

第1破裂角：28.94°

$E_a = 472.491\text{kN}$；$E_x = 330.335\text{kN}$；$E_y = 337.825\text{kN}$；作用点高度 $Z_y = 3.598\text{m}$

因为俯斜墙背，需判断第二破裂面是否存在，计算后发现第二破裂面不存在

墙身截面积 = 7.68m²；重量 = 184.320kN

整个墙踵上的土重 = 235.038kN；重心坐标(1.377, -6.267)（相对于墙面坡上角点）；

墙趾板上的土重 = 28.8kN；相对于趾点力臂 = 0.773m

2) 滑动稳定性验算

基底摩擦系数 = 0.4

采用防滑凸榫增强抗滑动稳定性，计算过程如下：

基础底面宽度 $B = 4.9$m；墙身重力的力臂 $Z_w = 2.097$m；E_y 的力臂 $Z_x = 3.893$m；E_x 的力臂 $Z_y = 3.598$m；作用于基础底的总竖向力 = 785.983kN，总弯矩 = 1235.185kN·m；基础底面合力作用点距离墙趾点的距离 $Z_n = 1.572$m

基础底压应力：墙趾 = 333.429kPa；凸榫前沿 = 248.561kPa；墙踵 = 0.0kPa

凸榫前沿被动土压力 = 872.984kPa

滑移力 = 330.335kN；抗滑力 = 523.909kN

滑移验算满足：$K_c = 1.586 > 1.300$

3) 倾覆稳定性验算

相对于墙趾点，墙身重力的力臂 $Z_w = 2.097$m；相对于墙趾点，E_y 的力臂 $Z_x = 3.893$m；相对于墙趾点，E_x 的力臂 $Z_y = 3.598$m

验算挡土墙绕墙趾的倾覆稳定性

倾覆力矩 = 1188.388kN·m；抗倾覆力矩 = 2423.572kN·m

倾覆验算满足：$K_0 = 2.039 > 1.600$

4）地基应力及偏心距验算

基础为天然基础，验算墙底偏心距及压应力

作用于基础底的总竖向力 = 785.983kN；总弯矩 = 1235.185kN·m

基础底面宽度 $B = 4.9$m；偏心距 $e = 0.878$m

基础底面合力作用点距离基础趾点的距离 $Z_n = 1.572$m

基底压应力：趾部 = 333.429kPa；踵部 = 0.0kPa

作用于基底的合力偏心距验算满足：$e = 0.878\text{m} \leqslant 0.250 \times 4.900 = 1.225\text{m}$

地基承载力验算满足：最大压应力 = 333.429kPa $\leqslant$ 360kPa

5）墙趾板强度计算

基础底面宽度 $B = 4.9$m；偏心距 $e = 0.878$m

基础底面合力作用点距离趾点的距离 $Z_n = 1.572$m

基础底压应力（乘分项系数后）：趾点 = 400.115kPa；踵点 = 0.0kPa

截面高度：$H' = 0.6$m

截面剪力：$Q = 483.552$kN

截面抗剪验算满足，不需要配抗剪腹筋

截面弯矩：$M = 416.066$kN·m

抗弯受拉筋：$A_s = 2579\text{mm}^2$

钢筋应力 = 337.14N/mm² > f_{yk} = 335N/mm²

最大裂缝宽度为：0.582mm

6）墙踵板强度计算

基础底面宽度 $B = 4.9$m；偏心距 $e = 0.878$m

基础底面合力作用点距离趾点的距离 $Z_n = 1.572$m

基础底压应力（乘分项系数后）：趾点 = 400.115kPa；踵点 = 0.0kPa

截面高度：$H' = 0.600$m

踵板边缘的法向应力 = 403.174kPa

踵板与肋结合处剪力：$Q = 705.554$kN/m

截面抗剪验算不满足，需要配抗剪腹筋：

抗剪箍筋：$A_v = 877.045\text{mm}^2/\text{m}$

跨中弯矩：$M = 246.944$kN·m/m

抗弯受拉筋：$A_s = 1495\text{mm}^2$

钢筋应力 = 345.2N/mm² > f_{yk} = 335N/mm²

最大裂缝宽度为：0.602mm

支座弯矩：$M = 411.573$kN·m/m

抗弯受拉筋：$A_s = 2550\text{mm}^2$

钢筋应力 = 337.36N/mm² > f_{yk} = 335N/mm²

最大裂缝宽度为：0.583mm

7）墙面板强度计算

截面厚度：$H' = 0.5$m

替代土压力图形中，面板的设计法向应力 = 35.391kPa

①水平向强度验算

支座处剪力：$Q = 61.935 \text{kN/m}$

截面抗剪验算满足，不需要配抗剪腹筋

跨中弯矩：$M = 21.677 \text{kN} \cdot \text{m/m}$

抗弯受拉筋：$A_s = 750 \text{mm}^2$

抗弯拉筋构造配筋：配筋率 $\rho_s = 0.03\% < \rho_{s\_min} = 0.15\%$

最大裂缝宽度为：0.067mm

支座弯矩：$M = 36.129 \text{kN} \cdot \text{m/m}$

抗弯受拉筋：$A_s = 750 \text{mm}^2$

抗弯拉筋构造配筋：配筋率 $\rho_s = 0.05\% < \rho_{s\_min} = 0.15\%$

最大裂缝宽度为：0.111mm

②竖向强度验算

最大正弯矩：$M = 17.466 \text{kN} \cdot \text{m/m}$

抗弯受拉筋：$A_s = 750 \text{mm}^2$

抗弯拉筋构造配筋：配筋率 $\rho_s = 0.03\% < \rho_{s\_min} = 0.15\%$

最大裂缝宽度为：0.054mm

最大负弯矩：$M = 69.862 \text{kN} \cdot \text{m/m}$

抗弯受拉筋：$A_s = 750 \text{mm}^2$

抗弯拉筋构造配筋：配筋率 $\rho_s = 0.10\% < \rho_{s\_min} = 0.15\%$

最大裂缝宽度为：0.335mm

8）肋板截面强度验算

①距离墙顶2.35m处

截面宽度 $B = 0.5 \text{m}$

截面高度 $H = 1.2 \text{m}$

翼缘宽度 $BT = 1.375 \text{m}$

翼缘高度 $HT = 0.5 \text{m}$

截面剪力 $Q = 110.723 \text{kN}$

截面弯矩 $M = 79.944 \text{kN} \cdot \text{m}$

截面抗剪验算满足，不需要配抗剪腹筋

抗弯受拉筋：$A_s = 900 \text{mm}^2$

抗弯拉筋构造配筋：配筋率 $\rho_s = 0.04\% < \rho_{s\_min} = 0.15\%$

最大裂缝宽度为：0.080mm

②距离墙顶4.7m处

截面宽度 $B = 0.5 \text{m}$

截面高度 $H = 1.9 \text{m}$

翼缘宽度 $BT = 2.25 \text{m}$

翼缘高度 $HT = 0.5 \text{m}$

截面剪力 $Q = 411.797 \text{kN}$

截面弯矩 $M = 663.285 \text{kN} \cdot \text{m}$

截面抗剪验算满足，不需要配抗剪腹筋

抗弯受拉筋：$A_s = 1425\text{mm}^2$

抗弯拉筋构造配筋：配筋率 $\rho_s = 0.12\% < \rho_{s\_min} = 0.15\%$

最大裂缝宽度为：0.463mm

③距离墙顶 7.05m 处

截面宽度 $B = 0.5\text{m}$

截面高度 $H = 2.6\text{m}$

翼缘宽度 $BT = 3.125\text{m}$

翼缘高度 $HT = 0.5\text{m}$

截面剪力 $Q = 869.23\text{kN}$

截面弯矩 $M = 2137.872\text{kN·m}$

截面抗剪验算满足，不需要配抗剪腹筋

抗弯受拉筋：$A_s = 2715\text{mm}^2$

钢筋应力 $= 354.93\text{N/mm}^2 > f_{yk} = 335\text{N/mm}^2$

最大裂缝宽度为：0.626mm

④距离墙顶 9.0m 处

截面宽度 $B = 0.5\text{m}$

截面高度 $H = 3.30\text{m}$

翼缘宽度 $BT = 4.0\text{m}$

翼缘高度 $HT = 0.50\text{m}$

截面剪力 $Q = 1420.828\text{kN}$

截面弯矩 $M = 4802.839\text{kN·m}$

截面抗剪验算满足，不需要配抗剪腹筋

抗弯受拉筋：$A_s = 4787\text{mm}^2$

钢筋应力 $= 354.82\text{N/mm}^2 > f_{yk} = 335\text{N/mm}^2$

最大裂缝宽度为：0.626mm

A3 【实例2-2】 ××学院19号～20号边坡工程支护结构计算书

（1）根据此项目工程地质勘察报告，加固结构设计参数如下值

填土：$\gamma = 19\text{kN/m}^3$，综合内摩擦角 $\varphi_D = 30°$

黏土：$\gamma = 20\text{kN/m}^3$，综合内摩擦角 $\varphi_D = 30°$

泥岩：$\gamma = 25\text{kN/m}^3$，按岩石试验标准值 0.2 折减取 0.14MPa，按岩石试验标准值 0.8×0.9 折减取 29°

结构面：$c = 80\text{kPa}$，$\varphi = 25°$

破裂角：$\theta = 57°$

坡顶附加荷载：$q = 10\text{kN/m}^2$，取该值偏安全

M30 水泥砂浆与岩石之间的粘结强度：0.18MPa

中风化岩石天然抗压强度标准值：3MPa（泥岩）

（2）计算按重庆市《建筑边坡支护技术规范》（DB 50/5018—2001）进行

此支护结构为柔性结构的多层格架式锚杆，计算高度 $H = 14\text{m}$（294.10 − 280.31 = 13.79）。

场地地下水不丰富（详地勘报告），未计水压力。

(3) 土压力计算

1) 土压力系数

泥岩：

主动土压力系数 K_a，按《建筑边坡支护技术规范》(DB 50/5018—2001)中式(5.3.2)计算，$\alpha = 60°$，$\beta = 0°$，$\theta = 57°$，$\delta = 0.6$，$\varphi = 10°$

$\eta = 2c/\gamma H = 2 \times 80/(25 \times 14) = 0.457$

$K_q = 1 + 2 \times 10 \times \sin 60° \times \cos 0°/25 \times 14 \times \sin(60° + 0°) = 1 + 0.057 = 1.057$

则

$K_a = \sin(60° + 0°)/[\sin^2 60° \sin(60° - 10° + 57° - 25°)] \times [1.057 \sin(60° + 57°) \sin(57° - 25°)$
$- 0.457 \sin 60° \cos 25°] = 1.166 \times (1.057 \times 0.472 - 0.457 \times 0.785) = 0.163$

2) 土压力

$E_{ak} = 0.5 \times 25 \times 14^2 \times 0.163 = 399.4\text{kN/m}$

总土压力为 E_a 为：

$E_a = 1.2 E_{ak} = 479.3\text{kN/m}$

(4) 锚杆计算

1) 锚筋计算

锚杆水平间距 2.0m，竖向间距 2.0m，$\alpha = 20°$，每肋柱单元选配 7 个锚孔。

锚杆所承受的水平拉力标准值为：

$T_{gk} = 479.3 \times 2.0/7 = 136.9\text{kN}$

锚筋承受的轴向拉力标准值 N_{gk}：

$N_{gk} = T_{gk}/\cos 20° = 136.9/\cos 20° = 145.7\text{kN}$

锚筋所承受的轴向拉力设计值 N_g 由 DB 50/5018—2001 中式（6.2.2-2）得：

$N_g = r_g N_{gk} = 1.25 \times 145.7 = 182.1\text{kN}$

锚筋拉力承载力验算应满足 DB 50/5018—2001 中式（6.2.3），即 $\zeta_2 A_s f_y \geq r_0 N_g$

取 $\zeta_2 = 0.69$，$r_0 = 1.0$

则

$A_s \geq r_0 N_g/\zeta_2 f_y = 1.0 \times 182.1 \times 1000/(0.69 \times 300) = 879.7\text{mm}^2$

选 2Φ25，$A_s' = 2 \times 490.9 = 981.8\text{mm}^2$，满足要求。

另：满足钢筋截面总面积不应超过锚孔面积的 20% 的要求。

2) 锚固段长度计算

锚杆抗拔承载力特征值由 DB 50/5018—2001 中式（6.2.3）得：

$R_L = \zeta_1 3.14 D q L_m$

取 $D = 110\text{mm}$，$\zeta_1 = 1.00$，$q = 0.180\text{MPa}$（岩层）

$L_m \geq N_{gk}/(\zeta_1 3.14 D q) = 145.7 \times 1000/(1.00 \times 3.14 \times 110 \times 180) = 2.34\text{m}$

考虑到工程中的不利因素，取 $L_m = 4.0\text{m}$（岩层）。

DB 50/5018—2001 中锚筋抗拔承载力验算公式（6.26）
$$n \times 3.14 Dq\zeta_3 = 2 \times 3.14 \times 25 \times 4000 \times 2400（M30 与螺纹筋粘结强度）\times 0.60$$
$$= 0.904 \times 10^9 N$$
$$r_0 N_g = 1.1 \times 182.1 \times 10^3 = 2.00 \times 10^5 N < n \times 3.14 Dq\zeta_3$$

满足锚筋抗拔承载力验算。

(5) 柱基础、肋柱计算

1) 柱基础

立柱以下端嵌入中风化岩层中，按铰接端设计。

轴力 $N_{max} = (0.4 \times 0.4 \times 14 \times 25 + 7 \times 182.1 \times \sin 20°) + (2.0 - 0.4) \times 14 \times 0.20 \times 25 = 56.0 + 436.0 + 112 = 604.8 kN$

$$A = 0.7 \times 0.7 + 1.6 \times 0.2 = 0.81 m^2$$

则 $P = N_{max} \times \sin 60°/A = 604.8 \times \sin 60°/0.81 = 645.8 kN/m^2$

所以，设基础，嵌入中风化岩层内 800mm。

2) 挡板计算

计算（略）

3) 肋柱计算

肋柱截面 400mm×400mm，C25 混凝土，采用对称配筋，综合考虑土压力形式。

$$q = 182.1 \times 2.0/7 = 52.0 < 107.7 kN/m$$

则 $M_{max} = (1/8) \times ql^2 = (1/8) \times 107.7 \times 2.0^2 = 53.9 kN\cdot m$；$h_0 = 400 - 35 = 365 mm$

$\alpha_s = M/(f_{cm}bh_0^2) = 53.9 \times 10^6/(13.5 \times 400 \times 365^2) = 0.075$

查表，$r_s = 0.961$

则 $A_s = M/(r_s h_0 f_y) = 53.9 \times 10^6/(0.961 \times 400 \times 300) = 467.3 mm^2$

选用 3Φ25，$A_s = 3 \times 380.1 = 1140.3 mm^2 > A_s$

并且：$V_{max} = 0.606 ql = 0.606 \times 107.7 \times 2.0 = 130.5 kN$

选用 Φ8@150，锚杆 1m 范围加密为 100，并设置附加吊筋 2Φ25 和横向钢筋 2Φ25。

另外：重力式挡墙选用图集。

A4 【实例 2-4】 ××监狱改造工程抗滑桩设计计算书

(1) 根据此项目工程地质勘察报告，支护结构设计参数如下值

填土：$\gamma = 19 kN/m^3$，综合内摩擦角 $\varphi_D = 35°$

粉质黏土：按综合内摩擦角 $\varphi = 30°$

坡顶附加荷载：$q = 10.0 kN/m^2$

本工程安全等级为：二级

中风化岩石饱和抗压强度标准值：5.0MPa

(2) 计算按《建筑桩基技术规范》（JGJ 94—94）和重庆市地方标准《建筑边坡支护技术规范》（DB 50/5018—2001）等计算

(3) 土压力计算

1) 土压力系数

①填土

主动土压力系数 K_{a1}，按 DB 50/5018—2001 式（5.2.11-2）计算，

按综合内摩擦角 $\varphi=35°$ 计，主动土压力系数 K_{a1}，按公式（5.2.11-2）计算

$\alpha=90°$，$\varphi=35°$，$c=0$，$\delta=1.0$，$\varphi=35°$，$\theta<45°+\varphi/2=62.5°$，$\beta=0°$

则 $K_{a1}=(1/\cos 1°30')\times[\cos^2(35°-0°-1°30')]/\{\cos^2(0°+1°30')\cos(1.00\times 35°+0°+1°30')\times[1+(\sin(1.00\times 35°+35°)\sin(35°-0°-1°30')/\cos(1.00\times 35°+0°+1°30')\cos(0°-0°))^{1/2}]^2\}=0.696/[0.803\times(1+0.803)^2]=0.267$

②粉质黏土

按综合内摩擦角 $\varphi=30°$ 计，主动土压力系数 K_{a2}，按 DB 50/5018—2001 式（5.2.11-2）计算

则 $K_{a2}=(1/\cos 1°30')\times[\cos^2(30°-0°-1°30')]/\{\cos^2(0°+1°30')\cos(1.00\times 30°+0°+1°30')\times[1+(\sin(1.00\times 30°+30°)\sin(30°-0°-1°30')/\cos(1.00\times 30°+0°+1°30')\cos(0°-0°))^{1/2}]^2\}=0.773/[0.852\times(1+0.6962)^2]=0.315$

2）土压力强度（填土，高度 $H=12.0\text{m}$；粉质黏土，高度 $H=8.0\text{m}$）

①填土

$qK_{a1}=10\times 0.267=2.67\text{kN/m}^2$

$qK_{a1}+\gamma_1 h_1 K_{a1}=2.67+19\times 12\times 0.267=2.67+60.88=63.55\text{kN/m}^2$

②粉质黏土

$qK_{a2}+\gamma_1 h_1 K_{a2}=10\times 0.315+19\times 12\times 0.315=3.15+71.82=74.97\text{kN/m}^2$

$qK_{a2}+(\gamma_1 h_1+\gamma_2 h_2)K_{a2}=3.15+(19\times 12+20\times 8)\times 0.315=3.15+122.22=125.37\text{kN/m}^2$

被动：$20\times 5\times\tan^2(45°+30°/2)=300.0\text{kN/m}^2$

3）土压力

$E_{ak1}=1/2\times(2.67+63.55)\times 12=397.3\text{kN/m}$

$E_{ak2}=1/2\times(74.97+125.37)\times 8=801.4\text{kN/m}$

$E_{pk}=1/2\times 300.0\times 5=750.0\text{kN/m}$

$E_{ak}=E_{ak1}+E_{ak2}-E_{pk}=397.3+801.4-750.0=448.7\text{kN/m}$

$E_a=1.20\times 448.7=538.4\text{kN/m}$

挖孔桩的间距 $l=4.0\text{m}$

作用在桩上的土压力为：$E=E_a\times l=538.4\times 4.0=2153.6\text{kN}$

(4) 桩的计算

1）挖孔桩的水平承载力

桩径 $b=1500$，$h=4000$，C25 混凝土，HRB335 级钢筋

按《建筑桩基技术规范》(JGJ 94—94) 规范第 5.4.2 条，桩身配筋率不小于 0.65% 时，单桩水平承载力设计值为：

$R_h=[(\alpha^3 EI)/\gamma_x]\times x_{0a}$

$=[0.247^3\times 190400/2.441]\times(10\times 10^{-3})=11.754\text{MN}=11754\text{kN}>1658.9\text{kN}$

$EI=0.85E_c I=0.85\times(2.80\times 10^4)\times(1/12)\times 1.5\times 4.0^3=190400\text{MN}\cdot\text{m}^2$

取 $m=35$，则桩身变形系数

$\alpha = [(mb_0)/(EI)]^{1/5} = [(35 \times (1.0 + 4.0))/190400]^{1/5} = [91.91 \times 10^{-5}]^{1/5} = 0.247$

2) 挖孔桩的嵌岩深度

$H_r = [2153.6 + (2153.6^2 + 9.45 \times 5.0 \times 10^3 \times 2.5 \times 523)^{1/2}]/(0.79 \times 5.0 \times 10^3 \times 2.5) = 1.04$

桩嵌入中等风化岩石内不少于 3.0m

3) 挖孔桩的配筋

力矩的计算：

$M_{max} = E \times (20.0/3) - (1/2) \times 300.0 \times 5 \times (5/3) \times 4.0 = 2153.6 \times (20.0/3) - 5000.0 = 14357 - 5000 = 9357 \text{kNm}$

$M_1 =$ 衡重式挡墙的抵抗弯矩设计值为：

$M_1 = 1.2 M_1' = 1.2 \times 3433.3 = 4120.0 \text{kNm}$

则桩的弯矩设计值为：

$M_2 = M_{max} - M_1 = 9357 - 4120 = 5237 \text{kNm}$

$\alpha_s = (5237 \times 10^6)/(11.9 \times 1500 \times 3950^2) = 0.019$

则 $r_s = 0.991$

所以，$A_s = (5237 \times 10^6)/(0.991 \times 300 \times 3950) = 4459.5 \text{mm}^2$

选 20 Φ 28，$A_s' = 20 \times 615.8 = 12316 \text{mm}^2$

故受拉区主筋选配 20 Φ 28。

受压区按构造配 10 Φ 20。

4) 梁的计算(承台梁以上高度取 12m)

桩间距 $l = 4.0$m，梁截面 $b = 4600$，$h = 600 + h' = 600 + 460 = 1060$，C25 混凝土，HRB335 级钢筋

①竖向荷载作用下内力计算

(A) 荷载

(a) 按上部 12m 高重力式挡墙取值，即

$G = G_1 + G_2 + G_3 + G_4 + G_5 + G_6 + G_7 = 144 + 110.6 + 331.8 + 122.7 + 128.7 + 240.8 = 1078.6 \text{kN/m}$

$q_1 = 1.2G = 1.2 \times 1078.6 = 1294.3 \text{kN/m}$

(b) 承台梁自重：$G = (0.6 + 1.06) \times 4.6/2 \times 25 = 95.45 \text{kN/m}$

$q_1 = 1.2G = 1.2 \times 95.45 = 114.5 \text{kN/m}$

所以，梁上的竖向荷载为：

$q = q_1 + q_2 = 1294.3 + 114.5 = 1408.8 \text{kN/m}$

(B) 内力计算

(a) 弯矩计算

跨中弯矩，按简支计算

$M_{中} = (1/8)ql^2 = (1/8) \times 1408.8 \times [1.05 \times (4.0 - 1.5)]^2 = 1213.5 \text{kN} \cdot \text{m}$

支座弯矩，按两端固定计算

$M_{支} = (1/12)ql^2 = (1/12) \times 1408.8 \times [1.05 \times (4.0 - 1.5)]^2 = 809.0 \text{kN} \cdot \text{m}$

(b)剪力计算

$V = (1/2)ql = (1/2) \times 1408.8 \times [1.05 \times (4.0 - 1.5)] = 1849.1 \text{kN}$

② 水平荷载作用下内力计算

承台梁底以上高度取 13m

$E_{ak} = \frac{1}{2} \times 19 \times 13^2 \times 0.267 = 428.7 \text{kN/m}$

$E_a = 1.2 \times 428.7 = 514.4 \text{kN/m}$

$E = E_a \times 1 = 514.4 \times 4.0 = 2057.6 \text{kN}$

作用点距梁底 $h/3 = 13/3 = 4.33\text{m}$

$M_{\max} = E \times 4.33 = 2057.6 \times 4.33 = 8909.4 \text{kN·m}$

单位长度上衡重式挡墙的抵抗弯矩设计值为：

$M_1 = 1.2 M_1' = 4120.0 \text{kNm}$（见后面）

所以，作用在计算单元(跨度为 4.0m)梁上单位长度上的均布扭矩为：

$M_2 = M_{\max} - M_1 = (8909.4 - 4120.0 \times 4.0)/4.0 = -1892.7 \text{kN·m}$，即挡墙可能往墙后转动。考虑到转动时作用在墙上的土反力的贡献，其弯矩设计值为：

$M_1' = 1.2[150\text{kN/m}^2(\text{地基承载力特征值}) \times 1.78\text{m}(\text{墙的水平投影长})] \times (4.6 + 1.78/2)$
$= 1759.0 \text{kNm}$ 所以，往墙后的均布扭矩为：$M_2' = M_2 - M_1' = 1892.7 - 1759.0 = 133.7 \text{kN·m}$

按两端固定单跨梁计算支座截面扭矩 T：

$T = (1/2) M_2' \times l = (1/2) \times 133.7 \times (4.0 - 1.5) = 167.2 \text{kN·m}$

5) 配筋计算

内力：$M_{中} = 1213.5 \text{kN·m}$，$M_{支} = 809.0 \text{kN·m}$，$V = 1849.1 \text{kN}$

材料：C25 混凝土，$f_c = 11.9 \text{N/mm}^2$，$f_t = 1.27 \text{N/mm}^2$

HRB335 级筋，$f_y = 300 \text{N/mm}^2$

HPB235 级筋，$f_y = 210 \text{N/mm}^2$

① 截面尺寸验算

(A) 按《混凝土结构设计规范》(GB 50010—2002) P76，式(7.6.3-1)计算受扭抵抗矩

$W_t = (b^2/6) \times (3h - b)$，式中 $b = 600\text{mm}$，$h = 4600\text{mm}$

$W_t = (600^2/6) \times (3 \times 4600 - 600) = 792 \times 10^6 \text{mm}^3$

(B) 按《混凝土结构设计规范》(GB 50010—2002) P75，式(7.6.1-1)及式(7.6.1-2)计算

$h_w = h_0 = 600 - 50 = 550\text{mm}$，$b = 4600\text{mm}$

$h_w/b = 550/4600 = 0.12 < 4$，则

$V/(bh_0) + T/(0.8W_t) = 1849.1 \times 10^3/(4600 \times 550) + 167.2 \times 10^6/(0.8 \times 792 \times 10^6) =$
$0.731 + 0.263 = 0.995 \text{N/mm}^2 < 0.25 f_c = 0.25 \times 11.9 (\text{C25}) = 2.975 \text{N/mm}^2$

即截面尺寸满足要求。

② 判别受扭纵筋及箍筋的计算（是否计算确定）

按《混凝土结构设计规范》(GB 50010—2002) P76，式 (7.6.2-1) 计算

$V/(bh_0) + T/W_t = 1849.1 \times 10^3/(4600 \times 550) + 167.2 \times 10^6/(792 \times 10^6) = 0.731 + 0.210$
$= 0.941 (\text{N/mm}^2) > 0.7 f_t = 0.7 \times 1.27 = 0.889 \text{N/mm}^2$

说明受扭纵筋及箍筋按计算确定，不能按构造设计，或者说应进行剪扭承载力计算。

③抗弯纵筋计算（即正截面承载力计算）

$b = 4600\text{mm}$，$h = 600\text{mm}$，按 C25 计

（A）跨中配筋：$M_{中} = 1213.5\text{kN·m}$

$$\alpha_s = (1213.5 \times 10^6)/(11.9 \times 4600 \times 550^2) = 0.073$$

则 $r_s = 0.962$

所以，$A_s = (1213.5 \times 10^6)/(0.962 \times 300 \times 550) = 7645.1\text{mm}^2$

选 16 Φ 25，$A'_s = 16 \times 490.9 = 7854.4\text{mm}^2$

故受拉区主筋选配 16 Φ 25。

（B）支座配筋：$M_{支} = 809.0\text{kN·m}$

$$\alpha_s = (809.0 \times 10^6)/(11.9 \times 4600 \times 550^2) = 0.049$$

则 $r_s = 0.975$

所以，

$$A_s = (809.0 \times 10^6)/(0.975 \times 300 \times 550) = 5028.7\text{mm}^2$$

选 16 Φ 20，$A'_s = 16 \times 314.2 = 5027.2\text{mm}^2$

故受拉区主筋选配 16 Φ 20。

④抗剪箍筋

$$V = 1849.1\text{kN}$$

按《混凝土结构设计规范》(GB 50010—2002)P81 第 7.6.11 条计算

$$0.35 \times 11.9 \times 4600 \times 550 = 10537\text{kN} > V = 1849.1\text{kN}$$

说明不需设置抗剪箍筋。

⑤按抗扭计算箍筋

按《混凝土结构设计规范》(GB 50010—2002)P82，

$$0.175 f_t W_t = 0.175 \times 1.27 \times 792 \times 10^6 = 176.0\text{kNm} > T = 167.2\text{kNm}$$

说明抗扭纵筋可不计算确定。

(5) 重力式挡墙

重力式挡墙的自重：

$$G_1 = 0.6 \times 12 \times 20 = 144\text{kN/m}$$

重心距前趾 $X_1 = 0.84 + 0.3 = 1.14\text{m}$

$$G_2 = 0.5 \times (2.904 - 0.6) \times 4.8 \times 20 = 110.6\text{kN/m}$$

重心距前趾 $X_2 = 0.84 + 0.6 + 2((2.904 - 0.6))/3 = 2.98\text{m}$

$$G_3 = (2.904 - 0.6) \times 7.2 \times 20 = 331.8\text{kN/m}$$

重心距前趾 $X_3 = 0.84 + 0.6 + (2.904 - 0.6)/2 = 2.59\text{m}$

$$G_4 = (3.756 - 2.904) \times 7.2 \times 20 = 122.7\text{kN/m}$$

重心距前趾 $X_4 = 0.84 + 2.904 + (3.756 - 2.904)/2 = 4.17\text{m}$

$$G_5 = 0.5 \times (2.64 - (3.756 - 2.904)) \times 7.2 \times 20 = 128.7\text{kN/m}$$

重心距前趾 $X_5 = 4.596 + (2.64 - (3.756 - 2.904))/3 = 5.19\text{m}$

$$G_6 = 2.64 \times 4.8 \times 19 = 240.8\text{kN/m}$$

重心距前趾 $X_6 = 0.84 + 2.904 = 3.74 \mathrm{m}$

G_7 不计，作安全储备。

衡重式挡墙的抵抗弯矩为：

$M_1 = G_1X_1 + G_2X_2 + G_3X_3 + G_4X_4 + G_5X_5 + G_6X_6 = 144 \times 1.14 + 110.6 \times 2.98 + 331.8 \times 2.59 + 122.7 \times 4.17 + 128.7 \times 5.19 + 240.8 \times 3.74 = 3433.3 \mathrm{kN \cdot m}$

$M_1 = $ 衡重式挡墙的抵抗弯矩设计值为：

$$M_1 = 1.2 M'_1 = 1.2 \times 3433.3 = 4120.0 \mathrm{kN \cdot m}$$

$$G = G_1 + G_2 + G_3 + G_4 + G_5 + G_6 + G_7$$
$$= 144 + 110.6 + 331.8 + 122.7 + 128.7 + 240.8 = 1078.6 \mathrm{kN}$$

承台梁上部的重力式挡墙的高度 $H = 12\mathrm{m}$，且墙后为即将施工的新回填土，故可选用国家图集。

选用图集时，将挡墙的断面适当加大以使抗倾覆安全系数 $K_t > 1.6$。

附录 B ××城市道路工程 K1+280~K1+320 段道路西侧边坡变形及边坡上建筑物变形监测数据表

K1+280~K1+320 段道路西侧边坡变形监测数据见表 B-1、表 B-2；建筑物裂缝宽度变化监测数据见表 B-3，房屋山墙顶相对水平位移监测数据见表 B-4。

边坡水平位移（累计）变化监测数据表（单位：mm） 表 B-1

监测时间	1号	2号	3号	4号	5号	6号	备注
2月22日	0	0	0	0	0	0.0	
2月24日	0.1	1.1	-0.2	0.0	0.1	0.0	
2月26日	-2.7	-2.3	-1.7	0.0	-1.0	0.0	
2月28日	0.4	0.2	0.2	0.0	2.0	0.0	
3月1日	0.7	-0.7	0.8	-0.4	-0.3	0.0	
3月4日	-1.3	1.7	0.1	-0.4	1.2	0.0	
3月6日	-2.1	-0.9	-1.3	-0.1	0.0	0.1	
3月8日	-0.9	-0.6	-0.4	-0.3	-0.4	-0.5	
3月10日	-0.6	-0.4	-0.4	-0.3	-1.9	-0.3	
3月12日	0.6	0.3	0.7	-0.3	0.3	-1.4	
3月14日	-0.2	-0.4	0.7	-0.3	-1.6	-2.1	
3月16日	2.3	2.2	2.2	-0.7	0.9	0.1	
3月18日	1.1	1.6	0.7	-0.4	1.5	1.1	
3月20日	0.9	-0.8	0.3	-1.2	-1.1	-0.6	
3月22日	-0.4	1.0	1.9	-0.7	0.1	-0.1	
3月24日	0.8	-1.3	2.2	-0.9	-0.2	-0.1	
3月26日	0.6	-0.9	1.6	-0.4	0.2	0.1	
3月28日	-1.4	-0.6	0.9	-0.2	0.5	0.4	
3月30日	0.5	-0.6	0.1	-0.3	0.6	0.5	
4月1日	-1.6	0.2	-0.8	-0.5	-0.1	0.0	
4月3日	1.6	-0.7	0.0	-0.3	1.1	0.8	
4月5日	2.1	-0.8	-0.1	-0.7	-1.3	-1.0	
4月7日	0.7	0.6	1.0	-0.3	-0.3	-0.1	
4月9日	-0.8	-2.1	1.7	-0.4	-1.4	-0.4	
4月11日	0.2	-1.4	1.4	-0.3	0.9	-0.4	
4月13日	-1.9	-1.1	-0.9	-0.6	-1.6	1.6	
4月15日	-2.2	-1.5	-0.1	-0.3	-2.3	1.1	

续表

监测时间	1号	2号	3号	4号	5号	6号	备注
4月17日	0.5	−0.8	−0.1	−1.2	−1.2	1.1	
4月19日	0.4	−1.4	−1.2	0.2	−0.1	1.9	
4月21日	1.1	−1.1	0.7	−1.2	−0.8	0.3	
4月23日	−0.1	−1.1	0.0	0.2	−0.3	1.3	
4月25日	−1.4	−1.2	0.9	−0.4	−0.8	−0.1	
4月27日	−0.7	−0.9	2.3	0.3	−0.2	−0.3	
4月29日	−2.4	−1.0	1.0	−0.1	−1.2	0.1	
5月2日	−2.0	−1.1	−0.5	0.2	0.0	0.7	
5月4日	−0.7	−0.8	−1.1	0.3	−0.1	−0.1	
5月6日	−0.5	−0.3	−1.4	−1.0	−0.1	−0.5	
5月8日	−1.3	0.1	−0.4	−1.3	−0.4	−0.8	
5月10日	−1.1	0.5	0.4	0.1	−1.0	0.2	
5月13日	−1.3	−1.1	1.2	0.8	−1.2	−0.4	
5月15日	−2.4	−1.0	1.0	−0.1	−1.2	0.1	
5月17日	−2.4	0.4	−1.4	0.3	−0.1	0.4	
5月19日	−2.0	−1.1	−0.5	−2.0	0.0	0.7	
5月21日	−0.7	−0.8	−1.1	0.3	−0.1	−0.1	
5月23日	0.4	−1.3	−1.1	−1.1	−0.9	0.3	
5月25日	−16.2	−15.3	−13.9	−10.9	−7.0	−5.3	
5月26日	−16.3	−15.9	−13.9	−10.8	−7.3	−5.3	
5月27日	−16.8	−17.5	−14.3	−11.1	−7.2	−4.5	
5月28日	−17.3	−17.5	−14.9	−13.0	−9.0	−4.4	上午
5月28日	−17.6	−16.8	−14.3	−12.6	−9.6	−4.5	下午
5月29日	−18.0	−16.6	−14.7	−11.9	−9.0	−4.9	上午
5月29日	−18.0	−16.6	−14.8	−11.3	−8.5	−4.6	下午
5月30日	−17.8	−16.3	−15.7	−10.8	−8.6	−4.9	上午
5月30日	−18.3	−17.0	−15.3	−12.5	−8.6	−4.8	下午
5月31日	−17.5	−16.1	−15.7	−11.7	−8.2	−4.0	上午
5月31日	−17.9	−16.1	−15.2	−12.4	−8.6	−6.1	下午
6月1日	−17.3	−16.3	−17.0	−13.3	−8.0	−5.9	上午
6月1日	−17.3	−16.0	−15.8	−11.9	−8.5	−5.1	下午
6月2日	−22.6	−18.6	−18.0	−13.1	−9.5	−5.9	上午
6月2日	−22.0	−17.8	−17.6	−13.6	−10.6	−6.5	下午
6月3日	−23.8	−19.3	−17.2	−13.4	−9.9	−5.3	上午
6月3日	−23.5	−20.1	−17.7	−14.2	−10.0	−7.7	下午
6月4日	−21.3	−18.8	−18.7	−13.8	−10.9	−7.2	上午

续表

监测时间	1号	2号	3号	4号	5号	6号	备注
6月4日	-19.3	-17.7	-17.4	-14.1	-9.0	-6.1	下午
6月5日	-19.2	-18.0	-18.1	-13.3	-11.4	-6.8	上午
6月5日	-19.7	-17.3	-17.6	-13.3	-10.0	-6.0	下午
6月6日	-18.4	-17.6	-17.4	-14.2	-9.9	-6.6	上午
6月6日	-22.0	-19.0	-17.5	-13.9	-10.2	-6.0	下午
6月8日	-21.5	-17.9	-17.8	-13.2	-10.6	-6.7	
6月10日	-21.6	-18.1	-17.3	-13.6	-9.7	-6.3	
6月14日	-21.8	-19.1	-17.1	-13.4	-9.6	-6.4	
6月16日	-21.2	-18.5	-17.7	-13.1	-9.2	-6.0	
6月18日	-21.1	-18.7	-18.7	-13.4	-10.1	-6.6	
6月20日	-20.0	-18.8	-19.0	-14.4	-9.9	-7.2	
6月22日	-25.0	-23.2	-22.8	-18.2	-13.3	-8.2	
6月24日	-33.8	-32.9	-34.9	-27.2	-17.6	-15.0	
6月26日	-34.7	-33.2	-35.3	-28.8	-18.5	-15.5	
6月28日	-34.7	-33.2	-33.8	-28.8	-18.5	-15.5	
6月30日	-35.2	-35.0	-36.1	-30.4	-19.7	-17.4	
7月2日	-39.4	-37.4	-38.8	-32.1	-20.1	-17.3	
7月4日	-38.3	-36.7	-38.0	-31.8	-21.0	-18.2	
7月8日	-38.3	-36.7	-36.9	-32.0	-21.5	-18.8	
7月12日	-50.0	-48.5	-42.7	-43.4	-26.6	-24.7	
7月15日	-63.5	-60.4	-50.9	-50.6	-32.2	-28.7	
7月20日	-63.5	-62.0	-63.0	-53.0	-33.7	-29.0	
7月24日	-64.5	-62.2	-64.9	-54.7	-34.0	-28.1	
7月28日	-63.5	-61.0	-65.3	-53.8	-33.6	-29.4	
8月7日	-64.1	-62.8	-64.2	-53.8	-33.8	-27.9	
8月14日	-66.6	-64.5	-66.1	-54.5	-34.2	-29.1	
8月22日	-64.3	-63.2	-66.2	-54.2	-34.0	-29.0	
8月31日	-65.2	-64.2	-66.8	-55.4	-34.2	-30.1	

注：1. 监测起始时间为2006年2月22日；2. 水平位移为测点垂直边坡表面方向的位移，"-"号表示边坡向外移动。

边坡垂直位移（累计）变化监测数据表（单位：mm）　　续表 B-1

监测时间	1号	2号	3号	4号	5号	6号	备注
2月22日	0.0	0.0	0.0	0.0	0.0	0.0	
2月23日	0.5	0.9	1.9	0.7	0.5	0.5	
2月25日	-0.6	2.4	1.2	0.2	2.0	0.0	
2月27日	1.1	0.1	2.7	0.9	-0.1	0.7	

续表

监测时间	1号	2号	3号	4号	5号	6号	备注
3月1日	1.2	-0.2	1.8	0.6	2.2	0.0	
3月5日	1.8	1.6	2.4	0.6	1.0	0.8	
3月7日	0.2	0.2	-0.2	0.6	0.8	0.6	
3月9日	0.1	0.5	0.0	0.5	3.1	0.5	
3月11日	1.1	1.9	0.4	0.9	1.3	3.3	
3月13日	-0.1	-0.1	-0.6	0.5	-0.1	2.1	
3月15日	1.6	1.6	-1.5	1.6	0.8	4.6	
3月17日	2.3	3.9	0.6	-0.1	0.3	3.3	
3月19日	2.2	1.6	1.1	1.0	2.6	4.2	
3月21日	1.3	3.5	1.2	0.3	2.5	3.9	
3月23日	3.2	3.2	1.7	0.6	3.0	4.6	
3月25日	2.5	3.3	2.6	0.3	4.1	4.1	
3月27日	1.9	3.1	3.0	0.7	3.3	4.3	
3月29日	2.5	3.1	3.4	0.5	1.9	3.9	
3月31日	3.8	3.2	3.1	0.6	3.8	5.4	
4月2日	2.6	2.8	2.7	0.6	3.4	3.8	
4月4日	2.2	3.0	3.1	0.6	3.2	5.4	
4月6日	3.6	2.8	3.5	1.3	4.8	4.6	
4月8日	2.7	2.9	3.4	2.0	5.7	5.3	
4月10日	3.9	2.1	2.8	1.4	3.7	4.9	
4月12日	2.9	1.9	2.8	1.9	3.2	4.2	
4月14日	1.5	3.3	3.2	1.7	2.2	4.2	
4月16日	2.9	4.3	2.8	1.8	3.2	3.8	
4月18日	2.8	3.2	3.1	1.7	2.7	4.5	
4月20日	2.8	3.0	2.9	1.3	3.1	3.3	
4月22日	2.5	1.7	3.2	3.0	4.8	3.0	
4月24日	2.6	1.2	2.9	1.9	3.3	3.7	
4月26日	3.7	1.9	2.2	2.2	3.4	3.8	
4月28日	1.3	0.7	2.4	1.2	3.4	3.4	
4月30日	3.8	2.2	3.1	1.9	3.5	5.9	
5月2日	3.7	2.1	3.4	2.4	3.2	5.8	
5月4日	2.9	3.1	3.0	1.4	3.2	3.2	
5月6日	2.6	1.8	3.3	3.1	3.9	3.5	
5月8日	3.3	2.3	3.2	2.4	3.6	3.4	
5月10日	2.5	1.9	2.8	3.2	4.6	3.2	
5月13日	2.9	3.1	3.0	1.4	3.2	3.2	

续表

监测时间	1号	2号	3号	4号	5号	6号	备注
5月15日	2.6	1.8	3.3	3.1	3.9	3.5	
5月17日	3.3	2.3	3.2	2.4	3.6	3.4	
5月19日	3.0	3.2	4.9	4.5	4.7	6.5	
5月21日	3.7	2.1	3.4	2.4	3.2	5.8	
5月23日	2.9	3.1	3.0	1.4	3.2	3.2	
5月25日	18.1	15.9	15.0	10.6	9.8	10.4	
5月26日	19.9	17.1	17.0	13.4	11.4	10.4	
5月27日	20.0	17.0	16.7	15.3	13.3	10.7	
5月28日	20.5	18.3	16.8	14.0	13.0	10.6	
5月29日	20.5	18.9	17.2	13.6	13.2	10.8	上午
5月29日	20.5	19.3	16.8	14.2	13.6	11.0	下午
5月30日	20.7	19.1	17.8	13.8	13.4	10.6	上午
5月30日	23.5	22.3	20.6	17.0	17.0	13.2	下午
5月31日	20.7	19.5	18.6	14.6	13.4	10.6	上午
5月31日	23.1	22.1	21.4	17.6	16.2	13.4	下午
6月1日	20.7	19.3	17.8	14.4	13.6	11.4	上午
6月1日	24.7	24.3	21.6	18.2	18.4	15.4	下午
6月2日	21.3	19.1	18.0	13.8	13.4	10.4	上午
6月2日	22.1	19.3	18.8	14.6	14.0	10.2	下午
6月3日	21.7	18.9	16.6	14.6	14.0	9.4	上午
6月3日	21.3	18.9	16.8	13.6	15.0	10.0	下午
6月4日	21.6	18.8	18.5	14.5	13.3	10.1	上午
6月4日	21.5	18.7	18.4	14.4	13.4	11.0	下午
6月5日	21.3	19.7	19.6	15.0	14.4	10.0	上午
6月5日	22.0	19.2	19.7	15.1	14.5	11.1	下午
6月6日	21.7	18.9	18.6	15.2	13.6	11.0	上午
6月6日	21.3	19.1	18.4	15.8	14.8	11.2	下午
6月8日	22.3	19.7	18.6	15.0	13.2	11.2	
6月10日	22.8	20.4	19.1	15.7	14.3	11.5	
6月14日	22.9	21.3	18.8	15.6	14.8	11.2	
6月16日	22.7	21.5	20.4	15.6	16.0	12.0	
6月18日	23.7	22.5	21.8	17.6	16.6	13.6	
6月20日	24.2	22.6	21.9	17.7	16.7	13.7	
6月22日	28.3	25.9	25.0	20.8	18.4	14.8	
6月24日	39.8	37.8	37.5	32.7	22.9	19.7	
6月26日	42.6	41.4	40.3	34.1	21.7	20.1	

续表

监测时间	1号	2号	3号	4号	5号	6号	备注
6月28日	42.5	41.7	40.6	34.8	22.4	20.6	
6月30日	42.5	42.5	40.8	36.4	23.6	21.2	
7月2日	44.5	45.1	43.8	37.8	24.0	21.8	
7月6日	44.7	44.5	42.8	37.0	23.8	22.2	
7月10日	46.4	44.4	43.5	36.9	24.9	21.5	
7月15日	72.9	70.9	66.0	59.2	35.2	33.2	
7月20日	73.5	71.7	68.6	58.8	33.6	32.2	
7月24日	75.2	72.0	70.7	59.3	35.3	32.5	
7月29日	74.9	76.1	69.8	57.6	35.4	33.0	
8月7日	76.3	75.1	70.4	58.2	35.2	32.4	
8月14日	77.4	76.2	70.5	60.7	34.3	31.9	
8月22日	77.6	75.0	71.1	61.5	36.1	32.5	
8月31日	77.2	74.8	70.1	59.1	34.3	31.5	

注：数字为正表示边坡有向下的位移。

边坡水平位移、垂直（累计）变化监测数据表（单位：mm） 表B-2

监测时间	7号		8号		9号		备注
	水平位移	垂直位移	水平位移	垂直位移	水平位移	垂直位移	
2月22日	0	0.0	0	0.0	0	0.0	
2月24日	-0.4	0.6	0.0	0.8	1.2	0.4	
2月26日	-1.9	-0.3	-2.0	-0.3	0.8	1.1	
2月28日	0.7	0.6	1.4	3.0	3.6	2.4	
3月1日	-1.1	1.4	-0.3	0.4	0.5	3.0	
3月4日	0.0	-0.8	-0.8	-1.6	2.0	2.6	
3月6日	0.1	1.4	-0.4	0.2	-0.1	1.2	
3月8日	0.8	2.4	0.2	4.1	-1.5	4.1	
3月10日	-1.6	1.8	0.7	2.1	2.2	2.5	
3月12日	2.4	0.5	1.6	1.0	2.7	2.2	
3月14日	-1.0	-0.3	-0.6	1.0	-1.2	1.4	
3月16日	3.6	1.5	1.5	3.6	1.8	4.0	
3月18日	1.0	1.7	0.7	2.8	1.7	6.4	
3月20日	-2.5	1.2	-1.3	3.1	-0.2	5.9	
3月22日	-2.5	2.8	0.0	3.9	0.8	5.3	
3月24日	1.0	1.8	0.0	1.9	2.3	5.1	
3月26日	0.3	2.2	1.5	2.7	2.3	4.1	
3月28日	1.1	2.1	0.6	3.6	-0.5	3.0	
3月30日	1.5	0.9	1.0	4.0	0.3	1.8	

续表

监测时间	7 号		8 号		9 号		备 注
	水平位移	垂直位移	水平位移	垂直位移	水平位移	垂直位移	
4月1日	-0.5	1.2	-0.1	3.9	0.5	1.3	
4月3日	0.1	3.3	0.8	3.4	1.0	3.6	
4月5日	-0.8	1.6	0.5	3.5	1.0	4.9	
4月7日	0.7	2.5	0.1	4.0	0.5	4.6	
4月9日	-1.0	3.5	-0.7	3.6	-0.5	3.8	
4月11日	-0.4	3.8	-1.1	4.7	2.4	5.3	
4月13日	-2.3	2.1	-1.0	2.8	1.0	4.6	
4月15日	0.2	1.6	-0.2	3.3	1.2	4.3	
4月17日	-0.7	3.3	-0.4	4.0	0.6	4.6	
4月19日	-0.7	3.8	-1.8	4.7	0.8	4.5	
4月21日	-1.1	3.0	-1.6	5.7	0.0	5.3	
4月23日	-1.2	2.0	-1.2	5.1	-0.5	5.5	
4月25日	-2.6	3.1	-1.7	5.6	-0.5	3.6	
4月27日	-2.1	0.6	-0.2	4.3	0.6	3.7	
4月29日	-1.7	1.5	-1.5	5.6	-0.7	4.6	
5月2日	-2.8	2.1	-0.8	5.6	-1.0	5.6	
5月4日	-1.8	1.5	-0.6	5.2	-0.1	4.6	
5月6日	-1.6	2.0	-1.7	5.3	-0.7	4.5	
5月8日	-1.0	2.7	-0.9	5.2	-0.6	3.4	
5月10日	-0.8	2.7	-0.3	4.0	-0.3	4.8	
5月13日	-1.0	1.5	-1.0	5.2	-0.5	4.6	
5月15日	-1.6	2.0	-1.5	5.3	-0.7	4.5	
5月17日	-2.5	2.7	-1.5	5.2	-0.4	3.4	
5月19日	-2.8	5.0	-0.8	7.9	-1.0	5.5	
5月21日	-1.8	2.1	-0.6	5.6	-0.1	5.6	
5月23日	-2.5	1.5	-2.3	5.2	-2.7	4.6	
5月25日	-14.2	15.9	-13.1	17.2	-13.5	12.2	
5月26日	-15.4	16.9	-15.0	18.8	-14.1	17.4	
5月27日	-14.8	17.4	-14.9	19.1	-14.8	16.7	
5月28日	-15.4	17.9	-14.4	18.4	-14.4	17.0	
5月28日	-15.8	18.1	-14.4	19.8	-14.3	16.4	
5月29日	-16.4	18.5	-14.8	19.8	-14.9	16.2	上午
5月29日	-16.0	19.1	-14.3	19.8	-14.9	18.2	下午
5月30日	-18.2	21.3	-14.7	23.0	-14.7	22.0	上午
5月30日	-17.1	19.5	-16.1	20.4	-15.1	18.0	下午

续表

监测时间	7 号		8 号		9 号		备 注
	水平位移	垂直位移	水平位移	垂直位移	水平位移	垂直位移	
5月31日	-18.1	22.5	-16.1	23.8	-16.0	21.0	上午
5月31日	-18.2	19.5	-14.4	20.6	-15.2	18.0	下午
6月1日	-19.6	23.5	-13.9	24.6	-16.2	21.6	上午
6月1日	-19.0	19.1	-14.8	19.8	-13.7	17.4	下午
6月2日	-19.9	19.3	-15.6	20.6	-15.6	17.8	上午
6月2日	-19.1	20.1	-15.6	20.4	-16.3	17.6	下午
6月3日	-19.9	18.3	-14.3	20.0	-15.5	16.6	上午
6月3日	-21.0	18.8	-15.1	20.7	-17.0	16.9	下午
6月4日	-20.5	18.7	-16.3	20.4	-16.8	17.4	上午
6月4日	-19.4	19.7	-16.3	21.0	-16.2	19.2	下午
6月5日	-20.5	19.2	-16.6	20.1	-16.4	18.5	上午
6月5日	-19.8	19.3	-15.3	21.0	-16.4	18.8	下午
6月6日	-19.7	18.5	-16.8	20.6	-16.0	18.4	上午
6月6日	-20.1	18.1	-16.8	20.8	-15.4	18.6	下午
6月8日	-19.6	19.2	-16.5	22.3	-15.8	18.9	
6月10日	-20.1	18.1	-17.0	22.4	-14.9	18.4	
6月14日	-19.9	20.5	-17.2	22.6	-14.7	20.8	
6月16日	-20.0	22.5	-17.6	25.2	-16.4	22.0	
6月18日	-20.7	22.6	-18.1	25.3	-17.2	22.1	
6月20日	-21.3	25.3	-18.1	27.6	-17.8	24.6	
6月22日	-26.6	37.2	-21.3	39.9	-20.4	35.7	
6月24日	-38.5	38.4	-34.0	41.7	-31.3	37.3	

注：1. 监测起始时间为2006年2月22日；2. 水平、垂直位移为测点垂直挡土墙表面方向的位移，"-"号表示挡土墙向外移动。

裂缝宽度变化监测数据表　　　　　　　　　　　表 B-3

监测时间	1 号	2 号	3 号	4 号	5 号	6 号	备 注
2月20日	4.00	5.00	3.50	10.00	4.50	5.00	裂缝宽度初始值
2月22日	4.00	4.87	3.37	9.90	4.38	5.00	5号玻璃片断裂
2月24日	3.95	4.76	3.31	9.91	4.39	5.00	
2月26日	3.94	4.80	3.31	9.90	4.40	5.00	
2月28日	3.92	4.69	3.22	9.87	4.27	4.95	2号玻璃片断裂（下雨）
3月1日	3.94	4.65	3.25	9.90	4.31	4.97	
3月4日	3.89	4.65	3.25	9.94	4.32	4.95	
3月6日	3.89	4.67	3.24	9.96	4.37	4.96	
3月8日	4.02	5.23	3.64	9.95	4.53	5.04	

续表

监测时间	1 号	2 号	3 号	4 号	5 号	6 号	备 注
3月10日	4.09	5.30	3.74	9.94	4.52	4.88	
3月12日	4.14	5.38	3.86	10.11	4.68	4.95	
3月14日	4.17	5.58	4.02	10.22	4.79	5.06	
3月16日	4.11	5.45	3.89	10.12	4.71	5.06	
3月18日	4.13	5.42	3.82	10.06	4.66	5.04	
3月20日	4.15	5.47	3.88	10.10	4.65	5.04	
3月22日	4.21	5.49	3.95	10.11	4.62	5.02	
3月24日	4.15	5.57	3.98	10.15	4.68	5.06	
3月26日	4.19	5.47	3.90	10.12	4.69	5.05	
3月28日	4.09	5.45	3.83	10.05	4.62	5.03	
3月30日	4.15	5.48	3.91	10.04	4.61	5.03	
4月1日	4.13	5.51	3.90	10.08	4.61	5.01	
4月3日	4.20	5.48	3.84	10.01	4.61	4.99	
4月5日	4.27	5.54	3.89	10.12	4.72	5.01	
4月7日	4.29	5.55	3.91	10.13	4.71	5.07	
4月9日	4.18	5.43	3.78	10.04	4.62	5.05	
4月11日	4.28	5.47	3.79	10.07	4.66	5.02	
4月13日	4.50	5.87	4.04	10.38	5.06	5.06	下雨
4月14日	4.45	6.01	4.12	10.45	5.08	5.07	下雨
4月15日	4.47	6.18	4.09	10.46	5.06	5.06	下雨
4月17日	4.42	6.21	4.04	10.41	4.97	5.09	
4月19日	4.37	6.23	4.01	10.40	4.92	5.04	
4月21日	4.34	6.23	4.00	10.36	4.87	5.08	
4月23日	4.33	6.22	4.01	10.37	4.85	5.07	
4月25日	4.32	6.22	4.00	10.36	4.84	5.07	
4月27日	4.33	6.26	3.98	10.28	4.90	5.07	
4月29日	4.28	6.24	3.91	10.26	4.81	5.07	
5月2日	4.29	6.30	3.89	10.27	4.83	5.06	
5月4日	4.34	6.11	3.78	10.29	4.92	5.02	
5月6日	4.45	6.05	3.78	10.43	4.91	5.04	
5月8日	4.44	6.05	3.78	10.43	4.91	5.04	
5月10日	4.42	6.08	3.78	10.44	4.91	5.04	下大雨
5月13日	4.40	6.09	3.90	10.50	5.13	5.04	
5月15日	4.35	6.03	3.83	10.51	5.03	5.04	
5月17日	4.35	6.00	3.78	10.49	5.02	5.04	
5月19日	4.36	5.96	3.72	10.44	4.98	5.04	

续表

监测时间	1号	2号	3号	4号	5号	6号	备 注
5月21日	4.48	6.00	3.76	10.57	5.20	5.04	
5月23日	4.43	6.01	3.76	10.88	5.31	5.04	24日凌晨下暴雨，25日观测，建筑物在非观测点旧裂缝变大，部分位置出现新裂缝。
5月25日	4.42	6.09	3.86	11.40	5.43	5.04	
5月26日	4.36	6.03	3.80	11.37	5.41	5.04	
5月27日	4.44	6.08	3.85	11.56	5.51	5.04	
5月28日	4.45	6.12	3.85	11.74	5.64	5.04	
5月29日	4.44	6.11	3.83	11.80	5.58	5.00	
5月29日	4.41	6.10	3.85	11.77	5.61	5.00	
5月30日	4.42	6.10	3.86	11.78	5.61	5.00	
5月30日	4.40	6.06	3.82	11.74	5.50	5.01	
5月31日	4.40	6.09	3.84	11.75	5.50	5.01	
5月31日	4.41	6.09	3.88	11.75	5.50	5.02	
6月1日	4.38	6.05	3.79	11.70	5.46	5.04	
6月2日	4.40	6.10	3.88	11.80	5.55	4.96	
6月3日	4.43	6.11	3.88	11.86	5.66	4.99	
6月4日	4.39	6.08	3.86	11.87	5.49	—	
6月5日	4.39	6.11	3.86	11.87	5.46		
6月6日	4.39	6.10	3.84	11.89	5.66		
6月8日	4.39	6.09	3.85	11.88	—		
6月10日	4.38	6.10	3.83	11.88	—		
6月14日	4.38	6.11	3.85	11.94	—		
6月16日	4.37	6.08	3.80	11.84	—		
6月18日	4.36	6.08	3.79	11.80	—		
6月20日	4.37	6.07	3.78	11.79	—		
6月22日	4.42	6.13	3.87	12.49	—		

注：1. 监测起始时间为2006年2月20日；2. 3月2、3日仅做巡查，检查玻璃片是否断裂，玻璃片断裂情况列于表1备注中，不再单独说明。

房屋山墙顶相对水平位移监测数据表（单位：mm） 表 B-4

时间	2月20日	2月22日	2月23日	2月24日	2月25日	2月26日	2月27日	2月28日	3月1日	3月4日	3月5日	3月6日	3月7日
累计倾斜量	0	0.2	0.2	0.2	-0.2	0	0.2	0.2	0	0.2	0.2	-0.2	0.2
时间	3月8日	3月9日	3月10日	3月11日	3月12日	3月13日	3月14日	3月15日	3月16日	3月17日	3月18日	3月19日	3月20日
累计倾斜量	-0.2	0	0.2	0.2	0	0	0.2	0.2	-0.2	0.2	0.2	0.2	-0.2
时间	3月21日	3月22日	3月23日	3月24日	3月25日	3月26日	3月27日	3月28日	3月29日	3月30日	3月31日	4月1日	4月2日
累计倾斜量	0.2	0.2	0.2	-0.2	0.2	-0.2	0	0.2	0.2	0	0	-0.2	0

续表

时间	4月3日	4月4日	4月5日	4月6日	4月7日	4月8日	4月9日	4月10日	4月11日	4月12日	4月13日	4月14日	4月15日
累计倾斜量	0.2	0.2	−0.2	0	0.2	0.2	0	−0.2	−0.2	0	0.2	0	0
时间	4月16日	4月17日	4月18日	4月19日	4月20日	4月21日	4月22日	4月23日	4月24日	4月25日	4月26日	4月27日	4月28日
累计倾斜量	0.2	−0.2	0	0.2	0	0.2	0	−0.2	0	0	0.2	0.2	0.2
时间	4月29日	4月30日	5月2日	5月4日	5月6日	5月8日	5月10日	5月13日	5月15日	5月17日	5月19日	5月21日	5月23日
累计倾斜量	0.2	0	0.2	0.2	0	−0.2	下大雨	0	0.2	0	0.2	1.2	1.4
时间	5月25日	5月26日	5月27日	5月28日	5月28日	5月29日	5月29日	5月30日	5月30日	5月31日	5月31日	6月1日	6月1日
累计倾斜量	1.2	1.2	1.2	1.0	1.2	1.0	1.2	1.4	1.2	1.2	1.4	1.4	1
时间	6月2日	6月2日	6月3日	6月3日	6月4日	6月4日	6月5日	6月5日	6月6日	6月6日			
累计倾斜量	0.4	−0.4	0.2	0.2	0	−0.2	0	0.2	0	−0.2			

注：住户搬迁后，受条件限制，未继续测量房屋变形。

附录 C 边坡加固工程计算书

C1 【实例 5-5】 ××山庄挡土墙加固工程结构计算书

(1) 根据此项目工程地质勘察报告，加固结构设计参数如下
填土层：$\gamma = 19.0 \text{kN/m}^3$，综合内摩擦角 $\varphi_D = 35°$。
粉质黏土层：$\gamma = 20.0 \text{kN/m}^3$，$c = 20 \text{kPa}$，内摩擦角 $\varphi = 30°$。
坡顶附加荷载：$q = 3.5 \text{kN/m}^2$。
中风化岩石饱和抗压强度标准值：4.0MPa。
(2) 计算书按《建筑边坡支护技术规范》（DB 50/5018—2001）和《建筑桩基技术规范》（JGJ 94—94）计算
计算高度 $H = 9\text{m}$。
场地地下水不丰富（详地勘报告），未计水压力。
(3) 土压力计算
1) 土压力系数
①填土层：
按综合内摩擦角 $\varphi = 35°$ 计，主动土压力系数 K_{a3}，按式（5.2.11-2）计算
则 $K_{a3} = (1/\cos1°30′) \times [\cos^2(35° - 0° - 1°30′)]/\{\cos^2(0° + 1°30′)\cos(0° + 0° + 1°30′) \times [1 + (\sin(0° + 35°)\sin(35° - 0° - 1°30′)/\cos(0° + 0° + 1°30′)\cos(0° - 0°))^{1/2}]^2\} = 0.6954/[0.9986 \times (1 + 0.563)^2] = 0.285$
②粉质黏土层：
主动土压力系数 K_{a2}，按式(5.2.11-2)计算，则
$K_{a2} = (1/\cos1°30′) \times [\cos^2(30° - 0° - 1°30′)]/\{\cos^2(0° + 1°30)'\cos(0° + 0° + 1°30′) \times [1 + \sin(0° + 30°)\sin(30° - 0° - 1°30′)/\cos(0° + 0° + 1°30′)\cos(0° - 0°)^{1/2}]^2\} = 0.7723/[0.9986 \times (1 + 0.4882)^2] = 0.349$

2) 土压力强度
①填土层：
层顶：$qK_{a1} = 3.5 \times 0.285 = 0.99 \text{kN/m}^2$
层底：$(q + \gamma_1 h_1)K_{a1} = (3.5 + 19.0 \times 6.0) \times 0.285 = 33.49 \text{kN/m}^2$
②粉质黏土层：
层顶：$qK_{a2} + \gamma_1 h_1 K_{a2} - 2c \times K_{a2}^{1/2} = 3.5 \times 0.349 + 19.0 \times 6.0 \times 0.349 - 2 \times 20 \times 0.349^{1/2} = 17.38 \text{kN/m}^2$
层底：$(q + \gamma_1 h_1 + \gamma_2 h_2)K_{a2} - 2c \times K_{a2}^{1/2} = (3.5 + 19 \times 6.0 + 20 \times 3.0) \times 0.349 - 2 \times 20 \times 0.349^{1/2} = 38.32 \text{kN/m}^2$

土压力强度分布图略。

3）土压力

①填土层：
$$E_{ak1} = (0.99 + 33.49) \times 6.0/2 = 103.4 \text{kN/m}$$
$$E_{a1} = 1.20 E_{ak1} = 124.1 \text{kN/m}$$

②粉质黏土层：
$$E_{ak2} = (17.38 + 38.32) \times 3.0/2 = 83.6$$
$$E_{a2} = 1.20 E_{ak2} = 100.3 \text{kN/m}$$
$$E_a = E_{a1} + E_{a2} = 124.1 + 100.3 = 224.4 \text{kN/m}$$

（4）桩的计算

1）挖孔桩的水平承载力

桩径 900mm×1200mm，C25 混凝土，HRB335 级筋（14Φ25）

按《建筑桩基技术规范》（JGJ 94—94）规范 5.4.2 条，桩身配筋率不小于 0.65% 时，单桩水平承载力设计值为：

$$R_h = [(\alpha^3 EI)/\gamma_x] \times x_{0a} = [0.313^3 \times 3080/2.48] \times 20 \times 10^{-3} = 0.762 \text{MN} = 762 \text{kN}$$
$$EI = 0.85 E_c I = 0.85 \times (2.80 \times 10^4) \times [(1/12) \times 0.90 \times 1.2^3] = 3080 \text{MN} \cdot \text{m}^2$$

按《建筑桩基技术规范》（JGJ 94—94）规范第 5.4.2 条，桩身配筋率小于 0.65% 时，单桩水平承载力设计值为：

$$R_h = [0.313 \times 1.75 \times (1.27 \times 10^6) \times 0.614/0.762] \times (1.25 + 22 \times 0.64\%) \times (1 + 0) = 0.834 \text{MN} = 834 \text{kN}$$

$$EI = 0.85 E_c I = 0.85 \times (2.80 \times 10^4) \times ((1/12) \times 0.90 \times 1.2^3) = 3080 \text{MN} \cdot \text{m}^2$$

桩径 900mm×1200mm，换算圆桩半径 $R = (bh/3.14)^{1/2} = 586$，桩直径 $d = 3.14 R = 1841$

$\rho_g = 14 \times 490.8/(900 \times 1200) = 0.64\%$

$\alpha_E = 2.0 \times 10^5/(2.80 \times 10^4) = 7.14$

$W_0 = \pi \times (d/32) \times [d^2 + 2(\alpha_E - 1)\rho_g d_0^2] = \pi \times (1.84/32) \times [1.84^2 + 2(7.14 - 1) \times 0.64\% \times 1.74^2] = 0.655$

取 $m = 50$，则桩身变形系数

$b_0 = (1.5 \times 0.9 + 0.5) = 1.85$

$\alpha = [(mb_0)/(EI)]^{1/5} = [(50 \times 1.85)/3080]^{1/5} = 0.03^{1/5} = 0.313$

$ah = 0.313 \times 12 = 3.8$

$\gamma_m = 0.760$

以上按两种算法说明，单桩的水平承载力设计值达 834kN。

每 3.5 延米设置 1 根桩，$834 \text{kN} > 3.0 \times 224.4 = 673.2 \text{kN}$

2）挖孔桩的嵌岩深度

桩嵌入中等风化岩石内不少于 $L/4 = 3.0 \text{m}$。

设计要求不少于 3.5m。

（5）桩间板

计算（略）。

C2 【实例5-9】 锚杆加固某重力式挡土墙安全性验算

1) 验算原始条件

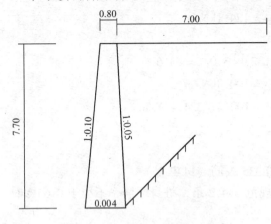

图C-1 锚杆加固重力式挡土墙

①墙身尺寸。墙身高：7.700m；墙顶宽：0.800m；面坡倾斜坡度：1:0.100；背坡倾斜坡度：1:0.050；墙底倾斜坡率：0.004:1。

②物理参数。圬工砌体重度：23.0kN/m³；圬工之间摩擦系数：0.400；地基土摩擦系数：0.500；墙身砌体容许压应力：2100.000kPa；墙身砌体容许剪应力：110.000kPa；墙身砌体容许拉应力：150.0kPa；墙身砌体容许弯曲拉应力：280.0kPa。

③挡土墙类型：一般挡土墙。

④岩土参数：
墙后填土内摩擦角：30.0°
墙后填土黏聚力：0.0kPa
墙后填土重度：19.0kN/m³
墙背与墙后填土摩擦角：7.500°
地基土重度：18.000kN/m³
修正后地基土容许承载力：500.000kPa
墙底摩擦系数：0.500
地基土类型：岩石地基
地基土内摩擦角：30.0°

⑤坡线土柱：
坡面线段数：1

折线序号	水平投影长（m）	竖向投影长（m）	换算土柱数
1	7.000	0.000	0

坡面起始距离：0.000m
地面横坡角度：45.000°
墙顶标高：0.000m

2) 安全性验算

第1种工况：一般情况

（A）土压力计算

计算高度为7.700m处的库仑主动土压力按实际墙背计算得到：

第1破裂角：29.124°

$E_a = 149.940$kN；$E_x = 140.571$kN；$E_y = 52.173$kN；作用点高度 $Z_y = 2.567$m

因为俯斜墙背，需判断第二破裂面是否存在，计算后发现第二破裂面不存在
墙身截面积 = $10.607m^2$；重量 = 243.955kN

（B）滑动稳定性验算

基底摩擦系数：0.500

滑移力 = 140.571kN；抗滑力 = 148.064kN

抗滑移验算不满足安全性要求：$K_c = 1.053 < 1.300$

（C）倾覆稳定性验算

相对于墙趾点，墙身重力的力臂 $Z_w = 1.060m$

相对于墙趾点，E_y 的力臂 $Z_x = 1.827m$

相对于墙趾点，E_x 的力臂 $Z_y = 2.567m$

验算挡土墙绕墙趾的倾覆稳定性

倾覆力矩 = 360.798kN·m；抗倾覆力矩 = 353.968kN·m

倾覆验算不满足安全性要求：$K_0 = 0.981 < 1.600$

（D）地基应力及偏心距验算

基础为天然基础，验算墙底偏心距及压应力

作用于基础底的总竖向力 = 296.128kN；总弯矩 = -6.831kN·m

基础底面宽度 $B = 1.955m$；偏心距 $e = 1.001m$

基础底面合力作用点距离基础趾点的距离 $Z_n = -0.023m$

基底压应力：趾部 = -8558.793kPa 踵部 = 0.000kPa

作用于基底的合力偏心距验算不满足：$e = 1.001m > 0.250 \times 1.955 = 0.489m$

地基承载力验算满足：最大压应力 = $0.000 \leqslant 500.000$kPa

（E）基础强度验算

基础为天然基础，不作强度验算

（F）墙底截面强度验算

验算截面以上，墙身截面积 = $10.607m^2$ 重量 = 243.955kN

相对于验算截面外边缘，墙身重力的力臂 $Z_w = 1.060m$

相对于验算截面外边缘，E_y 的力臂 $Z_x = 1.827m$

相对于验算截面外边缘，E_x 的力臂 $Z_y = 2.567m$

法向应力验算：

作用于验算截面的总竖向力 = 296.128kN；总弯矩 = -6.831kN·m

相对于验算截面外边缘，合力作用力臂 $Z_n = -0.023m$

截面宽度 $B = 1.955m$；偏心距 $e_1 = 1.001m$

截面上偏心距验算不满足：$e_1 = 1.001m > 0.300 \times 1.955 = 0.587m$

截面上压应力：面坡 = 616.612kPa；背坡 = -313.667kPa

压应力验算满足：计算值 = 616.612kPa $\leqslant 2100.000$kPa

拉应力验算不满足：计算值 = 313.667kPa > 150.000kPa

切向应力验算

剪应力验算满足：计算值 = 11.314kPa $\leqslant 110.000$kPa

3）锚杆验算

从前面挡土墙验算结果可知：挡土墙抗倾覆、滑移及墙身强度均不满足要求。现采用井字梁加锚杆对其进行加固处理。锚杆水平间距 3.5m，竖向间距 3.0m，第一排锚杆距挡墙顶部距离 2.0m（详细情况见设计图）。

加固后对抗倾覆及抗滑移计算进行验算。锚杆采用 1 根直径 25 的钢筋，设计锚固力 120kN。

由上节计算：滑移力 E_x = 140.57kN/m，抗滑力 = 148.06kN/m，由锚杆产生的抗滑力 = 240kN/3.5m = 68.57kN/m。

K_c =（148.06 + 68.57）/140.57 = 1.54 > 1.3，滑移验算满足要求。

由上节计算：倾覆力矩 = 360.80kN·m/m，抗倾覆力矩 = 353.97kN·m/m，由锚杆产生的抗倾覆力矩 = 288kN·m/m。

K_o =（353.97 + 288）/360.80 = 1.78 > 1.6，倾覆验算满足要求。

4）梁的配筋验算

按锚杆设计锚固力为 120kN，间距 3.5m，梁承担均布荷载 = 34.3kN/m，则梁承担的最大弯矩 = 35.0kN·m；梁截面 300mm×350mm

由弯矩设计值 M_u 求配筋面积 A_s，弯矩设计值 M_u = 29.200kN·m

截面尺寸 $B \times H$ = 300mm×350mm

混凝土强度等级：C25 混凝土弯曲抗压强度设计值 f_{cm} = 13.5N/mm²

钢筋强度设计值 f_y = 310N/mm²，纵筋合力点至近边距离 a_s = 20mm

截面有效高度 H_o = $H - a_s$ = 350 − 20 = 330mm

计算结果：

受压区高度 $x = H_o - (H_o^2 - 2 \times M_u/f_{cm}/B)^{0.5}$ = 330 −（330² − 2×25600000/13.5/250）^{0.5}
$= 24\text{mm} \leqslant \xi_b \times H_o$

$A_s = B \times x \times f_{cm}/f_y = 250 \times 24 \times 13.5/310 = 260\text{mm}^2$

相对受压区高度 $\xi = x/H_o = 24/330 = 0.0723$

配筋率 $\rho = A_s/B/H_o = 260/300/330 = 0.26\%$

参 考 文 献

[1] 中华人民共和国建设部. 建筑地基基础设计规范 GB 50007—2002[S]. 北京：中国建筑工业出版社，2002.
[2] 建筑地基基础设计规范 DBJ 50—047—2006[S].
[3] 中华人民共和国建设部. 建筑边坡工程技术规范 GB 50330—2002[S]. 北京：中国建筑工业出版社，2002.
[4] 中华人民共和国建设部. 建筑基坑支护技术规范 JGJ 120—99[S]. 北京：中国建筑工业出版社，1999.
[5] 中华人民共和国建设部. 建筑边坡工程技术规范 DB 50/5018—2001～J10093—2001. 北京：中国建筑工业出版社，2001.
[6] 地质灾害防治工程设计规范 DB 50/5029—2004[S]. 重庆
[7] 重庆市地质灾害防治工程参考资料汇编，2004年4月
[8] 华南理工大学等编. 地基及基础[M]. 北京：中国建筑工业出版社，1991.
[9] 四川省建筑科学研究院，重力式挡土墙的试验研究，1982年11月，编号：8233.
[10] 金问鲁. 地基基础实用设计施工手册[M]. 北京：中国建筑工业出版社，1995.
[11] 顾慰慈. 挡土墙土压力计算[M]. 北京：中国建材工业出版社，2001.
[12] 尉希成. 支挡结构设计手册[M]. 北京：中国建筑工业出版社，1995.
[13] 崔政权、李宁. 边坡工程[M]. 北京：中国水利水电出版社，1999，152—153.
[14] 孙家齐. 工程地质[M]. 武汉工业大学出版社，2000.
[15] 赵树德. 土力学[M]. 北京：高等教育出版社，2004.
[16] 黄求顺、张四平、胡岱文. 边坡工程[M]. 重庆：重庆大学出版社，2004.
[17] 中华人民共和国建设部. 岩土工程勘察规范 GB 50021—2001[S]. 北京：中国建筑工业出版社，2001.
[18] 中华人民共和国交通部. 公路加筋土工程设计规范 JTJ 015—91[S]. 北京：人民交通出版社，1991.
[19] 中华人民共和国交通部. 公路加筋土工程施工技术规范 JTJ 035—91[S]. 北京：人民交通出版社，1991.
[20] 雷用. 边坡事故处理与主要检测工作内容的初探[J]. 四川建筑科学研究. Vol.27，2001，41—42.
[21] 重庆市建设委员会，关于印发进一步规范重庆市高切坡、深开挖、高填方项目管理的若干规定的通知[S](渝建发[2002]47号)
[22] 工程地质勘察规范 DB 50/5005—1998[S]. 重庆：1998.
[23] 雷用. 高边坡工程邻近建筑的安全[J]. 地下空间. 1999，Vol.19，No.3.
[24] 雷用. 边坡工程的变形控制措施探讨[J]. 地下空间. 2002，Vol.22，No.1.
[25] 刘兴远等，重庆市挡土墙工程事故原因分析[J]. 地下空间增刊. 1999，15(4)：802—804.
[26] 刘兴远等，重庆市某格构式挡土墙工程事故原因分析[J]. 四川建筑. 1999，19(4)：7—9.
[27] 刘兴远、陈伟、周珉. 建筑基坑引起的公路挡土墙开裂事故分析[J]. 地下空间. 2000，Vol.20.，No.4，294—297.

[28] 刘兴远. 关于建筑物安全性鉴定工作的几点思考[J]. 四川建筑科学研究. 2001, 1: 27—28.

[29] 刘兴远等. 山区回填土地基加固工程实例剖析[J]. 地下空间. 2001, 3: 215—219.

[30] 夏才初、李永盛. 地下工程测试理论与监测技术[M]. 上海: 同济大学出版社, 1999.

[31] 唐益群、叶为民. 土木工程测试技术手册[M]. 上海: 同济大学出版社, 1999.

[32] 中华人民共和国建设部. 混凝土结构设计规范(GB 50010—2002)[S]. 北京: 中国建筑工业出版社, 2002.

[33] 姜德义、朱合华、杜云贵. 边坡稳定性分析与滑坡防止[M]. 重庆: 重庆大学出版社, 2005.